R
Guring-Paß
Detschen
LHASA
Traschi Lhünpo
(Kloster des Pantschen Lama)
ga
Sangsang
Schigatse
Riwotsche
Gyantse
Karo-Paß
Kargyü-Paß
Köra-Paß
Kangtschendzönga
Mount Everest
Phari
Tschumbi
GANGTOK
Jalpaiguri
Darbhanga
Saidpur
Chapra

Harrer · Sieben Jahre in Tibet

HEINRICH HARRER

Sieben Jahre in Tibet

Mein Leben am Hofe des Dalai Lama

Mit 47 Abbildungen

ULLSTEIN

1. Auflage Mai 1988
2. Auflage April 1991
3. Auflage September 1992
4. Auflage Februar 1995

Gesamtherstellung: Ebner Ulm
Printed in Germany 1995

ISBN 3 550 08511 7

Gedruckt auf alterungsbeständigem Papier
mit chlorfrei gebleichtem Zellstoff

CIP-Titelaufnahme der Deutschen Bibliothek

Harrer, Heinrich:
Sieben Jahre in Tibet: Mein Leben am Hofe d. Dalai Lama/
Heinrich Harrer. – Frankfurt/Main; Berlin: Ullstein, 1995
ISBN 3-550-08511-7

Inhalt

Vorwort

Alle Träume des Lebens beginnen in der Jugend ...

Weit mehr als alle Schulweisheit begeisterten mich schon als Kind die Taten der Helden unserer Zeit. Die Männer, die auszogen, unbekannte Länder zu erforschen, oder die es sich zum Ziel setzten, unter Mühen und Entbehrungen ihre Kraft im sportlichen Wettkampf zu messen ... Die Erstürmer der Gipfel der Welt; das waren meine Vorbilder. Grenzenlos war mein Wunsch, es ihnen gleichzutun!

Aber mir fehlten der Rat und die Führung Erfahrener. Und so brauchte ich viele Jahre, bis ich merkte, daß man nie gleichzeitig mehreren Zielen nachjagen darf. In fast allen Sportarten hatte ich mich bereits versucht, ohne Erfolge zu erreichen, die mich befriedigt hätten. Schließlich konzentrierte ich mich auf jene zwei, die mir um ihrer engen Naturverbundenheit willen seit je lieb gewesen waren: Skilaufen und Bergsteigen!

Denn ich hatte ja meine Kindheit zum größten Teil in den Bergen der Alpen verbracht, und so gehörte später auch neben dem Studium jede meiner freien Minuten im Sommer dem Klettern, im Winter dem Skilaufen. Kleine Erfolge stachelten bald meinen Ehrgeiz immer mehr an, und durch hartes Training erreichte ich es, daß ich 1936 die Farben der österreichischen Olympiamannschaft tragen durfte. Ein Jahr danach gewann ich bei den Akademischen Weltspielen den Abfahrtslauf.

Bei diesen und anderen Rennen erlebte ich etwas Beglückendes: den Rausch der Geschwindigkeit und das herrliche Gefühl, wenn voller Einsatz durch den Sieg belohnt wird. Aber der Triumph über menschliche Gegner, die öffentliche Anerkennung für den Sieger – das alles konnte mir nicht genügen. Mit den Bergen meine Kräfte zu messen – das allein zählte wirklich!

Und so trieb ich mich ganze Monate lang in Fels und Eis herum, bis ich so »fit« geworden war, daß mir überhaupt keine Wand mehr unbezwingbar schien. Aber auch für mich wuchsen die

Bäume nicht in den Himmel, auch ich hatte mein Lehrgeld zu bezahlen. Einmal stürzte ich fünfzig Meter tief ab und blieb nur wie durch ein Wunder am Leben; kleinere Verletzungen gab es bei jeder Gelegenheit.

Die Rückkehr an die Universität war natürlich immer ein hartes Muß. Dabei durfte ich doch gar nicht klagen, denn die Stadt gab mir die Möglichkeit, eine Unmenge Literatur über Alpinistik und Reisen zu studieren. Und beim Verschlingen all dieser Bücher kristallisierte sich, aus einem Gewirr von anfangs vagen Wünschen, immer deutlicher das große Ziel heraus, der Traum aller Bergsteiger: bei einer Himalaja-Expedition einmal mit dabeizusein!

Wie aber konnte ein völlig unbekannter Mann wie ich auch nur im mindesten auf die Erfüllung so kühner Träume hoffen? Der Himalaja! Um dorthin zu kommen, mußte man doch entweder schwer reich sein oder wenigstens der Nation angehören, deren Söhne – damals noch – die Möglichkeit hatten, im Staatsdienst in Indien eingesetzt zu werden.

Für einen Menschen aber, bei dem beides nicht zutraf, gab es nur den einen Weg: Man mußte etwas tun, was die öffentliche Aufmerksamkeit so wirksam auf sich zog, daß man bei einer der seltenen Gelegenheiten, die sich auch für »Außenseiter« ergaben, von den maßgebenden Stellen einfach nicht mehr übergangen werden konnte.

Was aber sollte das wohl sein? Waren nicht alle Gipfel der Alpen schon längst erstiegen? Ja, selbst ihre einzelnen Grate und Wände sämtlich in oft unglaublich kühnen Unternehmungen bezwungen? ... Aber nein – eine einzige Wand war übriggeblieben, die höchste und auch die schwierigste von allen: die Eiger-Nordwand!

Ihre Höhe von zweitausend Metern hatte noch keine Seilschaft ganz durchklettert, alle waren sie vor dem Ziel gescheitert, und viele hatten ihr Leben dabei gelassen. Ein Kranz von Legenden hatte sich um diese ungeheure Felsmauer gebildet, und schließlich war sogar von der Schweizer Regierung ein Verbot erlassen worden, überhaupt in die Wand einzusteigen.

Kein Zweifel, das war die große Aufgabe, die ich suchte. Der

Eiger-Nordwand den Nimbus zu rauben, das mußte die »Legitimation« für den Himalaja sein ... Langsam reifte in mir der Entschluß, das fast aussichtslos Scheinende zu wagen. Wie es mir gemeinsam mit den Kameraden Fritz Kasparek, Anderl Heckmaier und Wiggerl Vörg 1938 dann wirklich gelang, die gefürchtete Wand zu durchsteigen, das ist in mehreren Büchern beschrieben worden.

Ich aber benutzte den Herbst desselben Jahres zu weiterem fleißigem Training, immer die Hoffnung vor Augen, zur Teilnahme an der für den Sommer 1939 geplanten deutschen Nanga-Parbat-Expedition aufgefordert zu werden. Doch es schien, als ob es bei der Hoffnung bleiben sollte, denn der Winter kam, und nichts rührte sich. Andere wurden ausersehen zur Erkundungsfahrt nach dem schicksalsschweren Berg im Lande Kaschmir. Und mir blieb nichts anderes übrig, als schweren Herzens den Vertrag zu unterschreiben, der mich zur Mitwirkung an einem Skifilm verpflichtete.

Die Dreharbeit war schon ziemlich weit vorgeschritten, da kam plötzlich ein Ferngespräch für mich. Es war der heißersehnte Ruf, an der Himalaja-Expedition teilzunehmen! Und in vier Tagen sollte es bereits losgehen! Ich brauchte keinen Augenblick zu überlegen: Ich brach ohne zu zögern meinen Filmkontrakt, fuhr in meine Heimatstadt Graz, packte einen Tag lang meine Sachen, und schon am nächsten war ich auf der Fahrt über München nach Antwerpen, zusammen mit Peter Aufschnaiter, dem Führer dieser deutschen Nanga-Parbat-Erkundungsfahrt 1939, Lutz Chicken und Hans Lobenhoffer, den übrigen Expeditionsteilnehmern.

Bis dahin waren schon vier Versuche, den 8125 m hohen Gipfel des Nanga Parbat zu erreichen, erfolglos geblieben. Sie hatten viele Opfer gekostet, und so war man auf den Gedanken gekommen, eine neue Anstiegsroute zu suchen. Ihre Erkundung war unsere Aufgabe, denn für das nächste Jahr war ein neuer Angriff auf den Gipfel geplant.

Auf dieser Fahrt zum Nanga Parbat erlag ich endgültig der magischen Anziehungskraft des Himalaja. Die Schönheit seiner gigantischen Berge, die ungeheure Weite des Landes, die fremdartigen Menschen Indiens – das alles wirkte mit einer unbeschreiblichen Stärke auf mich.

Seither sind viele Jahre vergangen, aber ich bin von Asien nicht mehr losgekommen. Wie das alles kam, das will ich hier niederzuschreiben versuchen und, da ich nicht die Erfahrung eines Schriftstellers besitze, nur die nackten Ereignisse festhalten.

Internierungslager und Fluchtversuche

Ende August 1939 war unsere Erkundungsfahrt zu Ende. Wir hatten tatsächlich eine neue Anstiegsroute gefunden und warteten nun in Karatschi auf den Frachter, der uns nach Europa zurückbringen sollte. Das Schiff war längst überfällig, und die Wolken des Zweiten Weltkrieges zogen sich dichter und dichter zusammen. Da beschlossen Chicken, Lobenhoffer und ich, das Netz, das die Geheimpolizei bereits zu legen begann, zu unterlaufen und auf irgendeinem Wege zu verschwinden. Nur Aufschnaiter blieb in Karatschi zurück – gerade er, der schon am Ersten Weltkrieg teilgenommen hatte, konnte nicht an den Ausbruch eines zweiten glauben ...

Wir andern planten, uns nach Persien durchzuschlagen, um von dort aus die Heimat zu erreichen. Es gelang uns auch ohne Schwierigkeit, unsere »Beobachter« abzuschütteln und in unserem wakkeligen Auto, nach Durchquerung von einigen hundert Kilometern Wüstenstrecke, Las Bella zu erreichen, einen kleinen Maharadschastaat im Nordwesten von Karatschi. Dort ereilte uns aber das Geschick: Plötzlich sahen wir uns – unter dem Vorwand, wir brauchten einen persönlichen Schutz – von acht Soldaten bewacht. Das bedeutete praktisch nichts anderes, als daß wir verhaftet waren. Obwohl Deutschland und das Britische Commonwealth sich noch keineswegs im Kriegszustand befanden.

Mit diesem sicheren Geleit waren wir sehr bald wieder in Karatschi, wo es auch mit Peter Aufschnaiter ein Wiedersehen gab. Und zwei Tage später erklärte England nun tatsächlich Deutschland den Krieg! Danach ging alles wie am Schnürchen: Kaum fünf Minuten später marschierten bereits fünfundzwanzig bis an die Zähne bewaffnete indische Soldaten in den Garten einer Gastwirtschaft ein, in dem wir gerade saßen, um uns abzuholen ... Ein Polizeiwagen brachte uns in ein schon vorbereitetes, stacheldrahtumzäuntes Lager. Das war aber nur als »Transit-Camp« gedacht, denn bereits vierzehn Tage später wurden wir in das große Internierungslager Ahmednagar in der Nähe von Bombay eingeliefert.

Da saßen wir nun eng zusammengepfercht in Zelten und Baracken, mitten in dem ewig aufgeregten Meinungsstreit der übrigen Lagerinsassen ... Nein, diese Welt unterschied sich allzu stark von den lichten, einsamen Höhen des Himalaja! Das war nichts für einen freiheitsliebenden Menschen! Ich fing also gleich an, freiwillig Arbeit zu suchen, um Weg und Gelegenheit für einen Fluchtversuch vorzubereiten.

Natürlich war ich nicht der einzige, der solche Pläne schmiedete. Mit Hilfe von Gleichgesinnten fanden sich bald Kompasse, Bargeld und Karten, die der Kontrolle entgangen waren. Sogar Lederhandschuhe und eine Stacheldrahtschere konnten wir »organisieren«. Das Verschwinden der Schere aus dem Magazin der Engländer hatte dann eine strenge Untersuchung zur Folge, die aber völlig ergebnislos verlief.

Da wir alle an ein baldiges Ende des Krieges glaubten, verschoben wir unsere Fluchtpläne immer wieder. Da wurden wir eines Tages plötzlich in ein anderes Lager übergeführt. Ein ganzer Lastkraftwagen-Geleitzug sollte uns nach Deolali bringen. In jedem Wagen saßen achtzehn von uns, mit einem einzigen indischen Soldaten als Bewachung, dessen Gewehr mit einer Kette an seinem Gürtel befestigt war, damit es ihm niemand entreißen konnte. Dafür fuhren an der Spitze, in der Mitte und am Ende der Kolonne Wagen, die mit Wachmannschaften voll besetzt waren.

Lobenhoffer und ich hatten noch im Lager den festen Entschluß gefaßt zu fliehen, bevor in einem neuen Camp neue Schwierigkeiten unsere Pläne wieder gefährden konnten. Wir setzten uns also auf die beiden hintersten Plätze unseres Wagens und hatten obendrein das Glück, daß die Straße sehr kurvenreich war und dicke Staubwolken uns zeitweise völlig einhüllten. Das mußte uns die Chance geben, unbemerkt abzuspringen und im nahen Dschungel zu verschwinden. Daß »unser« Wachsoldat uns erwischen könnte, war schon deshalb unwahrscheinlich, weil es offensichtlich seine Hauptaufgabe war, den vor uns fahrenden Wagen zu beobachten. Nur gelegentlich sah er sich auch einmal nach uns um.

Alles in allem schien uns also die Flucht nicht allzu schwierig, und wir riskierten es, sie auf den spätesten Zeitpunkt zu verlegen, der irgend denkbar war. Als Ziel hatten wir uns nämlich eine neutrale portugiesische Enklave ausgesucht – und die lag fast genau in der Fahrtrichtung!

Endlich war der Augenblick da. Wir sprangen ab, und ich lag bereits hinter einem zwanzig Meter von der Straße entfernten Busch in einer kleinen Vertiefung – als zu meinem Schrecken die ganze Karawane hielt! Schrilles Pfeifen, Schreien und das Hinüberrennen der Wachen auf die andere Straßenseite ließen kaum einen Zweifel daran, was geschehen war. Lobenhoffer mußte entdeckt worden sein, und da er den Rucksack mit der Ausrüstung bei sich hatte, blieb mir nichts anderes übrig, als meinen Fluchtplan ebenfalls aufzugeben. Zum Glück gelang es mir, bei dem allgemeinen Tumult wieder auf meinen Wagenplatz zu springen, ohne daß einer der Soldaten es bemerkte. Nur die Kameraden wußten, daß ich ausgerissen war, und die schwiegen natürlich.

Jetzt sah ich auch Lobenhoffer: Er stand, Hände hoch, einer Reihe von Bajonetten gegenüber! Ich war ganz gebrochen, die Enttäuschung war schrecklich. Dabei traf meinen Freund kaum eine Schuld an dem Unglück. Er hatte nur mit dem schweren Rucksack, den er beim Absprung in der Hand gehalten hatte, ein wenig Lärm gemacht. Dadurch war unser Wachtposten aufmerksam geworden, und so wurde Lobenhoffer gestellt, bevor er noch den schützenden Dschungel erreichen konnte.

Wir zogen aus dem Vorfall eine bittere, aber nützliche Lehre: Auch bei einem gemeinsamen Fluchtversuch muß ein jeder eine komplette Ausrüstung bei sich haben.

Noch im gleichen Jahr kamen wir abermals in ein anderes Camp. Eisenbahnzüge brachten uns bis an den Fuß des Himalaja, in das größte Internierungslager Indiens, wenige Kilometer außerhalb der Stadt Dehradun. Ein wenig höher als die Stadt lag Mussoorie, der Sommersitz der Engländer und reicher Inder, »Hillstation« genannt. Unser Lager bestand aus sieben großen Flügeln, von denen jeder für sich mit einem doppelten Stacheldrahtverhau umgeben war. Um das ganze Lager herum führten dann nochmals zwei solcher stacheligen Gitter – und in dem Gang zwischen ihnen patrouillierten ständig die Wachen.

Das war nun also eine ganz neue Situation. Solange unsere Camps unten in der indischen Ebene lagen, war das Ziel unserer Fluchtpläne immer, eine der neutralen portugiesischen Kolonien zu erreichen. Hier aber lag der Himalaja direkt vor uns. Wie verlokkend war der Gedanke für einen Bergsteiger, über die Pässe in das dahinterliegende Tibet zu gelangen! Als endgültiges Ziel dachten wir dann an die japanischen Linien in Burma oder China.

Eine solche Flucht mußte natürlich besonders gründlich vorbereitet werden. Zu diesem Zeitpunkt waren ja auch unsere Hoffnungen auf ein baldiges Kriegsende geschwunden, und so ging ich nun systematisch daran, das neue Unternehmen zu organisieren. Ein Fluchtweg durch das dichtbevölkerte Indien kam deshalb nicht in Frage, weil dazu große Geldmittel und perfekte englische Sprachkenntnisse fast unentbehrliche Voraussetzungen waren – und beides fehlte mir. Es war also ganz selbstverständlich, daß meine Wahl auf das menschenleere Tibet fiel. Und auf den Himalaja! Selbst für den Fall, daß mein Plan nicht restlos gelingen sollte, war mir schon eine kurze Zeit der Freiheit in den Bergen das Risiko wert.

Zunächst lernte ich erst einmal ein wenig Hindostani, Tibetisch und Japanisch, um mich mit den Einheimischen verständigen zu können. Dann verschlang ich sämtliche in der Lagerbibliothek vorhandenen Reisebücher über Asien, speziell über die Gegenden, durch die mein Weg voraussichtlich führen würde, machte mir Auszüge und kopierte die wichtigsten Karten. Peter Aufschnaiter, der auch in Dehradun gelandet war, besaß noch unsere Expeditionsbücher und -karten. Er arbeitete mit unermüdlichem Fleiß weiter an ihnen und stellte mir in selbstloser Weise alle seine Skizzen zur Verfügung. Ich machte von ihnen allen zwei Kopien, eine für die Flucht, die zweite als Reserve, falls das Original in Verlust geraten sollte.

Ebenso wichtig aber war es, gerade bei diesem Fluchtweg meinen Körper in denkbar bester Kondition zu erhalten. So widmete ich täglich viele Stunden dem Sport. Gleichgültig, ob das Wetter gut oder schlecht war – ich absolvierte das Pensum, das ich mir selber vorgeschrieben hatte. So manche Nacht lag ich dann noch auf der Lauer, um die Gewohnheiten der Wachen zu studieren.

Am meisten Sorge aber machte mir eine ganz andere Schwierigkeit: Ich hatte zu wenig Geld. Obwohl ich schon alles, was ich irgend entbehren konnte, verkauft hatte, war dies für die bescheidensten Lebensbedürfnisse in Tibet völlig unzureichend, ganz abgesehen von den in Asien nun einmal notwendigen Bestechungen und Geschenken. Trotzdem arbeitete ich systematisch weiter, und einige Freunde, die selber keine Fluchtpläne schmiedeten, halfen mir dabei.

In der ersten Zeit meiner Internierung hatte ich keine sogenannte »Parole« für Beurlaubungen aus dem Lager unterzeichnet, um mich bei einer plötzlich auftauchenden Fluchtchance nicht durch mein Ehrenwort gebunden zu fühlen. Hier in Dehradun konnte und mußte ich es tun; die »Ausflüge« dienten ja auch nur der Erforschung der Lagerumgebung.

Ursprünglich hatte ich vorgehabt, allein zu fliehen, um nicht auf irgend jemand Rücksicht nehmen zu müssen, was vielleicht meine Chancen beeinträchtigen konnte. Da erzählte mir eines Tages mein Freund Rolf Magener, daß ein italienischer General die gleichen Absichten habe wie ich. Ich hatte von ihm schon früher gehört, und so kletterten Magener und ich eines Nachts durch die Stacheldrahtzäune zum Nachbarflügel, in dem vierzig italienische Generäle untergebracht waren.

Mein künftiger Begleiter hieß Marchese und war in seinem Äußeren ein typischer Italiener. Er war etwas über vierzig Jahre alt, hatte eine schlanke Figur, angenehme Manieren, und seine Kleidung wirkte für unsere Begriffe ausgesprochen elegant. Vor allem aber machte mir seine gute körperliche Verfassung einen günstigen Eindruck.

Mit der Verständigung haperte es vorläufig etwas. Er sprach nicht Deutsch, ich nicht Italienisch, Englisch konnten wir beide herzlich wenig; also unterhielten wir uns, mit Hilfe eines Freundes, gebrochen auf französisch. Marchese erzählte mir vom Abessinienkrieg und von einem früheren Fluchtversuch aus einem Internierungslager.

Zum Glück war für ihn, der das Gehalt eines englischen Generals bezog, Geld kein Problem. Auch sonst hatte er die Möglichkeit, Sachen für die gemeinsame Flucht zu beschaffen, an die ich nicht einmal im Traum zu denken gewagt hätte. Was er brauchte, war ein Partner, der im Himalaja Bescheid wußte ... So einigten wir uns sehr bald auf der Basis, daß ich für die Planung des Ganzen verantwortlich sein sollte, er hingegen für die Beschaffung von Geld und Ausrüstungsgegenständen.

Mehrmals in der Woche kletterte ich nun durch die Stacheldrahtzäune, um mit Marchese weitere Details zu besprechen. Dadurch wurde ich zugleich zu einem wahren Experten in der Überwindung solcher Verhaue. Natürlich gab es hier grundsätzlich viele Möglichkeiten; in unserem Falle aber schien mir eine besonders aussichtsreich. Sie beruhte auf dem Umstand, daß die beiden um den ganzen Lagerkomplex gezogenen Zäune etwa alle achtzig Meter durch ein gemeinsames, spitzes Strohdach überdeckt waren, das die Wachsoldaten vor der heißen indischen Sonne schützte. Wenn wir eines dieser Dächer überklettern konnten, hatten wir beide Zäune mit einem Schlage überwunden!

Im Mai 1943 hatten wir alle unsere Vorbereitungen beendet. Geld, Kraftnahrung, Kompaß, Uhren, Schuhe und ein kleines Bergsteigerzelt waren beschafft.

Eines Nachts beschlossen wir, den Versuch zu wagen. Ich kletterte also, wie schon so oft, durch die Zäune in Marcheses Flügel hinüber. Dort stand eine Leiter bereit, die wir vor längerer Zeit bei einem kleinen Lagerbrand beiseite gebracht hatten. Wir lehnten sie griffbereit an die Wand neben uns und warteten im Schatten einer Baracke. Es war nahe an Mitternacht, in zehn Minuten mußten die Wachen wechseln. Träge und sichtlich ablösungsreif gingen sie noch hin und her. Mehrere Minuten verstrichen, bis sie an die von uns ausgesuchte Stelle kamen. Gerade ging der Mond langsam über den Teeplantagen auf. Die großen elektrischen Lampen warfen kurze Doppelschatten. Es war soweit: jetzt oder nie!

Beide Wachtposten hatten die größtmögliche Entfernung von uns erreicht, als ich mich aus meiner gebückten Stellung aufrichtete und, die Leiter in der Hand, zum Stacheldraht schnellte. Ich lehnte die Leiter gegen den nach innen überhängenden Teil des Zauns, stieg hinauf und durchschnitt die oben noch zusätzlich angebrachten Drähte, die das Überklettern des Strohdachs verhindern sollten. Marchese drückte mit einer langen Gabelstange gegen den restlichen Stacheldraht, und so konnte ich auf das Dach schlüpfen.

Es war ausgemacht, daß der Italiener sofort nachkommen sollte, während ich die Drähte mit meinen Händen für ihn offenhielt. Aber er kam nicht, er zögerte einige gräßliche Sekunden lang, weil er meinte, es sei für ihn schon zu spät, und die Wachen näherten sich bereits ... Tatsächlich, ich hörte ihre Schritte! Da ließ ich ihm keine Zeit zum Überlegen mehr, packte ihn kurzerhand unter den Armen und zog ihn mit einem Ruck aufs Dach. Wir krochen hinüber und ließen uns dann mit einem schweren Fall in die Freiheit plumpsen.

All das war nun nicht gerade sehr leise vor sich gegangen. Die Wachen waren alarmiert. Aber während ihre ersten Schüsse durch die Nacht peitschten, hatte uns schon der dichte Dschungel verschluckt.

Das erste, was Marchese tat, war, mich mit seinem ganzen südlichen Temperament zu umarmen und abzuküssen – aber für Freudenausbrüche war es nun wirklich noch nicht der richtige Moment. Leuchtraketen stiegen am Himmel auf, und nahe Pfeifsignale verrieten, daß man uns bereits auf den Fersen war. Wir rannten um unser Leben und kamen auch recht rasch vorwärts, auf Abkürzungswegen, da ich ja den Dschungel in der Umgebung des Lagers von meinen Erkundungsausflügen her gut kannte. Nur selten benutzten wir die Straßen, und um die wenigen Dörfer schlichen wir vorsichtig herum. Unsere Rucksäcke spürten wir am Anfang kaum, aber später machte sich die schwere Last dann doch bemerkbar.

In einem der Dörfer schlugen die Einheimischen ihre Trommeln, und unsere Phantasie ließ uns sogleich an Alarm denken.

Das waren alles Schwierigkeiten, die man sich in nur von Weißen bewohnten Ländern kaum ausmalen kann. In Asien reist der »Sahib« eben immer in Begleitung von Dienern und trägt nie auch nur das kleinste Gepäckstück selbst – wie mußte es da auffallen, wenn zwei schwerbepackte Europäer zu Fuß durch die Gegend wanderten!

Bei Nacht marschieren, bei Tag sich verstecken

Wir beschlossen also, die Nächte zum Marschieren zu benutzen, denn der Inder fürchtet sich, den Dschungel in der Dunkelheit zu betreten – der Raubtiere wegen. Sehr wohl war freilich auch uns nicht zumute, denn wir hatten in den im Lager zugelassenen Zeitungen immer wieder Berichte von menschenreißenden Tigern und Panthern gelesen ...

Als nach dieser Nacht der Morgen graute, versteckten wir uns erschöpft in einer Bodenrinne, in der wir den ganzen Tag verbrachten. Mit Schlafen und Essen verging ein glühendheißer, endlos langer Tag, an dem wir nur einen einzigen Menschen sahen, und auch den nur aus der Ferne: einen Kuhhirten. Er bemerkte uns zum Glück nicht. Das Schlimmste war, daß wir jeder nur eine gefüllte Wasserflasche besaßen, mit der wir in unserem Versteck einen Tag lang auskommen mußten.

Da war es kein Wunder, daß wir am Abend, vor lauter Sitzen

Oben: Der Potala, Sitz des Dalai Lama in Lhasa. Erster Eindruck des Pilgers, der die Stadt durch das westliche Eingangstor mit seinen drei Tschörten (rechts im Bild) betritt
Unten: Ansicht des Potala von Norden

und Stillhalten, unsere Nerven kaum mehr beherrschen konnten. Wir wollten weiter, so schnell wie möglich, und die Nächte allein schienen uns viel zu kurz, um rasch genug vorwärts zu kommen. Wir mußten auf dem kürzesten Weg durch den Himalaja nach Tibet, und das würde uns in jedem Falle Wochen anstrengendsten Marschierens kosten, bevor wir uns in Sicherheit fühlen konnten.

Immerhin – den ersten Höhenrücken überstiegen wir schon an jenem ersten Abend nach unserer Flucht. Oben setzten wir uns zu einer kurzen Rast. Tausend Meter unter uns funkelten die zahllosen Lichter des Internierungslagers. Als es 22 Uhr war, erloschen sie mit einem Schlag. Nur die Scheinwerfer, die das Camp umrahmten, gaben noch einen Begriff von seiner riesigen Ausdehnung.

Es war das erstemal in meinem Leben, daß ich so richtig fühlte, was das heißt: frei sein! Wir genossen dieses herrliche Bewußtsein und dachten mit Bedauern an die zweitausend Gefangenen, die dort unten weiter hinter Stacheldraht leben mußten!

Viel Zeit, unseren Gedanken nachzuhängen, blieb uns aber auch hier nicht. Wir mußten weiter, hinunter ins Dschamnatal, das uns völlig unbekannt war. Und in einem seiner Seitentäler konnten wir dann auch in einer engen Schlucht wirklich nicht weiter und mußten den nächsten Morgen abwarten. Der Platz war so einsam, daß ich es ohne Bedenken wagen konnte, dort meine hellen Kopf- und Barthaare schwarz zu färben. Auch meinen Händen und meinem Gesicht gab ich mit einer Mischung aus Kaliumpermanganat, brauner Farbe und Fett eine dunkle Tönung. Dadurch bekam ich immerhin einige Ähnlichkeit mit einem Inder, und das war wichtig, denn wir wollten uns ja im Falle einer Entdeckung als Pilger auf der Wallfahrt zum heiligen Ganges ausgeben. Was meinen Kameraden betraf, so sah er schon von Natur dunkel genug aus, um zumindest in einiger Entfernung nicht aufzufallen. Näher untersuchen lassen durften wir uns freilich beide nicht.

Oben: Tibetisches Dorf im Himalaja
Unten: Im Jakhautboot auf dem Brahmaputra (in Tibet »Tsangpo«)

Diesmal machten wir uns auf den Weg, noch bevor es finster wurde. Wir sollten es bald bereuen, denn nach einer unübersichtlichen Wegstrecke standen wir plötzlich Reis pflanzenden Bauern gegenüber. Halbnackt wateten sie bis zu den Knien im lehmigen Wasser und starrten sichtlich erstaunt auf uns zwei mit Rucksäkken beladene Männer. Dann deuteten sie mit den Fingern den Hang hinauf, wo man, hoch oben, ihr Dorf sehen konnte. Das sollte offenbar heißen, dies sei der einzige Ausweg aus der Schlucht. Um peinlichen Fragen zu entgehen, marschierten wir auch sofort, so schnell als möglich, in der angegebenen Richtung weiter. Nach stundenlangem Bergauf und Bergab erreichten wir endlich den Dschamnafluß.

Inzwischen war die Nacht hereingebrochen. Unser Plan war, den Dschamna entlang bis zu seinem Nebenfluß Aglar zu gehen und, diesem folgend, die Wasserscheide zu erreichen. Von dort konnte es nicht mehr weit zum Ganges sein, der uns zur großen Himalajakette führen sollte.

Der größte Teil der Strecke, die wir bisher zurückgelegt hatten, war ohne Weg und Steg gewesen, nur gelegentlich konnten wir, den Flußläufen entlang, Fischerpfade benutzen. An diesem Morgen war Marchese bereits sehr erschöpft. Ich bereitete ihm Haferflocken mit Wasser und Zucker, und auf mein Drängen aß er ein wenig davon. Leider war die Umgebung für einen Lagerplatz denkbar ungeeignet. Es wimmelte von großen Ameisen, die sich tief in die Haut verbissen. Und da wir, trotz unserer Müdigkeit, kaum schlafen konnten, dehnte der Tag sich endlos.

Gegen Abend erwachte der Unternehmungsgeist meines Kameraden von neuem, und ich schöpfte neue Hoffnung, daß seine körperliche Verfassung sich gebessert haben könnte. Auch er selber war voller Vertrauen, die Strapazen der nächsten Nacht glatt durchzustehen. Doch bald nach Mitternacht war er mit seinen Kräften am Ende. Er war der enormen Anstrengung physisch einfach nicht gewachsen. Da kam uns beiden mein hartes sportliches Training sehr zustatten – denn manchmal trug ich auch noch seinen Rucksack, aufgeschnallt über dem meinigen. Wir hatten übrigens über beide Rucksäcke landesübliche indische Jutesäcke gestülpt, denn, so selbstverständlich diese auch bei uns zu Hause waren – hier hätten sie sofort Verdacht erregt.

Die nächsten beiden Nächte irrten wir weiter flußaufwärts, immer wieder den Aglar durchwatend, wenn Dschungel oder Felsabbrüche den Weg versperrten. Einmal, als wir zwischen großen Felsblöcken im Flußbett rasteten, kamen einige Fischer vorbei, ohne uns zu bemerken. Ein anderes Mal, als wir wiederum auf Fischer stießen, diesmal aber nicht mehr ausweichen konnten, verlangten wir in unserem gebrochenen Hindostani einige Forellen. Unsere Verkleidung schien doch recht gut zu sein, denn die Männer verkauften uns die Fische, ohne Mißtrauen zu zeigen – ja, sie kochten sie uns sogar. Auch auf ihre neugierigen Fragen konnten wir ihnen, ohne Argwohn zu erregen, Rede und Antwort stehen. Sie rauchten dabei die kleinen, für Europäer sehr wenig bekömmlichen indischen Zigaretten. Marchese, der vor der Flucht ein starker Raucher gewesen war, konnte der Versuchung nicht widerstehen und bat um einen dieser Glimmstengel. Kaum hatte er aber einige Züge getan, als er, wie von einer Axt gefällt, ohnmächtig zusammenbrach!

Zum Glück erholte er sich bald wieder, und wir konnten unsere Flucht fortsetzen. Später trafen wir dann auf Bauern, die Butter in die Stadt trugen. Wir waren inzwischen dreister geworden und sprachen sie an, um ihnen etwas abzukaufen. Einer von ihnen war auch gleich einverstanden – aber als der Inder nun mit seinen dunklen, schmutzigen Händen die durch die Hitze fast flüssig gewordene Butter aus seinem Topf in den unseren schmierte, da übergaben wir uns beide fast vor Ekel.

Endlich erweiterte sich das Tal, und der Weg führte uns durch weite Reis- und Kornfelder. Es wurde nun immer schwerer, ein gutes Versteck für den Tag zu finden. Einmal wurden wir schon am Vormittag entdeckt, und da die Bauern allzu viele indiskrete Fragen an uns stellten, schien uns die beste Antwort – einfach schnell unsere Sachen zu packen und weiterzuhasten!

Wir hatten noch kein neues Versteck gefunden, da trafen wir auf acht Männer, die uns durch laute Rufe zum Anhalten zwangen. Unser Glück schien uns endgültig verlassen zu haben. Auf ihre zahllosen Fragen antwortete ich immer wieder, wir seien Pilger aus einer sehr fernen Provinz. Und wir mußten, zu unserem eigenen Erstaunen, die »Prüfung« irgendwie bestanden haben, denn nach einer Weile ließen uns die Leute unbehelligt weiterziehen. Wir konnten es kaum glauben, und noch längere Zeit vermeinten wir Schritte hinter uns zu hören, die uns verfolgten ...

Es war also ein guter Einfall gewesen, bei unserm letzten Versteck meine Farbe zu »erneuern«! Aber der Tag war nun einmal wie verhext, und die Aufregungen wollten kein Ende nehmen. Wir mußten schließlich die entmutigende Feststellung machen, daß wir zwar eine Wasserscheide passiert hatten, aber noch immer im Flußgebiet des Dschamna waren. Und das bedeutete einen Zeitverlust von mindestens zwei Tagen.

Und wieder ging es bergauf. Wir kamen jetzt in dichte Rhododendronwälder; sie schienen so menschenleer zu sein, daß wir auf einen ruhigen Tag hofften. Endlich einmal richtig ausschlafen können! Aber bald kamen Kuhhirten in Sicht, und wir mußten das Lager wechseln. Mit dem langen Schlaf war es wiederum nichts.

In den nächsten Nächten marschierten wir dann weiter durch verhältnismäßig wenig bewohnte Gegenden. Wir sollten leider früh genug erfahren, warum es hier so einsam war: Es gab so gut wie kein Wasser! Wir litten so sehr unter dem ewigen Durst, daß ich einmal einen schweren Fehler beging, der schlimme Folgen hätte haben können. Ich stürzte mich nämlich, als wir auf einen kleinen Tümpel stießen, ohne jede Vorsichtsmaßnahme auf das ersehnte Naß und begann sofort in Riesenschlucken zu trinken.

Die Folgen waren scheußlich. Es war einer jener Tümpel, in denen sich die Wasserbüffel, auf der Flucht vor der Hitze, stundenlang herumzusielen pflegen – und deren Hauptinhalt daher nicht Wasser ist, sondern Urin! Ich bekam einen Hustenanfall, dann mußte ich mich erbrechen, und es dauerte lange, bis ich mich von dieser üblen »Erfrischung« wieder erholt hatte.

Bald nach diesem Zwischenfall konnten wir vor Durst einfach nicht mehr weiter und mußten uns hinlegen, obwohl es noch tiefe Nacht war. Als der Morgen graute, kletterte ich dann allein die steilen Hänge hinunter, um Wasser zu suchen. Auch die nächsten drei Tage und Nächte waren nicht viel besser. Es ging durch trokkene Föhrenwälder, die aber erfreulicherweise so einsam waren, daß wir nur ganz selten auf Inder trafen und eine Entdeckung vermeiden konnten.

Am zwölften Tage unserer Flucht kam endlich der große Augenblick: Wir standen am Ufer des Ganges! Auch der frömmste Hindu konnte nicht ergriffener beim Anblick des »heiligen Stromes« sein als wir. Freilich war die Bedeutung des Flusses für uns keine religiöse, sondern eine praktische. Wir konnten jetzt die Pilgerstraße, den Ganges aufwärts bis zu seiner Quelle, verfolgen, und das mußte die Strapazen des Marsches erheblich verringern. Wenigstens dachten wir uns das so ... Ein Risiko, das nicht absolut unvermeidbar war, wollten wir, nachdem wir es nun einmal so weit geschafft hatten, nicht mehr eingehen. Das bedeutete: ausschließlich bei Nacht marschieren!

Mit unseren Lebensmitteln sah es inzwischen leider verzweifelt genug aus. Die Vorräte waren verbraucht, und der arme Marchese bestand nur noch aus Haut und Knochen; trotzdem tat er sein Bestes. Ich selbst fühlte mich zum Glück verhältnismäßig frisch und hatte noch genug Reserven.

Unsere ganze Hoffnung waren die Tee- und Lebensmittelgeschäfte, die es überall entlang der Pilgerstraße gab. Einige von ihnen hatten auch am späten Abend offen; ein mattes Öllämpchen machte sie dann kenntlich. Ich erneuerte mein »Make-up« und steuerte auf den ersten Laden zu ... Aber ich hatte ihn noch nicht betreten, da jagte man mich schon mit wilden Schimpfreden davon. Offenbar hielt man mich für einen Dieb! So unangenehm das für den Augenblick auch sein mochte, es hatte, für die Zukunft gesehen, einen Vorteil: Meine Verkleidung wirkte echt!

Beim nächsten dieser primitiven Geschäfte hielt ich, schon als ich eintrat, mein ganzes Geld möglichst auffallend in der Hand. Das machte offensichtlich einen guten Eindruck. Und dann erzählte ich, daß ich für zehn Mann einkaufen müsse, um so die für einen einzelnen übertriebenen Mengen von vierzig Pfund Mehl, Rohrzucker und Zwiebeln glaubhaft zu machen.

Die Leute beschäftigten sich daraufhin mehr mit der Untersuchung der Geldscheine als mit meiner Person; und so konnte ich bald, schwer bepackt, aus dem Laden davonziehen. Wir verbrachten dann einen glücklichen Tag. Endlich hatten wir genügend zu essen, und die Pilgerstraße schien uns – nach den »Wegen«, die wir hinter uns hatten – wie die schönste Promenade.

Aber die Freude sollte nicht lange dauern. Schon am nächsten Rastplatz wurden wir von Holzsuchern aufgestöbert. Marchese lag, wegen der großen Hitze, halbnackt da; er war so mager geworden, daß man seine einzelnen Rippen zählen konnte. Er machte wirklich einen sehr kranken Eindruck. Trotzdem waren wir natürlich verdächtig, weil wir abseits von den üblichen Pilgerherbergen lagerten. Die Inder luden uns ein, sie zu ihrem Bauernhof zu begleiten, aber das wollten wir aus naheliegenden Gründen nicht und benutzten Marcheses schlechten Gesundheitszustand als Ausrede.

Die Leute verschwanden dann auch – aber leider kamen sie bald darauf wieder. Und diesmal konnte es keinen Zweifel geben, daß sie uns für Flüchtlinge hielten. Sie versuchten uns nämlich zu erpressen! Sie erzählten von einem Engländer, der mit acht Soldaten nach zwei Geflüchteten suche und ihnen für jede Mitteilung in diesem Zusammenhang eine gute Belohnung versprochen habe. Wenn aber wir ihnen Geld gäben – dann wollten sie schweigen ... Ich blieb fest und bestand darauf, ein Arzt aus Kaschmir zu sein; als Beweis zeigte ich ihnen meinen Medizinkasten.

Ob es nun Marcheses leider durchaus echtes Stöhnen war oder ob das Theater, das ich ihnen vormachte, so überzeugend wirkte – jedenfalls verschwanden die Inder wieder. Wir verbrachten nun die nächste Zeit in ständiger Furcht vor ihrer Rückkehr, womöglich mit irgendwelchen Amtspersonen. Doch blieben wir unbehelligt.

Auf diese Weise waren die Tage aber nicht nur ohne Erholung, sondern häufig noch anstrengender als die Nächte. Nicht für die Muskeln, wohl aber für die Nerven, die in ununterbrochener Spannung blieben. Mittags war die Wasserflasche gewöhnlich schon leer, und der Rest des Tages dehnte sich dann endlos. Jeden Abend aber marschierte Marchese heroisch weiter, und bis Mitternacht ging es – so erschöpft er auch durch seinen Gewichtsverlust war –

immer sehr gut. Dann aber brauchte er seine zwei Stunden Schlaf, um noch ein Stück weiter zu können. Gegen Morgen biwakierten wir, und von unseren versteckten Lagerplätzen aus konnten wir meist auf die große Pilgerstraße hinuntersehen, auf der in fast ununterbrochenem Strom die Frommen dahinwanderten. Oft recht seltsam gekleidet – immer aber ohne sich vor irgend jemand verstecken zu müssen. Die Glücklichen! Es sollen jährlich, nur während der Sommermonate, etwa 60 000 Menschen sein, die hier vorbeikommen ... Das hatten wir noch im Lager gehört, und wir glaubten es gerne.

Strapazen und Entbehrungen – alles umsonst

Nach langem Wandern erreichten wir gegen Mitternacht die Tempelstadt Uttar Kaschi. In ihren engen Gassen verloren wir bald die Richtung. Marchese setzte sich daher mit den Rucksäcken in einen dunklen Winkel, und ich versuchte auf eigene Faust, mich zu orientieren. Durch die offenen Tempeltüren sah man Lichter vor glotzenden Götterstatuen brennen, und oft mußte ich rasch zurückspringen und mich verstecken, weil Mönche von einem ihrer Heiligtümer zum andern gingen. Wir hatten über eine Stunde Zeit verloren, als wir endlich hinter der Stadt, den Pilgerweg wiederfanden ...

Aus den vielen Expeditionsbüchern, die ich gelesen hatte, wußte ich, daß wir nun bald die sogenannte »innere Grenzlinie« überschreiten mußten. Sie verläuft in einem Abstand von hundert bis zweihundert Kilometern parallel zur wirklichen Landesgrenze, und zum Betreten des ganzen Gebietes zwischen diesen beiden Linien muß – mit Ausnahme der dort ansässigen Bevölkerung – jedermann einen Paß besitzen. Da wir den nicht hatten, mußten wir nun besonders scharf darauf achten, der Polizeistelle und ihren Streifen auszuweichen.

Das Tal, durch das wir jetzt aufwärts stiegen, war, je weiter wir kamen, immer spärlicher besiedelt. Tagsüber hatten wir keine Schwierigkeit, geeignete Lagerplätze zu finden. Oft konnte ich unbesorgt mein Versteck verlassen, um Wasser zu holen. Einmal machte ich sogar ein kleines Feuer und kochte Haferflocken; es war die erste warme Mahlzeit seit vierzehn Tagen.

Wir befanden uns bereits in ungefähr 2000 m Höhe, und in der Nacht passierten wir oft Lager der Bhutia. Das sind tibetische Händler, die im Sommer in Südtibet ihre kleinen Geschäfte betreiben und im Winter nach Indien gehen. Viele von ihnen verbringen die warme Jahreszeit in kleinen, 3000 bis 4000 m hoch gelegenen Dörfern, wo sie Gerste anbauen. Diese Lager, die wir in der Nacht sahen, hatten eine sehr unangenehme Seite: Wir bekamen es in ihrer Nähe immer mit den sehr kräftigen und angriffslustigen tibetischen Hunden zu tun, einer mittelgroßen, langhaarigen Rasse, die wir hier zum erstenmal kennenlernten.

Einmal kamen wir in der Nacht in eines dieser Bhutiadörfer, die nur im Sommer bewohnt sind. Es machte einen ganz heimeligen Eindruck mit seinen niedrigen Häusern, deren Dächer mit Schindeln bedeckt und mit Steinen beschwert waren. Gleich hinter dem Dorf erwartete uns aber eine unangenehme Überraschung: Die Gegend war vermurt wie nach einer Überschwemmung, und an dem reißenden Bach, der Ursache dieser Verwüstung, suchten wir vergeblich nach einer Brücke. Es war auch ganz unmöglich, den Bach auf irgendeine andere Art zu überqueren. Schließlich gaben wir das Suchen auf und beschlossen, die Stelle aus einem Versteck zu beobachten, denn wir konnten nicht glauben, daß die Pilgerstraße hier plötzlich abbrechen sollte. Richtig setzte der Pilgerstrom bereits am frühen Morgen ein und überquerte zu unserem größten Erstaunen gerade dort den Bach, wo wir es in der Nacht viele Stunden hindurch vergeblich versucht hatten. Wie das zuging, konnten wir leider nicht ausmachen, denn ein Wald nahm uns die Sicht. Ebenso merkwürdig und unerklärlich schien es uns, daß der Pilgerstrom schon am frühen Vormittag wieder abbrach.

Am nächsten Abend versuchten wir wieder an derselben Stelle hinüberzukommen. Und wieder war es unmöglich! Endlich ging mir ein Licht auf: Es mußte sich hier um einen Bach handeln, der das Wasser der Schneeschmelze führte. Diese Bäche werden von Schnee und Eis der Gletscher gespeist und führen ihre größte Wassermenge vom Vormittag bis spät in die Nacht hinein. Am frühen Morgen haben sie ihren niedrigsten Stand.

Es war, wie ich vermutet hatte: Als wir im ersten Morgengrauen wieder vor unserem Bach standen, sahen wir die Baumstämme einer primitiven Brücke aus dem Wasser treten. Vorsichtig balancierten wir über sie hinweg und erreichten das andere Ufer. Leider tauchten aber immer wieder neue Wasserarme vor uns auf, die ebenso mühsam überquert werden mußten. Ich hatte schließlich das letzte Rinnsal glücklich hinter mir, als Marchese ausrutschte und ins Wasser fiel. Zum Glück oberhalb des Baumstammes, sonst hätte ihn die Strömung mitgerissen. Als er völlig durchnäßt und erschöpft wieder neben mir stand, war er nicht zu bewegen, weiterzugehen. Trotz meines Drängens, mit mir doch bis in den Wald zu kommen, breitete er seine Sachen aus und begann ein Feuer zu machen. Zum erstenmal bereute ich, seinen wiederholten Bitten, die Flucht allein fortzusetzen, nicht gefolgt zu sein. Immer hatte ich darauf bestanden, daß wir gemeinsam durchhalten müßten ...

Da stand auch schon ein Inder vor uns, und mit einem Blick auf die europäischen Gegenstände, die auf dem Boden lagen, begann er uns auszufragen. Jetzt erst begriff Marchese, wie gefährlich unsere Lage war. Rasch packte er seine Sachen zusammen, aber wir hatten kaum ein paar Schritte getan, als ein zweiter, sehr stattlicher Inder uns entgegentrat, dem zehn handfeste Männer folgten. In perfektem Englisch verlangte er unsere Pässe. Wir taten, als ob wir ihn nicht verstünden, und gaben uns als Pilger aus Kaschmir aus. Er überlegte eine Weile und traf dann eine sehr kluge Entscheidung, die für uns leider das Ende bedeutete. Zwei Kaschmiri, sagte er, seien im nächsten Haus. Wenn wir uns mit ihnen verständigen könnten, dürften wir weitergehen. Welcher verteufelte Zufall mußte gerade jetzt zwei Kaschmiri in die Gegend führen? Ich hatte diese Ausrede nur benutzt, da es zu den größten Seltenheiten gehört, hier Leute aus Kaschmir anzutreffen.

Die zwei, von denen er sprach, waren als Fachleute für Überschwemmungsschäden hierher gerufen worden. Als wir ihnen gegenüberstanden, sahen wir ein, daß der Augenblick unserer Entlarvung gekommen war. Wie für diesen Fall ausgemacht war, begann ich mit Marchese Französisch zu sprechen. Sofort fiel uns der Inder in derselben Sprache ins Wort und forderte uns auf, unsere Rucksäcke zu öffnen. Als er meine englisch-tibetische Grammatik sah, meinte er, es wäre besser, uns zu erkennen zu geben. Wir gaben nun zu, Flüchtlinge zu sein, verrieten jedoch unsere Nationalität nicht und sprachen Englisch mit ihm.

Obwohl wir bald darauf in einem gemütlichen Zimmer beim Tee saßen, fühlte ich mich grenzenlos enttäuscht. Es war der achtzehnte Tag unserer Flucht, und alle Entbehrungen und Strapazen, die wir erduldet hatten, waren umsonst gewesen. Der Mann, der uns ausgefragt hatte, war der oberste Chef des Forstwesens im Staate Tehri-Gharwal. Er hatte auf den Hochschulen Englands, Frankreichs und Deutschlands Forstwissenschaft studiert und beherrschte daher alle drei Sprachen. Wegen der Überschwemmung – einer in dieser Gegend seit hundert Jahren nicht mehr erlebten Katastrophe – war er zur Inspektion hierher gekommen. Lächelnd bedauerte er seine Anwesenheit. Aber da ihm die Meldung nun einmal erstattet worden war, mußte er seine Pflicht tun.

Wenn ich heute das Zusammentreffen aller Umstände bedenke, die zu unserer Festnahme führten, muß ich sagen, daß es wirklich mehr als Pech war, dem wir machtlos gegenüberstanden. Trotzdem zweifelte ich keine Minute daran, daß ich auch diesmal wieder ausbrechen würde. Marchese war jedoch so sehr erschöpft, daß er nicht mehr mitmachen wollte. Kameradschaftlich überließ er mir den größten Teil seines Geldes, da er wußte, wie knapp ich daran war. Ich nützte den Tag tüchtig aus und aß, was nur Platz hatte, denn wir waren schon mehrere Tage vorher fast ohne Nahrung marschiert. Der Koch des Forstmeisters schleppte ununterbrochen Eßbares herbei, und ich ließ immer die Hälfte davon in meinen Rucksack verschwinden. Es war noch früh am Abend, als wir vorgaben, müde zu sein und schlafen zu wollen. Die Tür unseres Zimmers wurde hinter uns zugesperrt, und auf der Veranda vor unserem Fenster ließ der Forstmeister, um uns auch diesen Fluchtweg zu versperren, sein Bett aufstellen. Als er einen Augenblick abwesend war, markierten wir einen Streit, den wir vorher genau besprochen hatten: Marchese polterte laut im Zimmer und schrie und schimpfte abwechselnd mit hoher und tiefer Stimme, als ob wir beide wild miteinander stritten. Währenddessen schwang ich mich mit dem Rucksack durch das Fenster auf das Bett des Forstmeisters und lief an das Ende der Veranda. Es war inzwischen dunkel geworden. Ich wartete einige Sekunden, bis die patrouillierende Wache um die Hausecke verschwunden war. Dann sprang ich die vier Meter hinunter, den vierzig Kilogramm schweren Rucksack in der Hand. Der Boden war nicht sehr hart und der Aufprall nicht allzu heftig. Ich erholte mich rasch vom Fall und verschwand über die Gartenmauer im pechschwarzen Wald.

Ich war frei . . .

Alles blieb still. Trotz der Aufregung mußte ich lächeln, wenn ich an Marchese dachte, der verabredungsgemäß in seinem Zimmer weiterschimpfte, oder an den Forstmeister, der in seinem Bett vor dem Fenster Wache hielt . . .

Doch ich mußte weiter und rannte in meiner Aufregung in eine rastende Schafherde. Ehe ich zurück konnte, hatte mich auch schon ein Hund am Hosenboden gefaßt und ließ erst los, als er ein Stück davon herausgerissen hatte. In meinem Schreck lief ich den erstbesten Weg entlang, merkte aber bald, daß er viel zu steil aufwärts führte. Nein, hier konnte es nicht weitergehen! Also zurück, um die Schafherde herumgeschlichen und auf dem anderen Weg weiter. Bald nach Mitternacht aber mußte ich feststellen, daß ich mich wiederum verirrt hatte. Also nochmals in atemloser Eile ein paar Kilometer zurück. Durch diese Irrwege hatte ich vier Stunden verloren, und es begann bereits zu tagen. Als ich um eine Wegecke bog, erblickte ich in etwa zwanzig Meter Entfernung einen Bären, der aber zum Glück davontrollte, ohne von mir Notiz zu nehmen.

Als es Tag geworden war, versteckte ich mich wieder, obwohl die Gegend noch keine Spur einer menschlichen Besiedlung zeigte. Ich wußte indes, daß vor der tibetischen Grenze ein Dorf kommen mußte. Dahinter erst lag endlich die Freiheit! Ich marschierte die ganze nächste Nacht und war schon auf 3000 m Höhe gekommen. Langsam begann ich mich zu wundern, daß ich das Dorf noch nicht passiert hatte. Nach meinen Aufzeichnungen mußte es am anderen Flußufer liegen, und eine Brücke sollte hinüberführen. War ich vielleicht schon daran vorbei? Aber ein Dorf war doch kaum zu übersehen – tröstete ich mich und marschierte sorglos weiter, auch als es heller wurde.

Das war mein Unglück. Denn als ich um den Schuttkegel einer Geröllhalde bog, stand ich direkt vor den Häusern des Dorfes und vor einer ganzen Schar wild gestikulierender Leute! Der Ort war auf meinen Karten falsch eingezeichnet gewesen, und durch mein zweimaliges Verlaufen in der Nacht war es meinen Verfolgern gelungen, mich zu überholen. Sofort war ich umringt, das ganze Dorf stand um mich herum. Ich wurde aufgefordert, mich freiwillig zu fügen, dann führte man mich in ein Haus und bewirtete mich.

Hier traf ich auch zum erstenmal mit tibetischen Nomaden zusammen, die mit ihren Schafherden Salz nach Indien bringen und dafür Gerste zurück nehmen. Zum erstenmal wurde mir der tibetische Buttertee mit Tsampa gereicht, die Hauptnahrung dieses Volkes, von der auch ich später jahrelang leben sollte. Diesmal aber protestierten Magen und Darm noch ziemlich energisch gegen die ungewohnte Speise.

Zwei Nächte verbrachte ich in diesem Dorf, das Nelang hieß. Obwohl ich mit neuen Fluchtgedanken spielte und auch manche Möglichkeit dazu feststellte, war ich zum erstenmal viel zu müde und entmutigt, um sie in die Tat umzusetzen.

Die Rückreise war, verglichen mit den bisher ausgestandenen Strapazen, ein Vergnügen. Ich brauchte nichts zu tragen und wurde sehr gut und regelmäßig verpflegt. Unterwegs traf ich auch wieder mit Marchese zusammen, der sich noch immer als Gast des Forstmeisters in dessen privatem Bungalow aufhielt. Auch ich wurde dazu eingeladen. Und wer beschreibt meine Überraschung, als wenige Tage später noch zwei weitere aus unserem Lager ausgebrochene Internierte eingeliefert wurden und ich in dem einen meinen alten Expeditionskameraden Peter Aufschnaiter wiederfand. Der andere war ein Pater Calenberg.

Inzwischen hatte ich erneut begonnen, mich ernsthaft mit dem Gedanken einer Flucht zu beschäftigen. Ich schloß Freundschaft mit einem Inder unserer Bewachungsmannschaft, der für uns kochte und mir vertrauenerweckend schien. Ihm übergab ich meine Landkarten, den Kompaß und mein Geld, da ich wußte, daß die uns bevorstehende Leibesvisitation es mir unmöglich machen würde, diese Dinge wieder in das Camp einzuschmuggeln. Ich besprach also mit dem Inder, daß ich im nächsten Frühjahr wiederkommen und alles abholen würde. Er sollte sich im Mai Urlaub nehmen und auf mich warten. Das alles versprach er mir hoch und heilig. Nun ging es also zurück ins Camp – ein bitterer Weg, den ich nur im Gedanken an einen neuerlichen und baldigen Fluchtversuch ertrug.

Marchese war noch immer krank und konnte daher die Reise nur zu Pferd zurücklegen. Noch einmal gab es eine angenehme Unterbrechung: Wir wurden vom Maharadscha von Tehri-Gharwal freundlichst zu Gast geladen und glänzend bewirtet. Dann ging es wieder dem Stacheldraht entgegen.

Eine sichtbare Spur hatte diese Fluchtepisode aber doch an mir hinterlassen: Als wir auf unserer Weiterreise einmal an einer heißen Quelle vorbeikamen und darin ein Bad nahmen, hielt ich plötzlich meine Kopfhaare büschelweise zwischen den Fingern. Die Farbe, die ich benutzt hatte, um mich in einen Inder zu verwandeln, war offenbar schädlich gewesen.

Nach dieser unfreiwilligen Enthaarungskur und allen Strapazen, die ich ausgestanden hatte, fiel es manchem von meinen Kameraden schwer, mich wiederzuerkennen, als wir endlich im Lager eintrafen.

Eine gewagte Maskerade

»You made a daring escape. I am sorry, I have to give you twenty-eight days!« sagte der englische Oberst, der uns im Lager in Empfang nahm.

Achtunddreißig Tage hatte ich die Freiheit genossen, nun mußte ich in einer Einzelzelle achtundzwanzig Tage lang die für Fluchtversuche vorgesehene Strafe abbüßen. Doch da man auf englischer Seite dem »kühnen Fluchtversuch« eine gewisse ritterliche Anerkennung nicht versagte, wurde die Strafzeit nicht so streng gehandhabt, wie es sonst üblich war.

Als ich meine Einzelhaft verbüßt hatte, hörte ich, daß Marchese die gleiche Strafe in einem anderen Teil des Lagers hatte absitzen müssen. Er versprach, mir bei meinem nächsten Fluchtversuch behilflich zu sein; er selbst aber wollte nichts mehr davon wissen. Ohne auch nur einen Tag zu verlieren, begann ich sofort wieder neue Karten zu zeichnen und meine auf der Flucht gemachten Erfahrungen zu verwerten. Vom Gelingen meines neuen Fluchtversuches war ich fest überzeugt. Diesmal wollte ich allein gehen.

Mit meinen Vorbereitungen beschäftigt, verging der Winter rasch, und die neue »Fluchtsaison« fand mich wohlgerüstet. Ich wollte diesmal früher starten, um das Dorf Nelang noch zu passieren, solange es unbewohnt war. Auf die Rückgabe meiner dem Inder anvertrauten Sachen hatte ich mich nicht verlassen, sondern die wichtigsten Gegenstände neu beschafft. Ein rührender Beweis von Kameradschaft im Lager waren die Geldspenden, mit denen man mir zu Hilfe kam, obwohl jeder seine kleine Barschaft selbst gut gebrauchen konnte.

Ich war nicht der einzige, der ausreißen wollte. Meine zwei besten Freunde, Rolf Magener und Heins von Have, bereiteten ebenfalls ihre Flucht vor. Beide sprachen fließend Englisch und wollten den Weg durch Indien zur Burma-Front nehmen. Have hatte schon zwei Jahre vorher bei einem Fluchtversuch mit einem Kameraden Burma fast erreicht, doch waren sie kurz vor der Grenze erwischt worden. Bei einem zweiten Versuch verunglückte sein Freund tödlich. Auch andere Lagerinsassen – drei oder vier, so hieß es – hatten Fluchtabsichten. Zu siebt fanden wir uns schließlich zusammen und beschlossen, den Ausbruch aus dem Lager gemeinsam zu unternehmen, denn bei mehreren Einzelversuchen wäre der Alarmzustand verschärft und die Flucht für die Nachfolgenden sehr erschwert worden. War der Ausbruch geglückt, dann konnte jeder seinen eigenen Plänen folgen. Peter Aufschnaiter, der diesmal den Salzburger Bruno Treipel zum Partner hatte, und die Berliner Hans Kopp und Sattler wollten wie ich nach Tibet fliehen.

Am 29. April 1944 nach dem Mittagessen sollte es losgehen. Unser Plan war, als Stacheldraht-Reparaturgruppe verkleidet, die Freiheit zu gewinnen. Solche Arbeitsgruppen waren ein gewohnter Anblick. Denn die weißen Ameisen nagten ständig an den zahllosen Pfosten, die unser Lager umgaben, und die Umzäunung mußte daher immer wieder ausgebessert werden. Ein solcher Arbeitstrupp bestand aus einigen Indern und einem Engländer, der die Aufsicht hatte.

Zum besprochenen Zeitpunkt trafen wir uns in einer kleinen Hütte in der Nähe eines – wie wir genau erkundet hatten – meist unbewachten Stacheldrahtkorridors, und Schminkexperten aus dem Lager verwandelten uns im Nu in dunkelhäutige Inder.

Have und Magener erhielten englische Offiziersuniformen, die heimlich im Lager angefertigt worden waren. Uns »Indern« wurden die Köpfe geschoren und Turbane aufgesetzt. Trotz des Ernstes der Situation mußten wir lachen, als wir uns gegenseitig betrachteten. Denn wir sahen wie Maskierte aus, die zu einem Faschingsball gehen. Zwei von uns trugen eine Leiter, die schon in der vorhergehenden Nacht in den unbewachten Stacheldrahtkorridor geschafft worden war. Außerdem hatten wir ein langes Stück Stacheldraht »organisiert« und auf einen Pfosten aufgerollt. Unsere Habseligkeiten verstauten wir in unseren weiten Gewändern und in Bündeln. Das fiel nicht weiter auf, denn die Inder schleppten immer etwas mit sich herum.

Täuschend echt wirkten unsere beiden »englischen Offiziere«.

Sie hielten Rollen mit Bauplänen unter den Arm geklemmt und spielten arrogant mit ihren Offiziersstäbchen. In die Umzäunung hatten wir schon vorher ein Loch gemacht, durch das wir jetzt der Reihe nach in den unbewachten Gang schlüpften, der die verschiedenen Flügel voneinander trennte. Von hier aus waren es noch ungefähr dreihundert Meter bis zum Haupttor. Wir fielen in keiner Weise auf. Nur einmal verhielten wir den Schritt, und die »Offiziere« inspizierten eifrig den Stacheldraht, als am Haupttor der englische Hauptfeldwebel auf seinem Fahrrad vorbeifuhr. Doch dann passierten wir, ohne mit der Wimper zu zucken, die Wachen, die vor den Offizieren stramm salutierten und uns Kulis keines Blickes würdigten. Unser siebenter Mann, Sattler, der etwas verspätet seine Baracke verlassen hatte, kam, höchst drastisch einen Teertopf schwingend und schwarzbeschmiert, nachgelaufen. Erst außerhalb des Tores holte er uns ein.

Kaum waren wir außer Sicht der Wachen, so schlugen wir uns in die Büsche und entledigten uns rasch der Verkleidung. Darunter trugen wir das übliche Khaki, das auch bei Ausflügen unsere Kleidung war. Ohne viele Worte verabschiedeten wir uns voneinander. Have, Magener und ich rannten noch einige Meilen weit zusammen, dann trennten sich auch unsere Wege. Ich wollte dieselbe Route nehmen wie bei meiner letzten Flucht. Rasch machte ich mich auf die Beine, um bis zum nächsten Morgen einen möglichst großen Abstand zwischen mich und das Lager zu legen. Denn diesmal wollte ich meinen Vorsatz, nur in der Nacht zu marschieren und beim ersten Morgengrauen ein Versteck aufzusuchen, einhalten. Nein, bei dieser Flucht wollte ich nichts riskieren! Die vier Kameraden, die sich gleichfalls Tibet zum Ziel gesetzt hatten, blieben zusammen und benutzten ganz frech den Hauptweg, der über Mussoorie in das Gangestal führte. Ich wagte dies nicht und zog meinen früheren Weg durch das Dschamna- und Aglartal vor. Nicht weniger als vierzigmal mußte ich in der ersten Nacht den Aglar durchwaten; trotzdem lagerte ich, als es Morgen wurde, genau an derselben Stelle, die wir im Vorjahr erst nach vier Tagen erreicht hatten. So rasch war ich allein vorangekommen. Glücklich, frei zu sein, fühlte ich mich zufrieden mit meiner Leistung, wenn ich auch mit Schrammen und Wunden bedeckt war und bereits in dieser einen Nacht infolge der schweren Last, mit der ich bepackt war, ein Paar neue Tennisschuhe durchgelaufen hatte.

Mein erstes Lager wählte ich zwischen den Geröllblöcken des Flußbettes. Kaum hatte ich jedoch meine Sachen ausgepackt, als über mir eine Herde Affen auftauchte. Sie entdeckten mich und begannen unter schrillem Gekreisch Erdklumpen auf mich zu werfen. Durch ihren Lärm abgelenkt, bemerkte ich nicht, daß plötzlich dreißig Inder das Flußbett heraufgerannt kamen, und sah sie erst, als sie sich meinem Versteck schon ganz bedenklich näherten. Ich weiß bis heute nicht, ob es nur Fischer waren, die zufällig vorbeikamen, oder ob sie es tatsächlich auf uns Flüchtlinge abgesehen hatten. Jedenfalls konnte ich es kaum glauben, daß sie mich nicht entdeckt hatten, als sie in einer Entfernung von wenigen Metern an mir vorbeiliefen. Ich atmete auf . . . Durch diesen Vorfall gewarnt, blieb ich aber bis zum Abend in meinem Lager und machte mich erst nach Einbruch der Dunkelheit wieder auf den Weg. Die ganze Nacht hindurch benutzte ich den Aglar als Wegweiser und kam gut vorwärts. Das nächste Lager verlief ohne Aufregungen. Ich konnte mich gut ausruhen und erholen. Am Abend brach ich vor Ungeduld etwas zu früh auf, und kaum hatte ich einige hundert Meter zurückgelegt, als ich eine Inderin beim Wasserholen aufschreckte. Mit einem entsetzten Schrei ließ sie ihren Tontopf fallen und rannte zu den nahen Häusern. Ich selbst war nicht weniger erschrocken und lief von der Hauptroute weg in ein Seitental. Es ging steil aufwärts, und obwohl ich wußte, daß ich auch hier zu meinem Ziel kommen mußte, war es doch ein beschwerlicher Umweg von vielen Stunden. Ich mußte den mehr als 3000 m hohen Nag Tibba übersteigen, der in seinem oberen Teil völlig unbesiedelt und von dichten Wäldern bedeckt ist.

Als ich im Morgengrauen schon ziemlich müde dahintrottete, sah ich mich plötzlich dem ersten Panther meines Lebens gegenüber. Mir blieb fast das Herz stehen, denn ich war völlig wehrlos. Meine einzige Waffe war ein langes Messer, das der Lagerschmied eigens für mich gemacht hatte und das ich an einem Stock befestigt trug. Der Panther saß sprungbereit auf dem dicken Ast eines Baumes, etwa fünf Meter über dem Erdboden. Blitzschnell überlegte ich, was ich tun sollte, dann bezwang ich meine Furcht und setzte ruhig meinen Weg fort. Nichts geschah. Aber noch lange Zeit hatte ich ein ungemütliches Gefühl in meinem Rücken.

Bisher war ich dem Grat des Nag Tibba gefolgt, nun stieß ich endlich wieder auf den Hauptweg. Ich hatte kaum ein paar Kilometer hinter mich gebracht, da gab es wieder eine Überraschung: Mitten auf dem Pfad lagen ein paar Männer und schnarchten – es waren Peter Aufschnaiter und die drei anderen Kameraden aus dem Lager! Ich rüttelte sie wach, und wir bezogen gemeinsam ein Versteck, wo wir unsere bisherigen Erlebnisse austauschten und die landschaftlich herrliche Lage unseres Rastplatzes genossen. Wir waren alle in ausgezeichneter Verfassung und glaubten fest daran, nach Tibet durchzukommen. Nach diesem Tag in Gesellschaft meiner Freunde fiel es mir recht schwer, allein weiterzuwandern. Doch blieb ich meinem Vorsatz treu. Nach der Trennung von den Kameraden erreichte ich noch in derselben Nacht den Ganges. Es war der fünfte Tag, seit ich aus dem Lager ausgebrochen war.

Vor der Tempelstadt Uttar Kaschi, von der ich schon gelegentlich während meines ersten Fluchtversuches gesprochen hatte, mußte ich wieder einmal um meine Freiheit rennen. Ich hatte eben ein Haus passiert, als zwei Männer herauskamen und mir nachliefen. Hals über Kopf eilte ich durch Felder und Büsche zum Ganges hinunter und versteckte mich dort zwischen Geröllblöcken. Alles blieb still – ich war meinen Verfolgern glücklich entkommen. Aber erst nach geraumer Zeit wagte ich mich wieder in das helle Mondlicht hinaus. Nun war es ein Vergnügen, den mir schon bekannten Weg dahinzuwandern, und die Freude über das schnelle Vorwärtskommen ließ mich meinen schweren Rucksack vergessen. Wohl waren meine Füße wundgelaufen, aber während der Rasten erholte ich mich immer wieder. Oft schlief ich zehn Stunden, ohne nur ein einziges Mal aufzuwachen.

So gelangte ich ohne Zwischenfall bis zum Bauernhof meines indischen Freundes, der vor einem Jahr mein Geld und meine Sachen in Verwahrung genommen hatte. Es war bereits Mai, und wir hatten ausgemacht, daß er diesen Monat jede Mitternacht auf mich warten sollte. Absichtlich ging ich nicht gleich hinein und versteckte zuerst meinen Rucksack, denn ein Verrat lag ja immerhin im Bereich der Möglichkeit.

Der Mond beleuchtete hell das Bauernhaus. Ich hielt mich im Schatten des Stalles und rief zweimal leise seinen Namen. Da ging auch schon die Tür auf – er stürzte hinaus und auf mich zu, warf sich zu Boden und küßte meine Füße. Tränen der Freude rannen ihm über die Wangen. Rasch zog er mich in ein abgelegenes Zimmer, an dessen Tür ein ungeheures Schloß hing. Mit einem Kienspan beleuchtete er den Raum und sperrte eine Truhe auf. Da lagen alle meine Sachen, sorgsam eingenäht in saubere Baumwollsäckchen. Voll Rührung über seine Treue packte ich sie aus und belohnte ihn. Dann aber ließ ich mir das Essen schmecken, das er auftischte. Ich bat ihn, mir bis zum nächsten Tag Lebensmittel und eine Wolldecke zu beschaffen. Er versprach es und schenkte mir noch eine handgewebte Wollhose und einen Schal.

Den nächsten Tag verschlief ich im nahen Wald, und am Abend holte ich meine Sachen ab. Mein Freund gab mir noch einmal reichlich zu essen und begleitete mich ein Stück des Weges. Er ließ es sich nicht nehmen, mir einige Gepäckstücke zu tragen, doch der Arme war ziemlich unterernährt und konnte nicht mit mir Schritt halten. So bat ich ihn bald, umzukehren, und nach einem herzlichen Abschied war ich wieder allein.

Es mochte kurz nach Mitternacht sein, als ich plötzlich auf recht unerwünschte Gesellschaft stieß: Ein Bär stand auf den Hinterfüßen aufgerichtet mitten auf dem Weg und brummte mich an. Das Rauschen des Ganges war hier so laut, daß wir uns gegenseitig nicht kommen gehört hatten. Meinen primitiven Speer auf sein Herz gerichtet, ging ich Schritt für Schritt rückwärts, um ihn im Auge behalten zu können. Hinter der ersten Wegbiegung machte ich rasch ein Feuer, riß ein glühendes Stück Holz heraus, schwang es vor mir her und wagte mich so wieder zurück. Aber die Stelle war schon leer. Erst später in Tibet hörte ich von den Bauern, daß Bären nur bei Tag angriffslustig sind, in der Nacht haben sie selbst Angst.

Zehn Tage war ich bereits marschiert, als ich wieder das Dorf Nelang erreichte, das mir vor einem Jahr zum Verhängnis geworden war. Diesmal war ich einen Monat früher dran, und das Dorf lag tatsächlich noch unbewohnt. Aber wer beschreibt meine Freude, als ich hier auf meine vier Lagerkameraden stieß! Sie hatten mich während meines Aufenthaltes bei meinem indischen Freund überholt. In einem offenen Haus schlugen wir unser Quartier auf und schliefen die erste Nacht ohne Unterbrechung. Sattler bekam leider einen Anfall von Bergkrankheit, er fühlte sich elend und den Strapazen nicht mehr gewachsen. Er entschloß sich zur Umkehr, versprach aber, sich erst nach zwei Tagen zu melden, um uns nicht zu gefährden. Kopp, der im Vorjahr mit dem Ringkämpfer Krämer über dieselbe Route bis nach Tibet vorgedrungen war, schloß sich nun mir an.

Aber es sollte noch sieben lange Marschtage dauern, bis wir vier endlich die Paßhöhe erreichten, die die Grenze zwischen Indien und Tibet bildet. Schuld an dieser Verzögerung war ein böser Irrtum, der uns unterlaufen war: Von dem Karawanenlagerplatz Tirpani waren wir nämlich das östlichste von drei Tälern hinaufgegangen und mußten dann feststellen, daß wir den Weg verfehlt hatten. Um uns zu orientieren, erstiegen Aufschnaiter und ich einen Gipfel, der einen weiten Blick versprach. Von seiner Höhe aus sahen wir zum erstenmal Tibet vor uns liegen. Wir waren aber viel zu müde, um den langersehnten Anblick zu genießen. Auch litten wir unter dem Sauerstoffmangel, denn wir befanden uns etwa 5600 m hoch. Zu unserer großen Enttäuschung mußten wir feststellen, daß wir bis Tirpani zurückwandern mußten. Der Paß selber lag zum Greifen nahe vor uns. Drei verlorene Tage hatte uns der Irrtum gekostet, und dies war nicht gerade dazu geeignet, uns inneren Auftrieb zu geben. Fluchend stapften wir wieder zur Talgabelung zurück. Unsere Lebensmittel waren knapp bemessen, und wir machten uns große Sorge, ob wir bis zur nächsten bewohnten Siedlung durchhalten würden.

Von Tirpani ging es dann leicht ansteigend über schneelose Wiesen einen der Quellbäche des Ganges entlang. Vor einer Woche war er noch ein reißender Strom gewesen, der mit ohrenbetäubendem Rauschen zu Tal stürzte, jetzt schlängelte er sich als Bächlein durch vorfrühlingshafte Auen. In wenigen Monaten würde hier alles grün sein, und die vielen Lagerplätze, an ihren angerußten Steinen erkenntlich, verstärkten in uns die Vision der Karawanen, die in der schönen Jahreszeit über die Gebirgspässe von Indien nach Tibet ziehen.

Ein Rudel Bergschafe kreuzte unseren Weg. Mit den eleganten Sprüngen der Gemse entschwanden sie unseren Blicken, ohne uns bemerkt zu haben. Leider entschwanden sie damit auch unseren Mägen. Gar zu gerne hätten wir eines von ihnen in unserem Kochtopf gesehen, um uns endlich einmal satt zu essen! Noch lange nach ihrem Verschwinden malte uns unsere Phantasie alle Möglichkeiten einer Jagd aus.

Am Fuße des Passes bezogen wir dann unser letzes Lager in Indien. Anstatt uns an den erträumten vollen Fleischtöpfen zu laben, buken wir auf heißen Steinen aus unserem letzten mit Wasser angerührten Mehl spärliche Fladen. Es war bitter kalt, und wir waren gegen den beißenden Himalajawind, der das Tal herauffegte, nur durch eine Steinmauer geschützt.

Es war der 17. Mai 1944, als wir endlich auf der Paßhöhe des Tsangtschokla standen. Ein denkwürdiger Tag! Aus den Karten wußten wir, daß dieser Übergangspaß 5300 m hoch war. Hier also hatten wir die in so vielen Wunschträumen geschaute Grenze zwischen Indien und Tibet erreicht, hier konnte uns kein Engländer mehr verhaften, und zum erstenmal genossen wir das ungewohnte Gefühl der Sicherheit. Wir wußten nicht, wie die tibetische Regierung uns behandeln würde, doch da unsere Heimat nicht im Kriegszustand mit Tibet war, hofften wir zuversichtlich auf gastliche Aufnahme.

Die Paßhöhe war durch Steinhaufen mit Gebetsfahnen gekennzeichnet, die fromme Buddhisten ihren Göttern geweiht hatten. Obwohl es sehr kalt war, hielten wir eine lange Rast und überdachten unsere Lage. Wir besaßen fast keine Sprachkenntnisse, nur wenig Geld, vor allem aber waren wir nahe am Verhungern und mußten daher so bald wie möglich eine menschliche Siedlung erreichen. Doch so weit unser Blick reichte, gab es nichts als öde

Täler und Berge. Auf unseren Karten konnten wir nur sehr vage feststellen, daß hier auch Dörfer existieren mußten.

Unser fernes Ziel waren, wie schon erwähnt, die Tausende von Kilometern entfernten japanischen Linien. Die vorgesehene Route sollte uns zuerst zum heiligen Berg Kailas führen, von dort dem Lauf des Brahmaputra folgen und schließlich Osttibet erreichen. Nach den Erfahrungen unseres Kameraden Kopp, der bereits auf seiner Flucht ein Jahr vorher in Tibet gewesen, aber von dort ausgewiesen worden war, stimmten die Einzeichnungen auf den Karten ziemlich genau.

Nach einem sehr steilen Abstieg erreichten wir den Lauf des Optschu, wo wir Mittagsrast hielten. Ragende Wände schlossen das Tal cañonartig ein, es war völlig unbewohnt, und nur eine Holzstange zeigte an, daß manchmal Menschen durchkamen. Hänge aus bröckelndem Gestein bildeten die andere Talseite, die wir nun ersteigen mußten. Bevor wir noch das Plateau erreichten, wurde es Abend, und wir bezogen wieder ein eiskaltes Biwak. Schon in den letzten Tagen hatte unser Heizmaterial nur aus spärlichem Dorngestrüpp bestanden, das wir auf den Hängen zusammenlasen. Hier gab es nicht einmal das, und wir machten ein kärgliches Feuer aus mühsam gesammelten trockenen Kuhfladen.

Tibet will keine Fremden

Am nächsten Vormittag erreichten wir das erste tibetische Dorf, Kasapuling. Es bestand aus sechs Häusern, die einen völlig verlassenen Eindruck machten, und als wir an die Türen klopften, rührte

Verlassene Höhlenklöster

sich nichts. Wir entdeckten dann, daß alle Bewohner emsig dabei waren, auf den umliegenden Feldern Gerste anzubauen. In gebückter Stellung setzten sie schnell wie Maschinen jedes einzelne Korn in den Boden. Wir sahen ihnen mit ähnlichen Gefühlen zu, die einst Kolumbus bewegt haben mögen, als er in Amerika vor den ersten Indianern stand. Würden sie uns freundlich oder feindlich empfangen? Vorläufig nahmen sie überhaupt keine Notiz von uns. Die Schreie einer alten Frau, die wie eine Hexe aussah, waren die einzigen Laute, die wir zu hören bekamen. Aber auch sie galten nicht uns, sondern den zahllosen wilden Tauben, die sich auf die frischgesetzten Körner stürzen wollten. Bis zum Abend wurden wir kaum eines Blickes gewürdigt. So schlugen wir vier schließlich in der Nähe eines Hauses unser Lager auf, und als bei hereinbrechender Nacht die Leute vom Feld kamen, versuchten wir, Handelsbeziehungen mit ihnen anzuknüpfen. Wir boten ihnen Geld und wollten damit eines ihrer Schafe oder eine Ziege erstehen. Sie verhielten sich aber entschieden ablehnend und wollten uns nichts verkaufen. Da Tibet keine Grenzposten hat, ist die ganze Bevölkerung in der Abwehr gegen Fremde erzogen, und keiner darf, unter Androhung strengster Strafen, einem Ausländer etwas verkaufen. Uns blieb nun keine andere Wahl, als sie einzuschüchtern, wenn wir nicht verhungern wollten. Wir drohten, ein Tier mit Gewalt zu nehmen, ohne dafür zu bezahlen, wenn sie uns nicht freiwillig eines verkaufen wollten. Da wir alle vier nicht gerade schwächlich aussahen, hatten wir mit dieser Methode schließlich Erfolg. Es war stockfinster geworden, als sie uns endlich für eine unverschämt hohe Summe den ältesten Ziegenbock überließen, der aufzutreiben war. Obwohl wir wußten, daß wir geprellt wurden, schwiegen

Oben: Ein charakteristisches Bild im Hochland Tibets: die schneebedeckten Berge, ein Dorf mit wenigen Häusern, aus Grassoden und Lehm erbaut, und überall auf den Dächern die Gebetsfahnen
Unten: Pilger auf dem Weg nach Lhasa. Viele messen dabei den Weg durch ihre Körperlänge aus. Weihrauchstäbchen und ein Sack mit Tsampa ist ihr ganzes »Gepäck«

wir, denn wir bemühten uns ja um die Gastfreundschaft dieses Landes.

In einem Stall schlachteten wir den teuren Bock, und nach Mitternacht fielen wir heißhungrig über die erst halbgaren Stücke her.

Den nächsten Tag benutzten wir zum Ausruhen und nahmen uns Zeit, die Häuser näher anzusehen. Sie waren aus Steinen erbaut und hatten flache Dächer, auf denen das Heizmaterial zum Trocknen aufgeschichtet war. Die Tibeter, die hier hausten, ließen sich nicht mit denen im Landesinnern vergleichen, die wir später kennenlernten. Der Handel mit Indien und der rege Karawanenverkehr im Sommer hatten sie verdorben. Sie waren schmutzig und dunkelhäutig, ihre Schlitzaugen wanderten unstet umher. Von der Fröhlichkeit, die man diesem Volke nachrühmt, konnten wir nichts bemerken. Verbissen gingen sie ihrem Tagewerk nach. Sie hatten sich wohl nur deshalb in dieser kargen Gegend angesiedelt, weil sie mit ihren Bodenerträgnissen während der Karawanenzeit schönes Geld verdienten. Diese sechs Häuser an der Grenze waren auch, wie ich später feststellen konnte, so ungefähr das einzige Dorf, das kein Kloster besaß.

Unbehindert verließen wir am nächsten Morgen den ungastlichen Ort. Wir waren nun etwas ausgeruht, und Kopps Berliner Mutterwitz, der in den letzten Tagen verstummt war, brachte uns manchmal wieder zum Lachen.

Über Felder ging es bergab in ein kleines Tal, und beim Aufstieg zum nächsten Plateau spürten wir mehr denn je unsere Lasten. Diese körperliche Müdigkeit war nichts anderes als die Reaktion auf die Enttäuschungen, die uns das so heißersehnte Land bis jetzt beschert hatte. Auch diese Nacht mußten wir in einem unwirtlichen Loch verbringen, das uns kaum vor dem Sturmwind schützte.

Gleich zu Beginn unserer Wanderschaft hatten wir die verschiedenen Pflichten untereinander aufgeteilt. Wasserholen, Feuermachen und Teekochen waren in dieser bitteren Kälte harte Arbeit. Jeden Abend leerten wir unsere Rucksäcke aus, um sie zum Schutz vor der Kälte als Fußsack zu benutzen. Als ich nun diesen Abend den meinen ausschüttelte, gab es eine kleine Explosion: Meine Streichhölzer hatten sich durch die Reibung entzündet, ein Zeichen dafür, daß wir uns bereits in der trockenen Luft der tibetischen Hochebene befanden.

Beim ersten Tageslicht besahen wir uns die Stelle, an der wir gelagert hatten, etwas genauer. Wir bemerkten nun, daß unser Biwakloch von Menschenhand angelegt sein mußte, denn es war kreisrund und hatte senkrechte Wände. Wahrscheinlich war es ursprünglich zum Tierfang bestimmt. Hinter uns lag der Himalaja mit der regelmäßigen Schneepyramide des Kamet, vor uns noch immer bergiges, zerfurchtes Gelände. Durch eine Art Lößlandschaft stiegen wir ab und kamen gegen Mittag in das Dorf Duschang. Wieder nur einige wenige Häuser, aber genausoviel Unfreundlichkeit wie im ersten Dorf. Weder für Geld noch für gute Worte konnten wir etwas bekommen. Peter Aufschnaiter kramte umsonst alle seine Sprachkenntnisse aus, die er sich durch langjähriges Studium erworben hatte. Und auch unser Gestikulieren blieb erfolglos.

Dafür sahen wir hier zum erstenmal ein richtiges tibetisches Kloster. Aus den Lößwänden starrten dunkle Löcher auf uns herab, und auf einem Grat waren noch die Überreste riesiger Gebäude zu sehen. Hunderte von Mönchen mußten einst hier gelebt haben. Jetzt beherbergte bloß ein Haus aus jüngerer Zeit einige wenige Mönche, die wir aber nie zu Gesicht bekamen. Auf einer Terrasse vor dem Kloster standen in Reih und Glied, mit roter Farbe getüncht, viele Grabmäler . . .

Ziemlich niedergeschlagen zogen wir uns in unser Zelt zurück, das doch so etwas wie ein kleines Heim in einer interessanten, aber unverständlich feindseligen Welt war.

Auch in Duschang gab es keine Behörde, die wir um Aufenthaltsgenehmigung oder Reiseerlaubnis hätten bitten können. Aber wir hatten uns zu früh beklagt, denn die Behörde war bereits auf dem Wege zu uns. Als wir am nächsten Tag weitermarschierten, waren Aufschnaiter und Treipel etwas zurückgeblieben, Kopp und ich bildeten die Vorhut. Da hörten wir plötzlich Schellengeklingel. Zwei bewaffnete Männer auf kleinen Pferden kamen uns entgegen, hielten an und forderten uns in der Landessprache auf, sofort wieder auf demselben Weg, den wir gekommen waren, nach Indien zurückzukehren. Wir wußten, daß wir mit Worten nicht viel erreichen würden, und schoben deshalb mit energischen Gesten die verblüfften Männer beiseite. Zum Glück machten sie keinen Gebrauch von ihren Waffen, wohl in der Annahme, daß auch wir bewaffnet seien. Nach ein paar schwachen Versuchen, uns zurückzuhalten, ritten sie wieder davon. Wir erreichten ungehindert die nächste Siedlung, die, wie wir wußten, der Sitz eines Bezirksgouverneurs war.

Die Landschaft, die wir bei diesem Marsch durchquert hatten, war wasserlos und öde, kein Lebewesen weit und breit. Ihr Mittelpunkt, die kleine Stadt Tsaparang, war nur während der Wintermonate bewohnt, und als wir den Gouverneur aufsuchten, hörten wir, daß er gerade dabei sei, seine Sachen zu packen und auf seinen Sommersitz nach Schangtse überzusiedeln. Wir waren nicht wenig erstaunt, in ihm einen der beiden bewaffneten Männer wiederzufinden, die uns unterwegs zur Umkehr aufgefordert hatten. Seine Haltung war daher nicht gerade entgegenkommend, er war kaum zu bewegen, uns ein wenig Mehl im Tausch gegen Medikamente zu geben. Die kleine Apotheke, die ich in meinem Rucksack mitgenommen hatte, erwies sich jetzt als unsere Rettung, und sie sollte mir auch späterhin noch oft gute Dienste leisten.

Schließlich wies uns der Gouverneur eine Höhle zum Übernachten zu und forderte uns noch einmal auf, das Land auf demselben Weg, den wir gekommen waren, zu verlassen. Wenn wir einwilligten, wollte er uns Proviant und Transportmittel umsonst beistellen. Wir lehnten sein Anerbieten ab und versuchten ihm zu erklären, daß Tibet als neutraler Staat uns Asyl gewähren müsse. Doch weder seine Intelligenz noch seine Kompetenz reichten aus, das zu begreifen. Nun schlugen wir ihm vor, die Entscheidung einem Beamten von hohem Rang zu überlassen, einem Mönch, dessen Amtssitz in Thuling, nur acht Kilometer entfernt, lag.

Tsaparang war eigentlich ein Kuriosum. Aus der Literatur, die ich im Lager studiert hatte, wußte ich, daß hier einst die erste katholische Missionsstation Tibets gegründet worden war. Der portugiesische Jesuitenpater Antonio de Andrade hatte im Jahre 1624 eine katholische Gemeinde ins Leben gerufen und soll hier auch eine Kirche errichtet haben. Wir suchten nach Spuren oder Resten dieses Gotteshauses, konnten aber nichts dergleichen entdecken. Nur unzählige Höhlen fanden wir, die von der vergangenen Größe Tsaparangs zeugten. Nach unseren bisherigen Erfahrungen konnten wir uns gut vorstellen, wie schwer es der Pater gehabt haben mußte, sich hier durchzusetzen.

Bei unseren Entdeckungsfahrten in den Ruinen kamen wir auch zu einer Holztür, die uns merkwürdig schien. Als wir sie öffneten, prallten wir erschrocken zurück: Die riesigen Augen eines überdimensionalen Buddhas starrte uns entgegen. Die Figur war vergoldet und reichte tief hinunter in die Höhle.

Am nächsten Tag marschierten wir nach Thuling, um bei dem Mönchsbeamten vorzusprechen. Dort trafen wir wieder mit Aufschnaiter und Treipel zusammen, die von unserer Route abgebogen waren. Wir suchten nun gemeinsam den Abt des Klosters – eben jenen Mönchsbeamten – auf. Jedoch auch er blieb taub gegenüber unseren Bitten, uns nach Osten weiterziehen zu lassen, und wollte uns nur Lebensmittel verkaufen, wenn wir uns verpflichteten, nach Schangtse zu gehen, das auf dem Wege nach Indien lag. Es blieb uns keine andere Wahl, als seinen Vorschlag anzunehmen, denn wir waren ohne jede Nahrung.

Außer ihm gab es noch einen weltlichen Beamten in Thuling, aber bei ihm hatten wir noch weniger Glück. Er lehnte wütend jede Annäherung ab und hetzte sogar die Bevölkerung zu einer feindseligen Haltung gegen uns auf. Wir mußten hohe Preise für etwas ranzige Butter und madiges Fleisch bezahlen. Ein wenig Holz kostete eine Rupie. Die einzige schöne Erinnerung, die wir aus Thuling mitnahmen, war das Bild seines Klosters, das mit den vergoldeten Spitzen seiner Dächer im Sonnenlicht strahlend auf einer Terrasse über den Wassern des Satledsch lag. Es ist das größte Kloster in Westtibet, machte aber einen sehr verlassenen Eindruck, denn von seinen zweihundertsechzig Mönchen waren nur etwa zwanzig anwesend.

Als wir endlich versprochen hatten, uns nach Schangtse zu wenden, bekamen wir vier Esel als Tragtiere für unser Gepäck. Anfangs wunderten wir uns, daß man uns ohne Bewachung, nur in

Begleitung eines Eseltreibers, wegziehen ließ. Wir merkten aber bald, daß die in Tibet übliche die einfachste Überwachungsmethode der Welt ist, nämlich den Lebensmittelverkauf an Fremde nur gegen einen Erlaubnisschein zu gestatten.

Mit Eseln zu reiten, war kein besonderes Vergnügen: Allein um den Satledsch zu durchwaten, brauchten wir eine volle Stunde, da die Tiere sehr widerspenstig waren. Wir mußten sie ständig antreiben, um noch vor dem Dunkelwerden das nächste Dorf zu erreichen. Es hieß Phyiwang und war nur von wenigen Leuten bewohnt. Wenn man aber zu den Hängen hinaufblickte, sah man auch hier wieder, wie in Tsaparang, Hunderte von Höhlen.

Hier verbrachten wir die Nacht. Schangtse war noch eine ganze Tagereise entfernt, und unser Weg am nächsten Tag schenkte uns einen herrlichen Blick auf den Himalaja als kleine Entschädigung für die öde Landschaft, durch die wir unsere Esel trieben. Auf diesem Marsch trafen wir zum erstenmal auf Kyangs, eine wilde Eselart, die in Zentralasien zu Hause ist und alle Reisenden durch die Schönheit ihrer Bewegungen entzückt. Sie haben die Größe eines Maultiers, kommen meist neugierig nahe heran und traben mit einer plötzlichen Wendung schnell und elegant davon. Sie nähren sich vom Steppengras und werden von den Menschen in Frieden gelassen. Die Wölfe sind ihre einzigen Feinde. Für mich sind diese ungezähmten, schönen Tiere seit damals ein Sinnbild der Freiheit.

Schangtse war auch nur ein Dorf mit etwa sechs Häusern, die aus luftgetrockneten Lehmziegeln und Grassoden erbaut waren. Es empfing uns nicht gastlicher als seine Vorgänger. Wir trafen wieder auf unseren unfreundlichen Beamten aus Tsaparang, der sich hier für den Sommer eingerichtet hatte. Um keinen Preis wollte er uns erlauben, weiter nach Tibet vorzudringen; er stellte uns vor die Wahl, entweder über Tsaparang oder den westlichen Weg über den Schipki-Paß zurück nach Indien zu gehen. Nur unter dieser Bedingung war er bereit, uns Proviant zu verkaufen.

Es war klar, daß wir den Weg über den Schipki-Paß wählten, denn erstens kannten wir ihn noch nicht, und zweitens hofften wir insgeheim noch immer, irgendeinen Ausweg zu finden. Nun konnten wir Butter, Fleisch und Mehl kaufen, soviel wir wollten. Trotzdem waren wir ziemlich deprimiert, denn die Aussicht, am Ende wieder hinter Stacheldraht zu landen, war wenig verlockend. Treipel, der an dem Lande keinen Gefallen finden konnte, wollte schon aufgeben und keinen weiteren Versuch mehr unternehmen, hier bleiben zu dürfen. Jedenfalls benutzten wir den Tag, um uns endlich einmal satt zu essen. Ich holte meine Aufzeichnungen im Tagebuch nach und pflegte meine Sehnenscheidenentzündung, die ich mir durch unsere nächtlichen Gewaltmärsche zugezogen hatte. Ich war entschlossen, alles daranzusetzen, um dem Lager zu entgehen, und Aufschnaiter muß wohl ähnlich gedacht haben.

Am nächsten Morgen sollten wir das wahre Gesicht des Bezirksgouverneurs kennenlernen. Wir hatten in einem Kupferkessel Fleisch gekocht, und Aufschnaiter mußte eine kleine Vergiftung erlitten haben, denn er fühlte sich gar nicht wohl. Als ich daher den Beamten um Verländerung unseres Aufenthaltes bat, überbot er sich an Unfreundlichkeit. Ich geriet in einen heftigen Streit mit ihm, als dessen Ergebnis er endlich außer den zwei Tragjaks ein zusätzliches Reittier für Aufschnaiter bewilligte.

Bei dieser Gelegenheit kam ich zum erstenmal mit dem Jak in Berührung. Es ist das für Tibet typische Lasttier, das nur in diesen Höhenlagen existieren kann, eine langhaarige Rinderart, deren Zähmung viel Geschicklichkeit erfordert. Die weiblichen Jaks sind bedeutend kleiner als die männlichen Tiere und geben eine sehr gute Milch.

Der Soldat, der uns seit Schangtse eskortierte, hatte einen Geleitbrief für uns mitbekommen, mit dem wir überall soviel Lebensmittel kaufen konnten, wie wir nur wollten. Auch war vorgesehen, daß wir bei jeder Station unsere Jaks gratis wechseln durften.

Das Wetter war bei Tag angenehm und gleichmäßig kühl, die Nächte dagegen waren recht kalt. Wir passierten eine Anzahl von Dörfern und bewohnten Höhlen; die Leute nahmen wenig Notiz von uns. Unser Begleiter, der aus Lhasa stammte, war nett und freundlich zu uns und trat in den Ansiedlungen gern etwas großspurig auf. Auch die Bevölkerung wurde zutraulicher, wenn wir irgendwo länger hielten, was wohl unser offizieller Geleitbrief bewirkte.

Als wir durch den Rongtschungdistrikt zogen, reisten wir einige Tage auf den Spuren Sven Hedins, und als großer Verehrer dieses Forschers erinnerte ich mich lebhaft an seine Schilderungen. Die Landschaft hatte sich nicht viel verändert. Immer wieder mußten wir Plateaus überqueren, in tiefe Schluchten hinabsteigen und auf der anderen Seite wieder mühsam hinaufklettern. Manchmal waren diese Schluchten so eng und tief, daß man auf die andere Seite hätte hinüberrufen können, und doch brauchte man viele Stunden, um dorthin zu gelangen. Dieses ermüdende Auf und Ab, das unseren Weg verdoppelte, machte uns ziemlich verdrossen, und jeder hing schweigend seinen Gedanken nach. Trotzdem kamen wir ganz gut vorwärts, und um das Essen brauchten wir uns keine Sorgen zu machen. Als wir einmal Lust nach Abwechslung auf unserem Küchenzettel verspürten, versuchten wir unser Glück beim Fischen. Mit der Angel hatten wir keinen Erfolg, und so zogen wir uns aus, stiegen in den klaren Gebirgsbach und probierten, die Fische mit den Händen zu fangen. Die hatten aber anscheinend Besseres zu tun, als in unseren Kochtöpfen zu landen . . .

Immer näher kamen wir dem Himalajagebirge und damit betrüblicherweise auch der indischen Grenze. Das Klima war etwas milder geworden, denn wir befanden uns nicht mehr in solcher Höhe. Gerade an dieser Stelle bricht sich nämlich der Satledsch seinen Weg durch den Himalaja. Die Dörfer sahen wie kleine Oasen aus, und um die Häuser herum gab es sogar Gemüsegärten und Aprikosenbäume.

Nach elf Tagen, von Schangtse an gerechnet, erreichten wir das Grenzdorf Schipki. Es war inzwischen der 9. Juni geworden; mehr als drei Wochen hatten wir uns schon in Tibet bewegt. Viel hatten wir gesehen, vor allem aber waren wir um die bittere Erfahrung reicher geworden, daß ohne Aufenthaltsgenehmigung ein Leben hier nicht möglich ist.

Noch einmal verbrachten wir eine Nacht in Tibet, romantisch unter Aprikosenbäumen gelagert, deren Früchte leider noch nicht reif waren. Hier gelang es mir, unter dem Vorwand, für meine Reise nach Indien ein Tragtier zu benötigen, für 80 Rupien einen Esel zu kaufen. Im Innern von Tibet war mir das verweigert worden. Zur Ausführung meiner weiteren Pläne war aber ein Tragtier unbedingt nötig.

Unser Begleiter, der Eseltreiber, trennte sich hier von uns und nahm seine Tiere mit. Vielleicht, meinte er, würden wir uns einmal in Lhasa wiedersehen. Er hatte uns viel von schönen Mädchen und von dem guten Bier, das es dort gibt, vorgeschwärmt. Über einige Serpentinen ging es nun empor zum Schipki-Paß, und damit hatten wir die Grenze erreicht. Weder tibetische noch indische Grenzposten waren zu sehen. Nichts als die üblichen Steinhaufen mit Gebetsfahnen und das erste Zeichen der Zivilisation – ein Meilenstein mit der Aufschrift: »Simla 200 Meilen«.

Wir waren wieder in Indien.

Keiner von uns hatte indes die Absicht, sich in diesem »gastlichen Land«, wo ein stacheldrahtbewehrtes Lager auf uns wartete, lange aufzuhalten.

Nochmals heimlich über die Grenze

Mein Plan war, zusammen mit Kopp die erste Gelegenheit zu benutzen, die uns wieder nach Tibet zurückbringen konnte. Wir waren überzeugt, daß den kleinen Beamten, die wir bisher getroffen hatten, die Kompetenz fehlte, in unserem Fall eine Entscheidung zu treffen. Diesmal wollten wir es daher gleich an höherer Stelle versuchen. Dazu mußten wir nach Gartok kommen, der Hauptstadt von Westtibet, wo der Sitz des Gouverneurs war.

Wir stiegen also die große, gepflegte Handelsstraße einige Meilen bis zum ersten indischen Dorf hinab.

Dieses Dorf hieß Namgya. Wir konnten uns dort aufhalten, ohne Verdacht zu erregen, da wir von Tibet kamen und nicht aus den indischen Ebenen. Wir gaben uns als reisende amerikanische

Soldaten aus, kauften frische Vorräte ein und schliefen im öffentlichen Rasthaus. Dann trennten wir uns. Aufschnaiter und Treipel zogen die Handelsstraße entlang den Satledsch hinunter; Kopp und ich trieben unseren Esel in ein Seitental, das in nördlicher Richtung zu einem Paßübergang nach Tibet führte. Wie wir aus unseren Karten wußten, mußten wir zuerst durch das bewohnte Spiti-Tal ziehen. Ich war sehr froh, daß Kopp sich mir angeschlossen hatte, denn er war ein geschickter, praktischer Mensch und ein hilfsbereiter, fröhlicher Kamerad. Sein Berliner Humor versiegte selten.

Zwei Tage lang zogen wir den Spiti-Fluß aufwärts, dann folgten wir einem Nebental, das seiner Richtung nach über den Himalaja führen mußte. Dieses Gebiet war leider auf unseren Karten nicht eingezeichnet. Von Einheimischen erfuhren wir, daß wir bei einer Brücke, die Sangsam hieß, die Grenze bereits überschritten hatten. Während dieser ganzen Wanderung sahen wir zu unserer Rechten den formschönen Riwo Phargyul, einen fast 7000 m hohen Gipfel im Kamm des Himalaja. Wir hatten Tibet an einer der wenigen Stellen betreten, wo das Land über den Himalajagrat hinübergreift. Damit erwachte von neuem unsere Sorge, wie weit wir wohl diesmal kommen würden. Doch hier kannte man uns noch nicht, und kein unfreundlicher Beamter hatte die Bevölkerung alarmiert. So erzählten wir, daß wir Pilger wären, die zum heiligen Berg Kailas wanderten.

Das erste tibetische Dorf, das wir erreichten, hieß Kyurik und bestand aus zwei Häusern. Das nächste, Dotso, war schon bedeutend größer. Wir stießen auf eine Anzahl Mönche, mehr als hundert, die hier Pappelstämme holten, um sie für einen Klosterbau über die Pässe nach Traschigang zu schaffen. Das ist das größte Kloster der Provinz Tsurubjin und sein Abt zugleich der höchste weltliche Beamte. Auch er weilte hier bei seinen Mönchen, und wir fürchteten schon, daß unsere Reise ein vorzeitiges Ende gefunden habe. Doch als er uns ausfragte, gaben wir vor, die Vorhut eines großen europäischen Herrn zu sein, der Geleitbriefe der Zentralregierung in Lhasa besäße. Dies schien er zu glauben, und erleichtert setzten wir unseren Weg fort.

Beschwerlich war der Anstieg zu einer Paßhöhe, die von den Tibetern Büd-Büd La genannt wird. Dieser Paß muß ungefähr 5700 m hoch liegen, denn die dünne Luft machte sich unangenehm bemerkbar, und die Eiszunge eines nahen Gletschers ohne Namen leckte noch ein Stück über die Paßhöhe hinunter.

Unterwegs trafen wir einige Bhutia, die auch ins Landesinnere wollten. Ausnahmsweise waren es nette, freundliche Leute, die uns sogar an ihr Feuer und zu einer Tasse ranzigen Buttertees einluden. Da wir unser Lager in ihrer Nähe bezogen, brachten sie uns am Abend auch noch einen wohlschmeckenden Brennesselspinat.

Wir waren hier in einer völlig unbesiedelten Gegend, und in den nächsten acht Tagen trafen wir nur ab und zu eine kleine Karawane. Eine Begegnung ist mir ganz besonders in Erinnerung geblieben: Es war ein Nomade, ein junger Mann, in seinen langen Schafspelz gehüllt und mit dem üblichen Zopf aller männlichen Tibeter, die keine Mönche sind. Er führte uns zu seinem schwarzen Jakhaarzelt, wo seine junge Frau auf ihn wartete, ein fröhliches Geschöpf, das dauernd zu lachen schien. In dem Zelt entdeckten wir einen Schatz, der uns das Wasser im Munde zusammenlaufen ließ: herrliche Wildbretschinken. Bereitwillig verkaufte er uns einen Teil seiner Beute für einen Spottpreis. Nur bat er uns, nichts von seiner Wilderei zu erzählen, da er sonst bestraft würde. Das Töten von Lebewesen, ob Mensch oder Tier, geht gegen die Religionsvorschriften des Buddhismus, und die Jagd ist daher verboten. Da Tibet durch ein Feudalsystem regiert wird, gehören Mensch, Tier und Land dem Dalai Lama, dessen Vorschriften für alle Gesetze sind.

Ich konnte mich bei dieser netten Bekanntschaft schon ganz gut verständigen, und es machte mir großen Spaß, meine Sprachkenntnisse wachsen zu sehen. Wir vereinbarten für den nächsten Tag eine gemeinsame Jagd und ließen uns bei dem jungen Paar häuslich nieder. Der Nomade und seine Frau waren die ersten lustigen Tibeter, denen wir begegneten, und sie blieben uns deshalb lange in Erinnerung.

Als Höhepunkt der Gastfreundschaft kam aus einer Zeltecke sogar eine Holzflasche mit frischem Gerstenbier zum Vorschein. Es war ein trübes, milchiges Getränk und hatte gar keine Ähnlichkeit mit dem, was wir Bier nennen, aber seine Wirkung war dieselbe.

Am nächsten Morgen gingen wir zu dritt auf die Jagd. Der junge Tibeter hatte einen vorsintflutlichen Vorderlader, und in seiner Brusttasche trug er Bleikugeln, Pulver und Zündschnur. Als wir die erste Herde wilder Schafe sichteten, brachte er umständlich seine Zündschnur mit einem Flintstein zum Glimmen. Wir waren schon gespannt, wie dieses Museumsstück funktionieren würde. Es gab eine donnerähnliche Detonation – bum, bum –, und als sich der Rauch verzogen hatte, war weit und breit kein Schaf mehr zu sehen. Ganz in der Ferne flüchtete das Rudel. Bevor es um den letzten Felsgrat verschwand, äugten einige noch einmal zu uns zurück, als ob sie uns auslachen wollten. Auch uns blieb nichts anderes übrig, als zu lachen. Um nicht mit ganz leeren Händen heimzukommen, sammelten wir die wilden Zwiebeln, die überall auf den Hängen wachsen und zum Wildbraten herrlich schmecken.

Die Frau unseres Jagdfreundes war anscheinend das Jagdpech ihres Mannes gewohnt. Als sie uns ohne Beute heimkehren sah, empfing sie uns mit einem Heiterkeitsausbruch, daß ihre Schlitzäuglein vor Lachen fast verschwanden. Sie hatte vorsorglich schon eine Mahlzeit von dem an den Vortagen erlegten Wild bereitet und widmete sich jetzt voll Eifer ihrem Braten. Wir sahen ihr beim Kochen zu und waren ziemlich erstaunt, als sie ihren riesigen Schafpelz, der um die Mitte durch einen bunten Gürtel festgehalten wurde, ohne Scheu von den Schultern streifte. Der unförmige Pelz hatte sie bei ihren Bewegungen behindert, und sie hantierte nun seelenruhig mit entblößtem Oberkörper weiter. Später begegneten wir noch oft derselben Natürlichkeit. Nur ungern trennten wir uns von dem freundlichen Paar. Wohlversorgt mit frischem Fleisch und völlig ausgeruht, machten wir uns wieder auf den Marsch.

Unterwegs sahen wir oft wilde Jaks wie schwarze Punkte fern auf den Hängen grasen. Ihr Anblick regte leider unseren Packesel an, sich selbständig zu machen; er flüchtete durch einen breiten Bach, und noch ehe wir ihn erreichen konnten, hatte er sich seiner Last erledigt. Unter Fluchen und Schimpfen fingen wir ihn endlich wieder ein. Indes wir noch am andern Ufer mit dem Trocknen unserer Sachen beschäftigt waren, sahen wir plötzlich zwei Gestalten auftauchen. Die erste erkannten wir sofort am regelmäßigen, langsamen Bergsteigerschritt – es war Peter Aufschnaiter, der mit einem angeheuerten Träger den Weg heraufkam. Ein solches Zusammentreffen in der einsamen Landschaft mag unwahrscheinlich klingen. Aber gewisse Täler und Pässe bilden eben schon seit Jahrhunderten die üblichen Übergänge, und wir alle hatten den meistbegangenen Weg gewählt.

Nach der sehr herzlichen Begrüßung begann Aufschnaiter zu erzählen, wie es ihm inzwischen ergangen war. Am 17. Juni hatte er sich von Treipel getrennt, der hoch zu Roß als »Engländer« nach Indien ritt. Diesen Luxus hatte er sich von seinem letzten Geld geleistet. Aufschnaiter selbst war krank geworden, und als er sich wieder erholt hatte, folgte er unserer Route. Er hatte unterwegs auch einiges von den letzten Ereignissen des Krieges erfahren, und obwohl wir hier wie in einer anderen Welt lebten, hörten wir begierig zu.

Aufschnaiter wollte anfänglich nicht mit uns nach Gartok gehen, denn er glaubte, daß wir dort wieder ausgewiesen würden; er hätte es klüger gefunden, direkt zu den Nomaden Zentraltibets vorzustoßen. Schließlich zogen wir aber doch gemeinsam weiter, und Aufschnaiter und ich sollten uns von diesem Tag an für die nächsten Jahre nicht mehr trennen.

Wir wußten, daß wir, wenn alles glattging, ungefähr fünf Tage bis Gartok brauchen würden. Noch einmal mußten wir einen hohen Paß überwinden, der Bongrü La hieß. Unsere Lager in dieser Zeit waren kein Vergnügen, es war sehr kalt in den Nächten, denn wir befanden uns in einer Höhe von mehr als 5000 m. Auch gab es immer wieder kleine Zwischenfälle: So trug Kopp einmal beim Durchwaten eines Flusses seine Schuhe in die Hose gewickelt unter dem Arm, als plötzlich einer davon in die Strömung fiel. Er warf sich ihm nach, doch die Strömung hatte ihn schon davongetragen, und alles Suchen blieb erfolglos. Niemals habe ich Kopp wütender gesehen – er war auf Gott und die Welt böse! Ich selbst besaß ein Paar tibetische Ersatzschuhe, die mir allerdings ein wenig zu klein waren, denn es gibt dort keine Größen, die ein Europäer tragen kann. Leider hatte Kopp noch größere Füße als ich, und so gab ich ihm meinen linken Militärschuh und hinkte selbst halb tibetisch, halb europäisch weiter.

Eine nette Abwechslung bot uns einmal das Schauspiel eines Kampfes wilder Esel. Wahrscheinlich waren es zwei Hengste, die um ihre Vormachtstellung im Rudel der weiblichen Kyangs kämpften. Rasenstücke flogen, Erde wirbelte unter ihren Hufen – sie waren so in ihr Duell vertieft, daß sie die Zuschauer gar nicht bemerkten. Sensationslüstern tänzelten die weiblichen Tiere um sie herum, und manchmal war der ganze Kampfplatz in eine Wolke von Staub gehüllt.

Nach dem Überschreiten der beiden Pässe lag nun der Himalaja wieder hinter uns. Diesmal trennte ich mich recht gerne von ihm, denn nun kamen wir endlich wieder in wärmere Regionen. Unser Weg hatte uns eben durch jene Provinz geführt, wo ein Jahr später einer der größten deutschen Bergsteiger, Ludwig Schmaderer, sein Leben verlieren sollte. Als er mit seinem Freund Paidar aus demselben Lager flüchtete wie wir und unseren Spuren folgen wollte, wurde er hier schändlich hinterrücks ermordet. Paidar konnte entkommen. Er hat inzwischen auf dem Großglockner den Bergtod gefunden.

Die Bevölkerung dieser Gegend ist weder für Tibet noch für Indien typisch. Sie ist zum Teil rassisch sehr vermischt, lebt nach lamaistischen Bräuchen, ist aber durch den Handel mehr an Indien gebunden.

Beim Abstieg in das Indus-Tal begegneten wir zahlreichen Jak-Karawanen, die Wolle nach Indien trugen. Die ungewöhnlich großen und kräftigen Tiere fielen uns auf; auch ihre Treiber waren stattliche junge Burschen, die trotz der grimmigen Kälte den Oberkörper entblößt hatten. Wie die Frauen tragen auch die Männer den Pelz nach innen gekehrt auf der nackten Haut und schlüpfen aus den Ärmeln, um Bewegungsfreiheit zu haben. Mit einer Steinschleuder halten die Treiber ihre Jaks in Bewegung und hindern sie am Ausbrechen. Sie schienen nicht neugierig auf uns Fremde zu sein, und ungeschoren zogen wir unseres Weges.

Fünf Tage hindurch marschierten wir den Oberlauf des Indus

entlang, um nach Gartok zu kommen. Der Weg ist mir unvergeßlich. Wir wanderten weit über der Baumgrenze durch sanft geschwungene Bergketten, aber es lag doch keine Eintönigkeit in dieser Landschaft. Es waren die Farben, die hier den Blick entzückten, und selten habe ich alle Tönungen der Palette so harmonisch ineinander übergehen sehen. Gleich an den klaren Wassern des Indus liegen gelbweiße Boraxfelder, daneben sprießt das zarte Grün des Frühlings, der hier erst im Juni seinen Einzug hält, und den Hintergrund bilden die leuchtenden Schneegipfel des Gebirges. Ein fernes Gewitter im Himalaja entfaltete gerade, als wir durchzogen, den unbeschreiblichen Zauber seines Farbenspieles.

Das erste Dorf jenseits des Himalaja ist Traschigang, ein paar Häuser, um ein festungsartiges, von einem Wassergraben umgebenes Kloster geschart. Auch hier wieder empfing uns die Bevölkerung in feindseliger Haltung. Doch versetzte uns dies jetzt nicht mehr in Erstaunen und störte uns auch weiter nicht. Denn diesmal kamen wir gerade in der Jahreszeit, in der die indischen Händler ins Land strömen, um Wolle aufzukaufen; von ihnen aber konnten wir ohne weiteres Proviant erstehen. Aufschnaiter versuchte hier vergeblich, sein goldenes Armband in Bargeld umzusetzen. Der Verkauf hätte es ihm finanziell ermöglicht, direkt nach dem Inneren Tibets vorzustoßen, ohne Gartok zu berühren. Während unseres ganzen Marsches wurden wir wiederholt von gutaussehenden, berittenen Tibetern angehalten, die nach unseren Handelswaren fragten. Da wir ohne Diener, mit bepacktem Esel reisten, gab es für sie nur die eine Erklärung, uns für Händler zu halten. Wir stellten überhaupt fest, daß jeder Tibeter, ob arm oder reich, der geborene Händler ist und Tauschen und Feilschen seine große Leidenschaft. Zwei Tage bevor wir Gartok erreichten, kamen wir klopfenden Herzens an Gargünsa heran. Das ist der Wintersitz der Gouverneure von Westtibet, und obwohl wir von Karawanen in Erfahrung gebracht hatten, daß derzeit noch nicht amtiert wurde, hatten wir doch Angst, am Ende schon hier festgehalten zu werden. Doch unsere Sorge war unbegründet, denn das kleine, aber sehr saubere Amtshaus stand noch leer.

Zeitweise schlossen wir uns nun Jak-Karawanen an, die getrocknete Aprikosen aus der indischen Provinz Ladakh nach Lhasa brachten. Diese Transporte sind viele Monate unterwegs und erreichen Lhasa kurz vor dem tibetischen Neujahr, einem großen Fest, das etwa acht Wochen nach unserem Jahresbeginn gefeiert wird. Die Karawanen waren von jungen Leuten aus Lhasa begleitet, die mit guten Schwertern und Gewehren bewaffnet waren und sie vor Räubern schützen sollten. Meist sind es Regierungstransporte, die unterwegs sind, und die Karawanenführer haben Pässe, die ihnen gestatten, Tragjaks und Reitpferde kostenlos zu requirieren. Wir hatten uns noch vor Gartok mit einem dieser Tibeter angefreundet, und sehnsüchtig betrachteten wir sein kostbares Papier mit dem großen viereckigen Siegel aus Lhasa. Angesichts dieser stattlichen Jak-Karawanen wurde uns unsere eigene Armseligkeit erst recht bewußt. Unser kleiner Esel legte sich oft mitsamt seiner Last nieder, und dann halfen selbst Schläge nichts. Er erhob sich erst wieder, wenn es ihm behagte. Es konnte aber auch geschehen, daß er einfach alles abwarf und übermütig das Weite suchte.

Kurz vor Gartok verbrachten wir noch einen sehr »nahrhaften« Abend in einem warmen Zelt. Eine nach Lhasa reisende Gesellschaft war von Kopps Kartentricks so begeistert, daß sie sein gesamtes Repertoire noch einmal sehen wollte und uns in ihr Zelt einlud.

Während dieser verschiedenen Begegnungen mit Karawanen schwebte mir immer die Gestalt des Paters Desideri vor Augen, dem es vor mehr als zweihundert Jahren gelungen war, mit einer solchen Karawane ungehindert bis nach Lhasa zu kommen.

So leicht sollte es uns nicht gemacht werden.

In Gartok, dem Sitz des Vizekönigs

Aus der Literatur kannten wir Gartok als »Hauptstadt von Westtibet, Sitz des Vizekönigs«, und aus Geographiebüchern wußten wir, daß es als die höchstgelegene Stadt der Welt gilt: Als aber dieser berühmte Ort endlich vor uns lag, mußten wir beinahe lachen. Erst sahen wir ein paar Nomadenzelte, die verstreut in einer riesigen Ebene lagen, dann tauchten einige Hütten aus Lehm und Grassoden auf. Das war Gartok. Außer einigen herumstrolchenden Hunden war kein Lebewesen zu sehen.

Wir schlugen unsere kleinen Zelte am Ufer des Gartang-Tschu auf, einem Nebenfluß des Indus. Endlich kamen auch ein paar Neugierige, und von ihnen erfuhren wir, daß keiner der beiden hohen Beamten anwesend sei und nur der Verwalter des zweiten »Vizekönigs« uns empfangen könne. Noch am gleichen Tag machten wir uns auf zu unserem Bittgang. Schon beim Eintritt in das Amtsgebäude mußten wir uns tief bücken, denn statt der Türen gab es nur ein Loch, vor dem ein speckiger Vorhang hing. Wir kamen in einen düsteren Raum, dessen Fenster mit Papier verklebt waren, und als unsere Augen sich an die Dunkelheit gewöhnt hatten, sahen wir einen intelligent und vornehm aussehenden Mann in Buddhastellung vor uns sitzen. An seinem linken Ohr baumelte ein ungefähr fünfzehn Zentimeter langes Ohrgehänge als Zeichen seines Ranges. Außer ihm war noch eine Frau anwesend; später stellte sich heraus, daß sie die Gattin des verreisten Beamten war. Hinter uns drängten Kinder und Diener herein, die die sonderbaren Fremden in der Nähe besehen wollten.

In sehr höflicher Form wurden wir aufgefordert, Platz zu nehmen, und bekamen gleich Trockenfleisch, Käse, Butter und Tee angeboten. Die Atmosphäre war herzlich und berührte uns wohltuend, und auch die Unterhaltung ging mit Hilfe eines englisch-tibetischen Wörterbuches, unterstützt durch Gesten, ziemlich flott vonstatten. Unsere Hoffnungen schnellten in die Höhe, doch benutzten wir vorsichtigerweise dieses erste Zusammentreffen noch nicht, um alle unsere Sorgen anzubringen. Wir erzählten, daß wir deutsche Flüchtlinge seien, und deuteten an, daß wir um die Gastfreundschaft des neutralen Tibet bitten wollten.

Am nächsten Tag brachte ich dem Verwalter Medikamente als kleines Gegengeschenk. Er war darüber sehr erfreut, befragte mich nach ihrer Anwendung und schrieb sich alles genau auf. Dabei wagten wir die Frage, ob er uns nicht einen Reisepaß ausstellen wolle. Er schlug unsere Bitte nicht direkt ab, sondern vertröstete uns auf das Kommen seines Vorgesetzten, der auf einer Pilgerfahrt zum Berge Kailas begriffen sei. Seine Rückkehr wurde in wenigen Tagen erwartet.

In der Zwischenzeit freundeten wir uns immer mehr mit seinem Vertreter an; ich schenkte ihm ein Brennglas, einen Gegenstand, den man dort gut gebrauchen kann. Die übliche Revanche ließ nicht lange auf sich warten. Eines Nachmittags schleppten Träger Butter, Fleisch und Mehl als Geschenk zu unseren Zelten. Mit einem Gefolge von Dienern kam hinter ihnen der Verwalter geschritten, um uns seinen Gegenbesuch abzustatten. Als er sah, wie wir in unseren Zelten hausten, konnte er sich nicht fassen vor Verwunderung, daß Europäer ein so primitives Leben führten.

Doch je näher der Tag kam, an dem die Rückkehr seines Vorgesetzten erwartet wurde, desto merklicher flaute seine Freundlichkeit ab, und er zog sich fast ganz von uns zurück. Die Verantwortung begann ihn zu drücken. Bald ging er so weit, daß er uns nicht einmal mehr Lebensmittel verkaufen wollte. Aber auch hier gab es genug indische Händler, die uns für gutes Geld gerne aushalfen.

Eines Vormittags war es soweit. Von ferne hörte man Schellengeklingel, und eine riesige Maultierkarawane näherte sich dem Dorf. Voran ritten Soldaten, dann folgte eine Schar von Dienern und Dienerinnen, und nach ihnen kamen würdevoll die Angehörigen des tibetischen Adels geritten, die wir hier zum erstenmal sahen. Es war der höhere der beiden Vizekönige, die in Tibet »Garpön« heißen, der hier seinen Einzug hielt. Er und seine Frau trugen prächtige Seidengewänder und hatten an kostbaren Gürteln Pistolen umgeschnallt. Das ganze Dorf lief zusammen, um von dem Schauspiel nichts zu versäumen. Der fromme Garpön begab sich gleich nach seiner Ankunft in feierlichem Zug ins Kloster, um den Göttern für seine glückliche Rückkehr von der Pilgerfahrt zu danken.

Auch uns hatte die allgemeine Aufregung angesteckt. Aufschnaiter verfaßte einen kurzen Brief, in dem wir um Audienz baten. Als keine Antwort kam, hielten wir es vor Ungeduld nicht mehr aus und machten uns am späten Nachmittag auf, um beim Garpön vorzusprechen.

Sein Haus unterschied sich nicht wesentlich von dem seines Vertreters, nur die Inneneinrichtung war reinlicher und gediegener. Der »Garpön«, ein hoher Beamter, bekleidet für die Dauer seiner Amtszeit den vierten Adelsrang. Ihm unterstehen fünf Distrikte, die von Adeligen fünften, sechsten und siebenten Ranges verwaltet werden. Er selbst trägt während seiner Amtszeit im aufgesteckten Haar ein goldenes Amulett, das aber nur während seiner Regierungszeit sein Haupt schmücken darf. In Lhasa gehört er nur zum fünften Rang. Alle Adeligen Tibets sind nämlich in sieben Rangstufen eingeteilt, deren erste der Dalai Lama allein bekleidet. Alle weltlichen Würdenträger tragen das Haar aufgesteckt, die Mönche sind geschoren, und die gewöhnlichen Tibeter tragen Zöpfe.

Nun standen wir also diesem mächtigen Manne gegenüber. Wir legten unseren Fall in allen Einzelheiten dar, und der Garpön hörte uns überaus freundlich zu. Er konnte oft ein Schmunzeln über unsere mangelhaften Sprachkenntnisse nicht verbergen, und sein Gefolge lachte mitunter laut auf. Doch das trug nur zur Würze der Unterhaltung bei und schuf eine freundschaftliche Stimmung. Der Garpön versprach, unseren Fall genau zu überlegen und sich mit dem Vertreter seines Kollegen zu besprechen. Anschließend an die Unterhaltung wurden wir reichlich bewirtet und bekamen europäischen Tee gereicht. Nachher schickte der Garpön Geschenke zu unseren Zelten, und wir waren voll Hoffnung auf einen guten Ausgang.

Der nächste Empfang war etwas formeller, aber trotzdem herzlich. Es war eine richtige Amtsstunde; der Garpön saß erhöht, neben ihm etwas niedriger der Vertreter des anderen Garpön. Auf einem niedrigen Tisch lag ein Stoß Briefe, auf tibetischem Papier geschrieben. Der Garpön teilte uns mit, daß er uns nur für die Provinz Ngari Reisepässe und Transportmittel geben könne. Auf keinen Fall dürften wir weiter in das Landesinnere von Tibet vordringen. Wir berieten rasch untereinander und schlugen ihm dann vor, uns einen Paß bis zur Grenze von Nepal auszustellen. Nach einigem Zögern ging er darauf ein und versprach auch, einen Brief an die Zentralregierung in Lhasa zu schicken, in dem er unsere Wünsche darlegen wolle. Er machte uns darauf aufmerksam, daß die Antwort erst nach Monaten eintreffen könnte. Das wollten wir indes lieber doch nicht hier abwarten. Denn wir hatten unseren Plan, weiter nach Osten vorzudringen, nicht aufgegeben und wollten um jeden Preis die Reise fortsetzen. Da Nepal ein neutrales Land war und außerdem in der von uns gewünschten Richtung lag, konnten wir mit dem Erfolg der Verhandlung zufrieden sein.

Freundlich forderte uns der Garpön auf, noch einige Tage als seine Gäste zu bleiben, da erst Tragtiere und ein Begleiter für uns gesucht werden mußten. Nach drei Tagen bekamen wir unseren Paß ausgehändigt, in dem die Reiseroute mit folgenden Ortsnamen festgelegt war: Ngakhyü, Sersok, Möntshe, Barka, Thoktschhen, Lhölung, Schamtshang, Truksum, Gyabnak. Weiter stand darin, daß wir berechtigt waren, zwei Jaks zu beanspruchen. Besonders wichtig aber war die Klausel, daß uns die Bevölkerung zu den ortsüblichen Preisen Nahrungsmittel verkaufen müsse. Brennmaterial und Herddiener für den Abend sollten wir frei haben.

Wir waren sehr froh, daß wir so viel erreicht hatten. Der Garpön gab für uns noch ein Abendessen, bei dem es mir gelang, ihm meine Uhr zu verkaufen. Nachher mußten wir alle unser Ehrenwort geben, von seiner Provinz aus nicht nach Lhasa zu gehen. Schließlich nahmen wir Abschied von Gartok. Als wir am 13. Juli aufbrachen, bildeten wir eine stattliche kleine Karawane. Unser Gepäck trugen zwei Jaks, die von einem Nomaden getrieben wurden, dann folgte mein kleiner Esel, der sich gut erholt hatte und jetzt nur mit einem Teekessel beladen war. Unser Begleiter, ein junger Tibeter namens Norbu, war hoch zu Roß. Wir drei Europäer kamen weniger feudal zu Fuß daher.

Wieder auf harter Wanderschaft

Wochenlang waren wir nun wieder unterwegs. Während des ganzen nächsten Monats trafen wir auf keine größere Siedlung; nur Nomadenzelte und vereinzelte Tasamhäuser lagen am Weg. Dies sind Raststationen, die für den Karawanenverkehr eingerichtet sind, wo man die Jaks wechseln und Unterkunft finden kann.

In einem dieser Häuser gelang es mir, meinen Esel gegen einen Jak einzutauschen. Ich war sehr stolz auf diesen Handel, denn ich hatte damit das Lebendgewicht meiner Habe vervielfacht. Leider blieb meine Freude nicht ungetrübt, denn mein Jak erwies sich als so störrisch, daß ich ihn gerne wieder losgeworden wäre. Tatsächlich konnte ich später mein schweres Tier gegen einen kleineren, jungen Jak eintauschen. Da dieser aber genauso störrisch war, wurde ihm in der landesüblichen Weise durch die Nasenscheidewand ein Loch geschnitten, ein Wacholderring durchgezogen und ein Seil daran befestigt. So konnte man das Tier leichter führen. Wir gaben ihm den Namen Armin.

Die Landschaft, durch die wir seit Tagen zogen, war von eigenartiger Schönheit. Weite Ebenen wechselten ab mit hügeligem Gelände und kleinen Pässen, und oft mußten wir durch eiskalte, reißende Bäche waten. In Gartok hatte es noch einige Hagelschauer gegeben – jetzt waren die Tage meist schön und warm. Wir alle hatten bereits dichte Bärte, die uns ein wenig vor den Strahlen der Sonne schützten. Schon lange hatten wir keine Gletscher mehr gesehen, doch als wir uns dem Tasamhaus von Barka näherten, lag eine ganze Kette von Sonnenlicht strahlend da. In der Landschaft dominierend war der 7730 m hohe Gurla Mandhata; viel weniger auffallend, aber um so berühmter war der 6700 m hohe heilige Berg Kailas. Einsam stand er in seiner majestätischen Schönheit vor uns, isoliert von der übrigen Himalajakette. Unsere Tibeter warfen sich bei seinem Anblick zu Boden und sprachen ihre Gebete. Für die Buddhisten und Hinduisten ist dieser Berg der Hochsitz der Götter, und es ist ihr größter Wunsch, einmal im Leben eine Pilgerfahrt dorthin machen zu können. Die Gläubigen legen oft Tausende von Kilometern zurück, viele messen die Strecke durch das Hinwerfen ihres Körpers aus und sind oft jahrelang unterwegs. Sie leben dabei von Almosen und erhoffen sich als Lohn für ihre Pilgerschaft eine höhere Inkarnation im nächsten Leben. Aus allen Himmelsrichtungen laufen hier Pilgerpfade zusammen; an den Stellen, von denen aus man den Berg zum erstenmal sieht, liegen riesige Steinhaufen, angewachsen in Hunderten von Jahren, Zeichen einer kindlichen Frömmigkeit. Denn jeder Pilger, der zum erstenmal den Kailas erblickt, legt, alter Sitte folgend, ein paar neue Steine hinzu. Auch wir hätten den Berg gerne einmal umkreist, wie es die Pilger zu tun pflegen, doch der unfreundliche Tasambeamte von Barka hinderte uns daran und zwang uns zum Weitergehen, indem er behauptete, er könne uns für später keine Transporttiere garantieren.

Zwei ganze Tage lang genossen wir noch den Anblick der beiden Gletscher. Uns Bergsteiger zog mehr als der heilige Berg der noch unerstiegene Gurla Mandhata an, der sich in seiner ganzen Pracht im Manasarovar-See spiegelte. An seinen Ufern schlugen wir unser Lager auf und konnten uns nicht sattsehen an dem unbeschreiblich schönen Bild des 7730 m hohen Berges, der aus dem See herauszuwachsen scheint. Sicher ist das einer der schönsten Plätze der Erde. Auch dieser See gilt als heilig, und um ihn herum gibt es viele kleine Klöster, in denen die Pilger Quartier finden und ihre Andacht verrichten können. Der Weg um den See wird von vielen Pilgern kriechend zurückgelegt und sein Wasser in Gefäßen als segenbringendes Heiligtum heimgetragen. Alle Pilger nehmen in seinen eiskalten Fluten ein Bad. Auch wir taten es, wenn auch

Oben: Ansicht des Potala von Süden. Der vor mehr als 300 Jahren vom 5. Dalai Lama begonnene Bau wurde nach seinem Tode vom Regenten nur durch eine List vollendet
Unten: Ein Mönch bläst vom Dach der Medizinschule auf dem Eisenberg (Tschagpori) in Richtung auf die Stadt die Mittagsstunde ein

nicht aus Frömmigkeit. Dabei wäre es mir beinahe übel ergangen. Ich schwamm nämlich ein Stück vom Ufer fort und geriet dabei an eine sumpfige Stelle, aus der ich mich nur mit letzter Kraftanstrengung befreien konnte, denn meine Kameraden hatten von meinem verzweifelten Kampf mit dem Schlamm nichts bemerkt.

Da wir, was die Jahreszeit anbelangt, früher dort waren als der große Pilgerstrom, begegneten wir meistens Händlern und nur wenigen Pilgern. Aber auch manche verdächtige Gestalt sahen wir, denn diese Gegend ist als Räuberdorado verschrien. Die Versuchung zu Überfällen auf Händler ist hier in der Nähe der Märkte größer als anderswo. Der größte Markt der Umgebung heißt Gyanyima. Hunderte von Zelten bilden dort ein riesiges Lager, in dem gefeilscht und gehandelt wird. Die Zelte der Inder sind aus billigem Baumwollstoff, die der Tibeter dagegen aus Jakhaaren gewoben und sehr schwer, so daß sie eine oder zwei Jaklasten ausmachen.

Wir wanderten mehrere Stunden in östlicher Richtung den See entlang und glaubten, an einem Meeresstrand spazierenzugehen. Die Freude an der schönen Natur wurde uns nur durch die lästigen Mücken vergällt, und erst als wir uns vom Becken des Sees entfernten, wurden wir sie los.

Auf dem Weiterweg nach Thoktschhen begegneten wir einer vornehmen Karawane. Es war der neue Distriktsgouverneur für Tsaparang, der von Lhasa zu seinem neuen Amtssitz reiste. Als wir angehalten wurden, erstarrte unser tibetischer Begleiter, mit dem wir nie recht warm hatten werden können, in einer tiefen Verbeugung, den Hut in der Hand und die Zunge zum Gruß herausgestreckt – ein Bild vollkommener Ergebenheit. Er erklärte unser Hiersein; die schußbereiten Waffen wurden wieder eingesteckt, und man reichte uns gnädig getrocknete Früchte und Nüsse aus der Satteltasche.

Oben: Bettelmönch, seit 15 Jahren unterwegs. Auf dem Kopf die Bärenfellmütze, über den Schultern aus Menschenknochen geschnitzte Rosenkränze und am Speer die typischen Zauberamulette
Unten: Tibetischer Karawanenhund

Vom Herrentum des Europäers war also offensichtlich bei uns nicht mehr viel zu sehen. Wir lebten auch tatsächlich mehr wie Nomaden, schliefen schon seit drei Monaten zumeist im Freien, und unser Standard war schlechter als der der einheimischen Bevölkerung. Unsere kleinen Zelte boten uns nur Schlafgelegenheit; Feuerstelle und Lager hatten wir unter freiem Himmel, wie immer das Wetter auch sein mochte – indes die Nomaden warm und geborgen in ihren schweren Zelten sitzen konnten.

Doch wenn wir auch äußerlich heruntergekommen waren, unser Geist war nicht abgestumpft und beschäftigte sich dauernd. Nur wenige Europäer hatten diese Gegenden betreten, die wir durchzogen, und wir wußten, daß jede Beobachtung später wertvoll sein konnte. Damals glaubten wir noch daran, in absehbarer Zeit wieder mit der Zivilisation in Berührung zu kommen. Gemeinsame Gefahren und Strapazen hatten ein festes Band um uns geschlossen, einer hatte des anderen Vorzüge und Fehler kennengelernt, und so halfen wir uns gegenseitig über Depressionen hinweg.

Weiter ging es über niedrige Pässe, bis wir ins Ursprungsgebiet des Brahmaputra kamen, der tibetisch Tsangpo genannt wird. Diese Gegend hat nicht nur für die Pilger Asiens ihre religiöse Bedeutung, sie ist auch geographisch hochinteressant, da hier das Quellgebiet der Flüsse Indus, Satledsch, Karnali und Brahmaputra liegt. Für die Tibeter hängen die Namen dieser Flüsse mit den heiligen Tieren: Löwe, Elefant, Pfau und Pferd zusammen, denn sie sind gewohnt, allen Bezeichnungen einen religiös-symbolischen Sinn zu geben.

Für die nächsten vierzehn Tage gab uns der Tsangpo die Richtung an. Durch seine starken Zuflüsse aus dem nahen Transhimalaja und Himalaja wächst er zusehends an, und je größer er wird, desto ruhiger fließt er dahin.

Das Wetter wechselte nun ständig; innerhalb von Minuten mußte man abwechselnd frieren oder in der Sonne braten. Hagelschauer, Regen und Sonnenschein lösten einander ab, und eines Morgens fanden wir unser Zelt sogar unter Schnee begraben.

Doch nach wenigen Stunden hatte die heiße Sonne ihn weggeschmolzen. Unsere europäische Kleidung war diesem ständigen Witterungswechsel nicht gewachsen, und wir beneideten die Tibeter um ihre praktischen Schafspelze, die in der Mitte gegürtet sind und lange, weite Ärmel haben, die die Handschuhe ersetzen.

Obwohl wir unter den Wetterstürzen litten, ging es flott weiter. Unsere Haltestationen wurden durch die Tasamhäuser bestimmt. Von Zeit zu Zeit konnten wir den Himalaja sehen, und der Blick auf seine Gipfelkette ließ sich mit nichts vergleichen, was ich bisher an Naturschönheiten kennengelernt hatte. Unsere Begegnungen mit Nomaden wurden immer seltener, und die einzigen Lebewesen, die wir am rechten Ufer des Tsangpo erblickten, waren Gazellen und Kyangs.

Wir näherten uns Gyabnak, dem Ort, der als letzter auf unserem Reisepaß angegeben war. Hier endete auch der Machtbereich unseres Gartoker Freundes. Die Entscheidung darüber, was wir nun tun sollten, wurde uns abgenommen, denn am dritten Tage unseres Aufenthaltes an diesem Rastplatz kam atemlos ein Bote aus Tradün, der uns aufforderte, so schnell als möglich dorthin zu kommen. Zwei hohe Beamte aus Lhasa wollten uns sprechen. Der Abschied von Gyabnak fiel uns nicht schwer; man konnte es kaum einen Ort nennen, denn obwohl der Sitz eines Mönchsbeamten der Provinz Bongpa, bestand es nur aus einem einzigen Haus, und das nächste Nomadenzelt war über eine Stunde entfernt. Wir machten uns daher sofort auf den Weg. Die Nacht verbrachten wir in einer einsamen Gegend, die nur von Kyangs belebt war.

Der nächste Tag wird mir als einer der schönsten meines Lebens in Erinnerung bleiben. Während des Marschierens sahen wir nach einiger Zeit in weiter Ferne die winzigen, goldenen Türmchen eines Klosters auftauchen. Darüber erhoben sich wahrhaft grandiose, in der Morgensonne glitzernde Eiswände. Langsam begriffen wir, daß es die Achttausender des Himalaja, Dhaulagiri, Annapurna und Manaslu, sein mußten. Wir waren überwältigt von ihrem Anblick, und sogar Kopp, der kein Bergsteiger war, stimmte in unsere Begeisterung ein. Da Tradün mit seinen Filigran-Klostertürmchen am anderen Ende der Ebene lag, genossen wir viele

Stunden lang beim Durchwandern den Anblick der Giganten. Selbst als wir den eiskalten Tsatschu-Fluß durchwaten mußten, blieb unsere gute Laune unverändert.

Ein rotes Kloster mit goldenen Dächern: Tradün

Es war Abend geworden, als wir unseren Einzug in Tradün hielten. In den letzten Strahlen der sinkenden Sonne lag das rote Kloster mit den goldenen Dächern wie ein Märchen auf seinem Hügel. Hinter dem Hügelrücken versteckten sich, vor dem Wind geschützt, die Häuser des Ortes, die wie üblich aus luftgetrockneten Lehmziegeln erbaut waren. Hier stand schon die gesamte Einwohnerschaft und erwartete uns schweigend. Wir wurden sofort in ein Haus geführt, das für uns vorbereitet war. Kaum hatten wir unsere Lasten abgesetzt, als mehrere Diener eintraten und uns in höflichster Form baten, zu ihren Herren zu kommen. Wir folgten ihnen voll Erwartung zum Haus der beiden hohen Beamten.

Durch eine wispernde Menge von Bediensteten schritten wir bis in einen größeren Raum, in dem auf den höchsten Sitzen ein lächelnder, wohlgenährter Mönch und neben ihm der gleichrangige weltliche Beamte saßen. Etwas tiefer hatten ein Abt, der Mönchsbeamte von Gyabnak, und ein nepalesischer Kaufmann Platz genommen. Der Kaufmann sprach ein paar Worte Englisch und sollte als Dolmetscher dienen. Für uns war eine Bank aus Kissen vorbereitet, so daß wir nicht wie die Tibeter mit gekreuzten Beinen sitzen mußten. Man nötigte uns zu Tee und Keks und schob vorerst höflich alle Fragen hinaus. Endlich verlangte man unseren Paß zu sehen. Er machte die Runde, und alle studierten ihn sorgfältig. Dann herrschte eine Zeitlang ein recht bedrückendes

Schweigen. Langsam rückten die beiden Beamten mit ihren Zweifeln heraus: Ob wir denn wirklich Deutsche seien? Sie konnten es einfach nicht glauben, daß wir aus englischer Gefangenschaft entkommen seien, und vermuteten in uns eher Russen oder Engländer. Wir mußten unser Gepäck holen, und es wurde im Hofe des Hauses ausgebreitet und gründlich untersucht. Ihre Hauptsorge war, daß wir einen Sendeapparat und Waffen besäßen; und es war schwer, sie davon zu überzeugen, daß wir nichts Derartiges mit hatten. Das einzige, was von unserem Gepäck Beachtung fand, war eine tibetische Grammatik und ein Geschichtsbuch.

Unser Paß gab an, daß wir nach Nepal wollten. Das kam ihnen sichtlich sehr erwünscht, denn sie versprachen uns jede Hilfe. Sie meinten, wir könnten schon morgen aufbrechen, und der Weg über den Korela-Paß würde uns in zwei Tagen nach Nepal bringen. Doch das entsprach nicht ganz unseren Absichten. Wir wollten alles daransetzen, weiter in Tibet zu bleiben, und waren entschlossen, zähe darum zu kämpfen. Wir baten um Asylrecht, pochten auf die Neutralitätsbestimmungen und verglichen die Stellung Tibets mit der der Schweiz. Die Beamten jedoch bestanden hartnäckig, wenn auch höflich, auf den Bestimmungen unseres Passes. Genauso hartnäckig blieben wir. Wir hatten in den Monaten, die wir in Tibet weilten, die Mentalität der Asiaten schon etwas besser kennengelernt und wußten, daß man nicht gleich aufgeben darf. Die ganze Unterredung verlief weiterhin in größter Ruhe, und bei immer neuen Tassen Tee erzählten sie uns bescheiden, daß sie sich auf einer Steuererhebungsreise befänden und in Lhasa nicht den hohen Rang einnähmen, wie es hier den Anschein habe. Denn sie reisten mit zwanzig Dienern und einer Unzahl von Tragtieren, so daß man den Eindruck hatte, sie müßten mindestens Minister sein.

Endlich verabschiedeten wir uns mit der Erklärung, daß wir einige Tage hierbleiben wollten.

Am nächsten Tag wurde uns von den Dienern eine Einladung der »Bönpos« – so werden in Tibet alle hohen Herren genannt – zum Mittagessen überbracht. Ein herrliches chinesisches Nudelessen erwartete uns! Wir müssen einen sehr hungrigen Eindruck gemacht haben, denn man setzte uns ungeheure Mengen vor. Auch als wir beim besten Willen nicht mehr weiteressen konnten, nötigten sie uns immer noch, und wir lernten hier, daß es in Asien zum guten Ton gehört, zu danken, bevor man satt ist. Auf uns wieder machte die Geschicklichkeit, mit der sie die Eßstäbchen handhabten, großen Eindruck, und unsere Bewunderung erreichte den Höhepunkt, als sie ein Reiskörnchen einzeln aufgriffen. Dieses gegenseitige Bestaunen trug viel zur guten Stimmung bei, und oft gab es herzliches Gelächter auf beiden Seiten. Anschließend wurde Bier gereicht, wodurch die Stimmung noch besser wurde. Ich beobachtete aber, daß die Mönche nichts davon tranken.

Allmählich kam dann das Gespräch auf unser Problem, und wir hörten, daß sie sich entschlossen hatten, unsere Bitte um Aufenthaltsbewilligung für Tibet der Zentralregierung in Lhasa in einem Brief zu unterbreiten. Wir sollten sofort ein entsprechendes Gesuch in englischer Sprache abfassen, das die beiden Beamten ihrem eigenen Brief beilegen wollten. Gemeinsam verfaßten wir das Schreiben an Ort und Stelle, und es wurde in unserer Gegenwart dem schon vorbereiteten Brief beigelegt. Mit allen Zeremonien wurde er versiegelt und einem Boten übergeben, der sich sofort auf den Weg nach Lhasa machte.

Wir konnten es kaum fassen, daß man sich so freundlich unser annahm und wir außerdem noch in Tradün bleiben durften, bis die Antwort aus Lhasa käme. Da unsere Erfahrungen mit den niederen Beamten nicht die besten waren, baten wir um eine schriftliche Bestätigung dieser Erlaubnis, die wir auch bekamen. Über alle Maßen glücklich und zufrieden mit unserem Erfolg, waren wir endlich in unser Quartier zurückgekehrt. Wir waren kaum dort, als die Tür aufging und eine ganze Prozession von schwerbeladenen Dienern hereinkam. Je ein Sack Mehl, Reis und Tsampa und vier geschlachtete Schafe wurden für uns abgegeben. Wir wußten erst gar nicht, was das zu bedeuten hatte, bis der Bürgermeister, der mitgekommen war, uns zu verstehen gab, daß es ein Geschenk der beiden Beamten sei. Als wir uns dann bedanken wollten, wehrte er bescheiden ab, und keiner wollte der Spender sein. Zum Abschied gab uns der behäbige Tibeter einige Worte mit, von deren Weisheit ich in diesem Lande noch lange profitieren sollte. Er meinte, daß die Eile der Europäer hier nicht angebracht sei und wir lernen müßten, Zeit und Geduld zu haben, um eher ans Ziel zu kommen.

Als wir drei wieder allein in unserem Haus saßen und alle Geschenke betrachteten, konnten wir die Wendung unseres Geschicks kaum glauben. Unser Gesuch um Aufenthaltsgenehmigung war auf dem Weg nach Lhasa, und für Monate waren wir mit Lebensmitteln eingedeckt. Über uns hatten wir statt der dünnen Zeltwand ein festes Dach, und eine Dienerin – die aber leider nicht mehr jung und schön war – machte Feuer und holte Wasser. Wir waren voll Dankbarkeit und hätten gerne etwas besessen, um uns den Bönpos erkenntlich zu zeigen. Nur einige Medikamente konnten wir ihnen schenken und hoffen, ihnen vielleicht unter anderen Umständen einmal unsern Dank abzustatten. Wie schon in Gartok, hatten wir nun auch hier Gelegenheit gehabt, die Höflichkeit des Adels von Lhasa kennenzulernen, von der ich unter anderen in Sir Charles Bells Büchern so viel Rühmendes gelesen hatte.

Da wir annahmen, daß wir hier wohl monatelang auf Antwort aus Lhasa warten müßten, schmiedeten wir Pläne, wie wir uns die Zeit vertreiben könnten. Unbedingt wollten wir Ausflüge in das Gebiet des Annapurna und des Dhaulagiri und in die nördlichen Ebenen, das Tschangthang, unternehmen. Nach einiger Zeit suchte uns der Abt auf, den der Bürgermeister des Ortes zu Hilfe gerufen hatte. Er teilte uns mit, daß die Bewilligung, hier zu warten, so aufzufassen sei, daß wir uns nicht länger als einen Tag vom Ort entfernen dürften. Wir könnten Ausflüge machen, wohin wir wollten, müßten aber am Abend immer wieder zurück sein. Falls wir dies nicht befolgten, müßte er es nach Lhasa melden, und es würde sicherlich keinen günstigen Einfluß auf die Antwort haben.

Wir begnügten uns nun mit kurzen Wanderungen in die Berge der nächsten Umgebung. Besonders der Lungpo Kangri hatte es uns angetan, ein einzeln ragender, 7065 m hoher Berg. Wir saßen oft mit unseren Skizzenblättern auf einem seiner Vorberge, um seine bizarren Formen festzuhalten. Er stand abseits im Transhimalaja, ähnlich wie der Kailas, und war dadurch besonders auffallend.

Im Süden konnten wir von unseren Hügeln aus die Riesen des Himalaja bestaunen, obwohl ihre Gipfel noch gute hundert Kilometer entfernt waren. Eines Tages wurde die Versuchung zu groß, näher an sie heranzukommen. Aufschnaiter und ich hatten uns einen bestimmten Berg, den Tarsangri, zum Ziel gesetzt. Um einen Weg zu ihm zu finden, mußten wir aber erst den hier schon sehr breiten Tsangpo überqueren. Eigentlich führte eine Fähre mit einem Jakhautboot hinüber, doch die Fährleute hatten Befehl, uns nicht überzusetzen. So blieb uns nichts anderes übrig, als ans andere Ufer zu schwimmen. Beinahe hätte dabei die Strömung Aufschnaiters Kleiderbündel davongetragen, das er über den Kopf hielt, doch ich schwamm nach und konnte es noch rechtzeitig erwischen. Es wäre schade um unsere kostbaren Kleider gewesen! Der Aufstieg ging dann ohne Schwierigkeiten vonstatten, und von unserem Berg hatten wir eine wunderbare Aussicht und weiten Einblick in eine Bergwelt, deren Gipfel für alle Alpinisten nur Namen sind. Da wir keinen Photoapparat besaßen, konnten wir nur Skizzen heimbringen. In den Ort ließ man uns anstandslos zurückkehren, denn man war froh, daß wir nicht entwischt waren.

Da Tradün einer der größten Umschlagplätze für den Handelsverkehr war, ging es im Ort zu wie auf einem Güterbahnhof. Tagtäglich häuften sich hier ganze Berge von Salz, Tee, Wolle, getrockneten Aprikosen und vielen anderen Artikeln. Sie wurden meist nach ein oder zwei Tagen durch neue Karawanen abtransportiert. Zur Beförderung der Lasten dienten Jaks, Maultiere und Schafe. Immer wieder sahen wir neue Typen von Menschen, und so war für Abwechslung gesorgt.

Während des Monats August hatten wir oft Regen – Ausläufer des Monsuns in Indien. Im September wurde es schön, und wir nützten die Tage oft, um heimlich fischen zu gehen oder bei den Nomaden Butter und Käse einzukaufen.

Das Dorf selbst bestand aus etwa zwanzig Häusern, die der Klosterhügel überragte, im Kloster lebten nur sieben Mönche. Die Häuser des Ortes waren eng zusammengedrängt, aber trotzdem hatte jedes Haus einen eigenen kleinen Hof, in dem die Waren aufgestapelt wurden. Das größte Wunder für uns waren ein paar Salatbeete, nicht größer als zwei Quadratmeter. Manchmal gelang es mir, einige der kostbaren grünen Blätter gegen Medikamente einzutauschen. Die Einwohner des Dorfes waren alle irgendwie mit Handel oder Transport beschäftigt. Die wirklichen Nomaden lebten verstreut in der Ebene von Tradün. Wir hatten auch Gelegenheit, an mehreren religiösen Festen teilzunehmen. Besonders eindrucksvoll war eine Art Erntedankfest. Mit der ganzen Bevölkerung standen wir bald auf gutem Fuß und konnten meist von den Leuten für Medikamente eintauschen, was wir zusätzlich zum Essen brauchten. Daneben betätigten wir uns auch als Ärzte und waren besonders erfolgreich in der Behandlung von Wunden und Magenschmerzen.

Die Einförmigkeit des Lebens in Tradün wurde hin und wieder durch hohe Besuche unterbrochen. Besonders die Ankunft des zweiten Garpön, der nach Gartok unterwegs war, ist mir deutlich in Erinnerung geblieben.

Lange bevor von ihm und seinem Gefolge eine Spur zu sehen war, kamen Soldaten, um seine Ankunft zu melden. Dann traf sein Koch ein, der gleich das Essen vorzubereiten begann, und erst am nächsten Tag erschien der Garpön selbst mit der Hauptkarawane und seinem Gefolge von dreißig Dienern und Dienerinnen. Das ganze Dorf lief zusammen, und wir waren natürlich nicht weniger neugierig. Der hohe Gast und seine Familie ritten auf prachtvollen Maultieren, und Dorfälteste oder Diener geleiteten jedes Familienmitglied, das Reittier am Zügel, in die vorbereiteten Quartiere. Mehr als vom Garpön persönlich waren wir von seiner Tochter beeindruckt. Sie war die erste gepflegte junge Frau, die wir seit 1939 zu sehen bekamen, und wir fanden sie sehr hübsch. Ihre Gewänder waren reine Seide, die Nägel rot lackiert, nur Puder, Rouge und Lippenstift waren vielleicht etwas zu reichlich angewendet. Aber sie duftete geradezu nach Sauberkeit und Frische. Wir fragten sie, ob sie das hübscheste Mädchen von Lhasa sei, doch sie verneinte bescheiden und meinte, daß es dort noch viel hübschere gebe. Wir bedauerten es sehr, als die nette Gesellschaft nach einem Tag wieder abreiste.

Bald sollte unser Dorf einen neuen Gast beherbergen. Ein Regierungsbeamter aus Nepal kam unter dem Vorwand einer Pilgerfahrt nach Tradün, um uns zu besuchen. Wir hatten das Gefühl, daß er uns überreden wollte, nach Nepal zu kommen. In der Hauptstadt Katmandu würden wir Aufnahme und Arbeit finden, sagte er, und die Reise dorthin würde von der Regierung organisiert werden, auch lägen bereits 300 Rupien für die Reisespesen bereit. Das alles klang sehr verlockend, zu verlockend vielleicht, denn wir kannten die Macht der Engländer in Asien . . .

Nach drei Monaten fingen wir an, ungeduldig zu werden, und unsere persönlichen Beziehungen begannen darunter zu leiden. Kopp deutete wiederholt an, daß er gerne der Einladung nach Nepal Folge leisten würde. Aufschnaiter ging wie immer seine eigenen Wege. Er kaufte vier Schafe als Lasttiere und wollte in das Tschangthang ziehen. Dies war zwar gegen unseren ersten Plan, den Brief aus Lhasa abzuwarten, doch wir zweifelten bereits an einer positiven Antwort.

Aufschnaiter verlor als erster die Geduld. Eines Nachmittags marschierte er mit seinen beladenen Schafen los und bezog einige Kilometer außerhalb des Ortes ein Lager. Wir halfen ihm, seine Sachen dorthin zu bringen, und hatten vor, ihn am nächsten Tag zu besuchen. Kopp begann gleichfalls zu packen, und die lokalen Behörden versprachen ihm eine Transportmöglichkeit für seine Sachen, denn sie waren sehr froh über seinen Entschluß, nach Nepal zu gehen. Weniger gefiel ihnen Aufschnaiters Gehaben. Von diesem Tag an schliefen Wachen vor unserer Tür. Aber schon am nächsten Tag kam zu unserem Erstaunen Aufschnaiter mit seinem Gepäck wieder bei uns an. Seine Schafe waren in der Nacht im Kral von Wölfen angefallen und zwei von ihnen mit Haut und Haar gefressen worden. Dies zwang ihn zur Umkehr, und so waren wir noch einmal alle drei für einen Abend vereint.

Am nächsten Tag nahm Kopp unter Beteiligung des ganzen Dorfes von uns Abschied. Von uns sieben, die wir gemeinsam aus dem Camp ausgerissen waren, und von den fünf, die sich nach Tibet gewendet hatten, waren jetzt nur noch Aufschnaiter und ich übrig. Wir waren die einzigen Bergsteiger aus dieser Gruppe und dadurch körperlich und seelisch wohl am besten für das einsame und an Strapazen reiche Leben in diesem Land gerüstet.

Inzwischen war es Ende November geworden, und die Karawanenstraßen waren nicht mehr sehr belebt. Der Mönchsbeamte aus Gyabnak sandte uns einige Schafe und zwölf Lasten Jakmist zum Heizen. Wir konnten es gut brauchen, denn die Temperatur war bereits auf minus zwölf Grad gesunken.

Ein Brief heißt uns weiterziehen

Trotz des Winters waren wir mehr denn je entschlossen, von Tradün fortzukommen, mit oder ohne Brief. Wir horteten daher Proviant und kauften einen zweiten Jak. Aber mitten in unsere Vorbereitungen kam der Abt mit der Mitteilung, daß für uns ein Brief angekommen sei. Was wir insgeheim befürchtet hatten, war eingetroffen: Man verwehre uns die Einreise in das Innere Tibets. Der Brief wurde uns nicht persönlich übergeben, man teilte uns nur mit, daß wir nicht den kurzen Weg direkt nach Nepal nehmen müßten, sondern noch innerhalb von Tibet bis zu dem Ort Kyirong ziehen dürften. Von dort waren es nur acht Meilen bis zur Grenze von Nepal und sieben Tagesmärsche bis zur Hauptstadt Katmandu. Für diese Reise sollten wir Transporttiere und Diener bekommen. Wir gingen sofort auf diesen Bescheid ein, denn die Route brachte uns wieder ein Stück tiefer ins Land, und je länger wir uns legal halten konnten, desto besser war es.

Am 17. Dezember verließen wir Tradün, den Ort, der uns mehr als vier Monate lang Aufnahme geboten hatte. Daß wir nicht nach Lhasa durften, hat uns nie gegen die Tibeter eingenommen, denn jedermann weiß, wie schwer es ist, als Fremder ohne Paß in irgendeinem Lande Fuß zu fassen. Daß die Tibeter uns immer wieder durch Geschenke und das Bereitstellen von Transportmitteln ihre Gastfreundschaft bewiesen, hatte sie schon weit über die Gepflogenheiten anderer Länder gestellt. Obwohl ich sie damals noch nicht so schätzte, wie ich es heute tue, waren Aufschnaiter und ich ihnen schon allein für die acht Monate ohne Stacheldraht dankbar.

Nun waren wir wieder unterwegs.

Unsere Marschkolonne bestand diesmal nur aus Aufschnaiter und mir, aber zwei Diener begleiteten uns. Der eine von ihnen trug unser Heiligtum, den sorgfältig umwickelten Brief der Regierung an den Distriktsbeamten von Kyirong. Wir waren alle beritten, und unsere zwei Jaks wurden von einem Treiber geführt. Man sah unserer Karawane schon von weitem an, daß hier angesehene Leute des Weges kamen – andere als jene drei herabgekommenen Vagabunden, die vor einigen Monaten in der Gegenrichtung über den Himalaja gezogen waren.

Der Weg nach Kyirong brachte uns wieder über die Wasserscheide des Himalaja nach Südosten. Der Tsangpo war bereits zugefroren, als wir ihn überquerten, und die Nächte im Zelt waren bitter kalt.

Nach einer Woche Reitens erreichten wir Dzongka. Eine dicke Rauchwolke, die über den Häusern stand, zeigte es schon von weitem an. Dzongka war nun endlich ein Ort, der den Namen »Dorf« verdiente. Um ein Kloster herum drängten sich etwa hundert Lehmhäuser, von bebauten Feldern umgeben. Dzongka lag am Zusammenfluß zweier Bäche, die von hier gemeinsam als Kosi-Fluß den Himalaja durchbrechen und nach Nepal fließen. Die Siedlung war von einer ungefähr zehn Meter hohen Festungsmauer umschlossen, und hinter ihr stand, alles überragend, ein prachtvoller Sechstausender, den die Einheimischen Tschogulhari nannten.

Es war gerade Weihnachten, als wir in Dzongka eintrafen, und unser erster Weihnachtsabend außerhalb des Lagers. Wir bekamen ein gutes Quartier zugewiesen, so behaglich eingerichtet, daß wir ganz überrascht waren. Die Baumgrenze lag hier nur zwei Tagereisen entfernt, Holz war daher keine solche Kostbarkeit und konnte zum Hausbau und für alle häuslichen Bedürfnisse verwendet werden. Ein zum Ofen umgebauter Blechkanister, in dem Wacholderholz prasselte, durchwärmte angenehm unseren Raum. Am Abend zündeten wir tibetische Butterlämpchen an, und zur Feier des Tages schmorte bald eine Schafskeule in unserm Topf.

Wie überall in Tibet, gab es auch hier keine öffentlichen Unterkunftshäuser, sondern jedem Reisenden wird von der Behörde ein Privatquartier zugewiesen. Die Zuteilung geschieht in einer bestimmten Reihenfolge, so daß die Belastung für die Bevölkerung nicht so spürbar wird, und bildet einen Teil der Steuern an den Staat.

Obwohl hier kein längerer Aufenthalt geplant war, blieben wir doch wegen der schweren Schneefälle fast einen Monat in Dzongka hängen. Da der Himalaja so nahe war, schneite es tagelang in dichten Flocken, und jeder Verkehr war unterbrochen. Wir genossen unseren Aufenthalt als angenehme Ruhepause und nahmen auch an einigen Veranstaltungen des Klosters und an den Vorstellungen einer Tanzgruppe, die aus Nyenam gekommen war, als Zuschauer teil.

Eine Anzahl adeliger Beamten lebte hier, und sie wurden bald unsere Freunde. Wir sprachen bereits gutes Tibetisch und führten lange Diskussionen, in denen wir viele Sitten des Landes kennenlernten. Der Silvesterabend 1944 verging sang- und klanglos, aber unsere Gedanken weilten mehr denn je in der Heimat.

Wann immer wir konnten, machten wir in diesen Wartetagen Ausflüge in die Umgebung. Es gab dort viele Sandsteinhöhlen, die reinsten Fundgruben für uns, denn wir entdeckten alte Götterfiguren aus Holz und Lehm und fanden Blätter aus tibetischen religiösen Büchern. Wahrscheinlich waren es Opfergaben für die Heiligen, die früher in diesen Höhlen gelebt hatten.

Am 19. Januar waren die Straßen soweit gangbar, daß wir zusammen mit einer riesigen Jak-Karawane losziehen konnten. Voran gingen unbeladene Jaks, die wie Pflüge durch den tiefen Schnee stapften und sich dabei sehr wohl zu fühlen schienen. Das Tal schloß sich bald zu einer Schlucht, und allein in den ersten zwei Tagen zählten wir zwölf Brücken über den Fluß. Meinem Jak, der aus dem Tschangthang stammte, waren sie höchst unheimlich, und er sträubte sich mit aller Kraft, eine Brücke zu betreten. Er benahm sich wirklich wie ein »Ochs vorm neuen Tor«, und erst als uns die Karawanentreiber zu Hilfe kamen, gelang es, ihn, von hinten geschoben und von vorne gezogen, hinüberzubringen. Man warnte mich schon damals, ihn mit nach Kyirong zu nehmen, da er das warme Klima im Sommer nicht aushalten werde. Ich wollte mich aber nicht von ihm trennen, denn wir hatten unsere Fluchtpläne noch nicht aufgegeben.

Während dieser ganzen Zeit zeigte mein Thermometer unbeirrt minus dreißig Grad an. Dort blieb es stehen, denn tiefer reichte die Skala nicht.

Einmal entdeckten wir in einer Schlucht an einer Felswand eine chinesische Inschrift, die mich sehr interessierte. Sie war wohl ein Überbleibsel jenes chinesischen Feldzuges nach Nepal im Jahre 1792, als eine ganze Armee Tausende von Kilometern bis vor die Tore von Katmandu zog und dort ihre Bedingungen diktierte.

Einen tiefen Eindruck machte ein Felsenkloster in der Nähe des Dorfes Longda auf uns. Zweihundert Meter über dem Tal klebten rote Tempel und unzählige Klosterzellen wie Vogelnester am Felsen. Aufschnaiter und ich ließen es uns nicht nehmen, die lawinengefährdeten Hänge hinaufzusteigen, und dabei genossen wir wieder einen wundervollen Ausblick auf den Himalaja. Wir trafen dort einige Mönche und Nonnen und erfuhren von ihnen, daß dies das Kloster Milarepas sei, jenes berühmten tibetischen Heiligen und Dichters, der hier im 11. Jahrhundert gelebt hatte. Das Kloster trug den Namen Trakar Taso. Wir konnten gut verstehen, daß die herrliche Umgebung und die einmalige Lage wie geschaffen waren, ein empfängliches Gemüt zur Meditation und zum Dichten anzuregen. Die Trennung von diesem Orte fiel uns schwer, und wir nahmen uns fest vor, wiederzukommen.

Der Schnee wurde nun täglich spärlicher, bald erreichten wir die

Waldgrenze und kamen damit in eine geradezu tropische Gegend. Die Winterkleidung, die uns die Regierung gestiftet hatte, wurde uns zu warm. Schon hatten wir unsere letzte Station vor Kyirong erreicht, Drothang, ein in grüne Wiesen gebettetes kleines Dörfchen. Ich erinnere mich noch, daß alle seine Einwohner ungeheuer große Kröpfe hatten, eine Erscheinung, die man sonst in Tibet selten findet.

Eine Woche brauchen wir für die Strecke bis Kyirong, die bei guten Wegverhältnissen in drei Tagen, von einem Boten in einem Tag zurückgelegt werden kann.

Kyirong, »Dorf der Glückseligkeit«

Kyirong heißt wörtlich »Dorf der Glückseligkeit«, und es verdient diesen Namen wirklich. Ich werde nie aufhören, mich dahin zurückzusehnen, und wenn ich mir aussuchen könnte, wo ich meinen Lebensabend verbringen will, würde ich Kyirong wählen. Ich würde mir ein Haus aus rotem Zedernholz bauen und einen der zahllosen, von den Bergen herunterstürzenden Bächen durch meinen Garten leiten. In diesem Garten würden fast alle Früchte gedeihen, denn der Ort liegt zwar 2770 m hoch, doch wir befinden uns beinahe auf dem 28. Breitengrad.

Als wir im Januar ankamen, waren es noch knapp unter null Grad, und die kältesten Temperaturen dieser Gegend liegen um minus zehn. Die Jahreszeiten sind ähnlich wie bei uns in den Alpen, nur grenzt die Vegetation ans Tropische. Man könnte hier das ganze Jahr im Himalaja skifahren und im Sommer eine Reihe von Sechs- und Siebentausendern besteigen.

Das Dorf besteht aus ungefähr achtzig Häusern und ist Sitz zweier Distriktsgouverneure, zu deren Verwaltungsbereich dreißig

Dörfer der Umgebung gehören. Wie wir erfuhren, waren wir die ersten Europäer, die nach Kyirong kamen, und die Bevölkerung verfolgte unseren Einzug voll Staunen. Wieder bekamen wir ein Quartier zugewiesen, diesmal bei einem der Großbauern. Das Haus hatte richtige Grundmauern und darüber einen Holzaufbau; gedeckt war es mit Schindeln, die mit Steinen beschwert waren. Es erinnerte sehr an unsere Tiroler Häuser, wie überhaupt das ganze Dorf ebensogut in unseren Alpen hätte liegen können. Nur schmückten statt der Rauchfänge bunte Gebetsfahnen den First. Diese Fahnen haben immer fünf Farbtöne, deren jeder ein Symbol des tibetischen Lebens darstellt.

Im Erdgeschoß des Hauses waren Kühe und Pferde untergebracht. Eine dicke Holzdecke trennte die Ställe vom ersten Stock, wo die Wohnräume der Familie lagen. Man konnte sie nur von außen über eine Leiter erreichen, die vom Hof hinaufführte. Mit Stroh gefüllte dicke Polstermatten ersetzten Bett und Sitzgelegenheit, kleine, niedrige Tischchen standen daneben, buntbemalte Schränke enthielten die Sonntagskleider, und vor dem nie fehlenden holzgeschnitzen Altar brannten die Butterlampen. Ein riesiges offenes Feuer, genährt von Eichenholz, ist im Winter der Sammelpunkt der ganzen Familie. Alle sitzen dann auf den Holzdielen im Kreis herum und schlürfen ihren Tee.

Das Zimmer, das Aufschnaiter und ich zugewiesen bekamen, war ziemlich klein, so daß ich bald in die anschließende Heuscheune übersiedelte. Während er einen ständigen Kampf mit Ratten und Wanzen führen mußte, waren meine Gegner Mäuse und Flöhe. Es gelang mir nie, Herr über das Ungeziefer zu werden, aber für alles Unangenehme fühlte ich mich reichlich entschädigt durch den wunderbaren Blick auf mehrere Gletscher, die scheinbar zum Greifen nahe über den Rhododendronwäldern emporragten.

Obwohl uns ein Diener zur Verfügung stand, wollten wir aus Reinlichkeitsgründen das Kochen selber besorgen. In unserem Zimmer war eine Herdstelle, und Holz wurde uns frei geliefert. So verbrauchten wir sehr wenig Geld, denn was wir für Lebensmittel ausgaben, machte nicht mehr als rund 15 Mark pro Kopf und Monat aus. Ich ließ mir eine Hose nähen – der Schneiderlohn betrug 75 Pfennig.

Die Hauptnahrung in dieser Gegend war der Tsampa. Hier sahen wir auch, wie er zubereitet wurde. In einer Eisenpfanne wird Sand glühendheiß gemacht, dann werden Gerstenkörner dazugeschüttet. Durch die Hitze zerplatzen die Körner mit einem leichten Knall. Dann kommt alles in ein feinmaschiges Sieb, der Sand wird von den Körnern getrennt, und diese werden fein gemahlen. Man erhält nun ein wohlriechendes, eßfertiges Mehl, das meist mit Buttertee zu Teig angerührt und so gegessen wird. Auch Bier oder Milch kann man zum Anrühren verwenden. Die Tibeter sind sehr erfinderisch in der Zubereitung von Tsampagerichten, die täglich mehrmals auf den Tisch kommen. Wir hatten uns auch bereits an diese Speise gewöhnt, weniger allerdings an den Buttertee. Es ist eine für uns Europäer sehr merkwürdige Zubereitungsart des Tees. Aus China wird in Ziegelform gepreßter, grober Tee eingeführt, der hauptsächlich aus Stengeln und Abfällen besteht. Daraus kochen die Tibeter nun für Stunden, oft für Tage voraus eine dunkle Brühe. Während des Kochens wird viel Salz und etwas Soda beigefügt. Diese Brühe wird dann abgeseiht und kommt in eine Art Butterfaß. Je nach der Teemenge und der gewünschten Qualität wird nun Butter zugesetzt und zu einer Emulsion verrührt. Leider ist die Butter meist nicht mehr frisch, denn die monate-, oft jahrelange Aufbewahrung in Jakhäuten ist unzulänglich. Deshalb ist der Geschmack des Buttertees für Europäer anfangs ausgesprochen widerlich, und ich konnte mich nur langsam daran gewöhnen. Auch die Tibeter würden den Zusatz von frischer Butter anstatt der ranzigen vorziehen, denn der Buttertee ist ihr Nationalgetränk und wird täglich oft bis zu sechzigmal getrunken. Neben diesen beiden Hauptnahrungsmitteln gibt es noch Reis, Buchweizen, Mais, Kartoffeln, Rüben, Zwiebeln, Bohnen und Rettiche. Fleisch ist eine Rarität. Denn da Kyirong ein besonders heiliger Ort ist, wird hier nie ein Tier getötet. Fleisch kam nur dann auf den Tisch, wenn es aus einer anderen Gegend gebracht wurde oder wenn, was häufig geschah, Bären oder Panther ein Tier anfielen und etwas von ihrer

Beute übrigließen. Nicht vereinbar mit dieser Auffassung schien mir, daß jeden Herbst ungefähr 15 000 Schafe durch das Dorf nach Nepal zur Schlachtbank getrieben werden und daß Kyirong dafür Zoll erhebt.

Gleich zu Beginn unseres Aufenthaltes machten wir einen Antrittsbesuch bei den Distriktsverwaltern. Unser Geleitbrief war bereits vom Diener überreicht worden, und die Bönpos meinten, daß wir gleich nach Nepal weiterziehen würden. Dies war aber keineswegs unsere Absicht, und wir teilten ihnen mit, daß wir gerne einige Zeit in Kyirong bleiben wollten. Sie nahmen unseren Entschluß gelassen hin und versprachen auf unsere Bitte, unsere Entscheidung nach Lhasa zu berichten. Auch dem Vertreter Nepals statteten wir einen Besuch ab, und immer wieder wurde uns dieses Land in den schönsten Farben gemalt. Wir hatten aber inzwischen in Erfahrung gebracht, daß Kopp nach wenigen Tagen Aufenthalt in der Hauptstadt Nepals nach Indien ins Lager abgeschoben worden war. Alle verführerischen Vorspiegelungen, daß wir dort Auto, Fahrrad und Kino zur Verfügung hätten, machte keinen Eindruck mehr auf uns.

Infolge der engen Handelsbeziehungen mit Nepal gab es in dieser Gegend kaum tibetisches Geld, die dominierende Währung war der Khotrang. Die Bevölkerung ist stark vermischt, es gibt eine Menge Katsara, wie die tibetisch-nepalesische Mischung genannt wird. Diese Katsara waren nicht annähernd so angenehme und fröhliche Menschen wie die reinrassigen Tibeter, und sie werden weder von der einen noch von der anderen Rasse wirklich respektiert.

Von der Regierung in Lhasa hatten wir also keine Aufenthaltserlaubnis zu erhoffen. In Nepal stand uns die Ausweisung bevor. So faßten wir den Plan, uns vorläufig in diesem Märchendorf zu erholen und uns so lange aufzuhalten, bis wir einen neuen Fluchtplan ausgearbeitet hatten. Wir ahnten damals noch nicht, daß wir fast neun Monate in Kyirong bleiben sollten.

Langeweile gab es nicht. Wir füllten dicke Tagebücher mit unseren Beobachtungen über Sitten und Bräuche der Tibeter. Es verging fast kein Tag, an dem wir nicht Ausflüge in die nähere und weitere Umgebung machten. Aufschnaiter, der Sekretär der Himalajastiftung in München gewesen war, benutzte die Gelegenheit und zeichnete fleißig Karten. Während auf unserer Spezialkarte dieser Gegend nur drei Namen verzeichnet waren, sammelten wir nun deren mehr als zweihundert. So genossen wir nicht nur unsere Freiheit, sondern wandten die Zeit auch nützlich an.

Unsere Ausflüge, die anfangs nur in die nähere Umgebung geführt hatten, dehnten wir später mehr und mehr aus. Die Leute hatten sich an unseren Anblick gewöhnt, und wir blieben unbehelligt. Der größte Anziehungspunkt waren für uns natürlich die Berge und neben ihnen die heißen Heilquellen um Kyirong. Es gab mehrere, und die heißeste lag mitten im Bambusdschungel am Ufer des eisigkalten Kosi-Flusses. Das Wasser sprudelte beinahe kochend aus der Erde, wurde in ein künstlich angelegtes Bassin geleitet und hatte dort noch immer ungefähr vierzig Grad. Ich konnte Wechselbäder nehmen, wenn ich abwechselnd im Gletscherwasser des Kosi und in der Quelle untertauchte.

Im Frühling gibt es eine richtige Badesaison an den Quellen. In Scharen wandern die Tibeter hinaus, Bambushütten und Unterstände wachsen aus dem Boden, und reges Treiben herrscht auf dem sonst so einsamen Platz, der zwei Stunden von Kyirong entfernt ist. Männlein und Weiblein tummeln sich nackt im Bassin, und wie bei uns gibt es viel Gelächter, wenn jemand besonders zimperlich ist. Der Besuch dieser Quellen ist für viele Familien ein Ferienaufenthalt. Mit Sack und Pack und Tonnen voll Bier ziehen sie dann hinaus und verbringen ein bis zwei Wochen in einer der Bambushütten. Auch die Adeligen lassen es sich nicht nehmen und reisen mit ganzen Dienerkarawanen zu den Quellen. Aber der ganze Rummel dauert nicht lange, denn im Sommer zur Zeit der Schmelze ersäuft der Fluß die Quelle.

In Kyirong machte ich auch die Bekanntschaft eines Mönches, der in der Medizinschule von Lhasa studiert hatte. Er war sehr angesehen und konnte von den Lebensmitteln, die ihm als Honorar zuflossen, reichlich leben. Seine Heilmethoden waren recht verschiedener Art. Eine davon bestand darin, einen Gebetsstempel auf die schmerzende Stelle zu drücken, was bei hysterisch bedingten Krankheiten sogar Erfolg hatte. Bei schweren Fällen brannte er mit einem glühenden Eisen Löcher in die Haut. Ich war selbst einmal Zeuge, wie ein schon Aufgegebener dadurch aus der Ohnmacht erweckt wurde, aber manchem Patienten bekam es nicht sehr gut. Auch bei Haustieren wurde diese drastische Methode angewendet. Da ich selber als halber Arzt galt und mich für alles Medizinische immer sehr interessierte, hatte ich lange Unterredungen mit dem Mönch. Er gestand mir, daß er die Grenzen seines Wissens genau kenne, doch er zerbrach sich nicht weiter den Kopf darüber und hatte nie unangenehme Zwischenfälle, denn er wechselte dauernd seinen Aufenthaltsort. Da er durch die zweifelhaften Kuren seine Pilgerfahrten finanzieren konnte, war damit auch sein Gewissen beruhigt.

Unser erstes Neujahr in Tibet

Mitte Februar erlebten wir unser erstes tibetisches Neujahr. Die Jahreszählung geht nach dem Mondkalender, und die Jahre tragen Doppelnamen, die auf die Tiere und Elemente Bezug nehmen. Das Neujahrsfest ist neben dem Geburts- und Todestag des Buddha das größte Ereignis des Jahres. Schon in der Nacht hörten wir den Lärm der singenden Bettler und Wandermönche, die von Haus zu Haus ziehen und Gaben einheimsen. Am Morgen werden frisch geschlagene Tannen, mit Gebetsfahnen geschmückt, an den Hausfirsten befestigt, religiöse Formeln werden feierlich rezitiert und dabei den Göttern Tsampa geopfert. In den zahlreichen Tempeln bringt die Bevölkerung Butteropfer dar, bis die riesigen Kupferkessel überfließen. Erst dann, glauben sie, sind die Götter zufrieden und werden ihnen im neuen Jahr zur Seite stehen. Auch weiße Seidenschleifen werden als

Zeichen der Verehrung vor die goldenen Statuen gelegt, die man ehrfürchtig mit der Stirn berührt.

Ob arm oder reich, alle kommen voll Hingabe und ohne innere Zweifel, um den Göttern zu opfern und ihren Segen zu erbitten. Es gibt kaum ein Volk, das so ausnahmslos wie dieses einer Religion anhängt und nach ihren Regeln zu leben trachtet. Ich habe die Tibeter um ihre einfache Gläubigkeit immer sehr beneidet, denn ich selbst bin mein ganzes Leben ein Suchender geblieben. Obwohl ich in Asien den Weg zur Meditation fand, blieb mir die Antwort auf das Letzte verschlossen. Aber ich habe in diesem Land gelernt, die Ereignisse der Welt mit Ruhe zu betrachten und mich nicht von ihnen in Zweifel stürzen und hin und her werfen zu lassen.

Es wurde nicht nur gebetet zur Jahreswende. Sieben Tage lang tanzte, sang und trank das Volk unter den wohlwollenden Augen der Mönche. In jedem Haus gab es einen Festschmaus, und auch wir wurden dazu eingeladen.

Leider sollte in unserem Hause die Festfreude sehr getrübt werden. Eines Tages rief man mich in das Zimmer der jüngeren Schwester unserer Hausfrau. Es war verdunkelt, und erst als heiße Hände nach mir griffen, merkte ich, daß ich neben ihrem Lager stand. Als meine Augen sich an das Dunkel gewöhnt hatten, wich ich mit einem Entsetzen, das ich kaum verbergen konnte, vom Bett zurück. Da lag das noch vor zwei Tagen gesunde, hübsche Mädchen völlig entstellt vor mir. Selbst mir als Laien war sofort klar, daß sie an Blattern erkrankt war. Auch Kehlkopf und Zunge waren bereits angegriffen, und nur lallend konnte sie klagen, daß sie sterben müsse. So gut ich konnte, redete ich es ihr aus, machte mich aber dann schleunigst davon und wusch mich, so gründlich es nur möglich war. Hilfe gab es da keine mehr, und ich konnte nur hoffen, daß keine Epidemie ausbrach. Auch Aufschnaiter besuchte sie und bestätigte meine Diagnose. Zwei Tage später starb sie.

Wir hatten die traurige Gelegenheit, nach der Festfreude auch die Zeremonien eines tibetischen Begräbnisses kennenzulernen. Der geschmückte Tannenbaum, das Zeichen der Festesfreude, wurde vom Dach geholt, und schon am nächsten Tag, beim ersten

Morgengrauen, wurde die Leiche in weiße Tücher gehüllt und von einem berufsmäßigen Leichenträger auf dem Rücken aus dem Haus getragen. Später folgten wir der Gruppe, die nur aus drei Männern bestand. Nicht weit außerhalb des Ortes, auf einem erhöhten Platz, der durch die zahllos auffliegenden Geier und Krähen schon von ferne kenntlich war, zerhackte einer der Männer mit einem Beil die Leiche. Ein zweiter saß daneben, murmelte Gebete und setzte eine kleine Handtrommel in Bewegung. Der dritte Mann wehrte die gierigen Vögel ab und reichte von Zeit zu Zeit den beiden anderen Männern Bier oder Tee zur Stärkung. Die Knochen der Leiche wurden zerstampft, damit auch sie von den Vögeln verzehrt werden konnten und vom Leichnam keine Spur zurückblieb.

So barbarisch das Ganze anmutete, war die Handlung doch von tiefreligiösen Motiven getragen. Die Tibeter wünschen, daß von ihrem Körper, der ohne Seele keine Bedeutung hat, nach dem Tode jede Spur verschwinde. Die Leichen der Adeligen und hohen Lamas werden verbrannt, aber die im Volke übliche Art der Bestattung ist die Zerstückelung, und nur die Leichen der ganz Armen, für die auch das zu teuer kommt, werden in den Fluß geworfen. Hier übernehmen die Fische dann das Amt der Geier. Wenn arme Leute an häßlichen Krankheiten sterben, werden sie von dazu bestimmten Männern begraben, die von der Regierung bezahlt werden.

Zum Glück griff die Blatternepidemie nicht um sich, und es starben nur wenige. In unserem Haus herrschte neunundvierzig Tage Trauer, dann wurde ein neuer Gebetsfahnenbaum auf dem Dache errichtet. Zu dieser Zeremonie erschien eine Anzahl Mönche, die Gebete sprachen und ihre eigenartige Musik dazu machten. Das alles kostete natürlich Geld, und die Tibeter verkaufen deshalb

Links: Aus Stein gehauener Tschörten beim Kloster Samyé im Brahmaputratal
Rechts: Kloster Kyitsang bei Lhasa. Die Klöster sind oft auf steilen Felsen erbaut und nur schwer zugänglich

meist den Schmuck oder die Habe der Verstorbenen, um vom Erlös die Feierlichkeiten der Mönche und die Speisung der vielen Butterlämpchen bezahlen zu können.

Während dieser ganzen Zeit machten wir unsere täglichen Ausflüge, und der herrliche Schnee brachte uns auf den Gedanken, uns Skier zu bauen. Aufschnaiter holte zwei Birkenstämme, die wir roh zuhacken ließen und über dem Herdfeuer trockneten. Ich begann Stöcke und Langriemen zu machen, und mit Hilfe eines Tischlers entstanden aus den Stämmen ganz annehmbare Bretter. Über dem Feuer bog ich dann die Spitzen zurecht, und durch Einklemmen zwischen den Steinen gab ich ihnen Spannung. Wir freuten uns sehr, daß unsere Skier so gut aussahen, und waren gespannt auf unseren ersten Versuch. Wie ein Blitz aus heiterem Himmel traf es uns deshalb, als wir von den Bönpos vorgeladen wurden und man uns das Verlassen Kyirongs mit Ausnahme von Ausflügen in die allernächste Umgebung verbot. Auf unsere energischen Proteste gaben sie die fadenscheinige Erklärung, daß Deutschland ein mächtiges Land sei, und wenn uns in den Bergen etwas passieren sollte, wäre ein Protest der deutschen Regierung in Lhasa mit einer großen Strafe für sie verbunden. Die Bönpos ließen an ihrem Verbot nicht rütteln und versuchten uns zu überzeugen, daß Bären, Panther und wilde Hunde eine große Gefahr für uns bildeten. Wir glaubten nicht ganz an ihre große Sorge um uns, eher nahmen wir an, daß die Bevölkerung in ihrem Aberglauben Angst hatte, wir könnten durch unsere Ausflüge die in den Bergen hausenden guten Geister erzürnen. Doch blieb im Moment nichts anderes übrig, als nach außen hin nachzugeben.

Die nächsten Wochen hielten wir uns an die Vorschrift, doch dann konnten wir dem Wunsche, Ski zu fahren, nicht länger widerstehen. Schnee- und Eishänge blickten täglich lockend auf uns nieder, und eines Tages griffen wir zu einer List. Ich richtete mir an einer der Heilquellen, die nur eine halbe Stunde entfernt lag, ein

Oben: Kloster Traschilhünpo bei Schigatse, der zweitgrößten Stadt Tibets. Sitz des Pantschen Lama
Unten: Wollspinnerinnen bei der Arbeit

provisorisches Quartier ein. Nach wenigen Tagen, als sich die Leute an meine Abwesenheit gewöhnt hatten, holte ich nachts die Skier und trug sie bei Mondlicht ein Stück die Hänge hinauf. Am nächsten Tag gingen Aufschnaiter und ich in aller Frühe über die Waldgrenze und genossen inmitten des Himalaja den prächtigen Firnschnee. Beide waren wir überrascht, wie gut das Skifahren nach dem langen Aussetzen noch ging. Da man uns nicht erwischte, versuchten wir es später noch einmal. Dann zerbrachen wir die Skier und versteckten die Reste dieser für die Tibeter so unheimlichen Instrumente. So haben die Leute in Kyirong nie erfahren, ob wir auf dem Schnee »geritten« sind, wie sie sich ausdrückten.

Inzwischen war es Frühling geworden, die Arbeit auf den Feldern begann, und die Wintersaat stand bald in prächtigem Grün. Ähnlich wie in den katholischen Ländern wurden auch hier die Fluren von den Priestern gesegnet. In einer langen Prozession trugen die Mönche, gefolgt von der Bevölkerung des Ortes, die einhundertundacht Bände der tibetischen Bibel um das Dorf. Dabei wurde gebetet, und die Mönche spielten ihre Instrumente.

Aber je wärmer es wurde, desto schlechter ging es meinem Jak. Er hatte Fieber, und der lokale »Veterinär« meinte, daß nur eine Bärengalle ihm helfen könnte. Mehr um ihm recht zu geben als aus Überzeugung kaufte ich das teure Zeug und wunderte mich nicht, daß die Kur keinen Erfolg hatte. Dann riet man zu Ziegengalle und Moschus, und ich hoffte im Unterbewußtsein, daß die Erfahrung, die die Tibeter in der Behandlung der Jaks doch haben mußten, mein wertvolles Tier retten würde. Aber nach einigen Tagen blieb mir nichts anders übrig, als den armen Armin schlachten zu lassen, um wenigstens noch sein Fleisch zu retten.

Für solche Notfälle gab es einen Schlächter, der wie ein Ausgestoßener am Dorfrand leben mußte. Auch die Schmiede hausen dort, denn ihr Handwerk gilt in Tibet als das niedrigste. Der Schlächter erhält als Bezahlung die Füße, den Kopf und die Innereien des Jaks. Die Art, wie er das Tier tötete, war schnell und erschien mir humaner als die bei uns übliche. Mit einem blitzschnellen Schnitt öffnete er den Leib, griff mit der Hand hinein und riß die Hauptschlagader vom Herzen. Das Tier war sofort tot. Da es bei dieser Prozedur mit gebundenen Beinen auf dem Rücken liegt, bleibt das Blut in der Bauchhöle und braucht nur herausgeschöpft zu werden. Das Fleisch wurde zerteilt und über unserem offenen Feuer geräuchert. Da wir um diese Zeit schon neue Fluchtpläne hatten, ergab dies den Grundstock des benötigten Proviants.

In Dzongka war zu der Zeit eine Epidemie ausgebrochen, der schon eine Anzahl Menschen zum Opfer gefallen war. Der adlige Distriktsbeamte, der dort residierte und eine reizende Frau und vier Kinder hatte, wollte seine Familie in Sicherheit bringen und war deshalb nach Kyirong gekommen. Die Symptome der Epidemie wiesen auf eine dysenterieartige Krankheit hin. Leider hatten die Kinder die Keime der Seuche bereits in sich, und eines nach dem andern wurde davon befallen. Ich besaß damals noch etwas Yatren, das als bestes Mittel gegen Dysenterie galt, und bot es der Familie an, in der Hoffnung, noch helfen zu können. Es war ein großes Opfer von Aufschnaiter und mir, denn wir hatten diese letzten Kuren für den Notfall für uns selbst aufbewahrt. Leider half es nicht, und drei von den Kindern starben. Das kleinste, das zuletzt erkrankt war und kein Yatren mehr bekommen konnte, wollten wir trotzdem unter allen Umständen retten. Wir machten den Eltern den Vorschlag, einen Eilboten mit einer Stuhlprobe nach Katmandu zu schicken, um je nach dem Befund das richtige Medikament besorgen zu lassen. Aufschnaiter schrieb zu diesem Zweck einen englischen Brief an das Spital. Leider wurde dieser Bote nie abgeschickt und das Kind nur von Mönchen behandelt. Sogar ein inkarnierter Lama wurde von weit her gerufen, aber alle Bemühungen blieben umsonst. Auch dieses Kind starb wie die anderen nach zehn Tagen. So traurig dieser Fall war, für uns bedeutete er eine Rechtfertigung. Denn wäre das letzte Kind gesund geworden, so hätte man uns für die Mörder der anderen gehalten.

Auch die Eltern und mehrere Erwachsene erkrankten, blieben aber am Leben. Da sie während der Krankheit immer reichlich aßen und große Mengen Alkohol zu sich nahmen, mag darin die Erklärung liegen. Die Kinder hingegen hatten die Nahrungsaufnahme verweigert und waren daher rasch von Kräften gekommen.

Mit den Eltern verband uns auch später noch eine herzliche Freundschaft. Obwohl sie durch den Verlust ganz gebrochen waren, wurde ihr Schmerz durch den Glauben an die Wiedergeburt gelindert. Sie blieben noch länger in Kyirong in einer Einsiedelei, und wir besuchten sie öfter. Der Mann hieß Wangdüla und war ein fortschrittlich denkender und aufgeschlossener Mensch. Er war sehr wißbegierig, wir mußten ihm viel von der Welt erzählen, und Aufschnaiter zeichnete ihm auf seinen Wunsch einmal eine Weltkarte aus dem Kopf. Seine Frau war eine 22jährige tibetische Schönheit und sprach fließend Hindi, das sie in ihrer Schulzeit in Indien gelernt hatte. Die beiden führten eine besonders gute Ehe.

Nach vielen Jahren hörten wir wieder von ihrem wahrhaft tragischen Schicksal. Als sie endlich wieder ein Kind bekamen, starb die junge Frau im Wochenbett, und Wangdüla wurde vor Schmerz wahnsinnig. Er war einer der sympathischsten Tibeter, die ich kennengelernt hatte, und sein Geschick berührte mich tief.

Aufenthaltssorgen ohne Ende

Im Laufe des Sommers bestellten uns wieder einmal die Bönpos zu sich. Diesmal forderten sie uns ziemlich energisch auf, unseren Aufenthalt zeitlich zu begrenzen.

Wir hatten inzwischen von nepalesischen Händlern und aus Zeitungen erfahren, daß der Krieg zu Ende war. Es war uns bekannt, daß die Engländer nach dem Ersten Weltkrieg die Gefangenenlager in Indien erst nach zwei Jahren aufgelassen hatten. Daß wir keine Lust verspürten, jetzt noch unsere Freiheit einzubüßen, ist verständlich. Wir waren fest entschlossen, noch einmal den Versuch zu wagen, ins Innere des Landes vorzudringen. Tibet hatte uns immer mehr fasziniert, so daß wir alles daransetzen wollten, es weiter zu erforschen. Wir verfügten jetzt über gute Sprachkenntnisse und hatten viele Erfahrungen gesammelt – was sollte uns daran hindern? Beide waren wir Bergsteiger, und es war eine einmalige Gelegenheit, im Himalaja und in den Gebieten der Nomaden Aufzeichnungen zu machen. Die Hoffnung, bald nach Hause zu können, hatten wir längst aufgegeben, wir wollten nun durch die nördlichen Ebenen Tibets nach China gelangen, um vielleicht dort Arbeit zu finden. Durch das Kriegsende war unser ursprüngliches Ziel, die japanischen Linien zu erreichen, gegenstandslos geworden.

Wir versprachen also den Bönpos, im Herbst den Ort zu verlassen, wenn sie uns als Gegenleistung wieder Bewegungsfreiheit geben wollten. Dies wurde uns bewilligt, und von diesem Tage an hatten unsere Ausflüge den Zweck, im Schneegebirge einen Paß ausfindig zu machen, über den wir, ohne den Ort Dzongka zu berühren, das tibetische Plateau erreichen könnten.

Bei diesen sommerlichen Ausflügen lernten wir die Tierwelt der Gegend kennen. Wir stießen auf die verschiedensten Tiere und sahen sogar Affenarten, die sich durch die Schluchten des Kosi-Flusses von Nepal bis hierher verirrt haben mußten. Eine Zeitlang schlugen Panther jede Nacht Kühe und Jaks, und man versuchte, sie in Fallen zu fangen. So mußten wir auf unseren Wanderungen Vorsicht üben, und meistens trug ich in meiner Tasche eine Zigarettendose voll Paprika als Abwehrmittel gegen die Bären. Der Bär ist nur bei Tag wirklich gefährlich, denn da greift er den Menschen an. Einige Holzfäller hatten tiefe Gesichtswunden, und einer von ihnen war durch einen Schlag mit der Tatze völlig erblindet. In der Nacht genügt ein Kienspan, um den Bären zu vertreiben.

An der Waldgrenze fand ich einmal im Neuschnee tiefe Spuren, die ich nicht zu deuten wußte und die auch von einem Menschen hätten herrühren können. Leute mit mehr Phantasie, als ich besitze, hätten daraus wohl auf einen der sagenhaften Schneemenschen geschlossen.

Immer war ich darauf bedacht, mich körperlich in Form zu halten. An Betätigung fehlte es nicht. Ich half auf dem Felde oder beim Dreschen, ich fällte Holz und hackte Kienspäne von den pechigen Föhren. Auch die Tibeter sind, durch das Klima und ihre schwere Arbeit bedingt, körperlich ausdauernde Menschen und lieben es, ihre Kräfte im sportlichen Wettkampf zu messen.

Jedes Jahr einmal wurde in Kyirong ein richtiges Sportfest veranstaltet, das mehrere Tage dauerte. Pferderennen, Bogenweit- und -hochschießen, Weit- und Hochsprung sind die Hauptdisziplinen. Für die ganz Starken gibt es noch einen schweren Stein, den sie hochheben und eine bestimmte Strecke weit tragen müssen.

Auch ich beteiligte mich zum allgemeinen Gaudium an einigen Übungen. Beim Wettlauf wäre ich beinahe Sieger geworden, da ich nach dem Massenstart die ganze Zeit führte. Ich hatte aber nicht mit den landesüblichen Methoden gerechnet. Im letzten und steilsten Stück holte mich einer der Teilnehmer ein und hielt mich am Hosenboden fest. Ich war darüber so verblüfft, daß ich stehenblieb und mich umsah. Darauf hatte der Schelm nur gewartet, er überholte mich und berührte noch vor mir den Zielstein. Auf solche Tricks war ich nicht gefaßt gewesen, und unter allgemeinem Gelächter erhielt ich die Schleife des zweiten Siegers.

Am Sport beteiligten sich in Tibet nur die Männer, die Frau weiß noch nichts von Emanzipation und begnügt sich damit, ein Picknick herzurichten und das Bier einzuschenken.

Auch sonst war in Kyirong für Abwechslung gesorgt. Im Sommer kamen täglich Karawanen durch. Nach der Reisernte in Nepal brachten Frauen und Männer den Reis in Körben und tauschten ihn hier gegen Salz um. Salz ist einer der wichtigsten Exportartikel des Landes und wird aus den abflußlosen Seen des Tschangthang gewonnen. Monatelang ist es auf Jak- und Schafrücken unterwegs bis zur Grenze, wo es vorteilhaft gegen Reis eingetauscht wird, da es höher im Werte steht.

Der Transport von Kyirong nach Nepal ist nur mit Kulis möglich, denn die Wege führen durch enge Schluchten, und manchmal müssen sogar Treppen in den Felsen gehauen werden, um einen Durchgang zu schaffen. Einen großen Teil der Träger stellen Frauen aus Nepal, mit billigem Schmuck behangen und mit dicken, muskulösen Beinen unter den kurzen Röcken.

Ein eigenartiges Schauspiel erlebten wir einmal, als wir den Nepalesen zusahen, wie sie auf Honigsuche ausgingen. Die Tibeter dürfen infolge eines offiziellen Verbotes der Regierung den Honig nicht einsammeln, da ihr Glaube es verbietet, den Tieren Nahrung wegzunehmen. Aber da man es hier wie überall auf der Welt liebt, Gesetze zu umgehen, zahlen die Tibeter samt ihren Bönpos gern einen kleinen Tribut dafür. Sie überlassen also den Honig, der ihnen eigentlich umsonst zufallen würde, den Nepalesen und kaufen ihnen dann die geliebte Schleckerei ab.

Diese Honigsuche ist ein sehr gewagtes Unternehmen, denn die Bienen verstecken ihre Waben gern unter den Felsvorsprüngen der tiefen Schluchten. Lange Bambusleitern werden in die Tiefe gelassen, und an ihnen klettern die Männer, frei in der Luft pendelnd, oft siebzig bis achtzig Meter tief hinunter. Unter ihnen fließt der Kosi, und ein Reißen des Seiles würde den sicheren Tod bedeuten. Rauchschwaden halten die wütenden Bienen ab, während die Männer die Waben einsammeln. An einem zweiten Seil mit Behältern wird dann die Beute hochgezogen. Grundbedingung für dieses Unternehmen ist ein wohlausgeklügeltes Zusammenspiel, denn Zurufe oder Signale würden im Brausen des Flusses untergehen. Eine Woche lang arbeiteten damals die elf Männer in der Schlucht, und der Preis des Honigs rechtfertigte nicht im entferntesten die Gefahren, die sie auf sich nahmen. Mir tat es damals leid, daß ich keine Farbfilmkamera besaß, um dieses Schauspiel festzuhalten.

Als die schweren Regen des Sommers vorüber waren, begannen wir systematisch die langen Täler zu durchforschen. Oft blieben wir tagelang aus und nahmen Proviant, Zeichenmaterial und Kompaß mit. Dann wieder lebten wir auf Almen, zusammen mit den Sennen, die ganz wie bei uns während der Sommermonate auf den üppigen Bergwiesen das Vieh betreuen. Kühe und weibliche Jaks grasen zu Hunderten auf den grünen Almen inmitten der Gletscherwelt. Oft half ich beim Butterrühren und freute mich auf die goldgelbe, frische Belohnung. Damit die Butter schneller fest wird, holt man von den nahen Gletschern Eis und wirft es in die riesigen Buttermilchbottiche.

Auf allen bewohnten Hütten trifft man die sehr scharfen und

angriffslustigen Hunde. Sie sind meist angekettet und beschützen in der Nacht durch ihr Bellen die zusammengedrängte Herde vor Panthern, Wölfen und wilden Hunden. Von Natur aus stark gebaut, gibt ihnen ihre übliche Nahrung – Milch und rohes Kälberfleisch – Riesenkräfte und macht sie besonders gefährlich. Ich hatte manche unliebsame Begegnung mit ihnen. Einmal riß sich bei meinem Kommen ein Hund von seiner Kette los und sprang mir an die Kehle. Ich wehrte ihn ab, er verbiß sich in meinem Arm und ließ erst nach heftigem Ringkampf los. Die Kleider hingen mir in Fetzen vom Leibe, dafür aber lag der Hund regungslos auf dem Boden. Mit den Resten meines Hemdes verband ich mir die Wunden, von denen ich noch heute tiefe Narben habe. Meine Verletzungen heilten indes rasch durch ständiges Baden in einer der Heilquellen, die um diese Jahreszeit nicht mehr von Tibetern, sondern leider nur noch von Schlangen besucht waren. Wie mir die Sennen später erzählten, hatte nicht nur ich bei diesem Kampfe mein Teil abbekommen, sondern auch der Hund, der eine Woche lang in einem Winkel lag und die Nahrungsaufnahme verweigerte.

Bei unseren Ausflügen fanden wir auch Unmengen von Erdbeeren, doch gerade wo es die schönsten gab, waren auch die meisten Blutegel. Ich wußte aus Büchern, daß diese Tiere die Plage vieler Himalajatäler sind, und hier mußte ich nun selbst erleben, wie hilflos man ihnen ausgeliefert ist. Sie lassen sich von den Bäumen auf Menschen und Tiere fallen und kriechen durch alle Kleideröffnungen, sogar durch die Schuhösen, um sich festzusaugen. Reißt man sie weg, so ist der Blutverlust noch größer, als wenn man sie sich vollsaugen läßt, denn dann fallen sie von selbst ab. Es gibt Täler, in denen sie so zahlreich sind, daß man sich ihrer nicht erwehren kann. Mit welchen Sinnen sie ihre Opfer erahnen, weiß ich nicht, oft aber konnte ich mich nur durch rasches Laufen vor ihnen retten. Die warmblütigen Tiere dieser Gegend tragen oft Dutzende dieser Schmarotzer, die sich in ihren Körperöffnungen festgesaugt haben. Das beste Mittel, sie von sich abzuhalten, sind salzgetränkte Socken und Hosenbeine.

Das Ergebnis unserer Ausflüge war ein reiches Material an Karten und Skizzen, doch wir fanden keinen Paß, der für unsere

Flucht zweckmäßig gewesen wäre. Ohne technische Hilfsmittel waren sämtliche Übergänge mit unseren schweren Lasten unpassierbar. Beide konnten wir uns nicht für den Gedanken erwärmen, den bekannten Weg über Dzongka zurückzugehen. Wir richteten daher noch einmal ein Gesuch nach Nepal, um uns zu vergewissern, ob wir ausgeliefert würden oder nicht. Nie bekamen wir eine Antwort darauf. Wir hatten noch ungefähr zwei Monate Zeit, bis wir Kyirong verlassen mußten, und benutzten die Tage zu eifrigen Vorbereitungen. Um unser Geld zu vermehren, verlieh ich es gegen die üblichen 33prozentige Verzinsung an einen Händler. Später sollte ich das bereuen, denn die Rückgabe verzögerte sich, und das hätte beinahe unsere heimliche Abreise verhindert.

Unser Kontakt mit dem friedlichen, fleißigen Völkchen hatte sich mehr und mehr vertieft. Sie arbeiteten, wie auch bei uns die Bauern, nicht nach Stunden, sondern nützten jede Minute des Tageslichts. Es herrschte ein ausgesprochener Arbeitermangel in den bebauten Gegenden, Hunger und Armut waren unbekannt. Die vielen Mönche, die als Arbeitskräfte ausfallen und nur für das Seelenheil sorgen, werden von der Gemeinde miterhalten. Bei den Bauern herrscht wirklicher Wohlstand, und in ihren Truhen liegen saubere Festtagskleider für die ganze Familie. Die Frauen weben selbst und lassen die Kleider im Haus nähen.

Es gibt keine Polizei in unserem Sinn, doch werden Übeltäter immer öffentlich abgeurteilt. Die Strafen sind ziemlich drastisch, aber in ihrer Art das einzig Richtige bei der Mentalität der Bevölkerung. Man erzählte mir von einem Mann, der eine goldene Butterlampe aus einem der vielen Tempel um Kyirong gestohlen hatte. Er wurde der Tat überführt, und das Urteil war für unsere Begriffe unmenschlich: Es wurden ihm öffentlich die Hände abgehackt und sein verstümmelter Körper lebend in eine nasse Jakhaut eingenäht. Dann ließ man die Haut trocknen und warf ihn in die tiefste Schlucht.

So grausame Strafen sahen wir selbst nie, auch scheinen die Tibeter mit der Zeit milder geworden zu sein. Ich erinnere mich an eine öffentliche Auspeitschung, die mir persönlich eher zu schwach erschien. Es handelte sich um eine Nonne der reformierten buddhistischen Kirche, die das Zölibat als strenge Regel vorschreibt. Die Nonne hatte mit einem Mönch derselben Kirche ein Kind, das sie gleich nach der Geburt tötete. Beide wurden angezeigt und an den Pranger gestellt. Ihre Schand war öffentlich angeschlagen, und sie wurden zu hundert Peitschenhieben verurteilt. Schon während der Auspeitschung baten die Leute, wie üblich durch Geldgeschenke an die vollstreckenden Beamten, um Gnade. Dadurch wurde die Strafe vermindert, und durch die dichtgedrängte Menge, in der viele weinten, gingen Seufzer der Erleichterung. Mönch und Nonne wurden aus dem Distrikt ausgewiesen und ihrer Würde für verlustig erklärt. Einmalig und für unser Empfinden beinahe unbegreiflich war das Mitleid der ganzen Bevölkerung. Geld- und Lebensmittelgeschenke flossen den beiden Sündern reichlich zu, und sie verließen Kyirong mit wohlgefülltem Säckel zu einer Pilgerfahrt.

Die reformierte Sekte, der die beiden angehörten, ist vorherrschend in Tibet; doch gerade in unserer Gegend gab es eine große Anzahl Klöster, die nach anderen Regeln geführt wurden. Dort konnten Mönche und Nonnen als Familien zusammenbleiben, und die Kinder blieben im Kloster. Sie arbeiteten selber auf ihren Feldern, bekamen aber nie Regierungsposten zugewiesen, die nur den Reformierten vorbehalten sind.

Die Herrschaft der Mönche in Tibet ist einmalig und läßt sich nur mit einer strengen Diktatur vergleichen. Mißtrauisch wachen sie über jeden Einfluß von außen, der ihre Macht gefährden könnte. Sie sind selbst klug genug, nicht an die Unbegrenztheit ihrer Kräfte zu glauben, würden aber jeden bestrafen, der Zweifel in dieser Richtung äußerte. So waren einige von ihnen mit dem Kontakt, den wir mit der Bevölkerung hatten, durchaus nicht einverstanden. Denn unser Verhalten, das von jedem Aberglauben unbeeinflußt war, mußte ja schließlich den Tibetern zu denken geben. Wir gingen nachts in die Wälder, ohne von den Dämonen bestraft zu werden, wir erkletterten Berge, ohne Opferfeuer zu brennen, trotzdem geschah uns nichts. In manchen Gegenden bekamen wir eine betonte Zurückhaltung zu spüren, die nur dem Einfluß der Lamas zuzuschreiben war. Auf der anderen Seite sprachen sie uns aber auch übernatürliche Kräfte zu, denn sie waren überzeugt, daß wir besondere Gründe für unsere Ausflüge hatten. Immer wieder fragten sie uns, was wir mit den Bächen und Vögeln vorhätten, da wir uns so oft mit ihnen unterhielten. Denn kein Tibeter macht einen Schritt ohne besondere Absicht. Daher konnten sie für unser Wandern und Sitzen im Walde oder an einem Bach keine andere Erklärung finden.

Dramatischer Auszug aus Kyirong

Inzwischen war es Herbst geworden, und unsere Aufenthaltsfrist näherte sich ihrem Ende. Es fiel uns sehr schwer, dieses Paradies der Natur zu verlassen. Eineinhalb Jahre waren wir bereits vom Lager weg, und inzwischen war der Krieg zu Ende gegangen. Wir waren aber noch genauso auf uns selbst gestellt wie zuvor, denn es war uns nicht gelungen, eine Aufenthaltserlaubnis zu bekommen. Vom Camp bis Kyirong hatten wir ungefähr achthundert Kilometer zurückgelegt, unsere Ausflüge nicht mitgezählt. Es wurde nun Ernst mit dem Aufbruch. Und da wir aus alter Erfahrung wußten, daß eine genügende Lebensmittelreserve das wichtigste ist, legten wir uns zwanzig Kilometer entfernt auf dem Weg nach Dzongka ein Depot an. Es bestand in der Hauptsache aus Tsampa, Butter, getrocknetem Fleisch, Rohzucker und Knoblauch. Auch diesmal stand uns, wie bei der Flucht aus dem Lager, nur unsere eigene Tragkraft zur Verfügung.

Als schwere Schneefälle einen frühen Winter ankündigten, wurde uns beinahe wieder ein Strich durch die Rechnung gemacht. Wir hatten unser Gepäck auf das Gramm genau berechnet, und nun mußten wir uns entschließen, noch eine zweite Decke mitzunehmen. Der Winter war natürlich die ungünstigste Jahreszeit, die

Hochebenen Zentralasiens zu durchwandern, doch wir konnten auf keinen Fall länger in Kyirong bleiben. Eine Zeitlang planten wir, heimlich nach Nordnepal zu gehen und dort den Winter zu verbringen, doch wir gaben diesen Gedanken bald auf, da die dortigen Grenzposten als besonders tüchtig bekannt waren.

Als unser Depot fertig war, gingen wir daran, uns eine Lampe zu basteln. Anscheinend hatte man bemerkt, daß wir etwas planten, denn wir blieben keinen Augenblick mehr unbeobachtet. Ständig waren Aufpasser um uns, und es blieb uns nichts anderes übrig, als einen Spaziergang auf einen Berg zu machen, um dort ungestört basteln zu können. Aus dem Einband meines Geschichtsbüchleins und aus tibetischem Papier fertigten wir ein lampionähnliches Gehäuse, und eine Zigarettendose wurde mit der Butter gefüllt, die das kleine Flämmchen nähren sollte. Eine, wenn auch schwache, Lichtquelle brauchten wir unbedingt, denn wir hatten uns vorgenommen, wieder nur nachts zu gehen, solange wir uns in bewohnten Gegenden befanden.

Noch wartete ich aber auf mein ausgeliehenes Geld, und als die Rückgabe für die nächsten Tage in Aussicht stand, beschlossen wir zu handeln.

Aus taktischen Gründen sollte Aufschnaiter zuerst aufbrechen und einen Ausflug vortäuschen. So zog er am 6. November 1945 frech bei Tageslicht mit gefülltem Buckelkorb aus dem Dorf. Mit ihm lief mein Hund, den mir ein Adeliger aus Lhasa geschenkt hatte. Er war von jener langhaarigen, mittelgroßen tibetischen Rasse, und wir hatten uns beide sehr an ihn gewöhnt. Ich versuchte inzwischen mein Geld zurückzubekommen, hatte aber wenig Glück dabei, denn man war mißtrauisch geworden und wollte es mir erst nach Aufschnaiters Rückkehr geben. Es war ja schließlich nicht zu verwundern, daß man uns Fluchtabsichten zutraute. Unsere Frist war abgelaufen, und wenn wir uns nach Nepal gewendet hätten, wären keine Heimlichkeiten notwendig gewesen. Die Bönpos hatten selbst Angst, von Lhasa bestraft zu werden, wenn es uns gelingen sollte, ins Landesinnere vorzudringen, und so hetzten sie die ganze Bevölkerung gegen uns auf. Das Volk wiederum lebte in einer ständigen Furcht vor den lokalen Vorgesetzten.

Nun begann eine fieberhafte Suche nach Aufschnaiter, und ich wurde wiederholt ins Verhör genommen, wohin er denn gegangen sei. Meine schwachen Versuche, die ganze Angelegenheit als einen harmlosen Ausflug hinzustellen, fanden nicht viel Glauben. Ich selbst mußte noch einen Tag zugeben, um wenigstens einen Teil meines Geldes zurückzubekommen. Den letzten Rest opferte ich, da es aussichtslos war, ohne die Rückkehr Aufschnaiters etwas zu erreichen.

Am Abend des 8. November war ich entschlossen, mit oder ohne Gewaltanwendung wegzukommen, da jetzt schon jeder meiner Schritte bewacht wurde. Im und um das Haus waren Aufpasser verteilt, die mich nicht aus den Augen ließen. Ich wartete noch bis zehn Uhr nachts, denn ich hoffte, daß sie schlafen gehen würden; aber sie machten keine Miene zu verschwinden. Da griff ich zu einer List. Ich markierte einen Tobsuchtsanfall, schrie wütend, daß ihr Benehmen mir den Aufenthalt hier verleide und daß ich nun in den Wald schlafen gehen müsse, und begann vor ihren Augen zu packen. Entsetzt kamen meine Wirtin und ihre Mutter hereingestürzt und benahmen sich rührend, als sie sahen, was los war. Sie warfen sich vor mir auf die Knie und flehten mich an, doch nicht fortzugehen, sonst würden sie ausgepeitscht und müßten Haus und Bürgerrecht verlieren. Das hätten sie doch um mich nicht verdient. Die alte Mutter überreichte mir eine weiße Schleife zum Zeichen der Verehrung und Bitte, und als dies alles mein Herz nicht erweichte, fragten sie, ob ich Geld haben wolle. Dieses Angebot war nicht beleidigend gemeint, denn Bestechung ist in allen Kreisen Tibets das übliche Mittel, etwas zu erreichen. Mir taten die beiden Frauen leid. Ich redete ihnen gut zu und versuchte sie zu überzeugen, daß sie wegen meines Fortgehens nichts zu befürchten hätten. Aber ihr Schreien und Jammern hatte schon ganz Kyirong auf die Beine gebracht, und ich mußte handeln, wenn es nicht endgültig zu spät werden sollte.

Heute noch sehe ich die butterbeschmierten Mongolengesichter im Schein der Kienspanfackeln zu meinem Fenster heraufstarren, und nun kamen gar die beiden Bürgermeister angekeucht und riefen mir eine Botschaft der Bönpos zu, daß ich nur noch bis morgen früh warten solle, dann könne ich gehen, wohin ich wolle. Ich wußte, daß dies nur eine List war, und stellte mich taub. Sie liefen auch gleich wieder fort, um ihre Vorgesetzten zu holen. Meine Wirtin klammerte sich wieder an mich und rief weinend, daß ich doch immer wie ihr eigenes Kind gehalten worden sei und ihr nicht solchen Kummer bereiten solle.

Meine Nerven waren zum Zerreißen gespannt. Jetzt mußte etwas geschehen! Entschlossen schulterte ich meinen Sack und trat aus dem Haus. Ich war selbst überrascht, daß die Menge, die sich vor der Tür angesammelt hatte, mir keinen Widerstand entgegensetzte. Wie ein dumpfer Chor murmelten sie zwar: »Jetzt geht er, jetzt geht er!« aber niemand rührte mich an. Man muß mir angesehen haben, daß ich zum Äußersten entschlossen war. Ein paar Burschen riefen sich gegenseitig zu, mich doch aufzuhalten, aber es blieb bei den Worten. Ich schritt unangetastet durch die Menge, die vor mir zurückwich.

Trotzdem war ich froh, als ich aus dem Schein des Fackellichtes ins Dunkel entkommen war. Ich rannte ein Stück den Weg entlang, der nach Nepal führt, um eventuelle Verfolger zu täuschen. Dann schlug ich einen großen Bogen um das Dorf und erreichte noch vor Morgengrauen den zwanzig Kilometer entfernten Treffpunkt. Aufschnaiter saß am Wegrand und wartete auf mich, mein Hund sprang freudig an mir empor. Wir gingen gemeinsam noch ein Stück weiter, um ein gutes Versteck für den Tag zu suchen.

Über den Tschakhyungla-Paß zum Pelgu-Tsho-See

Zum letztenmal für lange Jahre lagerten wir in einem Wald. Wir hatten ein gutes Versteck gefunden, richteten uns dort häuslich ein und verbrachten wieder einmal gemütlich den »ersten Tag« einer Flucht.

Aber schon in der nächsten Nacht marschierten wir talaufwärts, weit über die Waldgrenze hinaus. Wir kannten die Bergpfade längst von unseren vielen Ausflügen, und auch unser spärliches Lichtchen tat das seine; trotzdem verirrten wir uns ein paarmal. Einmal stürzte Aufschnaiter über eine Eisplatte ab – zum Glück kam er glimpflich davon und verletzte sich nicht. Besonders vorsichtig mußten wir beim Überqueren der schmalen Holzbrücken sein, die über den Fluß führten. Sie waren vom Eis wie mit Glas überzogen, und wir balancierten wie Seiltänzer darüber. Sonst ging es ganz flott vorwärts, obwohl jeder von uns an die vierzig Kilo schleppte. Bei Tag fanden wir immer schöne abgelegene Plätze, aber das Lagern war jetzt schon ein reichlich kühles Vergnügen. Das Tal war so eng, daß kaum ein paar wärmende Sonnenstrahlen hereinfielen, und deshalb warteten wir schon immer sehnsüchtig auf die Nacht, in der wir unsere steifgewordenen Glieder wieder warmlaufen konnten.

Aber eines schönen Tages ging es nicht weiter: Wir standen vor einer Felswand, die jedem Kletterversuch zu spotten schien. Ein halsbrecherischer Steig führte in sie hinein und verlor sich bald im Gestein. Was tun? Eine Kletterei wagen, mit schweren Lasten auf dem Rücken, hoch über dem Fluß? Es schien unmöglich! Wir entschlossen uns umzukehren und versuchten, durch den Fluß zu waten, der sich hier in mehrere Arme teilte. Leider war die Jahreszeit nicht sehr geeignet dazu: Die Morgentemperaturen lagen bereits bei minus 15 Grad, und es war so kalt, daß uns Erde und Steine sofort an den Fußsohlen anfroren, wenn wir zum Durchwaten des Flusses Schuhe und Strümpfe auszogen.

Es war eine schmerzhafte Angelegenheit, das alles von der Fußsohle abzuklauben, bevor man die Schuhe wieder anzog. Und immer wieder standen wir vor neuen Flußarmen! Es schien aussichtslos, hier hinüberzukommen. Wir standen vor einem Rätsel. Der Weg konnte hier doch nicht plötzlich zu Ende sein? Wir beschlossen, die Nacht an Ort und Stelle zu verbringen und am nächsten Tag von unserem Versteck aus zu beobachten, wie die durchziehenden Karawanen diese schwierige Stelle überwanden. Richtig sahen wir bald nach Sonnenaufgang eine Karawane näher kommen, sie hielt vor der Felswand und – wir wollten unseren Augen nicht trauen – die Kulis kletterten, einer nach dem anderen, wie Gemsen mit ihren schweren Lasten den Felsensteig empor, vor dem wir passionierten Bergsteiger zurückgeschreckt waren! Und die Jaks mit ihren zottigen Pelzen trotteten gemächlich durch die eiskalten Bäche, die Treiber sprangen auf ihre Rücken und ließen sich hinübertragen. Alles ging in schönster Ordnung.

Jetzt brannten wir darauf, es auch zu versuchen. Der Tag verging uns viel zu langsam, und überdies sorgte ein eiskalter Wind dafür, daß es uns nicht zu gemütlich wurde. Endlich kam die Nacht. Zum Glück schien der Mond hell und leuchtete uns besser zu der schwierigen Kletterei, als unser Lämpchen es vermocht hätte. Trotzdem war es ein hartes Stück! Wenn wir nicht mit unseren eigenen Augen gesehen hätten, wie die Kulis durch die Wand gestiegen waren, wir hätten es wieder aufgegeben.

Von da an ging es ohne Schwierigkeiten weiter, nur an rastenden Karawanen und an den Tasamhäusern am Weg schlichen wir behutsam vorbei. Es kam vor, daß uns manchmal jemand anrief. Dann eilten wir weiter, ohne Antwort zu geben. Einmal kamen zwei Tibeter laut betend des Weges; aber sie schienen vor uns mehr Angst zu haben als wir vor ihnen, denn scheu und eilig drückten sie sich an uns vorbei.

Nach zwei weiteren Nachtmärschen erreichten wir Dzongka und verließen damit das uns bekannte Gebiet. Nun war der Brahmaputra – hier Tsangpo genannt – unser nächstes Ziel und zugleich das große Fragezeichen in unserem weiteren Reiseplan. Wie sollten wir ihn überqueren? Wir hofften sehr, daß er schon zugefroren war. Von der Wegstrecke bis zum Fluß hatten wir nur eine unklare Vorstellung. Hoffentlich gab es keine größeren Hindernisse mehr! Die Hauptsache war, daß wir den Weg möglichst rasch hinter uns brachten und dabei alle Orte vermieden, in denen wir irgendeinem Regierungsbeamten begegnen konnten.

Nach diesem Rezept suchten wir uns bald nach Dzongka eine abseits gelegene Höhle als Quartier und entdeckten dort tausende kleine, aus Lehm gepreßte Götterfiguren. Wir hatten unser Lager in einer ehemaligen Einsiedelei aufgeschlagen!

In der nächsten Nacht ging es wieder steil aufwärts, einem Paß entgegen. Aber wir hatten unsere Kräfte überschätzt – noch bevor wir die Höhe erreichten, mußten wir in einem eiskalten Lager rasten. Kein Wunder, daß wir ausgepumpt und erschöpft waren: Neben allen Strapazen machte uns die dünne Luft einer Höhenlage von über fünftausend Metern zu schaffen. Wieder einmal näherten wir uns der Wasserscheide des Himalaja.

Auf der Paßhöhe fanden wir die üblichen Steinhaufen und Gebetsfahnen, Zeichen tibetischer Gläubigkeit. Zum erstenmal standen wir aber vor einem Tschörten, dem Grabmal eines als heilig verehrten Lamas. Wie eine düstere Mahnung ragte er aus der Monotonie der endlosen Schneelandschaft.

Leider hatten wir uns umsonst auf eine schöne Aussicht gefreut. Der Paß lag mitten in die Berge eingebettet, und mit einem Blick in die Weite war es nichts. Eigentlich hätten wir Anlaß gehabt, auf eine Erstbesteigung stolz zu sein, denn wir waren bestimmt die ersten Europäer, die diesen Paß – die Tibeter nennen ihn Tschakhyungla – überschritten hatten. Aber es war viel zu kalt, um Freude oder Stolz zu empfinden!

In dieser verschneiten Einöde, in die sich selten ein Mensch verirrte, wagten wir es nun auch, bei Tag zu marschieren. Wir kamen gut weiter, und für unser nächstes Nachtlager, in dem wir entsetzlich froren, belohnte uns dann am Morgen ein herrlicher Ausblick. Tiefblau lag der riesige Pelgu-Tsho-See vor uns, und dahinter ragte das rote Gestein vereinzelter Berge nackt aus dem Schnee. Das ganze Plateau umrahmte eine leuchtende Kette von Gletschern, und wir waren stolz, daß wir von zwei Gipfeln sogar den Namen wußten: vom 8013 m hohen Gosainthan und dem etwas niedrigeren Laptschi Kang. Beide warteten noch auf ihre Bezwinger, wie so viele andere Riesen des Himalaja. Obwohl unsere Finger vor Kälte steif waren, zogen wir unsere Skizzenbücher heraus und hielten ihre Formen in wenigen Strichen fest. Aufschnaiter peilte mit unserem klapprigen Kompaß die wichtigsten Gipfel an und trug die Zahlen ein – vielleicht würden wir sie später einmal brauchen!

Und dann zogen wir in dieser traumhaften Winterlandschaft das Seeufer entlang, stießen auf ein verfallenes Karawanenhaus und mußten wieder einmal im Schnee übernachten.

Eigentlich waren wir selbst überrascht, wie gut wir uns an die Höhenlage gewöhnt hatten und trotz unserer Lasten vorwärtskamen. Nur unseren Hund bedauerten wir. Tapfer hielt er mit uns Schritt, obwohl er halb verhungert war. Seine einzige Nahrung bestand aus unserem Kot! In der Nacht legte er sich treu über unsere Füße und half sie wärmen, für uns und ihn eine kleine Hilfe, denn hier oben auf dem Plateau zeigte das Thermometer minus 22 Grad.

Wie froh waren wir, als wir am nächsten Tag wieder auf eine Spur von Leben stießen! Eine Schafherde zog uns langsam entgegen, Hirten kamen nach, in dicke Pelze vermummt. Sie wiesen uns die Richtung, in der die nächste Siedlung war, und noch am selben Abend kamen wir in das Dorf Traktschen, das etwas abseits von der Karawanenstraße lag. Höchste Zeit, daß wir wieder unter Menschen kamen, denn wir hatten keine Lebensmittel mehr! Selbst wenn sie uns festnehmen sollten . . .

Die kleine Siedlung verdiente wenigstens den Namen Dorf. Ungefähr vierzig Häuser waren wie üblich in den Windschatten eines Hügels gebaut, und darüber ragte ihr Kloster. Der Ort war ansehnlicher als Gartok und lag sicher einige hundert Meter höher. Wir hatten also die wirklich höchste ständig bewohnte Siedlung entdeckt, die es in Asien oder vielleicht auf der ganzen Welt gibt.

Auch hier hielt man uns für Inder und verkaufte uns ohne weiteres Proviant. Man nahm uns sogar gastfreundlich in ein Haus auf, und nach dem langen Marsch durch Schnee und Kälte genossen wir sehr die köstliche Wärme. Eine Nacht und einen Tag rasteten wir; Hund und Mensch aßen sich wieder einmal satt. Um eine Begegnung mit der lokalen Behörde kamen wir glimpflich herum, denn der Bönpo hatte seinen »Palast« zugesperrt und nahm uns nicht zur Kenntnis. Wahrscheinlich, um der Verantwortung zu entgehen ...

Wohl oder übel mußten wir uns noch einen Schafspelz leisten, denn unsere Kleidung war dem tibetischen Winter nicht gewachsen. Nach langem, genußreichem Feilschen von seiten unserer Gastfreunde erstanden wir sogar einen Jak. Es war unser Armin Nummer vier, aber er sollte sich von seinen Vorgängern nur durch ein noch schlechteres Benehmen unterscheiden.

Und dann ging es wieder durch einsame Gegenden, aus dem Pelgu-Tsho-Becken heraus über den Yagula-Paß. Niemand nahm Anstoß an uns, und wir waren froh, unbehelligt unseres Weges ziehen zu können. Nach drei Tagen trafen wir auf Felder. Sie gehörten zu einem größeren Dorf, Menkhap Me. Wir stellten uns wieder als »Inder« vor, denn damit hatten wir bisher die besten Erfahrungen gemacht, und kauften Stroh für unseren Jak und Tsampa für die eigenen Mägen. Die Leute führen hier ein recht hartes Dasein. Ihre Gersten- und Erbsenfelder sind mit Steinen übersät, verlangen schwere Arbeit und geben nur eine karge Ernte. Trotzdem waren alle zutraulich und fröhlich, und am Abend saßen wir mit ihnen beisammen und genossen wie sie den Tschang, das tibetische Bier. Auf den Hängen um das Dorf herum lagen kleine Klöster, und die Leute sorgten für sie voll Frömmigkeit und Opferwillen trotz ihrer eigenen harten Lebensbedingungen. Allenthalben entdeckten wir Ruinen von überraschenden Dimensionen, die davon Zeugnis gaben, daß diese Gegend einst größere Zeiten gesehen hatte. Ob der Verfall durch Klimawechsel oder Krieg eingetreten war, konnten wir nicht ergründen.

Ein unvergeßlicher Anblick: der Mount Everest

Eine Stunde waren wir wieder gewandert, da lag die ungeheure Tingri-Ebene vor uns. Und hinter ihr – uns stockte der Atem – im klaren Morgenlicht der höchste Berg der Welt, der Mount Everest! Voll Staunen und Begeisterung standen wir vor ihm, voll Ehrfurcht, wie man sie vor allem Großen empfindet. Wir dachten an die vielen Expeditionen, die im Kampf um seinen Gipfel das Leben eingesetzt hatten. Aber noch keine hatte ihn bezwungen! Trotz unserer Ergriffenheit vergaßen wir nicht, rasch ein paar Skizzen vom Berg zu machen, denn von unserem Standort aus hatte ihn bestimmt noch kein Europäer gesehen.

Wir trennten uns nur schwer von diesem großartigen Anblick. Unser nächstes Ziel war der fast 5600 m hohe Körala-Paß im Norden. Bevor wir den Aufstieg begannen, übernachteten wir in dem Örtchen Khargyu an seinem Fuße. Diesmal gelang es uns nicht so ohne weiteres, uns als Inder auszugeben, denn hier hatte man schon viele Europäer gesehen. In der Nähe liegt nämlich der Ort Tingri, wo alle englischen Mount-Everest-Expeditionen ihre Träger anheuerten. Man begutachtete uns vorsichtig und fragte erst einmal, ob wir schon beim Bönpo in Sutso gewesen seien. Nun ging uns erst ein Licht auf: Das große Haus, das wir vor dem Ort gesehen hatten, mußte der Sitz eines Beamten gewesen sein. Es war uns aufgefallen, weil es auf einem Hügel stand und weit in die Gegend blickte. Zum Glück waren wir unbemerkt vorbeigekommen!

Jetzt hieß es vorsichtig sein! Wir gingen auf die Fragen weiter nicht ein und erzählten wieder das Märchen von der Pilgerfahrt. Die Leute ließen sich beruhigen und erklärten uns freundlich den Weg, von dem sogar verlautete, daß er gut ausgetreten sei.

Am späten Nachmittag standen wir richtig auf dem Sattel. Endlich sollte es wieder einmal bergab gehen – das mühsame Bergsteigen war für eine Weile zu Ende. Wir waren sehr froh darüber. Aber unser Jak war anderer Meinung. Plötzlich machte er einen Satz – kehrte um, und den Weg zur Paßhöhe zurück. Wir hinterdrein! Aber das Galoppieren in der dünnen Luft fiel uns schwer. Dem Jak dagegen schien es trotz seiner achtzig Kilo Last ein Vergnügen zu sein. Als wir beide endlich auf der Höhe standen, sahen wir ihn tief unter uns friedlich grasen. Alle Jaks der Welt verwünschend, machte ich mich an den Abstieg, und mit List und einem Heubüschel brachte ich es so weit, daß er sich fangen ließ. Willig folgte er mir bergauf. Doch kurz vor der Paßhöhe war es wieder aus. Er weigerte sich, auch nur einen Schritt weiterzugehen. Was blieb uns übrig? Wir mußten uns nach ihm richten. Grollend bezogen wir ein ungeschütztes und sehr unfreundliches Lager. Feuermachen war nicht möglich, und unser Nachtmahl bestand aus trockenem Tsampamehl und rohem Fleisch. Unser einziger Trost war der Mount Everest, der im roten Abendlicht freundlich zu uns herübergrüßte.

Am nächsten Morgen begann Armin wieder mit seinen Eskapaden. Daraufhin banden wir ihm ein Seil um die Hörner und führten ihn so über den Paß. Er wurde dadurch nicht fügsamer. Als ihm das Auskeilen mit den Hufen nichts half, nahm er plötzlich einen Anlauf, und ehe man sich's versah, landete man zwischen seinen Hörnern. Wir hatten genug von Armin IV. und beschlossen, ihn bei der nächsten Gelegenheit gegen ein anderes Tier zu tauschen.

Gleich bei den ersten Häusern des nächsten Dorfes traf sich eine, wie ich meinte, gute Gelegenheit. Gegen eine kleine Zuzahlung erstand ich einen etwas klapprigen Gaul. Wir kamen uns vor wie Hans im Glück und zogen frohen Mutes weiter.

Am selben Tag noch erreichten wir ein breites Tal; ein Fluß schoß hindurch, der grünliches Wasser führte. Eisschollen tanzten auf seinen Wellen – es war der Tsangpo. Da standen wir nun mit unserer Hoffnung, wie im Vorjahr auf solidem Eis ans andere Ufer zu kommen! Aber wir ließen uns nicht entmutigen. Am gegenüberliegenden Ufer sahen wir Klöster und viele Häuser, also mußte es doch eine Verkehrsmöglichkeit geben. Vielleicht eine Fähre. Suchend und überlegend gingen wir das Ufer entlang, da entdeckten wir die Pfeiler einer Hängebrücke. Das war ein Wink der Vorsehung! Beim Näherkommen stellte sich allerdings heraus, daß die Brücke zwar für uns, nicht aber für unser Pferd geeignet war. Tiere mußten durch den Fluß schwimmen, und nur Esel wurden von den Kulis auf dem Rücken über die schwingende Kettenbrücke getragen. Unser Pferd aber ließ sich nicht dazu bewegen, ins Wasser zu gehen. Weder gute Worte noch Schläge halfen. Doch wir waren mit unseren Tieren schon Kummer gewohnt. Seufzend wanderten wir den ganzen Weg zurück, um den Tausch rückgängig zu machen. Es kostete Geld und Drohungen, bis ich meinen störrischen Armin wiederbekam. Er ließ es sich nicht anmerken, ob ihm das Wiedersehen Freude machte oder nicht.

Es war schon dunkel, als ich mit Armin wieder vor der Brücke stand. Für heute war es zu spät, die Überquerung noch zu versuchen, und ich band Armin an einem Pflock in der Nähe fest. Aufschnaiter hatte inzwischen ein Quartier für uns beide gefunden, und wir verbrachten eine angenehme, warme Nacht. Die Bevölkerung war an durchziehende Händler und Reisende gewöhnt und nahm wenig Notiz von uns.

Am nächsten Morgen vergab ich Armin alle seine Missetaten. Nachdem wir ihn einmal dazu gebracht hatten, überhaupt ins Wasser zu gehen, bewährte er sich als hervorragender Schwimmer. Die Wellen schlugen mehrmals über seinem Kopf zusammen, die Strömung trieb ihn ab – das alles brachte ihn nicht aus der Ruhe. Unbeirrt schwamm er dahin, und wir sahen dann, wie er am anderen Ufer brav die Böschung emporkletterte und sich prustend das Wasser aus dem Pelz schüttelte. Den Rest des Tages verbrachten wir in dem sehr interessanten Ort Tschung Riwotsche. Ein berühmtes Kloster mit mehreren Tempeln, über dessen Eingangstüren chinesische Schriftzeichen standen, hing steil auf felsigen Hängen über dem Fluß. Alte Festungsmauern rahmten Dorf und Kloster ein. Am Flußufer standen uralte Weidenbäume. Sicher war die Landschaft im Sommer, wenn ihre grünen Zweige das Wasser berührten, ein Idyll. Jetzt zog etwas anderes alle Aufmerksamkeit auf sich: Ein übergroßer Tschörten, wohl an die zwanzig Meter hoch, zeigte die besondere Heiligkeit dieses Ortes an. Um ihn herum stand eine Unzahl von Gebetsmühlen – ich kam beim Zählen bis achthundert –, die unablässig ihre Trommeln drehten, in denen die mit Gebetsformeln beschriebenen Streifen ohne Aufhören den Segen der Götter herabflehen. Es ist wichtig, daß sie ständig in Bewegung bleiben, und ich konnte zusehen, wie ein Mönch herumging und ihre Achsen ölte. Kein Gläubiger geht an den Mühlen vorbei, ohne sie zu bewegen. Alte Männlein und Weiblein sitzen oft den ganzen Tag vor wahren Riesentrommeln, die mehrere Meter hoch sind, drehen sie mit Hingabe und erbitten damit für sich und ihre Brotgeber eine bessere Wiedergeburt. Andere tragen kleine Handmühlen mit sich herum, während sie ihre Pilgerrunden gehen; auch auf den Dächern stehen Mühlen, die der Wind dreht, und das Wasser wird auf gleiche Weise in den Dienst der Frömmigkeit gestellt. Diese Gebetsmühlen und die naive Denkungsart, die aus ihnen spricht, sind ebenso typisch für Tibet wie die Steinhaufen und Gebetsfahnen, denen wir auf allen Bergpässen begegnet waren.

Wir hatten ein sehr nettes Nachtquartier gehabt, und all das Neue und Interessante, das wir hier sahen, fesselte uns. So beschlossen wir, noch eine Nacht hierzubleiben. Und es lohnte sich, denn wir bekamen einen sehr interessanten Besuch. Es war ein Tibeter, der zweiundzwanzig Jahre in einer christlichen Mission in Indien gelebt hatte und den nun das Heimweh nach Hause trieb. Wie wir wanderte er einsam über die Pässe durch den tibetischen Winter, schloß sich aber, wo er konnte, den Karawanen an. Er zeigte uns englische illustrierte Zeitungen, und wir sahen darin zum erstenmal Bilder von bombardierten Städten und erfuhren Einzelheiten über das Ende des Krieges. Es waren für uns erschütternde Momente, und wir brannten darauf, mehr zu hören. Trotz der entmutigenden Neuigkeiten waren wir glücklich, jemanden getroffen zu haben, der uns wenigstens einen Hauch aus der Welt brachte, die die unsere war. Was wir gehört hatten, bestärkte nur unseren Entschluß, den Weg ins Innere Asiens fortzusetzen. Zu gern hätten wir den Mann gebeten, sich uns anzuschließen, aber wir konnten ihm ja weder Schutz noch Bequemlichkeit bieten. So kauften wir von ihm ein paar Bleistifte und Papier, damit wir unsere Tagebücher fortsetzen konnten, und nahmen Abschied. Allein zogen wir wieder weiter.

Verlockendes Wagnis: Lhasa zu sehen

Nun zweigte unser Weg vom Tsangpo ab. Wieder ging es über einen Paß, und nach zwei Tagen erreichten wir Sangsang Gewu. Wir waren damit wieder auf jene Karawanenstraße von Gartok nach Lhasa herausgekommen, von der wir genau vor einem Jahr nach Kyirong abgebogen waren. In Sangsang Gewu gab es auch einen Bönpo, aber er hatte sich gerade in ein nahes Kloster zurückgezogen, um zu meditieren. Sein Verwalter stellte uns eine Menge Fragen, doch die gute Behandlung, die wir seinerzeit durch die beiden Beamten in Tradün erfahren hatten, mußte sich bis hierher herumgesprochen haben, und man nahm sich ein Beispiel daran. Zu unserem Vorteil ahnte er nicht, daß wir »verbotenerweise« hier waren!

Es war angenehm, daß er uns nicht zusätzlich Schwierigkeiten machte, denn wir hatten den Kopf voller Sorgen. Wir standen vor einer Entscheidung. Von unserem Geld waren nur noch achtzig Rupien und ein kleines Goldstück übrig, denn wir hatten uns mit Lebensmitteln eindecken und noch einen fünften Armin erstehen müssen. Die Preise wurden höher, je näher wir den Städten kamen, und es schien ausgeschlossen, mit unserem bißchen Geld jemals die chinesische Grenze zu erreichen. Bis dorthin waren es nämlich noch einige tausend Kilometer. Aber – bis Lhasa hätten unsere Mittel noch gereicht! Da war er wieder, der faszinierende Name der »Verbotenen Stadt« ... Und die Möglichkeit, sie kennenzulernen, war auf einmal in greifbare Nähe gerückt. Eine unbändige Lust, sie zu sehen, packte uns, und dieses neue Ziel schien plötzlich alle Opfer wert.

Schon im Lager hatten wir gierig alle Literatur verschlungen, die wir über Lhasa bekommen konnten. Die wenigen Bücher darüber waren von Engländern geschrieben. Im Jahre 1904 war eine englische Strafexpedition mit einer kleinen Armee zum erstenmal bis in die Hauptstadt Tibets vorgedrungen, und seit dieser Zeit hat die Welt wenigstens oberflächlich Kenntnis von ihr bekommen. In den letzten Jahrzehnten ist es dann schon mehreren Europäern gelungen, bis nach Lhasa zu kommen. Aber noch immer war es das verlockendste Ziel für jeden Forscher, die Stadt des Dalai Lama kennenzulernen. Und wir, so nahe davor, sollten es nicht versuchen? Wozu hatten wir uns schließlich mit soviel List und Schlauheit bis hierher durchgeschlagen, alle Strapazen auf uns genommen, uns die Sprache des Landes angeeignet! Je mehr wir darüber nachdachten, desto fester wurde unser Entschluß: Auf nach Lhasa! Auch hatten wir bisher immer die Erfahrung gemacht, daß man mit den höheren Beamten viel leichter verhandeln konnte als mit den niederen. Wir würden uns in Lhasa schon durchsetzen. Als leuchtendes Vorbild stand mir immer vor Augen, daß es ja ein Österreicher gewesen war, der schon vor dreihundert Jahren als erster Weißer die »Verbotene Stadt« betreten hatte. Mit einer Karawane hatte sich Pater Johann Grueber bis in die Stadt geschmuggelt und war gastfreundlich aufgenommen worden!

So stand das Ziel zwar fest – aber nicht der Weg. Verlockend lag die belebte Tasamroute mit ihren Unterkunftseinrichtungen vor uns. Auf ihr hätten wir in wenigen Wochen Lhasa erreicht. Aber da war die Gefahr, daß man uns entdeckte und aufhielt. Selbst wenn wir Schigatse, die zweitgrößte Stadt Tibets, umgingen, lagen am Weg noch viele andere Distriktsverwaltungen, und jede konnte uns zum Verderben werden. Das Risiko war zu groß. So entschlossen wir uns, durch die nördlichen Ebenen, das Tschangthang, zu wandern. Sie waren nur von Nomaden bewohnt, und mit ihnen konnten wir umgehen. Auch würden wir dann, überlegten wir, aus nordwestlicher Richtung nach Lhasa kommen. Von dort erwartete man keine Fremden, und das Einschmuggeln in die Stadt würde uns leichter gelingen. Einen ähnlichen Plan hatte Sven Hedin schon vor vierzig Jahren verfolgt, doch er scheiterte an der Hartnäckigkeit einiger lokaler Beamten. Für ihn persönlich mag das ein großes Mißgeschick gewesen sein, die Forschung erfuhr aber dadurch von Gegenden, die bis dahin überhaupt nicht bekannt waren. Ähnlich war unsere augenblickliche Lage. Es gab noch keine Karten oder Berichte über die Route, die wir jetzt gehen wollten. Wir mußten ins Unbekannte vorstoßen und nur immer daran denken, unsere nordöstliche Richtung einzuhalten. Möglicherweise würden wir unterwegs hin und wieder auf Nomaden treffen und sie um Richtung und Entfernung nach Lhasa fragen können.

In Sangsang verrieten wir natürlich nichts von unseren Plänen und erzählten, daß wir zu den Salzlagern im Norden gehen wollten. Man war entsetzt und riet uns heftig davon ab. Das Land war so unwirtlich, daß man unsere Idee als Wahnsinn bezeichnete. Aber wir erreichten durch diese Lüge unseren Zweck: Die Leute wurden abgelenkt, und niemand kam auf den Verdacht, daß wir nach Lhasa wollten. Unser Plan war uns im Grunde ja selbst nicht ganz geheuer, und die eisigen Winterstürme gaben uns schon hier in Sangsang einen Vorgeschmack von dem, was uns erwartete.

Am 2. Dezember 1945 brachen wir trotzdem auf. Wir hatten uns hier mit einigen Sherpas angefreundet. Das sind Tibeter, die meist in Nepal leben und sich als Führer und Träger im Himalajagebiet einen Namen gemacht haben. Sie haben auch den schönen Beinamen »die Tiger des Himalaja«. Sie gaben uns wertvolle Ratschläge bei unseren Vorbereitungen und halfen uns auch bei der Wahl eines neuen »Armin«, da man uns bisher beim Einkauf immer übers Ohr gehauen hatte. Und richtig, gleich zu Beginn unseres Marsches konnten wir feststellen, wie gut unser neuer Jak sich benahm. Er war ein starker Bulle, schwarz mit ein paar weißen Flecken, und sein üppiges, langhaariges Fell streifte fast den Boden. Schon in seiner Jugend hatte man ihm die Hörner genommen, und damit verlor er seine Wildheit, aber nicht seine Kraft. Auch er hatte einen Ring durch die Nase zum Lenken, und man brauchte ihn nur ganz leicht anzutreiben, dann steigerte er noch seine Durchschnittsgeschwindigkeit von drei Kilometern in der Stunde. Der arme Kerl war schwer bepackt, denn wir hatten uns zum Prinzip gemacht, immer für mindestens acht Tage Lebensmittel mitzuführen.

Wieder machte uns der Gedanke an eine bevorstehende Flußüberquerung große Sorge. Diesmal war es der Raga Tsangpo. Doch als wir hinkamen, war er zugefroren, und die dicke Eisdecke trug auch unsern Armin. Niemand war froher als wir! So ging der erste Wandertag ohne Beschwerden vorbei. Der Weg führte uns durch ein leicht ansteigendes Tal. Gerade als die Sonne unterging und die Kälte beißend durch unsere Kleider drang, sahen wir wie auf Bestellung ein schwarzes Nomadenzelt. Es lag geschützt hinter einer niedrigen Steinmauer, der »Lhega«. Diese Einfriedungen findet man über ganz Tibet verstreut, denn die Nomaden, die sie um ihre Zelte ziehen, wechseln ständig ihre Weideplätze. Die Lhegas sind auch für die Tiere ein guter Schutz gegen Kälte und gegen die Angriffe der Wölfe.

Als wir in die Nähe des Zeltes kamen, fuhren gleich ein paar Köter bellend auf uns los. Mein armer Hund, der viel kleiner war als sie, tat mir immer leid, wenn er unbedingt den Helden spielen wollte. Fast jedesmal gelang es ihm, die wütenden Hunde von uns abzulenken und in eine Balgerei zu verwickeln. Dabei hatte von vornherein er am meisten Angst. Zum Glück passierte ihm nie etwas Ernstliches. Auf den Lärm hin war ein Nomade aus dem Zelt getreten, und er zeigte sich nicht sehr entgegenkommend, als wir ihn um ein Nachtlager baten. Er verweigerte uns glattweg den Eintritt in seine Behausung, brachte uns aber dann Jakmist zum Feuermachen. So schlugen wir unser Lager im Freien auf, und später wurde es noch ganz gemütlich, als wir auf den Hängen genug Wacholderholz fanden und damit ein wohltuend wärmendes Feuer unterhalten konnten.

Trotzdem konnte ich in dieser Nacht nicht einschlafen. In meiner Magengrube saß ein ähnliches Gefühl, wie ich es vor der Ersteigung der Eiger-Nordwand oder beim ersten Anblick des Nanga Parbat gespürt hatte. In solchen Augenblicken fragt man sich selbst, ob das, was man vorhat, nicht eine wahnsinnige Überschätzung der eigenen Kräfte ist. Man wird erst wieder ruhig, wenn der tote Punkt überwunden ist und man zu handeln beginnt.

Es ist sicher gut, daß man im voraus nie weiß, was einem bevorsteht. Hätten wir auch nur eine blasse Ahnung davon gehabt, wir wären umgekehrt. Aber vor uns lag Neuland, das niemand kannte, und auch auf Kartenskizzen dieser Gegend hätte unser Weg durch lauter weiße Flecken geführt.

Am nächsten Tag erreichten wir die Paßhöhe und waren ziemlich erstaunt, als kein Abstieg, sondern ein Hochplateau vor uns lag. Wir hatten jetzt also, bildlich gesprochen, das höchste Stockwerk Asiens erreicht, wenn man von Indien ausging. Der Paß bildete zugleich die Wasserscheide des Transhimalaja, der von hier aus gesehen eine unbedeutende Hügelkette war. Ein Blick über das Plateau war entmutigend. Man hatte das Gefühl, der Unendlichkeit gegenüberzustehen. Monatelang müßte man dahinwandern, um an das andere Ende zu kommen. Wir befanden uns mindestens 5400 m hoch, die Landschaft war von einer hohen Schicht Altschnee bedeckt, und ein eiskalter Wind fegte darüber hin. Weit und breit kein Lebewesen – und ich fand es irgendwie tröstlich, als wir kleine Steinhaufen entdeckten. So kamen im Sommer doch auch hier manchmal Karawanen vorbei, die zu den Salzseen zogen. Und diese kleine Anhäufung von Steinen spann einen Faden von einem Wanderer zum andern und rief zu den Göttern aus der Verlassenheit des unendlichen Landes ...

Die nächsten Nächte lagerten wir in verlassenen Lhegas und fanden in ihrer Umgebung immer genug Jakmist zum Feuermachen. Also gab es eine Zeit, wo hier Nomaden lebten und Karawanen reisten – im Sommer, wenn die jetzt tief verschneiten Matten grün waren. Immer wieder wurden wir daran erinnert, daß der Winter die ungünstigste Zeit war, die wir uns für diese Reise aussuchen konnten.

Dann kam wieder einmal ein Tag, an dem wir Glück hatten. Wir stießen auf ein Zelt und fanden herzliche Aufnahme. Ein altes Nomadenpaar mit seinem Sohn lagerte hier schon ein paar Monate und kämpfte sich durch die harte Zeit. Seit den schweren Schneefällen vor acht Wochen hatten sie ihr Zelt kaum verlassen. Viele ihrer Jaks und Schafe waren zugrunde gegangen, seit sie im tiefen Schnee auch das spärliche Gras nicht mehr fanden. Die Reste der Herde standen apathisch in der Nähe des Zeltes herum oder scharrten mit den Hufen nach Futter. So schwere Schneefälle sind in dem trockenen Klima Zentralasiens eine Seltenheit und waren eine unerwartete Katastrophe.

Wir hatten den Eindruck, daß unsere Gastgeber selbst froh waren, wieder einmal menschliche Gesichter zu sehen. Es war das erstemal, daß wir so freundlich in ein Nomadenzelt hineingebeten und zum Übernachten eingeladen wurden. Man hielt uns für Inder und hatte keinerlei Mißtrauen. Fleisch gab es genug, denn viele Tiere hatten geschlachtet werden müssen. Für einen Spottpreis kauften wir einen Jakschenkel und säbelten mit einem Gurkaschwert gleich eine Riesenportion zum Kochen ab. Dann machten wir es uns gemütlich und genossen die Wärme. Auch unsere Gastgeber waren entsetzt, als sie hörten, wohin wir wollten. Sie rieten uns dringend vom Weitergehen ab. Aber im Gespräch erwähnten sie, daß wir auf unserer Route bald wieder auf Nomadenzelte stoßen würden, und das bestärkte uns in unserem Entschluß, durchzuhalten.

Als wir am nächsten Tag aufbrachen, kamen wir in heftiges Schneetreiben hinein. Das Gehen mit unserem unzulänglichen Schuhwerk wurde bald eine Qual. Die Schneedecke trug schlecht, und manchmal brachen wir mitsamt unserem Jak tief ein. Außerdem mußte es unter dem Schnee versteckte Bachläufe geben. Ein paarmal wateten wir durch eiskaltes Wasser, das wir nicht sahen, aber zur Genüge spürten, und unsere Hosenbeine und Schuhe waren bald steinhart gefroren. Es war ein mühseliges Weiterkommen, und wir legten an diesem Tag nur wenige Kilometer zurück. Wie froh waren wir, als wir gegen Abend wieder ein Nomadenzelt sahen! Diesmal wollten uns seine Bewohner nicht gerne bei sich haben, aber sie waren freundlich und stellten für uns ein kleines Jakhaarzelt auf. Ich war glücklich, als ich endlich meine Schuhe von den schmerzenden Füßen brachte. Richtig zeigten sich an einigen Zehen Zeichen von Erfrierungen. Ich begann sofort zu massieren, mit dem Erfolg, daß nach einigen Stunden die Blutzirkulation wieder funktionierte.

Die Schwierigkeiten dieses Tages, die ersten Erfrierungen – das alles gab uns doch zu denken. An diesem Abend hatte ich mit Aufschnaiter eine lange und ernsthafte Aussprache. Noch konnten wir umkehren, und wir spielten sehr mit diesem Gedanken. Besondere Sorge machte uns unser Jak. Seit Tagen hatte er nichts Rechtes zu fressen bekommen, und man konnte sich an den Fingern abzählen, wie lange er noch durchhalten würde. Ohne ihn aber war an ein Weiterkommen nicht zu denken. Nach langem Hin und Her schlossen wir einen Kompromiß: Wir wollten noch einen Tag weitergehen und unsere Entscheidung dann von den Schneeverhältnissen abhängig machen.

Durch ein sanft gewelltes Bergland kamen wir am nächsten Tag wieder zu einem Paß. Wir überschritten ihn und – wer beschreibt unsere Überraschung? – hier lag kein Schnee mehr! Die Vorsehung hatte entschieden.

Unter freundlichen Nomaden

Bald stießen wir auch auf ein Nomadenzelt, fanden Aufnahme und konnten unseren Jak nach Herzenslust grasen lassen. Unsere Gastgeberin war diesmal eine junge Frau. Sie brachte uns gleich eine Tasse dampfenden Buttertee, und zum erstenmal in meinem Leben schmeckte mir das Gebräu. Herrlich belebte es unsere durchfrorenen Körper. Jetzt erst hatten wir Augen dafür, wie malerisch die mädchenhafte junge Frau aussah. Sie trug auf der bloßen Haut einen bodenlangen Schafspelz; in ihre langen schwarzen Zöpfe waren Muscheln, Silbermünzen und verschiedene billige Schmuckstücke ausländischer Herkunft eingeflochten. Sie erzählte, daß ihre beiden Männer fortgegangen seien, die Herde einzutreiben. Sie hätten 1500 Schafe und viele, viele Jaks. Wir sahen uns erstaunt an. Auch hier bei den Nomaden gab es die Sitte der Vielmännerei? Erst viel später in Lhasa sollten wir alle Gründe und Komplikationen kennenlernen, die dazu führen, daß in Tibet Vielmännerei und Vielweiberei nebeneinander üblich sind.

Die beiden Männer begrüßten uns, als sie heimkamen, ebenso herzlich wie ihre Frau. Ein reichliches Abendessen wurde aufgetischt, und es gab sogar saure Milch. Das war ein Genuß, den wir seit den Almen von Kyirong nicht mehr gekannt hatten. Wir saßen noch lange gemütlich beim Feuer und fühlten uns entschädigt für alle ausgestandenen Strapazen. Es wurde viel gescherzt und gelacht, und es gab, wie immer, wenn eine hübsche junge Frau mit ein paar Männern allein ist, manche anzügliche Neckerei.

Am nächsten Tag zogen wir frisch und ausgeruht weiter. Wir waren froh, daß wir die Einsamkeit der Schneelandschaft hinter uns hatten, und trafen auch hin und wieder schon auf Spuren von Leben. Antilopenherden zogen über die Hänge, und manchmal kamen sie so nahe heran, daß wir uns mit einer Pistole leicht einen Braten hätten holen können. Aber leider besaßen wir keine.

Wieder ging es über einen Paß und dann durch ein wildzerklüftetes Tal. Hier gab es natürliche Höhlen, aber wir hatten keine Lust, sie näher anzusehen, denn ein eisiger Wind piff uns durch Mark und Bein. Er verdarb uns sogar die Freude an dem schönen Panorama, das sich im Westen öffnete. Aus dem Hochplateau wuchsen dort einzelne mächtige Gletscher, ähnlich wie der Kailas und der Lungpo Kangri. Ihr Anblick tröstete uns ein wenig in der Eintönigkeit, die uns wieder umgab. Wir waren deshalb freudig überrascht, als wir bei Einbruch der Dunkelheit doch wieder auf Nomaden trafen. Es waren besonders freundliche Leute, denn sie hielten sogar ihre Hunde zurück, als wir näher kamen. Wir nahmen das als gutes Zeichen und beschlossen gleich, einen Rasttag einzuschieben und unseren Jak wieder einmal ausgiebig grasen zu lassen.

Die Bewohner des Zeltes waren ein junges Paar mit vier kleinen, rotbackigen Kindern. Obwohl sie es selbst eng hatten, räumten sie uns den besten Platz beim Feuer ein. Wir schlossen gleich Freundschaft mit den zutraulichen Kleinen und hatten einen ganzen Tag lang Gelegenheit, das Leben und Treiben der Nomaden zu beobachten.

Die Männer sind im Winter nicht sehr beschäftigt. Sie erledigen verschiedene häusliche Arbeiten, nähen Sohlen für die Schuhe, schneiden Riemen und gehen zu ihrem besonderen Vergnügen mit uralten Vorderladern wildern. Die Frauen sammeln Jakmist und schleppen dabei oft ihr Kleinstes im Mantel mit sich herum. Am Abend wird die Herde eingetrieben und das bißchen Milch gemolken, das die weiblichen Jaks im Winter geben. Die Kochkünste der Nomaden sind denkbar einfach. Im Winter gibt es fast nur Fleischgerichte, die recht fett zubereitet werden. Die Nomaden wissen zwar nichts von einem Verbrennungsprozeß oder von Kalorien, aber aus gesundem Instinkt heraus suchen sie sich die Nahrung, die sie brauchen, um Winter und Kälte zu ertragen. Auch verschiedene Suppen werden gekocht, denn der Tsampa, in Ackerbaugegenden die Hauptnahrung, wird hier zur Rarität.

Das ganze Leben der Nomaden ist darauf eingerichtet, die kargen Mittel, die die Natur ihnen bietet, möglichst auszuwerten. So haben sie sogar eine wärmesparende Schlafstellung: Sie kauern auf dem von Fellen bedeckten Boden nieder, schlüpfen aus den Ärmeln ihres Pelzes und ziehen ihn als Decke über sich. Noch bevor sie in der Frühe aufstehen, fachen sie mit einem Blasebalg die übriggebliebene Glut an, und sofort beginnt der Tee zu kochen. Das Feuer ist der Mittelpunkt der ganzen Behausung und geht nie aus. Der Rauch zieht durch den offenen Zeltfirst ab. Wie in jedem Bauernhaus findet man auch in den Zelten der Nomaden einen kleinen Altar. Meist ist er recht primitiv, eine Kiste, auf der ein Amulett oder eine kleine Buddhastatue steht. Das Bild des Dalai Lama fehlt nirgends. Eine kleine Butterlampe brennt auf diesem Altar, aber im Winter sieht man wegen der Kälte und des Sauerstoffmangels ihr Flämmchen kaum.

Das große Ereignis im Jahresablauf des Nomaden ist der Jahrmarkt in Gyanyima. Er treibt seine Herde dorthin, verkauft einen Teil seiner Schafe und tauscht dafür Gerste ein. Dann werden noch die nötigen Haushaltsgegenstände eingehandelt, Nähnadeln, Aluminiumgeschirr und farbenprächtiger Schmuck für die Frau daheim.

Der Abschied von der netten Familie mit den zutraulichen Kindern fiel uns recht schwer. Wie immer versuchten wir uns für die Gastfreundschaft zu revanchieren. Wenn, wie hier, Geld nicht erwünscht war, schenkten wir bunte Garne oder etwas Paprika.

Zwanzig bis dreißig Kilometer betrugen unsere Tagesmärsche in der nächsten Zeit, je nachdem, ob wir auf Zelte trafen oder nicht; oft genug mußten wir auch im Freien übernachten. Dann beanspruchte das Sammeln von Jakmist und das Wasserholen unsere ganze Energie, und jedes Wort wurde uns dabei zuviel. Am meisten litten wir an unseren Händen. Sie waren immer steif vor Frost, denn wir besaßen keine Handschuhe und hatten nur ein Paar Socken übergezogen. Beim Arbeiten mußten wir sie natürlich ablegen. Einmal am Tag kochten wir uns Fleisch und löffelten die Suppe gleich aus dem brodelnden Topf. Der Siedepunkt war hier infolge der Höhe so niedrig, und die Außentemperatur kühlte so stark ab, daß man sich das erlauben konnte, ohne sich die Zunge zu verbrennen. Wir kochten immer nur am Abend; was übrigblieb, wärmten wir uns morgens auf; einmal unterwegs, machten wir tagsüber nicht mehr halt.

Unvergeßlich in ihrer trostlosen Länge sind mir die Nächte, die wir damals verbrachten. Wir konnten oft stundenlang nicht schlafen und lagen eng aneinandergepreßt, in die gemeinsamen Decken gewickelt, um nicht zu erfrieren. Unser kleines Zelt legten wir uns über die Füße, denn oft blies der Wind so stark, daß wir es nicht aufstellen konnten, und so gab es uns mehr Wärme. Eingekuschelt in seine Falten schlief unser Hündchen, nur der Jak kümmerte sich nicht um die Kälte und graste gemütlich in der Nähe unseres Lagerplatzes. Aber dann begann ein neues Kapitel! Kaum wurden wir warm, da erwachten auch die unzähligen Läuse zum Leben, die sich auf uns angesiedelt hatten und sich erschreckend vermehrten. Es war eine Qual! Rücksichtlos nährten sie sich von unserem Blut. Noch dazu konnten wir ihnen niemals zu Leibe rücken, denn es war ganz unmöglich, sich bei diesen Temperaturen auszuziehen. Nach der ersten Hälfte der Nacht waren sie dann halbwegs satt und gaben Ruhe. Nun hätten wir endlich schlafen können. Doch nach wenigen Stunden schon kam die Kälte des Morgengrauens gekrochen, biß sich durch die Decken und scheuchte uns aus dem

Schlaf der Erschöpfung. Zitternd lagen wir dann aneinandergeschmiegt und hofften, daß heute die Sonne durchbrechen würde. Wenn nur die geringste Aussicht darauf bestand, warteten wir mit dem Aufstehen, bis die Sonnenstrahlen unseren Lagerplatz erreichten.

Am 13. Dezember erreichten wir Labrang Trowa, eine »Siedlung«, die eigentlich nur aus einem einzigen Haus bestand. Die Familie, der es gehörte, benutzte es aber nur als Lagerraum und hatte daneben ihr Zelt aufgeschlagen. Auf unsere erstaunte Frage erklärte man uns, daß das Zelt weitaus wärmer sei. Aus der Unterhaltung konnten wir bald herausfinden, daß wir bei einem Bönpo gelandet waren. Er selbst war zwar gerade nicht zu Hause, aber sein Bruder vertrat ihn. Natürlich begann er uns auszufragen, doch er gab sich mit der Geschichte von unserer Pilgerfahrt zufrieden. Zum erstenmal gestanden wir, daß wir nach Lhasa wollten. Wir waren ja jetzt weit genug von der Tasamroute entfernt! Der Mann konnte nur entsetzt den Kopf schütteln und versuchte uns begreiflich zu machen, daß der schnellste und beste Weg nach Lhasa über Schigatse führe. Ich hatte aber meine Antwort schon parat: Wir hatten mit Absicht die schwere Route gewählt, um das Opfer der Pilgerfahrt größer zu machen! Das verfehlte nicht seinen Eindruck, und nun gab er uns gerne gute Ratschläge.

Es gab zwei Möglichkeiten: Der eine Weg war sehr schwierig, führte über viele Pässe und durch unbesiedeltes Gebiet. Der zweite war leichter, doch er ging mitten durch das Gebiet der »Khampas«. Da war er wieder, der Name, in einem geheimnisvollen Ton ausgesprochen, den wir schon von so vielen Nomaden gehört hatten. »Khampa« mußte ein Bewohner der östlichsten Provinz Tibets, Kham, sein. Aber nie wurde der Name ohne einen Unterton der Furcht und Warnung genannt. Schließlich begriffen wir, daß das Wort gleichbedeutend mit »Räuber« war.

Leider unterschätzten wir die Warnung noch immer und wählten den leichteren Weg.

Zwei Nächte verbrachten wir bei der Familie des Bönpo. Leider nicht als Gäste im Zelt, denn die stammesstolzen Tibeter hielten uns elende Inder einer solchen Ehre nicht für würdig. Aber der

Bruder des Bönpo war wirklich ein Mann, der einen tiefen Eindruck auf uns machte. Er war ernst und sparte seine Worte, aber wenn er etwas sagte, dann hatte es Hand und Fuß. Auch er teilte die Frau mit seinem Bruder und lebte von seinen Herden. Die Familie schien wohlhabend zu sein, denn schon das Zelt war bedeutend größer als die üblichen Nomadenzelte. Wir konnten hier unsere Vorräte ergänzen, und mit der größten Selbstverständlichkeit wurde Bargeld als Zahlung angenommen.

Gefährliche Begegnung mit den räuberischen Khampas

Wir waren schon wieder eine Weile unterwegs, da kam uns ein Mann entgegen, der uns gleich durch seine eigenartige Kleidung auffiel. Er sprach auch einen anderen Dialekt als die Nomaden dieser Gegend. Neugierig fragte er nach dem Woher und Wohin, und wir sagten unsere Pilgerstory auf. Er ließ uns ungeschoren und ging weiter. Uns wurde klar, daß wir eben die Bekanntschaft des ersten Khampa gemacht hatten! Ein paar Stunden später sahen wir in der Ferne auf kleinen Ponys zwei Männer, die dieselbe Tracht trugen. Uns wurde langsam komisch zumute, und wir machten, daß wir weiterkamen. Erst lange nach Einbruch der Dunkelheit stießen wir wieder auf ein Zelt. Wir hatten besonderes Glück, denn seine Bewohner waren eine nette Nomadenfamilie. Freundlich wurden wir hereingebeten, und wir bekamen sogar eine eigene Feuerstelle. Auch Fleisch mußten wir unbedingt von ihnen kaufen. Später erst kamen wir darauf, daß beides einem Aberglauben entsprang: Der Nomade will nur Fleisch von seiner eigenen Herde im Zelt wissen, er errichtet dem Fremden eine eigene Feuerstelle, aber er bietet ihm keine Milch an. Natürlich ist es hier wie überall, die einen halten sich streng an den Aberglauben, die anderen weniger.

Abends kam dann das Gespräch auf die Räuber. Sie waren hier eine richtige Landplage. Unser Gastgeber lebte lange genug in der Gegend, um ein Lied davon singen zu können. Stolz zeigte er uns ein Mannlicher-Gewehr, für das er einem Khampa ein Vermögen bezahlt hatte: fünfhundert Schafe! Aber die Räuberbanden der Umgebung betrachteten diesen ungeheuerlichen Preis als eine Art Tribut und ließen ihn seither in Frieden.

Wir hörten jetzt auch Näheres über das Leben der Räuber. Sie lebten gruppenweise in drei bis vier Zelten beisammen und unternahmen von diesen Stützpunkten aus ihre Erpressungszüge. Das spielt sich so ab: Die Männer ziehen schwer bewaffnet mit Gewehren und Schwertern zu einem Nomadenzelt, dringen ein und verlangen frech eine glänzende Bewirtung. Der verängstigte Nomade schleppt herbei, was er nur hat, sie stopfen sich Mägen und Taschen voll, lassen noch ein oder zwei Stück Vieh mitgehen und verschwinden wieder. Das wiederholt sich täglich bei einem anderen Zelt, bis eine Region abgegrast ist. Dann schlagen sie anderswo ein neues Hauptquartier auf und beginnen das Spiel von vorne. Die Nomaden haben sich in ihr Schicksal ergeben, denn sie stehen meist unbewaffnet einer Überzahl gegenüber, und die Regierung ist in diesen abgelegenen Gebieten machtlos. Gelingt jedoch einem Distriktsbeamten einmal ein Schlag gegen diese Wegelagerer, so ist es nicht sein Schaden. Die gesamte Beute gehört ihm. Die Bestrafung der Räuber ist dann unmenschlich. Meistens werden ihnen die Arme abgehackt. Aber noch kein Khampa ließ sich dadurch von seinem Handwerk abschrecken ... Dann kamen einige Fälle zur Sprache, bei denen die Khampas ihre Opfer grausam ums Leben gebracht hatten. Nicht einmal vor Pilgern oder vor wandernden Mönchen und Nonnen pflegten sie haltzumachen. Uns wurde langsam unheimlich zumute. Was hätten wir dafür gegeben, das Mannlicher-Gewehr kaufen zu können! Aber wir besaßen weder Geld noch die primitivste Waffe. Vor unseren Zeltstöcken hatten nicht einmal die Hunde Respekt ...

Wir fühlten uns nicht sehr behaglich, als wir am nächsten Tag weiterzogen. Unser Mißtrauen steigerte sich noch, als wir einen Mann mit einem Gewehr entdeckten, der sich immer wieder hinter einem Hügel vor uns zu verstecken suchte. Aber wir marschierten ständig in unserer Richtung weiter und verloren ihn schließlich aus den Augen. Am Abend stießen wir wieder auf Zelte: erst ein einzelnes und einige hundert Meter davon entfernt eine ganze Gruppe.

Wir klopften beim ersten Zelt an. Eine Nomadenfamilie kam heraus, wehrte sich entsetzt gegen unser Eintreten und wies nur immer verstört nach den anderen Zelten. Was blieb uns übrig, als weiterzuwandern. Wir waren nicht wenig überrascht, als wir im nächsten Zelt eine geradezu freudige Aufnahme fanden. Alle kamen heraus, betasteten unsere Sachen, halfen uns beim Abladen, was Nomaden noch nie getan hatten – und plötzlich ging uns ein Licht auf: Es waren Khampas! Wir waren wie die Mäuse in die Falle gegangen. Im Zelt waren zwei Männer, eine Frau und ein halbwüchsiger Junge – wir mußten gute Miene zum bösen Spiel machen. Jedenfalls waren wir auf der Hut und hofften durch Höflichkeit, Vorsicht und Diplomatie irgendeinen Ausweg aus der peinlichen Lage zu finden.

Kaum saßen wir beim Feuer, als das Zelt sich zu füllen begann. Aus den Nachbarzelten kam alles herbei, um die Fremden zu sehen, Männer, Frauen, Kinder und Hunde. Wir hatten alle Hände voll zu tun, um unser Gepäck beisammenzuhalten. Die Leute waren zudringlich und neugierig wie die Zigeuner. Als auch sie unsere Pilgergeschichte gehört hatten, pries man uns in auffälliger Weise einen der Männer als besonders guten Führer nach Lhasa an. Er wollte uns einen Weg führen, der etwas südlich unserer Route lag und viel günstiger sein sollte. Wir warfen uns rasch einen Blick zu. Der Mann war kräftig und untersetzt und hatte ein riesiges Schwert im Gürtel stecken. Er sah nicht gerade vertrauenserweckend aus. Wir nahmen aber seinen Vorschlag an und machten einen bestimmten Lohn mit ihm aus. Dies war das einzige, was wir tun konnten, denn wenn sie etwas gegen uns im Schilde führten, konnten sie uns auch sofort ans Messer liefern.

Nach und nach gingen die Besucher wieder nach Hause, und wir machten uns zum Schlafen zurecht. Der eine von unseren beiden Gastgebern wollte unbedingt meinen Rucksack als Kopfkissen benutzen, und ich hatte alle Mühe, ihn bei mir zu behalten. Wahrscheinlich vermuteten sie, daß eine Pistole darin war. Mir kam dieser Verdacht gerade recht, und ich wollte sie durch mein Verhalten noch darin bestärken. Endlich gab er sich zufrieden. Wir blieben jedenfalls auf der Hut und lagen die ganze Nacht wach. Obwohl wir sehr müde waren, fiel uns das nicht schwer, denn die Khampafrau murmelte ständig Gebete vor sich hin. Mir kam es vor, als bitte sie bereits jetzt um Vergebung der Missetaten, die ihre Männer morgen an uns begehen wollten. Jedenfalls waren wir nach dieser Nacht froh, als der Morgen anbrach. Vorerst blieb alles friedlich. Für einen Taschenspiegel erstanden wir das Hirn eines Jaks und bereiteten es gleich als Frühstück zu. Dann begannen wir uns zum Aufbruch zu rüsten. Mit lauernden Blicken verfolgten unsere Gastgeber jede unserer Bewegungen und wurden fast aggressiv, als ich unser Gepäck Aufschnaiter aus dem Zelt reichen wollte. Aber wir schüttelten sie ab und beluden unseren Jak. Als wir nach unserem »Führer« Ausschau hielten, war zu unserer Erleichterung nichts von ihm zu sehen. Die Khampafamilie legte uns noch ans Herz, nur ja die Südroute zu wählen, denn dort würden wir bald auf Nomaden treffen, die gleichfalls eine Pilgerfahrt nach Lhasa machten. Wir versprachen es und machten uns schleunigst auf den Weg.

Nach ein paar hundert Metern merkte ich, daß mein Hund nicht bei uns war. Er kam sonst immer von selbst nachgelaufen. Und als wir uns nach ihm umblickten, sahen wir die Bescherung: Die drei Männer kamen uns nach und hatten uns bald eingeholt. Sie erzählten, daß sie auch zu den Zelten der Pilger unterwegs seien, und deuteten auf eine ferne Rauchsäule. Das kam uns erst recht verdächtig vor, denn noch nie hatten wir solche Rauchsäulen aus Zelten aufsteigen gesehen. Als wir nach dem Hund fragten, sagten sie, er sei beim Zelt zurückgeblieben. Einer von uns könne ihn ja holen. Nun war uns ihr Plan klar. Es ging um unser Leben. Sie hatten den Hund zurückgehalten, um Aufschnaiter und mich zu trennen, denn so viel Mut besaßen sie doch nicht, uns beide gemeinsam anzugreifen. Und wahrscheinlich warteten dort, wo die Rauchsäule aufstieg, ihre Kumpane. Dann waren sie in der Überzahl und konnten uns leicht erledigen.

Kein Mensch hätte jemals etwas von unserem Verschwinden erfahren. Wir bereuten jetzt sehr, daß wir die vielen gutgemeinten Warnungen der Nomaden nicht ernst genommen hatten. Als ob wir nichts ahnten, gingen wir noch ein Stück in derselben Richtung weiter und besprachen uns rasch miteinander. Die Männer hatten uns jetzt bereits in die Mitte genommen; der halbwüchsige Junge ging hinter uns. Mit einem verstohlenen Seitenblick schätzten wir unsere Chancen ab. Wie es bei den Räubern Sitte ist, trugen sie doppelte Pelzmäntel, um gegen Hieb und Stich geschützt zu sein; riesige Schwerter steckten in ihren Gürteln, und die Gesichter waren alles andere als lammfromm.

Etwas mußte geschehen. Aufschnaiter meinte, wir sollten erst einmal die Richtung ändern, um nicht blindlings in die Falle zu laufen. Gesagt, getan. Noch im Sprechen machten wir eine plötzliche Schwenkung. Die Khampas blieben verblüfft stehen. Aber schon waren sie wieder da, verstellten uns den Weg und fragten unter nicht allzu freundlichen Gesten, wohin wir den wollten. »Den Hund holen!« antworteten wir kurz und energisch. Das schüchterte sie ein. Sie merkten, daß wir zum Äußersten entschlossen waren. Eine Weile standen sie und schauten uns nach, dann setzten sie ihren Weg fort. Wahrscheinlich wollten sie rasch ihre Helfershelfer informieren.

Als wir in die Nähe der Zelte kamen, führte uns die Frau schon den Hund an einem Strick entgegen. Es gab eine freudige Begrüßung, aber dann machten wir, daß wir weiterkamen. Natürlich den Weg zurück! Ein Weitergehen wäre für uns, waffenlos, wie wir waren, der sichere Tod gewesen. Nach einem Gewaltmarsch erreichten wir noch am selben Abend die freundliche Familie, bei der wir tags zuvor übernachtet hatten. Über unsere Erlebnisse waren sie nicht erstaunt. Sie erzählten uns, daß die Lagergegend der Khampas Gyak Bongra heiße und weit und breit gefürchtet sei. Nach diesem Abenteuer schätzten wir es doppelt, wieder einmal ruhig einschlafen zu können ...

Am nächsten Morgen legten wir uns unseren neuen Reiseplan

zurecht. Es blieb nichts anderes übrig, als den schwierigen Weg durch die unbewohnten Gebiete zu wählen. Wir kauften von den Nomaden noch Fleisch, soviel wir mitnehmen konnten, denn wahrscheinlich würden wir vor einer Woche keine Menschenseele treffen.

Um nicht bis Labrang Trowa zurückgehen zu müssen, riskierten wir einen mühsamen, steilen Aufstieg als Abkürzungsweg. Er sollte direkt auf unsere Route münden. In halber Höhe drehten wir uns einmal um und wollten die Landschaft betrachten, da bemerkten wir zu unserem Entsetzen, daß – allerdings noch weit entfernt – zwei Männer unseren Spuren folgten. Kein Zweifel, das waren die Khampas! Wahrscheinlich hatten sie inzwischen die Nomadenfamilie besucht, nach unserem Weg gefragt und uns in der angegebenen Richtung bald erblickt, denn in der klaren Luft des Tschangthang sieht man auf ungeheure Distanzen.

Was tun? Wir sprachen beide kein Wort. Später gestanden wir einander, daß wir denselben Gedanken hatten: unser Leben so teuer wie möglich zu verkaufen! Zuerst versuchten wir, schneller weiterzukommen. Aber wir waren an das Tempo unseres Jaks gebunden, und obwohl wir ihn dauernd antrieben, kam er uns wie eine Schnecke vor. Immer wieder blickten wir zurück, aber es ließ sich schwer feststellen, ob der Abstand sich verringerte. Wieder bekamen wir schmerzlich zu spüren, was es heißt, keine Waffen zu besitzen. Wir konnten uns höchstens mit Zeltstöcken und Steinen verteidigen; auf der Gegenseite gab es scharfgeschliffene Schwerter. Die Hauptsache würde ein gutes Zusammenspiel und gegenseitige Deckung sein. Wir waren fest entschlossen, Leben gegen Leben zu setzen. So eilten wir eine endlose Stunde weiter, vor Anstrengung keuchend, den Kopf immer wieder nach rückwärts gewendet. Da bemerkten wir, daß die beiden Männer sich niedersetzten. Wir verdoppelten unsere Schritte, um den Rücken des Berges zu erreichen. Gleichzeitig hielten wir nach einem Versteck Ausschau, das im Notfall als Kampfplatz günstig wäre. Die Männer waren wieder aufgestanden, schienen zu beraten, und jetzt sahen wir, daß sie umkehrten. Wir atmeten auf und trieben unseren Jak an, um möglichst bald hinter dem Rücken des Berges zu verschwinden. Als wir auf dem Kamm standen, konnten wir verstehen, warum die Männer lieber umgekehrt waren. Vor uns lag die einsamste Landschaft, die ich je erblickt hatte. Ein Meer von verschneiten Berghöhen, ein wellengleiches Auf und Ab dehnte sich in die Unendlichkeit ... Fern lag der Transhimalaja und wie eine Zahnlücke deutlich in ihm der Paß, den wir als Rückzugsmöglichkeit erwogen hatten. Durch Sven Hedin war er bekannt geworden, der Selala-Paß, der nach Schigatse führt.

Hatten die Khampas die Verfolgung wirklich aufgegeben? Zur Sicherheit marschierten wir weiter, auch als die Nacht hereinbrach. Es war zum Glück keine dunkle Nacht. Der Schnee leuchtete im Mondlicht, und es war so hell, daß man sogar die fernen Bergketten erkannte.

Hunger und Kälte und ein unverhofftes Weihnachtsgeschenk

Diesen Nachtmarsch werde ich nie vergessen. Er blieb die härteste Anforderung an Geist und Körper, die ich je durchgestanden habe. Daß die Gegend so unwirtlich war, sollte unsere Rettung vor den Khampas werden. Aber sie stellte uns auch vor neue Aufgaben. Es war gut, daß ich mein Thermometer längst weggeworfen hatte. Hier hätte es sicher wieder minus 30 Grad Celsius gezeigt, denn das war sein tiefster Punkt. Das entsprach aber nicht der hier herrschenden Kälte. Auch Sven Hedin hat ja in fast derselben Gegend um diese Jahreszeit minus 40 Grad gemessen.

Stundenlang trotteten wir so weiter, immer weiter durch den unberührten Schnee. Unser Geist ging inzwischen selbständig auf Wanderschaft. Visionen begannen mich zu quälen – ein behaglich durchwärmter Raum, warme Speisen zur Auswahl, dampfend heiße Getränke ... Komischerweise war es das Bild eines banalen Automatenbüfetts aus meiner Grazer Studentenzeit, das mich hier beinahe zum Wahnsinn trieb.

Aufschnaiters Gedanken gingen andere Wege. Er fluchte dauernd vor sich hin, verbohrte sich in düstere Rachepläne und schwor bewaffnete Wiederkehr. Wehe dann allen Khampas!

So versuchte jeder auf seine Art, eine tiefe Depression zu überwinden. Wieder war Zeit verloren und das Ziel noch immer in weiter Ferne! Hätten wir unseren Weg vom Räuberzelt an ungehindert fortsetzen können, dann wären wir jetzt schon auf der nördlichen Tasamstraße. Es mochte wohl Mitternacht sein – unsere Uhren hatten sich längst in Fleisch und Tsampa verwandelt –, da setzten wir uns endlich nieder. Auf dem ganzen langen Marsch hatten wir kein Lebewesen getroffen, nur einmal einen streifenden Schneeleoparden. Keine Spur von Tier und Mensch oder irgendeiner Vegetation. Aussichtslos, Material zum Feuermachen zu finden. Wir hätten auch nicht mehr die Energie dazu gehabt, denn es ist eine eigene Kunst, aus Jakmist ein richtiges Feuer zu machen. So luden wir unseren Jak ab und krochen sofort unter die Decken. Den Tsampasack und eine rohe Hammelkeule legten wir zwischen uns und machten uns heißhungrig darüber her. Aber kaum hatten wir den Löffel mit dem trockenen Mehl zum Mund geführt, da stießen wir beide einen Fluch aus. Wir brachten ihn nicht mehr los! Bei dieser Kälte war das Metall in Sekundenschnelle an Zunge und Lippen festgefroren, und das Losreißen kostete einige Hautfetzen. Der Appetit war uns ziemlich vergangen. Wir rollten uns zusammen und fielen trotz der schneidenden Kälte in den bleiernen Schlaf der Erschöpfung.

Wenig erfrischt brachen wir am Morgen auf. Unser Jak hatte die ganze Nacht vergeblich nach Gras gescharrt und fraß jetzt in seiner Verzweiflung Schnee, denn wir hatten den ganzen gestrigen Tag auch kein Wasser gefunden. Die Quellen, die wir unterwegs antrafen, waren zu bizarren Eiskaskaden gefroren.

Mühselig ging es weiter. Wir stapften in den Spuren unseres tapferen Jaks dahin und blickten nicht einmal mehr auf. Deshalb glaubten wir eine Fata Morgana vor uns zu haben, als wir plötzlich am Nachmittag fern am Horizont, aber ungemein deutlich, drei Jak-Karawanen durch die Schneelandschaft ziehen sahen. Sie bewegten sich langsam fort, schienen dann stillzustehen – aber sie verschwanden nicht. Also mußte es doch Wirklichkeit sein! Das gab uns neuen Lebensmut. Wir rafften alle unsere Energie zusammen, trieben unseren Jak an, und nach drei Stunden hatten wir den Lagerplatz der Karawanen erreicht. Es waren etwa fünfzehn Leute, Männer und Frauen, und sie hatten bereits ihre Zelte aufgeschlagen. Unser Kommen erregte nicht wenig Staunen, doch sie begrüßten uns freundlich und luden uns gleich ein, uns an ihrem Feuer zu wärmen. Wir erfuhren, daß sie von einer Pilger- und Handelsfahrt zum Berge Kailas in ihre Heimat am Namtsho-See unterwegs waren. Auch sie waren von den Distriktsbeamten gewarnt worden und hatten diese schwierige Route gewählt, um die von den Khampas verseuchte Gegend zu umgehen. Mit fünfzig Jaks und etwa zweihundert Schafen zogen sie nun nach Hause. Für den größten Teil ihrer Herde hatten sie Waren eingetauscht und wären natürlich ein guter Fang für die Räuber gewesen. Deshalb hatten sich die drei Gruppen zusammengeschlossen, und sie luden jetzt auch uns zum Mitgehen ein, denn jede Verstärkung war ein Vorteil gegenüber den Khampas.

Welch ein Genuß war es, wieder an einem Feuer zu sitzen und eine warme Suppe zu löffeln! Uns erschien diese Begegnung geradezu als Fügung des Schicksals. Wir vergaßen auch nicht unseren braven Armin; denn wir wußten, was wir ihm verdankten. Deshalb erbaten wir von dem Führer der Karawane, daß er unsere Lasten gegen ein Taggeld einem seiner freien Jaks auflade. Unser Jak konnte sich jetzt ein wenig Ruhe gönnen.

Tag für Tag zogen wir nun mit den Nomaden und schlugen bei den Rasten unser kleines Bergsteigerzelt neben ihnen auf. Das war jedesmal ein Problem. Der orkanartige Sturm riß uns die Zeltbahnen aus der Hand, dann wieder mußten wir mitten in der Nacht heraus, weil die Schnüre gerissen waren und die Stangen durch den Dachfirst stießen. Nur die Jakhaarzelte sind solchem Sturm gewachsen, aber diese sind so schwer, daß sie für sich allein eine ganze Jaklast bilden. Wenn wir je wieder einmal durch das

Tschangthang ziehen sollten, dann, so schworen wir uns zu, würden wir uns anders ausrüsten! Drei Jaks, ein Jaktreiber, ein Nomadenzelt, ein gutes Gewehr ... Vorläufig hieß es, sich mit der rauhen Wirklichkeit abzufinden. Wir mußten ja froh sein, daß wir bei unseren Nomadenfreunden Aufnahme gefunden hatten. Mit unseren früheren Tagesmärschen verglichen, war es der reinste Spaziergang. Die Nomaden brechen früh auf, gehen etwa vier bis sechs Kilometer, dann zelten sie wieder und lassen ihre Herden grasen. Bei Einbruch der Dunkelheit werden die Tiere der Wölfe wegen in der Nähe der Zelte angepflockt und verbringen so wiederkäuend die ganze Nacht.

Jetzt erst wurde uns bewußt, was wir von unserem armen Armin verlangt hatten! Sicher hielt er uns für verrückt, ebenso wie damals die Tibeter, als wir in Kyirong auf alle Berggipfel rannten. Während der langen Rasten widmeten wir uns wieder einmal unseren Tagebüchern, die wir in der letzten Zeit sehr vernachlässigt hatten, und dann begannen wir planmäßig, die Mitglieder der Karawane nach dem Weg nach Lhasa auszuhorchen. Wir nahmen sie uns einzeln vor, und aus den Gesprächen ergab sich allmählich eine bestimmte Reihe von Ortsnamen. Das war für uns viel wert, denn auf die Weise würden wir uns bei den Nomaden von einem Ort zum anderen durchfragen können. Wir waren uns nämlich längst darüber einig, daß wir nicht unser halbes Leben mit Spazierengehen verbringen konnten. In den nächsten Tagen wollten wir uns von der Karawane trennen.

Es war gerade der 24. Dezember, als wir Abschied nahmen und uns wieder allein auf den Weg machten. Frisch und ausgeruht marschierten wir über Berg und Tal und legten an diesem einen Tag mehr als zwanzig Kilometer zurück. Spät am Abend standen wir vor einer weiten Ebene, auf der verstreut einzelne Zelte lagen. Ihre Bewohner schienen sehr wachsam zu sein. Denn noch bevor wir uns dem ersten näherten, traten uns ein paar wild aussehende Männer entgegen, die schwer bewaffnet waren. Barsch riefen sie uns zu, uns schleunigst zum Teufel zu scheren. Wir blieben stehen, hoben unsere leeren Hände zum Zeichen, daß wir keine Waffen hatten, und erklärten ihnen, wir wären harmlose Pilger. Wir müssen trotz unserer Rasttage recht mitleiderweckend ausgesehen haben. Nach kurzer Beratung lud uns der Besitzer des größten Zeltes zum Übernachten ein. Wir konnten uns wärmen, bekamen gleich eine Tasse dampfenden Buttertee und jeder von uns eine seltene Köstlichkeit – ein kleines, weißes Brötchen. Es war schon alt und steinhart, aber für uns bedeutete diese kleine Gabe am Heiligen Abend mehr als jemals der schönste Weinachtskuchen. Erst Tage später, auf einem besonders harten Marsch, knabberten wir daran und holten uns Trost und Mut bei diesem unverhofften Weihnachtsgeschenk guter Menschen.

Vorerst hatten wir es aber noch mit der rauhen Schale unserer Gastgeber zu tun. Als wir dem Spender der Brötchen erklärten, auf welchem Weg wir nach Lhasa wollten, meinte er trocken, wenn wir bis jetzt noch nicht umgebracht wären, würde es bestimmt in den nächsten Tagen soweit sein. Die Gegend sei voller Khampas; ohne Waffen seien wir Freiwild für sie. Das alles in einem fatalistischen Ton und wie man eben von Selbstverständlichkeiten spricht. Wir wurden ziemlich kleinlaut und baten ihn um einen guten Rat. Er pries uns nun wieder den Weg über Schigatse an, das wir in einer Woche erreichen konnten. Aber davon wollten wir nichts wissen. Der Nomade überlegte eine Weile, dann riet er uns, doch zu dem Bönpo dieses Gebietes zu gehen. Sein Zelt liege nur wenige Meilen entfernt im Süden. Der Bönpo hätte die Macht, uns ein sicheres Geleit zu geben, wenn wir schon unbedingt durch die Räubergegenden ziehen wollten.

Wir legten uns an diesem Abend bald nieder und hatten so viel zu überlegen, daß traurige Gedanken an die Weihnacht zu Hause gar nicht erst aufkommen konnten. Schließlich wurden wir uns einig, daß wir es eben riskieren und den Bönpo aufsuchen mußten. Es waren nur ein paar Stunden Weg bis zum Zelt des Bönpo. Wir nahmen es als gutes Vorzeichen, daß er uns freundlich begrüßte und uns gleich ein Zelt zur Verfügung stellte. Dann holte er seinen Kollegen, und wir setzten uns alle vier zu einer Konferenz zusammen. Hier begannen wir gar nicht erst mit unserer Geschichte, daß wir indische Pilger seien. Wir gaben uns als Europäer zu erkennen und forderten energisch Schutz gegen die Räuber. Selbstverständlich reisten wir mit Erlaubnis der Regierung. Und unverfroren holte ich den alten Paß hervor, den uns einst der Garpön in Gartok ausgestellt hatte. Dieser Brief hatte schon seine Geschichte. Wir hatten ihn damals unter uns verlost, und Kopp gewann ihn. Als er sich von uns trennte, hatte ich den guten Einfall, ihm den Brief abzukaufen. Und nun war seine Stunde gekommen!

Die beiden Beamten betrachteten das Siegel, und das alte Papier flößte ihnen sichtlich Respekt ein. Sie waren nun überzeugt davon, daß wir uns ganz legal im Lande aufhielten. Ihre einzige Frage war, wo denn der dritte Mann geblieben sei? Ernsthaft erklärten wir, daß er leider krank geworden und deshalb über Tradün nach Indien gegangen sei. Wir waren selbst überrascht, wie prompt unser Bluff wirkte. Die Bönpos waren jetzt beruhigt und versprachen uns eine Begleitung, die sich in gewissen Abständen immer ablösen und uns bis zur nördlichen Tasamroute bringen sollte.

Das war eine richtige Weihnachtsbotschaft für uns! Nun kamen wir doch noch dazu, das Fest zu feiern. Wir hatten eigens für den Weihnachtsabend ein wenig Reis aus Kyirong aufgespart. Den bereiteten wir jetzt zu und luden auch die beiden Bönpos in unser Zelt ein. Sie kamen, brachten selbst noch allerlei Eßbares mit, und so wurde es ein ganz gemütlicher Abend.

Am nächsten Tag wurden wir von einem Nomaden zum nächsten Zelt »weitergereicht«. Es war wie beim Stafettenlauf: Man brachte uns eine Strecke weit, übergab uns und ging selbst wieder zurück. Wir wanderten mit dem neuen Begleiter weiter und kamen wunderbar vorwärts, obwohl das Gelände recht unübersichtlich war. Da merkten wir erst, was es hieß, mit einem wegkundigen Führer zu gehen! Wenn er auch nicht gerade eine Lebensversicherung gegen Räuber darstellte . . .

Oben: Mitglieder der »Roten Sekte« der Bön. Im Gegensatz zur Reformierten Sekte, die ein strenges Zölibat vorschreibt, leben sie mit ihren Familien zusammen in den Klöstern
Unten: Riesige, wie Teleskope wirkende, von Mönchen geblasene Blechinstrumente (Tuben) verkünden dröhnend die Ankunft des Gottkönigs

Unsere ständigen Begleiter aber waren Wind und Kälte. Es sah aus, als gäbe es nichts anderes mehr auf der Welt als orkanartige Stürme und Temperaturen um minus 30 Grad. Wir litten sehr unter der unzulänglichen Kleidung, und ich war glücklich, als ich von einem der Zeltbewohner noch einen alten Schafspelz erstehen konnte. Er war mir zwar etwas zu klein, und ein halber Ärmel fehlte, aber – er kostete nur zwei Rupien! Das Schlimmste freilich war unser Schuhwerk, das sichtlich seinem Lebensende entgegenging, und Handschuhe besaßen wir überhaupt nicht. Aufschnaiter hatte schon Erfrierungen an den Händen, und ich hatte noch immer mit den Füßen zu tun. Wir ertrugen unsere Leiden mit einer stumpfen Ergebung, und es gehörte viel Energie dazu, das tägliche Marschpensum zu bewältigen. Wie gern hätten wir doch manchmal in einem warmen Nomadenzelt ein paar Tage gerastet! Selbst das Leben der Nomaden, das so hart und bedürfnislos war, erschien uns jetzt oft in einem verführerischen Licht. Aber wir durften uns nirgends aufhalten, wenn wir mit unseren Mitteln noch bis Lhasa durchkommen wollten. Und dann? Darüber dachten wir lieber nicht nach ...

Oft sahen wir, zum Glück in weiter Ferne, Reiter vorbeiziehen, und an ihren eigenartigen Hunden merkten wir, daß es Khampas waren. Diese Hunde sind weniger behaart als die übliche tibetische Rasse, mager, schnell wie Windspiele und unsagbar häßlich. Wir dankten Gott, daß uns die Begegnung mit ihnen und ihren Herren erspart blieb.

Eine Entdeckung machten wir auch auf dieser Etappenreise: Wir kamen an einen zugefrorenen See, den wir später auf keiner Karte finden konnten. Aufschnaiter zeichnete ihn sogleich in unsere Skizzen ein. Die Einheimischen nannten ihn Yötschabtsho, das heißt »Opferwasser«. Er lag wunderschön am Fuße einer Kette von Gletschern, um die wir schon seit einer Woche in weitem

Oben: Die Mutter des Dalai Lama. Sie wird in Tibet als »Gottmutter« verehrt
Unten: Blick von der Terrasse des Potala, der Residenz des Dalai Lama, auf Lhasa

Bogen herumgingen. Auch hier war der höchste Gipfel ein »Thron der Götter« und trug den Namen eines besonders mächtigen Gottes: Jo Gya Kang.

Bevor wir auf die Tasamstraße kamen, hatten wir noch einmal eine Begegnung mit bewaffneten Wegelagerern. Die Kerle trugen gute europäische Gewehre, und Mut allein hätte uns da nicht viel geholfen. Aber sie ließen uns ungeschoren; offenbar, weil wir so armselig und heruntergekommen aussahen. Ja, manchmal hat eben auch die sichtbare Armut ihre Vorteile!

Nach fünf Tagen endlich erreichten wir die vielgerühmte Tasamroute. Wir hatten uns darunter immer eine richtige Straße vorgestellt, auf der alle unsere Leiden ein Ende haben würden. Wer beschreibt unsere maßlose Enttäuschung, als auch nicht die Spur von einem Weg zu entdecken war! Die Landschaft unterschied sich durch nichts von der, durch die wir in den letzten Wochen gewandert waren. Ein paar leere Zelte, bei denen die Karawanen Station machen konnten, das war alles. Sonst kein Zeichen von irgendeiner Organisation.

Die letzte Etappe hatten uns zwei stämmige Amazonen begleitet. Nun übergaben sie uns der Tasamstraße und nahmen gerührt Abschied. Wir bezogen resigniert eines der leeren Zelte, machten Feuer und versuchten, unsere Lage einmal von der positiven Seite zu betrachten. Eigentlich konnten wir ja ganz zufrieden sein! Wir hatten den schwierigsten Teil der Reise hinter uns und waren nun auf einer vielbegangenen Straße, die direkt nach Lhasa führte. In fünfzehn Tagesmärschen konnten wir die Hauptstadt erreichen. Aber wo blieb die Freude darüber, daß wir so nahe am Ziel waren?

Nun, wir waren eben von den vielen Strapazen sehr hergenommen und nicht mehr fähig, schöne Gefühle zu empfinden. Erfrorene Glieder, Geldsorgen, kaum etwas zu essen – das alles machte uns zu schaffen. Am meisten Kummer machten uns unsere Tiere. Mein treuer Hund bestand nur noch aus Haut und Knochen. Da wir uns selbst kaum etwas gönnten, fiel auch für ihn nicht viel ab. Seine Pfoten waren wundgelaufen, und oft holte er uns erst nach Stunden am Lagerplatz ein, so langsam schleppte er sich dahin.

Dem Jak ging es nicht viel besser. Seit Wochen hatte er nicht genug Gras gefunden und war erschreckend abgemagert. Seit dem Yötschabtsho-See waren wir zwar aus der verschneiten Zone heraus, aber das Gras war spärlich und trocken, die Weidezeit kurz, und unsere Gewaltmärsche waren auch nicht gerade eine Mastkur.

Trotzdem mußten wir am nächsten Tag wieder weiter. Moralisch gab es uns ja einen Auftrieb, daß wir jetzt auf einer Karawanenstraße marschierten und uns nicht dauernd als Marco Polo fühlen mußten.

Die Tasamstraße, auf der wir uns befanden, war ursprünglich von der Regierung für den Goldtransport aus Westtibet eingerichtet worden. Später, als der Handelsverkehr in ganz Tibet immer lebhafter wurde, war die Straße eine merkliche Entlastung für die südliche Route, die längs des Tsangpo führte.

Unser erster Tag auf der Tasamstraße unterschied sich in nichts von unseren schlimmsten Etappen im unbewohnten Gebiet. Wir trafen keine Menschenseele. Ein wütender Sturm trieb Schneeflokken und Nebelschwaden vor sich her und machte uns den Weg zur Hölle. Ein Glück war noch, daß er von rückwärts kam. So trieb er uns förmlich an, während wir bei Gegenwind nicht einen Schritt vorwärts gekommen wären. Unser Armin war ziemlich am Ende seiner Kräfte. Alle vier waren wir glücklich, als wir abends die nächste Tasamstation vor uns sahen.

Diesen Tag habe ich in meinem Tagebuch mit folgenden Zeilen bedacht:

»31. Dezember 1945

Starker Schneesturm mit Nebel (erster Nebel in Tibet), ca. minus 30 Grad Celsius . . . anstrengendster Tag unserer Reise bisher, die Last will nicht halten, beim Richten erfrieren einem beinahe die Hände . . . Wir verirren uns fast, bemerken aber nach zwei Kilometern unseren Irrtum und kehren um. Erreichen gegen Abend Tasamstelle Nyatsang, bestehend aus acht Zelten. Ein Zelt ist vom Tasam-Bönpo mit Familie bewohnt . . . werden freundlich aufgenommen!«

Der segensreiche Geleitbrief

Das war also unser zweiter Silvesterabend in Tibet! Wenn wir überlegten, was wir bisher erreicht hatten, konnte man den Mut verlieren. Noch immer zogen wir »illegal« durchs Land, zwei heruntergekommene, halbverhungerte Vagabunden, die sich vor jedem kleinen Bönpo verstecken mußten, und noch immer war Lhasa ein illusorisches Ziel, die »Verbotene Stadt«. An solchen Abenden neigt man ja gern zu einer etwas sentimentalen Rückschau – die Gedanken wandern ... Heimat und Familie waren unvergessen. Doch der Kampf ums nackte Leben beanspruchte alle unsere psychischen und physischen Kräfte. Daneben hatte nichts anderes Platz. Ein Abend in einem warmen Zelt war uns jetzt mehr wert, als wenn wir zu Hause den erträumten Rennwagen geschenkt bekommen hätten ...

So feierten wir auf unsere Art Silvester. Wir wollten etwas länger hierbleiben, wieder einmal auftauen und unseren Tieren einen Rasttag gönnen. Der alte Geleitbrief hatte auch hier seine Schuldigkeit getan. Der Tasambeamte wurde sofort freundlich, stellte uns einen Diener zur Verfügung und schickte uns Wasser und Jakmist zum Feuermachen.

Wir ließen es uns gut gehen und schliefen lange. Es war schon spät am Vormittag, und wir waren erst beim Frühstücken, als es vor den Zelten lebendig wurde. Der Koch eines Bönpo war gekommen, um die Ankunft seines »hohen Herrn« anzumelden und alles für ihn vorzubereiten. Geschäftig lief er herum und tat furchtbar wichtig. Als Kopfbedeckung trug er einen ganzen Fuchspelz.

Die Ankunft eines hohen Bönpo – das konnte auch für uns bedeutsam werden. Aber wir waren lange genug in Asien, um zu wissen, daß »hoher Herr« ein sehr relativer Begriff ist. Vorläufig ließen wir uns nicht aus der Ruhe bringen. Es wurde dann auch gar nicht so schlimm. Der Bönpo kam bald inmitten einer Schar von Dienern angeritten – ein Kaufmann im Dienste der Regierung. Er war auf dem Wege, mehrere hundert Lasten Rohzucker und Baumwollstoffe nach Lhasa zu bringen. Natürlich wollte auch er uns auf den Zahn fühlen, und mit scheinheiliger Miene reichten wir ihm unseren Brief. Wieder tat er seine Wirkung! Die gestrenge Amtsmiene verschwand, und er lud uns sogar ein, mit seinem Troß zu reisen. Das ließ sich hören. Dafür gaben wir gern unseren Rasttag auf und begannen eilig zu packen, denn die Karawane wollte hier nur Mittagsrast halten.

Einer der Jaktreiber betrachtete kopfschüttelnd unseren abgemagerten Armin und machte uns schließlich den Vorschlag, das Gepäck gegen ein kleines Entgelt einem Tasamjak aufzuladen und unser Tier unbeladen mitlaufen zu lassen. Gern gönnten wir unserem Armin diese Erholung. Nun mußte es rasch gehen. Der Bönpo und seine Diener bekamen frische Pferde, man wechselte die Jaks aus, und die neubeladenen Tiere machten sich gleich auf den Weg. Wir mußten uns der Karawane anschließen, nur der Bönpo konnte sich Zeit lassen, da er uns zu Pferd rasch wieder einholte.

Es kostete uns doch einige Überwindung, müde und zerschlagen wie wir waren, nun wieder loszuziehen und die zwanzig Kilometer bis zur nächsten Station zu marschieren. Unsere Gedanken waren zu sehr auf einen Rasttag eingestellt gewesen, und unserem Hund ging es wohl ähnlich. Ich rief ihn und pfiff ihm, aber er wedelte nur matt mit dem Schwanz und blieb liegen. Es war zuviel für ihn. Die Pfoten wundgelaufen, halb verhungert – was sollte ich mit ihm tun? Wie gern hätte ich ihn jemandem übergeben, der ihn gut behandeln würde, da wir uns nun doch trennen mußten! Es war mir ein kleiner Trost, daß er bei einer Siedlung zurückblieb. Als Eindringling würde er es zwar schwer haben, sich gegen die anderen Hunde zu behaupten. Aber unterwegs wäre er bestimmt liegengeblieben.

Im Schutz der Karawane legten wir täglich große Strecken zurück. Wir profitierten sehr vom Nimbus des Bönpo, denn überall wurden wir ohne Schwierigkeiten aufgenommen. Nur in Lhölam kamen wir dem Tasambeamten verdächtig vor. Er war reichlich unfreundlich, gab uns nicht einmal Material zum Feuermachen und verlangte stur einen Paß aus Lhasa. Ja, damit konnten wir leider nicht dienen! Aber wir hatten wenigstens ein Dach über dem Kopf und waren froh darüber. Denn bald nach unserer Ankunft beobachteten wir, wie sich allerlei verdächtige Gestalten um die Zelte herumtrieben. Das Gesindel kannten wir schon – es waren Khampas. Wir waren indes viel zu müde, uns um sie zu kümmern. Mochten die andern sehen, wie sie mit ihnen fertig wurden, bei uns gab es nichts zu stehlen. Erst als sie sich an unserem Zelt zu schaffen machten und unbedingt bei uns schlafen wollten, sprachen wir ein paar energische Worte! Sie waren rasch wieder draußen.

Am nächsten Morgen bemerkten wir zu unserem Schrecken, daß unser Jak nicht da war. Wir hatten ihn doch gestern abend hier angepflockt! Vielleicht war er auf der Weide. Aber soviel Aufschnaiter und ich auch suchten – er blieb verschwunden. Da jedoch von dem Gesindel von gestern abend ebenfalls keine Spur mehr zu sehen war, bestand kein Zweifel über den Zusammenhang. Daß es gerade unser Jak sein mußte, den sie gestohlen hatten, war ein empfindlicher Verlust für uns.

Wir stürzten in das Zelt des Tasambeamten, und in meiner Wut warf ich ihm Sattel und Decke vor die Füße. Er mit seiner Aufsässigkeit war schuld daran, daß wir den Jak verloren hatten! Der Diebstahl traf uns schwer. Armin V. war der erste wohlgesittete Vertreter seines Geschlechtes gewesen, und wir hatten ihn schätzen gelernt. Ihm verdankten wir, daß wir die schwerste Strecke unserer Reise bewältigen konnten. Guter Armin! Für ihn war diese Schicksalswendung sicher nicht schlimm. Monatelang würde er nun friedlich auf einer Weide grasen, würde wieder zu Kräften kommen und in seinem Jakgehirn die überstandenen Strapazen schnell vergessen.

Wir hatten keine Zeit, lange um ihn zu trauern. Unser Gepäck war schon seit Stunden unterwegs, denn um mit dem reitenden Bönpo Schritt zu halten, brach die Jak-Karawane immer vor Morgengrauen auf. Trotz unserer Verbitterung genossen wir es, so frei ausschreiten zu können, nicht mehr aufgehalten durch das Antreiben des Tieres und das ewige Zurechtrücken der Last.

Schon seit ein paar Tagen marschierten wir auf eine ungeheure Bergkette zu. Wir wußten, daß es das Nyentschenthanglha-Gebirge war. Ein einziger Paß führt darüber – direkt nach Lhasa. Die Landschaft war sanft und hügelig und sehr einsam. Wir sahen nicht einmal Kyangs. Das Wetter hatte sich sehr gebessert, es war klar, und wir hatten eine so gute Sicht, daß wir unser noch zehn Kilometer entferntes Ziel zum Greifen nahe vor uns sahen.

In diesen Tagen machte sich unsere Übermüdung schon sehr bemerkbar. Wir hatten das Gefühl, von unseren letzten Reserven zu zehren. Am Abend ging es einfach nicht mehr weiter.

Der Tasamplatz, an dem wir eben rasteten, hieß Tokar. Hier begann der Aufstieg ins Gebirge – die nächste Tasamstation würden wir erst in fünf Tagen erreichen. Wir wagten nicht daran zu denken, wie wir das durchhalten sollten. Auf jeden Fall taten wir, was wir konnten, um uns gut zu versorgen, und kauften eine Menge Fleisch für diese Zeit.

Die Tage, die nun kamen, waren endlos und die Nächte noch länger. Wir zogen durch eine unwahrscheinlich schöne Landschaft. Wir kamen an einen der größten Seen der Erde, den Nam Tsho oder Tengri Nor. Zu seiner Umgehung sollen elf Tage nötig sein. Aber wir sahen ihn kaum. Immer hatten wir uns gewünscht, einen der großen abflußlosen Seen des Tschangthang kennenzulernen. Nun lag er vor uns – doch nichts konnte uns aus unserer Apathie aufrütteln.

Der Aufstieg in der dünnen Luft hatte uns völlig ausgepumpt, und die Höhe von 6000 m legte sich lähmend auf unser Denken. Dann und wann warfen wir einen staunenden Blick auf die noch höheren Gipfel der Umgebung. Endlich standen wir auf der Paßhöhe Guring La. Der Engländer Littledale hatte im Jahre 1895 als erster und einziger Europäer vor uns diesen Paß überschritten, und Sven Hedin hat ihn mit 5972 m als den höchsten Übergang des Transhimalaja in die Karten eingezeichnet. Ich glaube mich nicht zu irren, wenn ich sage, daß er der höchste das ganze Jahr über begangene Paß der Erde ist.

Bunte Gebetsfahnen säumen den Pilgerweg

Wieder fanden wir die typischen Steinhaufen und darauf die buntesten Gebetsfahnen, die ich je gesehen hatte. Daneben stand eine Reihe in Stein gehauener Gebetstafeln – unvergänglich gewordener Ausdruck der Freude vieler tausend Pilger, wenn nach den Mühen ihrer Wanderschaft dieser Paß ihnen den Weg zur heiligsten Stadt öffnet.

Und da kamen sie uns auch schon in erstaunlicher Menge entgegen, alle die Pilger, die das Ziel ihrer Sehnsucht gesehen hatten und nun wieder in die entfernte Heimat zogen. Wie viele Male mag dieser Weg das »Om mani padme hum« gehört haben, jene uralte und gebräuchlichste buddhistische Gebetsformel, die die Pilger ununterbrochen vor sich hin murmeln und von der sie sich nebenbei auch Schutz vor den »Giftgasen« erhoffen – so legen nämlich die Tibeter den Mangel an Sauerstoff aus. Klüger wäre es allerdings, wenn sie den Mund hielten! Immer wieder sahen wir tief unter uns die weißen Gerippe abgestürzter Karawanentiere, die von der Gefährlichkeit des Passes zeugten, und die Treiber erzählten, daß fast jeden Winter hier Pilger im Schneesturm ums Leben kamen. Wir dankten Gott für das gute Wetter, denn schon in den ersten Tagen mußten wir beinahe zweitausend Meter Höhenunterschied überwinden.

Als wir den Kamm überschritten hatten, lag eine ganz neue Landschaft vor uns. Die sanften Hügel des Tschangthang waren verschwunden. Auf unserem mühseligen Marsch hatten wir uns oft ausgemalt, wie gut man hier mit einem Jeep durchkäme. Nun wäre eine solche Fahrt zu Ende gewesen. Steil und schroff bricht das Gebirge ab, durch tief eingeschnittene Schluchten rauschen die Wasser, die bereits in die Ebene von Lhasa abfließen. Die Jaktreiber erzählten uns, von einem bestimmten Punkt knapp vor der Stadt könne man sogar die Eisgipfel sehen, durch die wir jetzt zogen. So nahe war die »Verbotene Stadt« gerückt!

Der erste Teil des Abstieges führte über einen Gletscher. Wieder mußte ich die Jaks bewundern, die mit unglaublicher Sicherheit ihren Weg über das Eis fanden. Bei unserem müden Dahinstolpern kam mir unwillkürlich der Gedanke, wieviel leichter es wäre, auf Brettern über diese ideal spaltenlosen Flächen zu gleiten. Aufschnaiter und ich waren wohl die ersten, die sich auf dem Pilgerweg nach Lhasa über das Skifahren unterhielten ... Auch eine Anzahl Sechstausender lockte sogar uns Ermattete, und wir bedauerten, keinen Eispickel zu haben, denn es wäre ein leichtes gewesen, einen von ihnen zu ersteigen.

Auf diesem Marsch holte uns ein junges Paar ein. Sie kamen auch schon von weit her und wollten wie wir nach Lhasa. Gern schlossen sie sich der Karawane an, und wie sich das unterwegs ergibt, kamen wir ins Gespräch. Ihr Schicksal war eine merkwürdige Geschichte, eine Romeo-und-Julia-Story in tibetischer Fassung.

Die hübsche junge Frau mit ihren roten Wangen und den dikken, schwarzen Zöpfen hatte fröhlich und zufrieden in einem Nomadenzelt des Tschangthang gelebt und ihren Männern – drei Brüdern – die Wirtschaft geführt. Da war eines Abends ein junger Fremder gekommen und hatte um Nachtquartier gebeten. Von diesem Augenblick an war alles anders – es muß die berühmte Liebe auf den ersten Blick gewesen sein. Heimlich hatten sie sich verständigt, und schon am nächsten Morgen verließen sie gemeinsam das Zelt. An die Gefahren einer Flucht über die winterliche Ebene dachten sie gar nicht. Nun waren sie glücklich bis hierher gekommen und wollten in Lhasa ein neues Leben beginnen.

Die junge Frau ist mir wie ein Lichtblick aus diesen schweren Tagen in Erinnerung geblieben. Einmal beim Rasten griff sie in ihre Brusttasche und reichte jedem von uns lächelnd eine getrocknete Aprikose. Diese kleine Gabe war für uns genauso köstlich wie damals am Weihnachtsabend das Weizenbrötchen des Nomaden.

Beim Weiterwandern fiel mir erst auf, wie kräftig und ausdauernd die Frauen in Tibet sind. Die blutjunge Frau hielt ohne weiteres mit uns Schritt und trug ihr Bündel wie jeder Mann. Sie brauchte sich wohl keine Gedanken um ihre Zukunft zu machen.

In Lhasa würde sie sich als Tagelöhnerin verdingen und dank ihrer robusten Nomadengesundheit leicht ihren Lebensunterhalt verdienen.

Drei Tage waren wir schon wieder marschiert, ohne auf Zelte zu stoßen. Da sahen wir auf einmal in der Ferne eine riesige Rauchsäule zum Himmel steigen. Konnte das der Herdrauch einer menschlichen Siedlung sein? Oder ein Brand? Es schien uns nicht sehr wahrscheinlich. Beim Näherkommen fanden wir des Rätsels Lösung: Es war der Dampf von heißen Quellen. Bald standen wir vor einem Bild unerwarteter Naturschönheit. Mehrere Quellen brachen aus dem Boden, und mitten aus der Dampfwolke, die sie verhüllte, schoß ein prachtvoller Geiser vier Meter hoch in die Luft. Wir waren überwältigt von dem Anblick. Unser nächster Gedanke war etwas prosaischer: baden! Unser Pärchen hatte weder für das eine noch für das andere etwas übrig. Die junge Frau war über den Badevorschlag geradezu entrüstet. Wir ließen uns dadurch nicht stören. Das Wasser kam kochend aus dem Boden, wurde aber durch die Außentemperatur von ungefähr minus 10 Grad zu erträglicher Wärme abgekühlt. Wir vergrößerten einen der natürlichen Tümpel zu einem komfortablen Warmwasserbassin. Welcher Genuß! Seit den heißen Quellen von Kyirong hatten wir uns nicht mehr waschen oder gar baden können. Unsere Bart- und Kopfhaare waren übrigens infolge der niedrigen Lufttemperatur gleich bocksteif gefroren.

Im Abflußbächlein der Quelle, das angenehm durchwärmt war, tummelten sich viele große Fische. Hungrig überlegten wir, wie wir einen fangen könnten – siedendes Wasser zum »Blaukochen« wäre bei der Hand gewesen . . . Aber aus dem Leckerbissen wurde nichts. Das Bad hatte uns sehr erfrischt, und wir machten uns wieder auf die Beine, um die Karawane einzuholen.

Die Nacht verbrachten wir gemeinsam mit den Jaktreibern im Zelt. Damals bekam ich zum erstenmal einen bösen Ischiasanfall. Ich hatte diese schmerzhafte Krankheit immer für eine Alterserscheinung gehalten und mir nicht träumen lassen, daß ich so bald mit ihr Bekanntschaft machen würde. Wahrscheinlich hatte ich mich bei dem dauernden Übernachten auf dem kalten Boden verkühlt.

Eines schönen Morgens konnte ich nicht mehr aufstehen. Ich hatte fürchterliche Schmerzen. Eisiger Schreck fuhr mir in die Glieder: Wie sollte ich jetzt weiter? Ich konnte doch nicht hier bleiben. Mit zusammengebissenen Zähnen raffte ich mich auf und versuchte ein paar Schritte. Mit der Bewegung wurde es besser. Von jetzt ab waren jeden Morgen die ersten Kilometer besonders mühsam für mich.

Am vierten Tag, seitdem wir den Paß überschritten hatten, kamen wir aus dem engen Gebirgstal in eine riesige Ebene. Todmüde erreichten wir abends die Tasamstation Samsar. Endlich wieder eine Siedlung, feste Häuser, Klöster, eine Burg! Dies ist einer der größten Tasamkreuzungspunkte Tibets. Fünf Routen treffen hier zusammen, es herrscht ein lebhaftes Treiben, Karawanen kommen und gehen, die Unterkunftshäuser sind überfüllt, Trag- und Reittiere werden ausgewechselt ... das rege Leben einer großen Karawanserei.

Unser Bönpo war schon seit zwei Tagen hier. Aber selbst als Regierungsbeauftragter mußte er fünf Tage auf frische Jaks warten. Er verschaffte uns einen Raum als Unterkunft, Feuerungsmaterial, einen Herddiener. Wieder einmal konnten wir eine Organisation bewundern, die man in diesem riesigen, unwegsamen Land nicht erwartet hätte. Jährlich waren hunderttausende Lasten auf Jakrükken unterwegs, viele tausend Kilometer wurden zurückgelegt, und doch klappte immer die Weiterbeförderung; frische Tiere waren hier, Unterkunftsmöglichkeiten standen bereit ...

Augenblicklich herrschte besonders reger Verkehr. Wir mußten uns auf eine längere Rast gefaßt machen. Allein konnten wir nicht weiterziehen, denn wir besaßen ja keinen Jak mehr. Wir benutzten den Tag zu einem Ausflug. Nicht weit von Samsar stiegen weiße Dampfwolken zum Himmel auf – auch hier gab es also heiße Quellen. Das lockte uns. Gemächlich wanderten wir aus dem Ort hinaus, kilometerweit durch brachliegende Felder, die davon zeugten, daß die Bevölkerung sich vom Ackerbau ganz auf Handel und Transportunternehmungen umgestellt hatte.

Die heißen Quellen entpuppten sich als einzigartiges Naturwunder. Ein richtiger See lag brodelnd vor uns, sein Wasser schien schwarz und floß doch in einem Bächlein ganz klar ab. Wir konnten uns die Temperatur unseres Badewassers aussuchen. Dort, wo es angenehm warm war, stiegen wir ins Bächlein und wateten immer näher zum See. Es wurde heißer und heißer. Als erster gab Aufschnaiter es auf. Ich aber zwang mich zum Weitergehen, weil ich mein Ischias kurieren wollte. Ich schwelgte im heißen Wasser. Ein letztes Stück Seife hatte ich noch von Kyirong her mit. Nun legte ich es in Reichweite ans Ufer, kaum einen Meter von mir entfernt. Eine gründliche Abseifung sollte den Höhepunkt des Bades bilden. Leider war mir aber nicht aufgefallen, daß eine Krähe mich schon die ganze Zeit aufmerksam beobachtete. Plötzlich stieß sie blitzschnell zu – und weg war mein Schatz! Fluchend sprang ich auf, flüchtete aber zähneklappernd aus der kalten Luft gleich wieder in die Wärme. Die Krähen sind hierzulande so diebisch wie bei uns daheim die Elstern, und schon in Kyirong war mir einmal dasselbe wie hier passiert. Auf dem Rückweg sahen wir zum erstenmal ein tibetisches Regiment. Fünfhundert Soldaten waren hier auf Manöver. Die Bevölkerung ist von diesen militärischen Übungen gewöhnlich nicht sehr begeistert, denn die Soldaten haben das Recht zum Requirieren. Sie sind in eigenen, musterhaft in Reih und Glied aufgestellten Zelten untergebracht, so daß es keine Einquartierungen gibt, aber alle Transporttiere und sogar die Reitpferde muß die lokale Bevölkerung zur Verfügung stellen.

Unser Schlafgenosse – ein Sträfling mit Fußketten

In unserer Unterkunft erwartete uns eine Überraschung. Wir fanden einen Schlafgenossen vor, einen Mann, der um seine Knöchel Fußfesseln geschmiedet trug und sich nur mit ganz kleinen Schritten fortbewegen konnte. Lächelnd und mit der größten Selbstverständlichkeit erzählte er uns, daß er ein Raubmörder sei, in Lhasa zweihundert Peitschenhiebe als Strafe erhalten habe und lebenslang das Eisen um seine Füße tragen müsse. Uns lief eine Gänsehaut über den Rücken. Wurden wir hier schon den Mördern gleichgestellt? Doch wir stellten bald fest, daß in Tibet ein Sträfling kein Geächteter ist. Der Mann hatte gesellschaftlich überhaupt keine Nachteile, nahm an allen Unterhaltungen teil und lebte von Almosen. Und er lebte nicht schlecht. Dauernd murmelte er seine Gebete, wohl kaum aus Reue, sondern um Mitleid zu erwecken.

Es hatte sich bald herumgesprochen, daß wir Europäer waren, und immer wieder kamen Neugierige, die uns sehen wollten. Darunter auch ein netter, junger Mönch. Er führte einen Transport für das Kloster Drebung und sollte schon am nächsten Tag weiterreisen. Als er hörte, daß wir nur eine Last hatten und brennend gern weiter möchten, bot er uns einen freien Jak seiner Karawane an. Er fragte gar nicht mehr nach einer Reiseerlaubnis. Unsere Überlegung war richtig gewesen. Je näher wir der Hauptstadt kamen, desto weniger Schwierigkeiten hatten wir. Man nahm es als Selbstverständlichkeit an, daß Fremde, die schon so weit durch das Land gereist waren, einen Paß der Regierung besaßen. Trotzdem machten wir immer, daß wir rasch weiter kamen; es war nicht gut, sich lange an einem Ort aufzuhalten. Vielleicht wäre es doch noch jemandem eingefallen, nach unserem Erlaubnisschein zu fragen . . .

So nahmen wir das Angebot des Mönches sofort an. Mit vielen Dankesbezeugungen nahmen wir Abschied von unserem Bönpo, und in tiefster Dunkelheit, bald nach Mitternacht, ging es weiter. Wir durchquerten die Region Yangpatschen und kamen in ein Seitental, das schon in die Ebene von Lhasa mündete. Es hieß Tölung, und ein Reiter mit einem guten Pferd kann von hier aus in einer Tagesreise die Hauptstadt erreichen.

So nahe bei Lhasa! Ein Gefühl der Erregung überkam uns, je öfter wir den Namen Lhasa hörten. Auf unseren qualvollen Märschen und in den eisigen Nächten hatten wir uns an dieses Wort geklammert und neue Kraft daraus geschöpft. Kein Pilger der fernsten Provinz konnte sich mehr nach der Heiligen Stadt sehnen als wir. Schon jetzt waren wir viel näher an Lhasa herangekommen als Sven Hedin. Zweimal hatte er in fast derselben Gegend das gleiche versucht, und jedesmal war er noch im Tschangthang vor der Mauer des Nyentschenthanglha aufgehalten worden. Wir zwei armselige Wanderer waren eben viel unauffälliger als seine Karawane, und unsere Listen und nicht zuletzt auch unsere Sprachkenntnisse halfen uns weiter. Noch lagen aber fünf Tage Marsch vor uns, und wir wußten nicht, ob uns das Betreten der Stadt gelingen würde.

Schon am frühen Morgen hatte unsere Karawane die nächste Ortschaft erreicht und sollte hier den ganzen Tag Rast machen. Das war für uns eine peinliche Sache. Zwei adelige Distriktsbeamte residierten in Detschen; sie würden auf den Bluff mit unserem alten Brief nicht hereinfallen . . .

Unser Freund, der Mönch, war noch nicht angekommen. Er konnte sich eine geruhsame Nacht leisten und brach vielleicht erst jetzt mit seinem Pferd auf. Vorsichtig machten wir uns auf Quartiersuche und hatten dabei wieder unglaubliches Glück. Wir lernten einen jungen Leutnant kennen, der uns sehr hilfsbereit seine eigene Unterkunft anbot, weil er gegen Mittag schon wieder abreiste. Er hatte in der Umgebung die Geldbeträge eingezogen, mit denen sich in Tibet die einberufenen Soldaten vom Wehrdienst freikaufen können. Wir riskierten die Frage, ob er unsere eine Jaklast nicht mit seinem Geldtransport mitnehmen könne. Selbstverständlich wollten wir dafür zahlen. Er ging sofort darauf ein, und ein paar Stunden später zogen wir leichten Herzens hinter der Karawane aus dem Dorf.

Wir sollten uns nicht zu früh freuen! Bei den letzten Häusern rief uns jemand an, und als wir uns umdrehten, standen wir vor einem vornehmen Mann in kostbaren Seidengewändern. Unverkennbar der Bönpo! Er fragte uns sehr höflich, aber in bestimmtem Ton nach unserem Woher und Wohin. Jetzt konnte uns nur Geistesgegenwart retten! Wir wären gerade auf einem kleinen Spaziergang begriffen und hätten die Papiere nicht bei uns, erklärten wir unter vielen Verbeugungen. Doch wir würden es uns nicht nehmen lassen, nachher dem hohen Herrn unsere Aufwartung zu machen. Diese List half, und unbehindert machten wir uns aus dem Staub.

Es war eine Wanderung dem Frühling entgegen. Die sorgsam gepflegten Weideflächen wurden grüner, je weiter wir kamen, Vögel zwitscherten in den Pflanzungen, und unsere Pelze wurden uns zu warm. Dabei war es doch erst Mitte Januar.

Nur noch drei Tage bis Lhasa! Wird noch etwas dazwischen kommen? Tagsüber gingen Aufschnaiter und ich allein, erst am Abend trafen wir wieder mit dem Leutnant und der kleinen Karawane zusammen. Bei den Transporten, denen wir hier begegneten, werden alle möglichen Tiere verwendet – Esel, Pferde, Kühe und Ochsen. Jaks sieht man nur noch bei Durchzugskarawanen, denn die Bauern haben hier nicht genug Weideland, um Jakherden zu halten. Überall sahen wir die Leute damit beschäftigt, Wasser auf die Felder zu leiten, denn kommen die Frühlingsstürme – darf die kostbare Humuserde nicht trocken sein, sonst trägt sie der Wind davon. Es dauert oft Generationen, bis durch ständiges Bewässern der Boden ertragreich gemacht wird. Schnee gibt es hier selten, keine Schneedecke schützt die Wintersaat, und der Bauer kann deshalb nur einmal ernten. Eine große Rolle beim Anbau spielt natürlich die Höhenlage. Noch fünftausend Meter hoch kann man Felder finden, aber nur Gerste gedeiht dort, und die Bauern sind halbe Nomaden. Dann gibt es wieder Gegenden, in denen die Gerste in sechzig Tagen erntereif ist. Das Tölungtal, durch das wir gerade zogen, liegt viertausend Meter hoch, hier wachsen schon Rüben, Kartoffeln und Senfkraut.

Die letzte Nacht vor Lhasa verbrachten wir in einem Bauernhaus. Es war lange nicht so schön wie die stilvollen Holzbauten in Kyirong. Holz ist hier rar! Es gibt kaum Einrichtungsgegenstände außer kleinen Tischchen und Liegestätten. Die Häuser sind aus Lehm- oder Grasziegeln erbaut, fensterlos; nur durch die Türe oder das Rauchloch in der Zimmerdecke fällt Licht ein.

Unser Gastgeber gehörte zu den wohlhabenden Bauernfamilien der Gegend. Wie im Feudalsystem üblich, verwalten sie nur das Gut ihres Herrn, und es liegt an ihnen, so viel herauszuwirtschaften, um sich neben den Abgaben noch etwas zu ersparen. Drei Söhne waren da – zwei arbeiteten daheim in der Wirtschaft, der dritte war fürs Kloster bestimmt. Sie hatten Kühe, Pferde, ein paar

Hühner, und zum erstenmal in Tibet sah ich Schweine. Aber auf ihre Zucht legt man anscheinend keinen besonderen Wert. Sie werden nicht gefüttert und nähren sich nur von Abfällen oder von dem, was sie auf den Feldern aus dem Boden wühlen.

In diesem Bauernhaus verbrachten wir eine unruhige Nacht. Der nächste Tag sollte ja die große Entscheidung bringen! Immer wieder betrachteten wir unsere Aussichten von allen Seiten, und unsere Gespräche hatten nur ein Thema: Lhasa. Mit unseren bisherigen Erfolgen konnten wir zufrieden sein. Aber kam nicht erst die Hauptsache? Selbst wenn es uns gelänge, uns in die Stadt einzuschmuggeln, würden wir uns dort halten können? Wir hatten kein Geld mehr, wovon sollten wir leben? Und wie sahen wir aus! Eher wie die Räuber des Tschangthang als wie Europäer. Über fleckigen Wollhosen und einem abgerissenen Hemd trugen wir den schmierigen Schafspelz, dem man die vielen Strapazen, die er durchgehalten hatte, von weitem ansah. Unsere Schuhe waren nur noch Fragmente. Aufschnaiter hatte die Reste indischer Armeeschuhe an den Füßen, aber beide waren wir mehr barfuß als beschuht. Nein, unser Äußeres war keine Empfehlung. Dazu kam noch das Auffallendste: unsere Bärte! Die Tibeter haben, wie alle Mongolen, fast keine Körperbehaarung. Und wir trugen einen ungepflegten, wild wuchernden Wald im Gesicht. Man hielt uns deshalb häufig für Kazaken, ein zentralasiatischer Stamm, dessen Angehörige während des Krieges scharenweise von Sowjetrußland nach Tibet emigriert waren. Sie zogen mit ihren Familien und Herden plündernd durch das Land, und die tibetische Armee war bemüht, sie so schnell wie möglich nach Indien abzuschieben. Die Kazaken haben oft eine hellere Hautfarbe, lichte Augen und normalen Bartwuchs. Was Wunder, daß man uns mit ihnen verwechselt und bei vielen Zelten abgewiesen hatte?

An unserem Äußeren war nun nichts mehr zu ändern. Es gab keine Möglichkeit, uns für Lhasa »schön« zu machen. Auch wenn wir Geld gehabt hätten – Kleider gab es nirgends zu kaufen. Aber wir waren schon so vielen Gefahren entronnen, das sollte uns nun nicht mehr beunruhigen! Seit Nangtse – so hieß das Dorf – waren wir unserem Schicksal allein überlassen. Der Leutnant war gleich bis Lhasa weitergeritten. Wir verhandelten also mit unserem Wirt über den Transport des Gepäcks bis zum nächsten Dorf. Er stellte uns eine Kuh und einen Diener zur Verfügung, und als wir bezahlt hatten, blieben uns nur noch eineinhalb Rupien und ein eingenähtes Goldstück übrig. Wäre es uns nicht gelungen, unser Gepäck irgendwie weiterzubefördern, wir hätten kurz entschlossen darauf verzichtet. Außer unseren Tagebüchern und Aufzeichnungen war nichts von Wert dabei. Jetzt sollte uns nichts mehr aufhalten!

Die goldenen Dächer des Potala leuchten

Es war der 15. Januar 1946, als wir zur letzten Etappe aufbrachen. Aus der Tölunggegend kommen wir in das breite Kyitschutal. Wir biegen um eine Ecke – und in der Ferne leuchten die goldenen Dächer des Potala! Der Wintersitz des Dalai Lama, das berühmte Wahrzeichen von Lhasa! Dieser Augenblick entschädigte uns für vieles. Am liebsten wären wir niedergekniet und hätten gleich den Pilgern mit der Stirn den Boden berührt. Fast tausend Kilometer hatten wir seit Kyirong zurückgelegt, das Bild dieser sagenhaften Stadt vor Augen. Siebzig Tage waren wir marschiert und hatten nur fünf Rasttage eingeschaltet. Das gab ein Tagespensum von fünfzehn Kilometern. Allein fünfundvierzig Tage davon hatte die Durchquerung des Tschangthang gebraucht mit ihrer schmerzlichen Mühsal, dem Kampf gegen Hunger, Kälte und Gefahren. Was wog das alles jetzt beim Anblick der goldenen Spitzen! Ängste und Strapazen waren vergessen – zehn Kilometer noch, und das große Ziel war erreicht.

Wir setzten uns neben einen der Steinhaufen, die die Pilger an jenen Stellen errichten, von wo man zum erstenmal die Heilige Stadt sieht. Unser Treiber verrichtete indessen seine Gebetsübungen, denn Lhasa ist für den Tibeter dasselbe wie für den gläubigen Katholiken Rom. Dann kamen wir in das letzte Dorf vor Lhasa, Schingdonka. Unser Kuhtreiber weigerte sich, noch weiter zu gehen – uns konnte nichts mehr entmutigen. Unverfroren suchten wir den Bönpo auf, erzählten ihm, daß wir die Vorhut eines großen und mächtigen Ausländers seien und daß wir so schnell wie möglich nach Lhasa müßten, um für ihn Quartier vorzubereiten. Der Bönpo fiel prompt auf unsere List herein, sofort bekamen wir einen Esel und einen Treiber. Noch Jahre später lachte man bei den vornehmen Parties in Lhasa, selbst bei den höchsten Ministern, wenn diese Geschichte zur Sprache kam. Man ist in Tibet nämlich sehr stolz auf das System, mit dem man sich die Fremden vom Leibe hält. Die Art, wie wir es durchbrochen hatten, war einzig und erwarb uns nicht nur Achtung, sondern sprach auch den Humor an. Damit hatten wir gewonnen, denn man lacht gerne in Lhasa.

Die letzten zehn Kilometer gehen wir in einem Strom von Pilgern und Karawanen. An wichtigen Plätzen der Straße stehen offene Verkaufsbuden. Die Augen gehen uns über beim Anblick der langentbehrten Leckerbissen: Süßigkeiten, weiße Brötchen, in Butter gebacken . . . Aber wir haben kein Geld. Die letzten eineinhalb Rupien gehören dem Eseltreiber.

Und schon erkennen wir die Wahrzeichen der Stadt, die wir so oft in Büchern bewundert haben, ohne uns träumen zu lassen, daß wir einst selbst davorstehen könnten. Das dort mußte der Tschagpori sein, der Berg, auf dem eine der beiden berühmten Medizinschulen steht. Und hier, vor uns, Drebung, das größte Kloster der Welt, in dem ungefähr zehntausend Mönche leben. Es ist eine ganze Stadt aus vielen Steinhäusern, und Hunderte von vergoldeten Spitzen ragen über den Gebetsstätten. Noch sind wir etwa zwei Kilometer vom Kloster entfernt, und eine Stunde lang bleibt es in unserem Blickfeld. Etwas tiefer liegen die Terrassen des Klosters Netschung, das seit Jahrtausenden das größte Mysterium Tibets beherbergt. Die Manifestation eines buddhistischen Schutzgottes hat hier ihren Sitz, und sein geheimnisvolles Orakel lenkt die Geschicke des Staates, von der Regierung vor jeder großen Entscheidung um Rat befragt. Jetzt sind es noch acht Kilometer. Und jeder Schritt bringt neue Eindrücke. Da sind große, gepflegte Weideflächen, grünende Weidenbäume rahmen sie ein – der Lieblingsaufenthalt der Pferde des Dalai Lama.

Und nun eine lange, lange Steinmauer, fast eine Stunde begleitet sie unseren Weg. Wir hören, daß der berühmte Sommerpalast des Gottkönigs dahinter liegt. Dann kommen wir zum Haus der British Mission, das sich am Stadtrand draußen hinter Weidenbäumen versteckt. Unser Treiber biegt ein. Er hält es für selbstverständlich, daß wir dorthin wollen, und nur mit Mühe bringen wir ihn zum Weitergehen. Einen Augenblick erwägen wir tatsächlich, uns an die Engländer zu wenden. Zu groß ist unsere Sehnsucht nach Zivilisation und das Verlangen, wieder einmal mit Europäern zu sprechen. Aber das Internierungslager war nicht vergessen. Und wahrscheinlich war es auch klüger, in Tibet die Tibeter um Aufnahme zu bitten.

Kaum fassen wir es, daß uns niemand anhält. Man kümmert sich gar nicht um uns. Hin und wieder sieht sich ein Reiter nach uns um, reichgekleidet, auf schönem, wohlgenährtem Tier, ganz anders als die kleinen Pferde Westtibets. Später erfuhren wir des Rätsels Lösung: Kein Mensch schöpfte Verdacht, auch wenn man uns als Europäer erkannte. Denn noch niemand war ohne Paß so weit gekommen.

Immer mächtiger türmt sich der Potala vor uns auf. Von der Stadt sehen wir noch nichts. Sie liegt hinter den Hügeln verborgen, die den Palast und die Medizinschule tragen. Da – ein Tor, gekrönt von drei Tschörten. Es verbindet die beiden Berge und ist gleichzeitig der Eingang zur Stadt. Unsere Spannung ist auf dem Höhepunkt. Jetzt muß es sich entscheiden! Fast jedes Buch über Lhasa berichtet, daß hier die Posten stehen, die die Heilige Stadt bewachen. Mit Herzklopfen kommen wir näher. Nichts! Ein paar Bettler, die ihre Hände nach Almosen ausstrecken. Kein Soldat, keine Kontrolle. Wir mischen uns unter eine Gruppe von Leuten und ziehen ungehindert auf einer breiten Straße durch das Tor in die Stadt. Der Eseltreiber erklärt uns, daß die Häusergruppe zu unserer Linken erst eine der Vorstädte ist. Wieder geht es ein Stück über unbebaute Wiesen, immer näher zum Zentrum. Wir sprechen beide kein Wort. Wir schauen und schauen und können es nicht fassen, daß wir mitten in der »Verbotenen Stadt« sind. Es gelingt mir heute nicht mehr, die richtigen Worte zu finden für das, was ich damals sah und empfand. Wir waren überwältigt. Unsere Sinne waren überempfindlich geworden, zermürbt durch die langen Strapazen und nicht mehr fähig, die Eindrücke zu verarbeiten, die jetzt auf uns einstürmten.

Zwei Vagabunden bitten um Obdach und Nahrung

Nun stehen wir vor der Türkisendachbrücke und sehen zum erstenmal die goldenen Spitzen der Kathedrale von Lhasa. Langsam geht die Sonne unter und taucht das Bild in ein unirdisches Licht. In der Abendkühle fröstelnd, wollen wir Quartier suchen. Aber es ist nicht so einfach, hier in ein Haus zu treten, wie im Tschangthang in ein Zelt. Wahrscheinlich wird man uns sofort anzeigen. Herbergen oder Tasamhäuser gibt es hier nicht. Doch es muß versucht werden! Im ersten Haus treffen wir auf einen stummen Diener, der uns gar nicht anhört. Wir probieren es im nächsten. Wieder ist nur eine Dienerin da. Ihr Zetergeschrei ruft ihre Herrin heraus, die uns gleich mit erhobenen Händen anfleht, doch weiterzugehen. Wenn sie uns Quartier gibt, wird sie ausgepeitscht. Es will uns nicht recht eingehen, daß die Weisungen der Regierung so streng sein können, aber wir wollen der Frau keine Unannehmlichkeiten bereiten und gehen wieder hinaus. Durch ein paar Gassen irren wir und sind schon fast wieder am anderen Ende der Stadt.

Mönch mit tibetischem Klosterhund

Da ist ein Haus, viel vornehmer und geräumiger als alle bisher. Im Hof sind sogar Unterstände für Pferde. Wir fassen uns ein Herz und treten ein. Wieder sind gleich Diener da, die uns schimpfend und schreiend wegweisen wollen. Aber wir lassen uns nicht abschütteln und laden einfach unseren Esel ab. Der Eseltreiber drängt schon, wegzukommen, er hat längst gemerkt, daß hier etwas nicht stimmt. Wir geben ihm sein Geld, und er zieht erleichtert ab.

Die Diener sind verzweifelt, als sie merken, daß wir uns hier häuslich niederlassen. Sie heulen und bitten und betteln und malen sich die Strafe ihres Bönpo aus, wenn er heimkommt und die Bescherung sieht ... Uns ist alles eher als behaglich zumute, daß wir uns mit Gewalt Gastfreundschaft erzwingen müssen, aber wir bleiben hier. Immer mehr Leute werden durch das Geschrei herbeigelockt, die Szenerie erinnert beinahe an meinen Abschied von Kyirong. Wir stellen uns taub gegen alles. Todmüde und halb verhungert setzen wir uns neben unserem ärmlichen Bündel auf den Boden. Es ist uns gleichgültig, was jetzt kommt. Nur sitzen ... rasten ... schlafen.

Das zornige Geschrei verstummt, als die Leute unsere verschwollenen und blasenbedeckten Füße sehen. Mitleid regt sich in diesen gutmütigen, offenen Menschen. Eine Frau macht den Anfang: Sie bringt einen Krug Buttertee. Es ist dieselbe, die uns erst angefleht hat, ihr Haus zu verlassen. Und nun schleppen alle etwas herbei: Tsampa, Lebensmittel, sogar Material zum Feuermachen. Die Leute wollen ihre Ungastlichkeit wieder gutmachen. Heißhungrig stürzen wir uns auf das Essen, vergessen ist im Augenblick alles andere.

Plötzlich hören wir uns in perfektem Englisch angesprochen. Wir blicken auf, und obwohl es inzwischen dunkel geworden ist, erkennen wir, daß der reichgekleidete Tibeter vor uns den vornehmsten Ständen angehören muß. Erstaunt und glücklich fragen

Oben: Der Strohmarkt vor dem Eingang zu einem alten chinesisch-mohammedanischen Tempel in Lhasa
Unten: Mit Tschinellenklang begleiten Mönche die religiösen Tänze bei der Neujahrsfeier

wir ihn, ob er vielleicht einer der vier Adeligen sei, die in Rugby studiert haben? Das nicht, antwortet er, aber er hat viele Jahre in Indien verbracht. Wir erzählen ihm kurz unser Schicksal, sagen ihm, daß wir Deutsche sind und um Aufnahme bitten wollen. Er überlegt einen Augenblick und meint dann, daß auch er uns nicht ohne Bewilligung des Stadtmagistrates in sein Haus aufnehmen dürfe. Aber er macht sich sofort auf den Weg und will um die Erlaubnis ansuchen.

Die anderen Leute waren flüsternd im Kreis herumgestanden und hatten ihm ehrerbietig Platz gemacht. Als er ging, erzählten sie uns, daß er ein hoher Bönpo sei, unter dessen Verwaltung das Elektrizitätswerk stehe. Wir wagten es noch nicht, allzu große Hoffnungen auf sein Versprechen zu setzen, und begannen uns für die Nacht einzurichten. Indes wir uns noch am Feuer mit den Neugierigen unterhielten, die ständig kamen und gingen, traten Diener an uns heran und baten uns, ihnen zu folgen. Herr Thangme, der »Oberste der Elektrizität«, lade uns in sein Haus ein. Sie nannten ihn ehrfürchtig »Kungö«, das heißt »Hoheit«, und wir merkten uns das und sprachen ihn auch so an.

Thangme und seine junge Frau empfingen uns sehr herzlich in ihrem Haus. Fünf Kinder standen mit offenem Mund herum und bestaunten uns wie ein Wunder. Der Kungö hatte gute Nachricht für uns: Der Magistrat hatte ihm gestattet, uns für eine Nacht bei sich aufzunehmen, alles weitere müsse freilich erst dem Kabinett vorgelegt werden. Doch darum machten wir uns jetzt keine Sorgen. Wir waren in Lhasa, und eine adelige Familie hatte uns gastlich in ihr Heim aufgenommen. Ein Zimmer war schon für uns hergerichtet, ein richtiges, sauberes, gemütliches Zimmer. Ein kleiner Eisenofen stand darin und spuckte glühend seine Wärme in den Raum. Sieben Jahre hatten wir keinen Ofen gesehen! Dazu duftete es herrlich nach Wacholderholz, ein großer Luxus, denn es muß wochenlang auf Jakrücken nach Lhasa gebracht werden. Wir wagten es kaum, uns in unseren Lumpen auf die teppichbelegten Liegestätten zu setzen. Ein herrliches chinesisches Nachtmahl wurde gebracht, und ganz benommen begannen wir zu essen, immer wieder zum Zugreifen genötigt. Dabei standen alle um uns herum und redeten ununterbrochen auf uns ein. Was wir doch alles mitgemacht hatten. Sie konnten es kaum glauben, daß wir im Winter durch das Tschangthang und über den Nyentschenthanglha gekommen waren. Und unsere tibetischen Sprachkenntnisse erregten laute Bewunderung. Aber wie häßlich und schäbig kamen wir uns in dieser gepflegten Umgebung vor! Unsere Sachen, jahrelang als wertvollstes Gut überallhin mitgeschleppt, hatten plötzlich all ihren Glanz verloren, und wir wären sie am liebsten losgewesen.

Todmüde und verwirrt fielen wir endlich auf das Lager. Aber wir konnten gar nicht einschlafen. Zu viele Nächte hatten wir auf dem harten Boden verbracht, nur durch unseren Schafpelz und eine zerschlissene Decke vor der ärgsten Kälte geschützt. Nun wieder ein weiches Bett, ein geheiztes Zimmer! Der Körper kann sich nicht so schnell umstellen, und die Gedanken gehen wie ein Mühlrad in unserem Kopf. Alles ballt sich zusammen, dringt auf uns ein. Das Internierungslager! Einundzwanzig Monate waren vergangen, seit wir es verlassen hatten. Was lag nicht alles in diesen Monaten! Und unsere Kameraden durchlebten noch immer das tägliche Einerlei; obwohl der Krieg schon lange zu Ende war, waren die Gefangenen noch nicht frei. Frei ... waren wir jetzt frei?

Noch ehe wir recht erwacht waren, stand ein Diener mit süßem Tee und Keks an unserem Bett. Dann brachte man uns warmes Wasser zum Waschen, und wir rückten unseren langen Bärten mit dem Rasiermesser zu Leibe. Nun sahen wir etwas manierlicher aus. Aber unsere Frisur macht uns noch große Sorge. Ein Mohammedaner wird gerufen, der als bester Haarschneider gilt, und er macht sich mit unseren Mähnen zu schaffen. Das Resultat sieht nicht sehr europäisch aus, trotzdem werden wir lebhaft bewundert. Diese Sorgen kennen die Tibeter nicht. Sie sind entweder kurzgeschoren oder tragen ihr Haar in Zöpfen.

Thangme sahen wir erst mittags wieder. Er kam sehr aufgeräumt nach Hause, denn er war im Außenamt gewesen und brachte uns gute Nachricht. Wir würden nicht an die Engländer ausgeliefert! Vorläufig dürften wir in Lhasa bleiben und würden nur höflich ersucht, bis zur Stellungnahme des Regenten, der gerade zur Meditation in Taglung Tra weile, das Haus unseres Gastgebers nicht zu verlassen. Man gab uns zu verstehen, daß dies eine Vorsichtsmaßregel sei wegen verschiedener Vorfälle mit fanatischen Mönchen. Essen und neue Kleidung wollte uns die Regierung zur Verfügung stellen.

Wir waren hochzufrieden. Monatelang waren wir unterwegs gewesen – ein paar Tage Ruhe würden gerade das Richtige für uns sein. Mit Begeisterung stürzten wir uns auf einen Berg von Zeitungen. Von den Neuigkeiten, die wir da erfuhren, waren wir allerdings weniger begeistert. In der ganzen Welt brodelte es, unsere Heimat durchlebte schwere Zeiten, und dann gab es Bilder von deutschen Kriegsgefangenen bei Zwangsarbeit in England und Frankreich ...

Am selben Tag noch bekamen wir den Besuch eines Bönpo vom Stadtmagistrat. Sechs Polizisten begleiteten ihn – sie sahen etwas schmutzig und wenig vertrauenswürdig aus. Doch er bat uns nur ungemein höflich, unser Gepäck visitieren zu dürfen. Wir staunten über die exakte Arbeit der Behörden, denn der Mann hatte bereits einen genauen Bericht aus Kyirong in der Hand und verglich damit die Daten unserer Route. Wir wagten die Frage, ob denn wirklich alle Beamten bestraft würden, durch deren Distrikte wir gekommen waren. Der ganze Fall komme vors Kabinett, meinte er bedächtig, und die Bönpos müßten schon mit einer Strafe rechnen ... Das tat uns furchtbar leid, und zu seiner Erheiterung erzählten wir ihm, auf welche Art wir den Begegnungen ausgewichen waren und wie oft wir geschwindelt hatten. Das Lachen war an uns, als er uns davon berichtete, daß er gestern abend schon an eine deutsche Invasion in Lhasa geglaubt habe. Denn alle Leute, die wir angesprochen und um Quartier gebeten hatten, waren sofort zum Magistrat gelaufen. Man habe den Eindruck gehabt, daß deutsche Truppen in die Stadt einmarschierten ...

Das Stadtgespräch von Lhasa

Auf jeden Fall waren wir das Stadtgespräch von Lhasa. Alle wollten uns sehen, wollten mit eigenen Ohren unsere Abenteuer hören, und da wir nicht ausgehen durften, begannen die Besuche. Thangmes Frau hatte alle Hände voll zu tun und holte ihr bestes Teegeschirr hervor. Wir wurden dabei in die Zeremonie des Teebesuches eingeweiht. Wert und Schönheit des Teegeschirrs gelten als Verbeugung vor dem Rang des Gastes. Das Teegedeck besteht aus einem Metalluntersatz, oft aus Gold oder Silber, auf dem die Porzellanschale steht. Dazu gehört noch ein spitz zulaufender Deckel aus dem Material der Untertasse. Oft sah ich wunderschöne chinesische Service, viele hundert Jahre alt.

Thangmes Haus bekam nun täglich hohe Gäste. Er selbst war ein Adeliger des fünften Ranges, und da man hier sehr auf Etikette hält, hatte er bisher immer nur Besuche des gleichen oder niedrigeren Ranges empfangen. Jetzt waren aber die höchsten Stände natürlich die ersten, die uns sehen wollten. Zuerst kam der Sohn des bekannten und berühmten Ministers Tsarong mit seiner Frau. Über seinen Vater hatten wir schon viel gelesen. Er kam aus einfachen Verhältnissen, wurde der Günstling des 13. Dalai Lama, war zu hohen Ehren gekommen und hatte durch seine Tüchtigkeit und Intelligenz ein großes Vermögen erworben. Als der Dalai Lama vor vierzig Jahren vor den Chinesen nach Indien fliehen mußte, hatte er ihm wertvolle Dienste geleistet. Viele Jahre war er dann Kabinettsminister und hatte als erster Günstling praktisch die Macht eines Regenten. Später verdrängte ihn ein neuer Günstling, Khünpela, aus seiner Machtposition. Rang und Würde aber konnte er bewahren. Jetzt bekleidete Tsarong den dritten Rang und leitete das Münzamt.

Sein Sohn war sechsundzwanzig Jahre alt, in Indien erzogen und sprach fließend Englisch. Sehr selbstbewußt trug er das goldene Amulett im Haarknoten, wozu er als Sohn eines Ministers berechtigt war. Aber nicht immer sind Ränge an Geburt gebunden, sie können auch durch Verdienste erworben werden.

Diener reichten den Tee, und bald war eine lebhafte Unterhaltung im Gange. Es war unglaublich, wie vielseitig orientiert der junge Mann war. Besonders interessierte ihn alles Technische. Er fragte uns nach den neuesten Errungenschaften aus und erzählte uns, daß er selbst seinen Radioempfänger gebastelt und auf seinem Dach einen Generator aufgestellt habe, den der Wind trieb.

Wir waren mitten in einer englischen Fachsimpelei, als seine Frau uns lachend unterbrach und nun auch ihrerseits Fragen an uns stellte. Yangtschenla war eine der Schönheiten von Lhasa, mit viel Geschmack gekleidet und sehr gepflegt – Puder, Rouge und Lippenstift waren ihr sichtlich nicht fremd. Sie war gar nicht scheu. Das zeigte sich in der lebhaften Art, wie sie uns auf tibetisch auszufragen begann. Mit ihren raschen Gesten und Ausrufen des Staunens unterbrach sie uns immer wieder und lachte herzlich, als wir erzählten, wie wir mit unserem alten, ungültigen Brief die Bönpos an der Nase herumgeführt hatten. Sie bewunderte sehr unser Tibetisch, aber schon bei ihr fiel uns ein belustigtes Lächeln auf, das auch die würdigsten unserer Besucher nicht ganz unterdrücken konnten. Später einmal klärten uns Freunde darüber auf. Wir sprachen den ärgsten Nomaden- und Bauerndialekt, den man sich denken konnte. Es war ungefähr so, wie wenn ein Hinterwäldler aus dem letzten Alpental in einen Wiener Salon käme und dort seiner Rede freien Lauf ließe ... Man amüsierte sich köstlich darüber, war aber zu höflich, um uns zu verbessern.

Als das junge Paar endlich aufbrach, hatten wir Freundschaft geschlossen. Sehr willkommen waren uns die Gastgeschenke, die sie mitgebracht hatten: Wäsche, Pullover und Zigaretten, und sie baten uns, es unumwunden zu sagen, wenn wir etwas brauchten. Der Ministersohn versprach, sich für uns einzusetzen, und ließ uns später die Botschaft seines Vaters ausrichten, daß er uns einlade, bei ihm zu wohnen, wenn unsere Sache günstig entschieden sei. Das klang alles sehr tröstlich.

Nun kamen laufend Besuche. Der nächste war der Bruder des Kabinettsministers Surkhang, ein General der tibetischen Armee.

Er hatte gleich einen Gesprächsstoff, der ihm am Herzen lag: Er wollte alles mögliche über Rommel wissen. Begeistert sprach er von seiner Bewunderung für ihn, und daß er mit seinem bißchen Englisch alle Nachrichten verfolgt habe, die er über ihn in den Zeitungen finden konnte. Lhasa ist in dieser Beziehung gar nicht isoliert. Über Indien kommen alle Zeitungen der Welt, und es gibt sogar einige Persönlichkeiten in der Stadt, die die Illustrierte »Life« abonniert haben. Die indischen Tageszeitungen kommen regelmäßig, wenn auch mit einer Woche Verspätung.

Der Besuchsrummel ging weiter. Mönchsbeamte kamen, waren höflich und brachten uns Geschenke – manche von ihnen wurden später meine besten Freunde. Dann erschien ein Mitglied der chinesischen diplomatischen Vertretung und ein sikkimesischer Angestellter der British Mission in Lhasa.

Eine besondere Ehre war der Besuch des Chefs der tibetischen Armee, Künsangtse, der uns unbedingt noch sehen wollte, bevor er als Führer einer Delegation zu einem Freundschaftsbesuch nach China und Indien aufbrach. Er war der jüngere Bruder des Außenministers und ungewöhnlich intelligent und informiert. Es fiel uns ein Stein vom Herzen, als auch er versicherte, unser Ansuchen um Aufenthaltsbewilligung würde bestimmt positiv erledigt werden.

Wir begannen nun langsam heimisch zu werden. Zu Thangme und seiner Frau entwickelte sich ein wirklich herzliches Verhältnis. Wir wurden bemuttert und gefüttert, und man freute sich über unseren Appetit. Aber offenbar als Reaktion auf die argen Strapazen und Entbehrungen stellten sich nun bei Aufschnaiter und mir alle möglichen Beschwerden ein. Aufschnaiter bekam einen Fieberanfall, und mir machte meine Ischiaserkrankung mehr denn je zu schaffen.

Thangme ließ gleich den Arzt der chinesischen diplomatischen Vertretung holen. Er hatte in Berlin und Bordeaux studiert, untersuchte uns nach europäischer Methode und gab uns gleich einige Medikamente. Natürlich kam das Gespräch auch auf die Politik, und er prophezeite uns, daß in den nächsten zwanzig Jahren alle Macht der Welt in den Händen Amerikas, Rußlands und Chinas liegen würde . . .

Die armen Flüchtlinge werden verwöhnt

Wahrscheinlich gibt es kein anderes Land der Welt, das sich zweier armer Flüchtlinge so annehmen würde wie Tibet. Das Kleiderpaket der Regierung war angekommen! Man entschuldigte sich noch, daß es etwas länger gedauert habe, denn wir waren größer als der Durchschnittstibeter, und es war nichts Passendes auf Lager gewesen. Kleider und Schuhe waren eigens für uns angefertigt worden. Wir freuten uns wie die Kinder. Endlich bekamen wir unsere alten, verlausten und zerrissenen Sachen vom Leibe! Sofort wurde probiert. Nun, wir sahen nicht gerade wie vom Maßschneider angezogen aus, aber es war eine ordentliche und saubere Bekleidung, in der wir uns sehen lassen konnten.

Die Zeit, die uns zwischen den vielen Besuchen noch blieb, widmeten wir unseren Aufzeichnungen und Tagebüchern. Bald hatten wir auch mit Thangmes Kindern Freundschaft geschlossen. Sie waren zwar meist schon fort, bevor wir noch aufstanden, denn sie besuchten private Schulen, wo sie nach Art unserer Halbinternate den ganzen Tag unter Aufsicht der Lehrer blieben. Abends zeigten sie uns gern ihre Aufgaben, und mich interessierte das sehr, denn ich bemühte mich selbst, die tibetische Schrift zu erlernen. Aufschnaiter beschäftigte sich schon lange damit und hatte mir auf unserer langen Wanderschaft bereits einiges beigebracht. Aber es dauerte noch Jahre, bis ich annähernd fließend Tibetisch schreiben konnte. Das Schwierige dabei ist nicht das Erlernen der einzelnen Buchstaben, sondern ihre Zusammenstellung und Anordnung in Silben. Viele Zeichen sind aus einer der tausendjährigen indischen Schriften abgeleitet, und das Tibetische sieht deshalb mehr der Hindischrift ähnlich als dem Chinesischen. Man schreibt auf einem sehr haltbaren, schönen und pergamentähnlichen Papier mit chinesischer Tinte. In Lhasa selbst wird aus Altpapier nur eine mindere Qualität hergestellt, aber es gibt in Tibet auch berühmte Papiererzeugnisse, besonders in Gegenden, wo Wacholderbäume wachsen. Außerdem werden jährlich Tausende von Lasten Papier auf Jakrücken aus Nepal und Bhutan eingeführt. Auch dieses Papier ist auf dieselbe Weise hergestellt wie in Tibet. Oft habe ich später in Lhasa an den Ufern des Kyitschu dabei zugesehen. Ein dünnflüssiger Papierbrei wird auf Leinenflächen gestrichen, die in Holzrahmen gespannt sind. In der trockenen Luft des Hochplateaus ist der Brei in wenigen Stunden fest, und das fertige Papier wird von der Unterlage abgelöst. Natürlich ist die Oberfläche nicht sehr glatt, und es fällt oft selbst den Erwachsenen schwer, darauf zu schreiben. Den Kindern gibt man deshalb lieber Holztafeln für ihre Übungen. Sie schreiben darauf mit verdünnter Tinte und Bambusfedern. Nachher kann die Schrift mit einem feuchten Tuch wieder abgelöscht werden. Thangmes Kindern ging es dabei nicht besser als unseren Abc-Schützen in der Grundklasse, denn oft mußten sie die Aufgabe zwanzigmal wegwischen, bis sie richtig war.

Wir gehörten bald ganz zur Familie. Thangmes Frau kam gern mit ihren großen und kleinen Sorgen zu uns, wir plauderten über alles mögliche, und sie freute sich sehr, wenn wir ihr über ihr hübsches Aussehen und ihren Geschmack Komplimente machten. Wie alle Frauen liebte sie es, sich nett anzuziehen und zu schmükken, und sie war stolz auf ihre Kostbarkeiten.

Es war ein großer Vertrauensbeweis, als sie uns eines Tages in ihr Zimmer führte und uns ihren Schmuck zeigte. Eine große Truhe stand da, darin befanden sich in kleinen Kassetten oder feinen Seidentüchern ihre Schätze ... Und was für Schätze das waren! Uns gingen die Augen über. Ein prächtiger Kopfschmuck aus Korallen, Türkisen und Perlen, dann Ringe, diamantene Ohrclips und die kleinen tibetischen Amulettkästchen, die man an einer Korallenkette um den Hals trägt. Diese Kästchen gibt es von der billigsten bis zur feinsten Ausführung. Viele Frauen legen es den ganzen Tag nicht ab, denn es enthält einen Talisman, und sie glauben fest daran, daß dieser gegen alles Unheil schützt.

Unsere Hausfrau freute sich sehr über unsere Bewunderung. Sie erzählte uns, daß jeder Mann verpflichtet sei, seinem Rang entsprechend Schmuck für seine Frau zu kaufen. Würde ihr Mann in einen höheren Rang aufsteigen, so müßte sie sofort den entsprechenden Schmuck bekommen. Eine hübsche Einrichtung. Manche Frau in Europa würde sich wohl Ähnliches wünschen! Dagegen hilft es gar nichts, wenn jemand viel Geld hat. Geld allein gibt noch nicht das Recht, kostbaren Schmuck zu tragen. Natürlich stöhnen auch hier die Männer über die Wünsche ihrer Frauen, denn genau wie im Westen versucht die eine die andere zu übertrumpfen. Kopfschmuck, Amulettkästchen und Ohrgehänge gehören zum Standardbesitz jeder Frau. Aber auf die Ausführung kommt es an! Wir sahen später Schmuckstücke, die bestimmt über 75 000 Mark wert waren. Thangmes Rang entsprach Schmuck ungefähr im Wert von 25 000 Mark. Yangtschenla erzählte uns, daß sie nie ohne eine Begleitung eines Dieners auf die Straße gehe, denn es komme oft vor, daß Diebe sich an vornehme Frauen herandrängten und sie beraubten.

Im Elternhaus des Dalai Lama zu Gast

Inzwischen waren acht Tage vergangen. Unser Ausgehverbot befolgend, hatten wir bisher das Haus gehütet und daher von der Stadt noch gar nichts gesehen. Welche Überraschung, als eines Tages Diener kamen und uns eine Einladung in das Elternhaus des Dalai Lama brachten! Wir sollten gleich mitkommen. Da wir uns jedoch durch unser Versprechen, das Haus nicht zu verlassen, gebunden fühlten, befragten wir erst unseren Gastgeber. Thangme war ganz entsetzt über unsere Bedenken. Nichts gehe über eine solche Einladung! Höchstens ein Ruf zum Dalai Lama oder zum Regenten hätte den Vorrang. Kein Mensch würde uns zurückhalten oder später einmal zur Verantwortung ziehen. Im Gegenteil, es wäre ein arger Verstoß, wenn wir zögerten.

Darüber waren wir also beruhigt. Aber dann packte uns die Nervosität. Sollte das ein günstiges Vorzeichen für unser weiteres Schicksal sein? Aufgeregt machten wir uns für den Besuch zurecht. Die neuen Kleider, die uns die Regierung geschenkt hatte, die tibetischen Stiefel wurden zum erstenmal ausgeführt. Wir sahen ganz repräsentabel aus. Thangme steckte uns schnell noch ein paar weiße Seidenschleifen zu und schärfte uns ein, wie wir sie bei der Begrüßung überreichen sollten. Wir waren dieser Sitte schon in Kyirong begegnet und hatten sie auch beim einfachen Volk immer wieder gesehen. Bei jedem Besuch, bei jeder Bitte an einen Höherstehenden und zu den großen Festen werden weiße Schleifen überreicht. Man findet sie in den verschiedensten Ausführungen, und ihre Qualität hängt vom Rang des Gebers ab.

Zum erstenmal seit unserem aufsehenerregenden Einzug betraten wir wieder die Straße. Das Haus der Eltern des Dalai Lama war nicht sehr weit. Bald standen wir vor einem riesigen Tor, daneben erwartete uns schon der Torwächter vor seinem kleinen Häuschen. Als wir kamen, verbeugte er sich ehrerbietig.

Dann geht es durch einen großen Garten mit Gemüsebeeten und schönen Gruppen von Weidenbäumen zum Palast. Wir werden in den zweiten Stock geführt, eine Tür geht auf – ehrfürchtige Verbeugungen: Wir stehen vor der Mutter des Gottkönigs. In dem großen, hellen Raum sitzt sie auf einem kleinen Thron, umgeben von Dienern, eine imposante Frauengestalt voll Adel und Würde. Uns ist die demütige Ehrfurcht fremd, die der Tibeter vor der »heiligen Mutter« empfindet, dennoch legt sich die Feierlichkeit des Augenblickes beklemmend auf uns.

Aber die »heilige Mutter« lächelt uns freundlich entgegen und ist sichtlich erfreut, als wir ihr mit einer Verbeugung die weißen Schleifen überreichen, mit weit ausgestreckten Armen, wie Thangme uns eingeschärft hat. Sie nimmt sie an – Diener nehmen sie ihr gleich ab – und strahlt über ihr ganzes gutmütiges Gesicht, als sie uns entgegen der tibetischen Sitte die Hand reicht.

Im selben Augenblick tritt der Vater des Dalai Lama ein, ein stattlicher, älterer Mann. Wieder Verbeugungen, zeremonielles Überreichen der Schleifen, aber auch er gibt sich ganz ungezwungen und schüttelt uns die Hände. Hin und wieder kommen Europäer in das Haus, so ist man mit europäischen Sitten etwas vertraut und ein wenig stolz darauf ... Dann setzen wir uns alle zum Tee. Diener kommen und gehen, schenken ein, erst dem Vater, dann der Mutter, zuletzt uns. Der Tee überrascht uns durch sein Aroma. Eine neue Sorte, eine andere Zubereitungsart als sonst in Tibet üblich. Interessiert fragen wir, und nun ist der Bann gebrochen. Beide erzählen uns von ihrer Heimat Amdo. Einfache Bauern waren sie dort, mit einer kleinen Wirtschaft, bevor ihr jüngster Sohn als Inkarnation des Dalai Lama erkannt wurde ... Amdo liegt schon in China, in der Provinz Tschinghai, aber seine Bewohner sind fast nur Tibeter. Das Getränk ihrer Heimat haben sie mitgebracht nach Lhasa, in das neue Leben, das hier auf sie wartete. Der Amdotee wird nicht mit Butter zubereitet, seine Zutaten sind Milch und etwas Salz. Und noch etwas erinnert an die alte Heimat: der Dialekt der beiden sympathischen Menschen. Beide sprechen das Tibetisch der Zentralprovinzen nur gebrochen. Der vierzehnjährige Bruder des Dalai Lama fungiert als Dolmetscher, denn er ist schon als Kind nach Lhasa gekommen und hat rasch das reine Tibetisch erlernt. Nur mit den Eltern spricht er noch den Amdodialekt.

Während die Unterhaltung in Fluß kommt, beobachten wir unsere Gastgeber. Beide machen einen sehr guten Eindruck. Ihre einfache Herkunft verrät sich in einer sympathischen Natürlichkeit; Haltung und Benehmen wirken wie von angeborenem Adel. Ein großer Sprung, aus dem kleinen Bauernhaus einer entfernten Provinz in den Herzogsstand nach Lhasa! Der Palast, den sie bewohnen, weite Landgüter sind jetzt ihr Eigentum. Sie scheinen diese plötzliche Änderung ihrer Lebensverhältnisse ohne Schaden überstanden zu haben. Die »heilige Mutter« ist von einer edlen Schlichtheit; sie wirkt weit intelligenter als der Vater. Ihm mag der neue Ruhm doch ein wenig zu Kopf gestiegen sein ...

Und dann ist der vierzehnjährige Sohn da, Lobsang Samten. Lebhaft, aufgeweckt, voll Neugierde fällt er mit seinen Fragen über uns her und will jedes Detail unserer Erlebnisse hören. Sein junger Gottbruder, erklärt er wichtig, habe ihm den Auftrag gegeben, ihm alles genau zu berichten. Der Dalai Lama interessiert sich für uns!

Wir sind freudig erregt über diese Mitteilung und möchten so gern mehr von ihm wissen. Wir erfahren, daß der Name »Dalai Lama« von den Tibetern überhaupt nicht angewendet wird. Er kommt aus dem Mongolischen und heißt übersetzt »Weiter Ozean«. Gewöhnlich ist der Dalai Lama der »Gyalpo Rimpotsche«, was ungefähr »geschätzter König« heißt. Eltern und Brüder gebrauchen eine intimere Form, wenn sie vom jungen Gottkönig sprechen: »Kundün«, was übersetzt einfach »Gegenwart« bedeutet.

Die »heiligen Eltern« hatten im ganzen sechs Kinder. Der älteste Sohn war lange vor der Entdeckung des Dalai Lama ebenfalls als Inkarnation eines Buddha erkannt worden und bekleidete die Würde des Lamas im Kloster Tagtshel. Auch er wurde mit »Rimpotsche« angesprochen, der Anredeform für alle inkarnierten Lamas. Der Zweitälteste, Gyalo Thündrup, besuchte in China die Schule; der vierzehnjährige Lobsang Samten war zur Mönchsbeamtenlaufbahn bestimmt. Der Dalai Lama war jetzt elf Jahre alt und hatte außer seinen Brüdern auch zwei Schwestern. Später schenkte die »heilige Mutter« noch einer Inkarnation das Leben, dem Ngari Rimpotsche. Als Mutter von drei Inkarnationen war sie eine einmalige Erscheinung im buddhistischen Leben.

Dieser Besuch war der Beginn eines herzlichen Kontaktes mit dieser schlichten und klugen Frau. Er sollte andauern, bis die Flucht vor den Rotchinesen alles auflöste. Unsere Freundschaft hatte freilich nichts mit der übersinnlichen Verehrung zu tun, mit der die »heilige Mutter« sonst umgeben war. Aber wenn ich auch allen metaphysischen Dingen etwas skeptisch gegenüberstehe, konnte ich mich doch nicht der Macht der Persönlichkeit und des Glaubens verschließen, die von ihr ausstrahlte.

Es wurde uns überhaupt erst nach und nach klar, welche Auszeichnung diese Einladung für uns bedeutete. Man darf nicht vergessen, daß in ganz Tibet außer dieser Familie niemand das Recht hat, den jungen Gottkönig anzusprechen, abgesehen von einigen persönlichen Dienern im Range von Äbten. Und dennoch hatte er in seiner weltfernen Isoliertheit persönlichen Anteil an unserem Schicksal genommen! Als wir aufbrachen, fragte man uns noch nach unseren Wünschen. Wir dankten und wollten nicht unbescheiden sein. Doch auf einen Wink kam eine ganze Reihe von Dienern aufmarschiert mit Säcken voll Mehl und Tsampa, einer Last Butter und herrlich weichen Wolldecken. »Auf persönlichen Wunsch des Kundün!« sagte die Gottmutter lächelnd und drückte jedem von uns noch eine Hundert-Sang-Note in die Hand. Das geschah so selbstverständlich und natürlich, daß wir gar nicht auf den Gedanken kamen, beschämt zu sein.

Viele Dankesworte, tiefe Verbeugungen – und etwas benommen taumelten wir aus dem Zimmer. Als besonderen Freundschaftsbeweis hatte uns Lobsang Samten in Vertretung seiner Eltern die weißen Schleifen wieder um den Nacken gelegt, als wir uns verbeugten.

Dann führte er selbst uns in den Garten, zeigte uns die Anlagen und die Pferdeställe. Prachtvolle Tiere aus Siling und Ili standen hier, der besondere Stolz seines Vaters. Im Gespräch ließ er die Bemerkung fallen, ob ich ihm nicht Unterricht in einigen Fächern des westlichen Wissens geben könnte. Das kam meinen geheimsten Wünschen entgegen. Oft schon hatte ich überlegt, daß hier ein Weg wäre, meinen Unterhalt zu verdienen, wenn ich die Kinder der Adeligen unterrichten könnte ...

Mit Geschenken beladen, von Dienern geleitet, kehrten wir in Thangmes Haus zurück. Wir waren in bester Stimmung; wir hofften, daß sich nun doch alles zu unseren Gunsten wenden würde.

Zu Hause erwartete man uns schon voll Spannung. Wir mußten alles genau berichten, und unsere nächsten Besucher waren schon bis ins kleinste informiert über die Ehre, die uns zuteil geworden war. Wir waren in der allgemeinen Achtung sehr gestiegen!

Die Lebensmittel, die wir bekommen hatten, gaben wir unserer liebenswürdigen Gastgeberin als kleinen Ersatz für die Mühe, die sie sich mit uns machte, und für die Auslagen des ganzen Besuchsrummels, den wir heraufbeschworen hatten. Sie wehrte sich energisch: Noch nie wären so hohe Besuche in ihr Haus gekommen, beteuerte sie uns immer wieder.

Und als am nächsten Tag gar noch die Brüder des Dalai Lama kamen, versteckte sie sich vor Ehrfurcht und kam erst wieder zum Vorschein, als schon das ganze Haus zum Empfang bereitstand und der junge Lama allen seine Hand zum Segen auflegte. Der fünfundzwanzigjährige Rimpotsche war aus seinem Kloster gekommen, um uns zu sehen! In ihm lernten wir den ersten hohen Inkarnationslama kennen. Man ist allgemein gewohnt, alle Mönche Tibets als »Lama« zu bezeichnen. In Wirklichkeit tragen nur die Inkarnationen diesen Titel und einige wenige andere Mönche, die sich durch ihre asketische Lebensweise oder durch Wundertaten hervorgetan haben. Alle Lamas haben das Vorrecht, Segen zu spenden, und werden wie Heilige verehrt.

Tibets Außenamt schenkt uns Bewegungsfreiheit

Zehn Tage nach unserer Ankunft kam der Bescheid des Außenamtes, daß wir uns frei bewegen dürften. Zugleich bekamen wir bodenlange, herrliche Lammfellmäntel, die man uns vor kurzem angemessen hatte. Zu jedem waren sechzig Felle verwendet! Wir waren sehr glücklich über unseren Erfolg. Leider störten mich aber in dieser Zeit meine ständigen Ischiasschmerzen besonders.

Noch am selben Tag gingen wir durch die Stadt spazieren und fielen in unserer tibetischen Kleidung gar nicht besonders auf. Was gab es für uns nicht alles zu sehen! Die innere Stadt ist ein einziges Warenhaus. Laden reiht sich an Laden, und wer keinen Geschäftsraum besitzt, der verkauft einfach gleich auf der Straße. Auslagen in unserem Sinn gibt es nicht, jede Öffnung in der Wand ist schon wieder der Eingang zu einem neuen Geschäft, und mag es ein noch so kleines Loch sein. Richtige Krämerläden findet man da, wo man von der Nähnadel bis zum Gummischuh alles bekommt, daneben elegante Geschäfte für Stoffe und Seide, Spezialverkaufsstellen für Lebensmittel, neben den einheimischen Produkten amerikanisches Corned beef, australische Butter und englischen Whisky. Es gibt nichts, was man nicht bekommen oder wenigstens bestellen könnte. Erzeugnisse von Elizabeth Arden, Pond's Creme, Lippenstifte, Puder, Rouge – alles ist da und wird auch eifrig gekauft. Amerikanische Überschußwaren des letzten Krieges liegen ausgebreitet zwischen Jakschenkeln und Butterlasten. Nähmaschinen, Radioapparate und Grammophone kann man bestellen – und die neueste Platte von Bing Crosby für die nächste Party aussuchen. Und über allem das Feilschen, Lachen, Schreien der bunten Menge. Handeln ist ein Vergnügen, und man dehnt diesen Genuß nach Möglichkeit aus. Der Nomade tauscht hier seinen Jakhaarschwanz gegen Schnupftabak, daneben wühlt die adelige Dame, begleitet von einer Schar von Dienerinnen, stundenlang in einem Berg von Brokaten und Seiden. Die Nomadenfrau ist nicht weniger wählerisch, wenn sie indischen Baumwollstoff für neue Gebetsfahnen aussucht.

Das Volk trägt gewöhnlich den Nambu, einen unverwüstlichen reinen Wollstoff, in Heimarbeit gewebt, nur zirka zwanzig Zentimeter breit. Zu dicken Ballen gewickelt, liegt er vor den Geschäften, rein weiß oder in blauvioletten Tönen, da man zum Färben allgemein Indigo mit Rhabarber verwendet. Den weißen Nambu tragen fast nur Eseltreiber, denn das Nichtfärben ist ein Zeichen der Armut. Da man das Metermaß hier nicht kennt, wird nach Armlängen gemessen, ähnlich unserer alten Elle. Dank meiner langen Glieder schnitt ich bei meinen Einkäufen immer recht gut ab ...

Und dann gab es ein riesiges Lager von europäischen Filzhüten. Sie sind in Lhasa letzter Schrei. Ein eleganter Filzhut zur tibetischen Tracht gibt immerhin ein eigenartiges Bild! Aber die Tibeter schätzen sehr den breitkrempigen europäischen Hut als Sonnenschutz, denn man will hier nicht braun werden. Die Hüte der tibetischen Tracht mit ihrem reichen Aufputz sind allerdings viel malerischer und nehmen sich im bunten Straßenbild besonders gut aus. Die Regierung versucht auch, durch gewisse Vorschriften dem Eindringen fremder Moden entgegenzuwirken. Nicht als Eingriff in die persönliche Freiheit des einzelnen, sondern zur Erhaltung der alten, wunderschönen Tracht. So tragen die Frauen nur selten Hüte, sondern haben ihren schönen, dreieckigen Kopfschmuck beibehalten. Auch die Beamtenschaft und ihre Diener fügen sich diesen Regeln. Der Phantasie bleibt noch immer genug Spielraum, und durch die Zusammenstellung der Stoffe und Farben kann jeder seine persönliche Note zum Ausdruck bringen.

Neben den europäischen Hüten liebt der Tibeter auch Schirme. Sie sind in allen Größen, Qualitäten und Farben zu haben und dienen zumeist als Sonnenschutz. Und da sind die Mönche mit ihren geschorenen Köpfen die beste Kundschaft, da sie, außer bei den großen Zeremonien, keine Kopfbedeckung tragen.

Verwirrt von den vielen bunten Eindrücken eines Treibens, das wir seit Jahren nicht mehr gewohnt waren, kamen wir nach Hause. Dort wartete schon der Gesandtschaftssekretär der British Mission auf uns. Er war ein Freund Thangmes und kam auch nicht in offiziellem Auftrag zu uns. Er habe schon so viel von uns gehört, erklärte er, und interessiere sich besonders für unsere Route und unsere Erlebnisse. Denn er selbst war einmal als Handelsverteter seiner Regierung in Gartok gewesen und kannte die Gegend einigermaßen, durch die wir gezogen waren. Uns kam diese Bekanntschaft sehr gelegen. Wie gerne hätten wir Nachricht in die Heimat geschickt! Man mußte uns längst für verschollen halten. Nur die British Mission hatte direkte Verbindung mit der Welt. Tibet ist nicht dem Weltpostverein angeschlossen, und seine Postverhältnisse sind etwas kompliziert.

Der Gesandtschaftssekretär ermutigte uns, selbst einmal mit unserer Bitte vorzusprechen, und so machten wir uns schon am nächsten Tag auf den Weg zur British Mission. Wir hatten das Haus bei unserem Einzug nach Lhasa gesehen, es lag außerhalb der Stadt in einer parkähnlichen Anlage.

Rotlivrierte Diener führen uns erst in den Garten. Dort macht gerade Reginald Fox, der Radiooperateur, seinen Morgenspaziergang. Er lebte schon viele Jahre in Lhasa, war mit einer Tibeterin verheiratet und hatte vier entzückende Kinder mit hellem Haar und großen, dunklen Mandelaugen. Die beiden ältesten waren in Indien in einem Internat.

Er war der einzige Mann in Lhasa, der einen verläßlichen Motor besaß, und neben seiner Tätigkeit für die British Mission war er ständig damit beschäftigt, sämtliche Radiobatterien Lhasas aufzuladen. Er hatte durch Radiotelephon direkte Verbindung mit Indien und war bekannt und geschätzt wegen seiner Verläßlichkeit.

Die Diener haben uns inzwischen angemeldet und führen uns jetzt hinauf in den ersten Stock. Auf einer sonnigen Veranda steht ein appetitlich gedeckter Frühstückstisch bereit. Da tritt auch schon der Chef der British Mission ein, begrüßt uns herzlich und bittet uns zu einem guten, englischen Frühstück. Wie viele Jahre sind es her, seit wir zuletzt auf einem Sessel saßen? Ein Tischtuch, Blumenvasen, Bücher in einem freundlichen, europäisch eingerichteten Zimmer – stumm lassen wir die Augen wandern. Es ist, als ob wir irgendwie heimgekehrt wären. Unser Gastgeber hat Verständnis für unsere Gefühle. Lächelnd folgt er unseren Blicken, und als sie an den Büchern hängenbleiben, stellt er uns freundlich seine Bibliothek zur Verfügung. Das Gespräch kommt nun in Gang – er vermeidet taktvoll die Frage, die uns im Innersten am meisten beunruhigt: Sind wir für ihn noch Kriegsgefangene? Schließlich fragen wir geradeheraus, ob unsere Kameraden noch hinter Stacheldraht sitzen. Er kann es uns nicht sagen, verspricht aber, sich in Indien zu erkundigen. Nun bespricht er ganz offen unsere Lage, zeigt sich über alle Einzelheiten unserer Flucht informiert und läßt durchblicken, er habe von der tibetischen Regierung gehört, daß wir bald nach Indien zurückgehen würden. Über diese Aussicht sind wir nicht sehr entzückt, und er fragt, ob wir an Arbeit in Sikkim interessiert wären? Dort habe er gute Beziehungen und werde auch in wenigen Tagen eine Reise dorthin antreten. Offen gestehen wir, daß wir lieber in Tibet bleiben würden. Sollte das nicht möglich sein, dann wollten wir auf sein Angebot gerne zurückkommen.

Diese für unser weiteres Schicksal so wichtige Erörterung kann uns aber nicht den Appetit verderben. Das Frühstück schmeckt uns wie schon lange nichts, und plötzlich sind Kannen, Schüsseln und Körbchen leer. Wird man unsere Formlosigkeit übelnehmen? Aber unser Gastgeber lacht nur und läßt stillschweigend noch einmal nachservieren. Und nun kommt das Gespräch auch auf private Dinge. Endlich können wir mit unserer Bitte herausrücken: eine Nachricht in die Heimat senden zu dürfen! Der Gesandte verspricht, einen Weg über das Rote Kreuz zu vermitteln. Später durften wir hin und wieder einen Brief durch die British Mission abschicken. Zumeist mußten wir aber den komplizierten tibetischen Postweg benutzen. Wir sandten den Brief in doppeltem Umschlag, tibetisch frankiert, an die Grenze. Dort hatten wir einen Mann, der den ersten Umschlag entfernte, den Brief mit einer indischen Marke versah und weiterbeförderte. Es dauerte, wenn man Glück hatte, vierzehn Tage, bis ein Brief aus Europa ankam, zwanzig Tage brauchten Nachrichten aus Amerika. In Tibet wird die Post durch Läufer befördert, die in Staffeln immer sechseinhalb Kilometer zurücklegen. Auf allen Hauptstrecken gibt es kleine Häuschen, in denen die Ablösung bereitsteht. Diese Postläufer tragen einen Speer mit Schellen als Zeichen ihres Amtes. Der Speer dient im Notfall als Waffe, und die Schellen schrecken bei Nacht wilde Tiere ab. Briefmarken gab es in fünf verschiedenen Ausführungen, sie wurden vom Münzamt gedruckt und in den tibetischen Postämtern verkauft.

Wichtige Besuche in Lhasa

Wir waren von unserem Besuch sehr befriedigt. Auch hier hatten wir Entgegenkommen gefunden, und das war besonders wichtig. Wir hofften, daß die Engländer nun von unserer Harmlosigkeit überzeugt waren. In bester Stimmung gingen wir die drei Kilometer zur Stadt zurück. Aber schon in Schö, dem Viertel der Ämter, Tempel und Staatsdruckereien unterhalb des Potala, machten wir wieder halt. Denn auf dem Hinweg hatten uns Diener aufgehalten, um uns mitzuteilen, ihr hoher Herr lasse uns bitten, auf dem Rückweg von der British Mission bei ihm einzutreten. Auf die neugierige Frage, wer denn unseren Besuch wünsche, erfuhren wir, daß es ein hoher Regierungsmönchsbeamter sei, einer der vier Trünyi Tschemo. Das sind vier mächtige Bönpos, in deren Händen das Geschick aller Mönche Tibets liegt.

Nun werden wir in ein vornehmes, großes Haus geführt. Die ganze Dienerschaft besteht aus Mönchen. Alles spiegelt vor Sauberkeit, auf den Natursteinböden der Zimmer könnte man beinahe essen. Ein sympathischer älterer Herr begrüßt uns freundlich, und wieder gibt es Tee und Keks. Die üblichen Höflichkeitsfloskeln – dann kommt ein Gespräch in Gang, bei dem wir bald das ehrliche Interesse unseres Gastgebers spüren. Er wisse, betont er offen, daß sein Land rückständig sei. Menschen wie uns könne man gut brauchen. Leider sieht man das noch nicht ein. Er wird deshalb gern ein gutes Wort für uns einlegen. Was wir denn gelernt hätten und welchen Beruf wir in der Heimat ausübten? Wir finden nach langer Zeit wieder einmal einen Menschen, der sich mit uns über unsere Studien unterhält. Besonderes Interesse erregt Aufschnaiter als Landwirtschaftsingenieur. Auf diesem Gebiet gibt es keine Fachleute in Tibet. Und welche Möglichkeiten hätte dieses weite Land . . .

Am nächsten Tag machten wir unsere offiziellen Antrittsbesuche bei allen vier Kabinettsministern. Die oberste Macht des Landes liegt in ihrer Hand, sie sind nur dem Regenten verantwortlich. Drei von ihnen sind weltliche Würdenträger, der vierte ist ein Mönchsbeamter. Alle stammen aus den ersten Adelsfamilien des Landes und führen ein großes Haus.

Wir hatten lange überlegt, welchen wir zuerst besuchen sollten. Richtig wäre es gewesen, beim Mönchsminister anzufangen. Aber wir entschlossen uns, ganz unzeremoniell erst den Jüngsten aufzusuchen. Surkhang war zweiunddreißig Jahre alt, galt als der Fortschrittlichste, und wir hofften, Rat und Verständnis am ehesten beim Jüngsten zu finden.

Offen kam er uns entgegen und begrüßte uns mit Herzlichkeit. Wir waren uns gegenseitig gleich sympathisch. Wir staunten, wie gut er über alles orientiert war, was in der Welt vorging. Wir wurden zu einem wunderbaren Essen geladen, und als wir aufbrachen, war es, als ob wir einander schon jahrelang gekannt hätten.

Der nächste Minister, den wir aufsuchten, hieß Kabschöpa und war ein wohlbeleibter Herr. Er schien sich seiner Würde sehr bewußt und empfing uns etwas herablassend. Behäbig saß er auf seinem Thron, ließ uns herantreten und unsere Verbeugung machen und wies dann gnädig auf zwei bereitgestellte Stühle. Dann regnete ein Schwall von Phrasen auf uns nieder. An den wirkungsvollsten Stellen räusperte er sich, und sofort kam ein Diener herangestürzt und hielt ihm einen kleinen goldenen Spucknapf hin. Das war der Gipfel aller Posen. Das Spucken ist zwar in Lhasa durchaus gesellschaftsfähig, und jeder Tisch ist mit kleinen Näpfen geziert, aber daß man sich den Napf zum Mund halten ließ, das war uns neu!

Es war uns bei dieser ersten Begegnung unmöglich, den Mann zu durchschauen. So ließen wir alles völlig passiv über uns ergehen, begegneten seiner Höflichkeit ebenso höflich und tranken in musterhafter Haltung die zeremonielle Tasse Tee. Da Kabschöpa nicht angenommen hatte, daß wir Tibetisch sprachen, war der Sohn seines Bruders gebeten worden, als Dolmetsch zu fungieren. Seine Kenntnis der englischen Sprache war der Grund seiner Anstellung im Außenamt, und wir sollten noch öfter mit ihm zu tun haben. Er war einer der typischsten Vertreter der jungen Generation, der in indischen Schulen studiert hatte und voll von Reformplänen für Tibet war. Für den Augenblick hätte er es allerdings niemals gewagt, gegen die konservativen Mönche für seine Ideen einzutreten. Als wir einmal allein waren, veranlaßte er mich zu der Bemerkung, daß Aufschnaiter und ich das Pech hätten, ein paar Jahre zu früh nach Lhasa gekommen zu sein. Wenn er und noch einige der junge Aristokraten einmal Minister sein würden, gäbe es für uns Arbeit in Hülle und Fülle . . .

Als wir uns mit vielen höflichen Phrasen von Kabschöpa verabschiedeten, wartete im Vorraum bereits eine Schar von Bittstellern mit verängstigten Gesichtern und vielen Geschenken auf Audienz.

Der Mönchsminister am Lingkhor – das ist die acht Kilometer lange Pilgerstraße um Lhasa herum – empfing uns viel schlichter.

Er war nicht mehr jung und hatte einen netten, kleinen weißen Bart, auf den er sehr stolz war. Denn Bärte sind in Tibet eine Seltenheit! Im übrigen schien er sehr abgeklärt und überlegt und vermied im Gegensatz zu den anderen jede spontane Äußerung. Er hieß Rampa und war einer der wenigen Mönchsbeamten, die dem Adel entstammten. Geheime Sorge mußte ihm die Entwicklung der allgemeinen Lage bereiten, denn er interessierte sich sehr für unsere Ansichten über die Politik Rußlands. In alten Schriften, so sagte er, stünde eine Weissagung: Eine große Macht aus dem Norden werde Tibet mit Krieg überziehen, die Religion zerstören und sich zum Herrn der ganzen Welt machen ...

Unser letzter Besuch galt Pünkhang, dem ältesten der vier Minister. Er war ein kleines Männchen mit dicken Brillengläsern vor den kurzsichtigen Augen. Das war für Tibet etwas ganz Ungewöhnliches, denn Brillen wurden als »ausländisches Gehaben« abgelehnt. Kein Beamter durfte sie tragen, und auch im Privatleben waren sie nicht gerne gesehen. Unser Minister hatte vom 13. Dalai Lama eine Sondererlaubnis, wenigstens im Amt Brillen tragen zu dürfen. Aber bei den großen Zeremonien war er mit seiner Kurzsichtigkeit einfach hilflos. Pünkhang empfing uns in Gegenwart seiner Frau; und obwohl er dabei rangmäßig höher saß als sie, gehörte kein besonders scharfer Blick dazu, um festzustellen, daß in diesem Hause die Frau die Hosen anhatte. Nach den ersten Begrüßungsphrasen kam er kaum mehr zu Wort. Ein Schwall von Fragen ging auf uns nieder.

Später zeigte Pünkhang uns seine Hauskapelle. Er war der Sprößling einer Dalai-Lama-Familie und sehr stolz darauf. Unter den vielen Heiligen wies er auf eine Figur, die den aus seiner Familie hervorgegangenen Gottkönig darstellte. Die Kapelle war düster, und das Licht fiel nur spärlich in den verstaubten Raum.

Im Laufe der Zeit lernte ich auch die Söhne Pünkhangs kennen. Der älteste war Gouverneur von Gyantse. Aber interessanter als er war seine Frau, eine Prinzessin von Sikkim, der Abstammung nach Tibeterin. Sie war eine der schönsten Frauen, die ich je gesehen hatte, von jenem unbeschreiblichen Charme der Asiatinnen, der durch die uralte Kultur des Ostens geprägt ist. Zugleich war sie durchaus modern, klug und gebildet, in den besten Schulen Indiens erzogen. Sie war die erste Frau Tibets, die sich geweigert hatte, zugleich mit ihrem Mann seine Brüder mitzuheiraten, weil dies nicht ihren Anschauungen entsprach. Man konnte sich mit ihr unterhalten wie mit der geistreichsten Dame in einem europäischen Salon, sie interessierte sich für Kultur und Politik und alles, was in der Welt vor sich ging. Oft sprach sie von der Gleichberechtigung der Frauen ... Aber bis dahin ist es in Tibet noch ein weiter Weg.

Als wir uns von Pünkhang und seiner Frau verabschiedeten, baten wir auch ihn, unser Ansuchen um Aufenthaltsbewilligung zu unterstützen. Natürlich versprach er wie seine Vorgänger seine besondere Hilfe und Fürsprache. Aber wir waren schon lange genug in Asien, um zu wissen, daß hier nie ein klares »Nein« ausgesprochen wird ... Eine Ausweisung war immerhin möglich. Und dann sollten wir wieder hinter den indischen Stacheldraht?

Um uns nach allen Seiten zu sichern, versuchten wir uns auch mit der chinesischen diplomatischen Vertretung gut zu stellen. Der Geschäftsträger empfing uns mit der berühmten chinesischen Höflichkeit und versprach, unsere Anfrage, ob wir in China Einlaß und Arbeit finden würden, sofort an seine Regierung weiterzuleiten.

So waren wir vorsichtig bemüht, überall Fuß zu fassen und die Leute von unserer Harmlosigkeit zu überzeugen. Denn es geschah nicht selten, daß Fremde uns auf Spaziergängen ansprachen und sehr merkwürdige Fragen an uns stellten. Einmal machte ein Chinese sogar überraschend eine Aufnahme von uns. Eine Kamera in Lhasa – das war eine Seltenheit! Der Vorfall gab uns zu denken. Wir hatten schon gehört, daß sich allerlei Leute in Lhasa herumtrieben, die Informationen ans Ausland weitergaben. Vielleicht hielt man uns für Agenten einer fremden Macht? Nur die Engländer wußten ja, wie harmlos wir waren: Sie waren in der Lage gewesen, sich zu überzeugen, woher wir kamen, und unsere Angaben nachzuprüfen. Aber für die anderen konnten wir alles mögliche bedeuten. Wir hatten keine politischen Ambitionen; alles, was wir wollten, war ein Asyl und Arbeit bis zum dem Zeitpunkt unserer Heimkehr nach Europa.

Inzwischen war es richtig Frühling geworden. Herrliches, warmes Wetter, obwohl wir erst Anfang Februar hatten. Aber Lhasa liegt ja südlicher als Kairo, und seine Höhenlage gibt den Sonnenstrahlen besondere Kraft. Wir fühlten uns sehr wohl. Wenn nur unser Dasein nicht so unausgefüllt gewesen wäre! Täglich Einladungen und Besuche, verbunden mit stundenlangen, großen Festessen, von einer Hand zur anderen gereicht wie die Wundertiere – es war das reinste Faulenzerleben, und wir wurden es bald satt. Einmal wieder arbeiten, Sport treiben ...! Aber außer einem kleinen Korbballplatz gab es keine sportlichen Anlagen. Die jungen Tibeter und Chinesen, die den Platz benutzten, waren glücklich, als wir uns anboten, mit ihnen zu spielen. Sooft es mein Ischias erlaubte, weihte ich sie nun in alle Regeln und Kniffe ein. Es gab auch eine Brause am Platz, für uns eigentlich der größte Anziehungspunkt. Aber ein Brausebad kostete die Kleinigkeit von zehn Rupien. Ein ungeheurer Preis, wenn man bedenkt, daß man für dasselbe Geld schon ein Schaf bekommt. Dies hat seinen Grund darin, daß zum Wärmen des Wassers getrockneter Kuhmist verwendet wird, der hier auch sehr rar ist und von weit hergebracht werden muß.

Vor einigen Jahren, so hörten wir, hatte es hier sogar einen Fußballplatz gegeben. Elf Teams waren aufgestellt und trugen richtige Meisterschaften untereinander aus. Eines Tages, gerade als man mitten im Spiel war, kam ein Hagelsturm. Er richtete viel Schaden an – und das Fußballspiel wurde verboten! Vielleicht hatte es der Regent schon seit langem nicht gern gesehen, vielleicht fürchtete die Kirche, an Einfluß zu verlieren ... Denn die Bevölkerung nahm begeistert an den Spielen teil, und sogar Mönche aus Sera und Drebung sahen gern zu. Jedenfalls wurde der Hagel als eine Strafe der Götter für den frevelhaften Sportbetrieb ausgelegt und das Fußballspiel abgeschafft.

Neugierig fragten wir bei dieser Gelegenheit, ob es denn wirklich Lamas gäbe, die den Hagel aufhalten und Regen heraufbe-

Frau und Schwiegertochter eines Kabinettsministers in den Volkstrachten ihrer Heimatprovinzen Tsang und Ü (Lhasa)

schwören konnten. In Tibet glaubt man fest daran. Auf allen Feldern stehen kleine Steintürme mit Opferschalen, in denen Weihrauch verbrannt wird, wenn ein Unwetter kommt. Und manche Dörfer haben sogar einen eigenen »Wettermacher« angestellt. Das sind Mönche, die als besonders geschickte Wetterbeschwörer gelten. Sie blasen dabei auf großen Muscheln und erzeugen damit schwingende Töne, die eine ähnliche Wirkung haben wie unsere Kirchenglocken, die ja auch heute noch in vielen Gebirgsdörfern geläutet werden, wenn ein Wetter kommt. Aber in Tibet kennt man natürlich keine physikalische Erklärung, alles ist Zauber und Beschwörung und Spiel der Götter ...

Eine nette Anekdote aus der Zeit des 13. Dalai Lama hörten wir bei dieser Gelegenheit: Er hatte natürlich auch seinen Haus- und Hofwettermacher. Es war der berühmteste Beschwörer, den es damals gab. Seine besondere Aufgabe war, den Sommergarten des Gottkönigs zu beschützen, wenn ein Unwetter nahte. Eines schönen Tages war ein schweres Hagelwetter gekommen und hatte alles zerschlagen, die schönen Blumen, die reifenden Äpfel und Birnen, die saftigen Aprikosen ... Der Wettermacher wurde vor das Angesicht des lebenden Buddhas befohlen. Der saß grollend auf seinem Thron und gebot dem verschüchterten Zauberer, sofort ein Wunder zu vollbringen, sonst würde er bestraft und entlassen! Der Magier warf sich demütig zu Boden und bat um ein Sieb. Ein ganz gewöhnliches Sieb ... Würde es als Wunder genügen, wenn das Wasser, das er hineingoß, nicht durchfloß? Der Dalai Lama nickte, und der Wettermacher goß Wasser in das Sieb. Und siehe da! Kein Tropfen floß durch. Seine Ehre als Zauberer war gerettet, und er durfte seinen einträglichen Posten behalten ...

Ob er Hypnose angewendet oder in einem der vielen alten Zau-

Oben: Adlige, im Vordergrund die vier Kabinettsminister, nehmen als Zuschauer an den festlichen Zeremonien am Fuße des Potala teil
Unten: Auch im Exil wird für die Götter das tägliche Opfer bereitet

berbücher einen physikalischen Trick gefunden hatte? Jedenfalls hatte er sich geschickt aus der Schlinge gezogen.

Inzwischen zerbrachen wir uns dauernd den Kopf, wie wir unseren Unterhalt verdienen sollten, falls wir hierbleiben durften. Vorläufig war großzügig für uns gesorgt. Auf Anordnung des Außenamtes erhielten wir ganze Lasten Tsampa, Mehl, Butter und Tee. Und eine freudige Überraschung war es, als Kabschöpas Neffe jedem von uns ein Geldgeschenk von fünfhundert Rupien im Namen der Regierung überreichte. Wir hatten in einem Dankschreiben unsere Arbeitskraft zur Verfügung gestellt, wenn man uns dafür Quartier und Verpflegung gewährte.

Tsarongs großzügige Gastfreundschaft

Bis jetzt – drei Wochen schon – hatten wir die Gastfreundschaft Thangmes in Anspruch genommen. Nun lud uns der reiche Tsarong in sein Haus ein, und dankbar nahmen wir an. Denn Thangme hatte fünf Kinder – wir wollten ihm nicht länger den Platz wegnehmen. Er, der uns als arme Vagabunden von der Straße aufgelesen hatte, war uns ein richtiger Freund geworden. Nie haben wir ihm das vergessen! Zum neuen Jahr bekam stets er die erste weiße Schleife, und bei den Weihnachtseinladungen in meinem späteren Haus war er ständiger Gast.

Bei Tsarong bekamen wir ein geräumiges Zimmer mit europäischer Einrichtung – Tisch und Sessel, Betten und herrliche Teppiche. Daneben war ein kleiner Waschraum. Und in Tsarongs Haus fanden wir auch etwas, was wir bisher recht vermißt hatten: eine abgeschlossene Toilette. Diese Angelegenheit ist ein düsteres Kapitel in ganz Tibet. Man benimmt sich völlig ungezwungen. An das Wohnhaus angebaut, ein etwas erhöhtes Gemäuer, zu dem einige

Stufen hinaufführen, auf der Plattform des Mäuerchens ein paar Öffnungen, an seinem Fuße ein Loch zum Ausräumen – das ist der Gipfelpunkt des Komforts. Und nicht überall gibt es eine derartige Anlage . . .

In der Frühe holten wir uns heißes Wasser zum Waschen aus der Küche. Das war ein riesiger, mit Pfosten abgestützter Raum abseits vom Hauptgebäude. Der Boden war gestampfte Erde, und im Mittelpunkt stand ein großer Lehmherd, von allen Seiten zugänglich. Das Feuer ging Tag und Nacht nicht aus und wurde eigens von einem Mann bedient. Während des Kochens betätigte er einen riesigen Blasebalg, daß es im Ofenloch flackerte und glühte wie in einer Esse. Lhasa liegt immerhin noch 3700 m hoch, der Mangel an Sauerstoff und das Heizmaterial – Jakmist – brauchten künstliche Nachhilfe, damit ein ordentliches Feuer zustande kommt.

Tsarong konnte sich mehrere Köche leisten. Der Chefkoch hatte jahrelang im ersten Hotel von Kalkutta gearbeitet und verstand sich auf die europäische Küche. Er machte nicht nur wunderbare Braten, sondern war auch ein hervorragender Zuckerbäcker. Ein anderer Koch war nach China geschickt worden und hatte alle Spezialitäten der chinesischen Küche erlernt. Tsarong liebte es, seine Gäste mit unbekannten Leckerbissen zu überraschen.

Wir wunderten uns nur darüber, daß Frauen in all den Küchen vornehmer Häuser nur Handlangerdienste leisteten.

Die Mahlzeiten der Tibeter sind etwas anders über den Tag verteilt, als wir es gewohnt sind. In der Frühe wird Buttertee getrunken, und auch sonst noch häufig im Laufe des Tages. Ich habe behaupten gehört, daß Leute in Lhasa täglich bis zu zweihundert Tassen Buttertee trinken. Das ist zwar übertrieben, aber man könnte beinahe den Eindruck bekommen, daß es stimmt. Es gibt zwei Hauptmahlzeiten, eine um zehn Uhr vormittags und eine am Abend nach Sonnenuntergang. Die erste Mahlzeit, immer ein Tsampagericht mit Zutaten, nahmen wir gemeinsam in unserem Zimmer ein. Zum Abendessen waren wir meist zu Tsarong gebeten. Dann saß die ganze Familie um einen großen Tisch, viele Gänge wurden aufgetischt, und diese Mahlzeit war der eigentliche

Mittelpunkt des Tages, wo alle Bewohner des Hauses zusammenkamen und alle Ereignisse besprochen wurden.

Nachher saßen wir noch im Wohnzimmer beisammen, das mit seinen vielen Teppichen, Kästchen und Figuren etwas überladen wirkte, rauchten eine Zigarette, tranken ein Glas Bier und bewunderten die neuesten Errungenschaften des Hausherrn. Es war unglaublich, was Tsarong alles erwarb! Er besaß einen wunderbaren Radioapparat. Mit Genuß probierten wir alle Stationen der Welt durch und freuten uns an dem reinen Empfang, denn auf dem »Dach der Welt« gibt es keine Störungen. Dann wurden einmal die neusten Platten gespielt, ein andermal ein Photoapparat, eine Filmkamera begutachtet, ein Vergrößerungsapparat ausprobiert, und eines Abends packte er sogar einen Theodoliten aus. Und Tsarong konnte mit allen diesen Dingen auch umgehen! Er war der Mann mit den meisten Steckenpferden in der ganzen Stadt, und wir hätten uns nichts Besseres wünschen können, als gerade bei ihm zu wohnen. Er sammelte Marken, unterhielt eine ausgedehnte Korrespondenz in allen Teilen der Welt – sein sprachenkundiger Sohn half ihm dabei –, er hatte eine auserlesene Bibliothek und eine schöne Sammlung westlicher Bilder. Sie waren zum Großteil Geschenke, denn alle Europäer, die nach Lhasa kamen, waren bei ihm zu Gast und hatten oft ein Buch als Andenken zurückgelassen.

Tsarong war ein außergewöhnlicher Mensch. Immer wieder hatte er sich bemüht, Reformen im Land durchzusetzen, und wenn irgendein großes Problem die Regierung beschäftigte, wurde er umgehend zu Rate gezogen. Die einzige eiserne Brücke des Landes war sein Werk. Er ließ sie in Indien konstruieren und zusammenstellen, dann wurde sie wieder zerlegt und auf Jak- und Menschenrücken Stück für Stück auf das Dach der Welt getragen. Tsarong war ein Selfmademan modernsten Formates, und er hätte mit seinen Fähigkeiten auch in den westlichen Ländern als überragende Persönlichkeit gegolten.

Sein Sohn George – er hatte seinen indischen Schulnamen behalten – trat in die Fußstapfen seines Vaters. Schon bei der ersten Begegnung mit ihm hatten wir seine Bildung und seine vielseitigen Interessen bewundert. Seine Leidenschaft war das Photographieren. Und was er fertigbrachte, konnte sich sehen lassen! Eines Abends überraschte er uns sogar mit einem selbstgedrehten Farbfilm. Das leise Surren des Vorführungsapparates, die bunten Bilder einer für uns immer noch sehr neuen Welt – man konnte sich der Illusion hingeben, in der Wiener Urania zu sitzen. Aber das ging nur, solange der Strom nicht aussetzte. Der kleine Motor hatte seine Mucken, und wir mußten immer wieder unterbrechen und ihn neu in Gang bringen. Das war eben der Unterschied!

Die Einladungen bei Tsarong, die Bücher, die wir bei ihm und der British Mission ausborgten, das war die einzige Unterhaltung, die wir abends hatten. Kino oder Theater gibt es in Lhasa nicht und schon gar keine öffentlichen Lokale. Die ganze Geselligkeit spielt sich in den Privathäusern ab.

Tagsüber waren wir dauernd damit beschäftigt, Eindrücke zu sammeln, um uns nichts Sehenswertes entgehen zu lassen; denn wir waren von der nicht unbegründeten Angst besessen, nicht alles gesehen zu haben, falls man uns doch eines Tages ausweisen sollte. Einen direkten Anlaß zu solchen Befürchtungen hatten wir allerdings nicht. Aber wir trauten der übergroßen Freundlichkeit nicht ... War es Zufall, daß wir schon einige Male die Geschichte eines englischen Lehrers zu hören bekommen hatten? Die tibetische Regierung hatte ihn gebeten, in Lhasa eine Schule nach europäischem Muster zu errichten, und ihm einen mehrjährigen Kontrakt geboten. Nach sechs Monaten packte er seine Koffer. Die oppositionellen Mönche hatten ihn aus dem Lande geekelt.

Tibet kennt keine Hast

Noch immer machten wir täglich unsere Besuchstour. Es gab so viele Besuche zu erwidern. So bekamen wir einen schönen Einblick in das Familienleben der vornehmen Kreise. Um eines beneideten wir die Bewohner von Lhasa besonders, wenn wir an unsere europäischen Städte dachten: Sie hatten immer Zeit! Die schlimmste Krankheit unseres Jahrhunderts, die ewige Hetzjagd, hat hier noch keinen Eingang gefunden. Niemand überarbeitet sich. In den Ämtern ging es sehr gemütlich zu. Die Beamten erschienen am späten Vormittag und begaben sich am frühen Nachmittag wieder nach Hause. War einer verhindert, hatte er Gäste, dann schickte er einfach einen Diener zu einem Kollegen und ließ sich vertreten.

Die Frauen wissen noch nichts von Gleichberechtigung und fühlen sich, glaube ich, recht wohl dabei. Stundenlang widmen sie sich ihrer Verschönerung, fädeln ihren Perlenschmuck um, wählen neue Stoffe aus und denken nach, wie sie Frau Soundso bei der nächsten Party übertrumpfen könnten. Im Haushalt brauchen sie keinen Finger zu rühren. Aber als Zeichen ihrer Würde tragen sie stets einen riesigen Schlüsselbund mit sich herum. Jede Kleinigkeit wird in Lhasa mehrfach eingeschlossen.

Und dann gab es noch das Madschong-Spiel. Es ist eine Art chinesisches Domino. Eine Zeitlang war es allgemeine Leidenschaft. Man war fasziniert davon, saß tage- und nächtelang dabei und vergaß alles, Pflichten im Amt, Haushalt, Familie . . . Der Einsatz war oft sehr hoch. Und alles spielte. Selbst die Diener taten es heimlich und verloren oft in ein paar Stunden, was sie sich in jahrelanger Arbeit zusammengespart hatten. Schließlich wurde es der Regierung zu bunt. Sie verbot das Spiel, kaufte alle Dominosätze auf und verdammte heimliche Sünder zu schweren Geld- und Arbeitsstrafen. Je höher der Rang des Ertappten, desto größer die Strafe. Und es half. Ich hätte einen so durchgreifenden Erfolg nie für möglich gehalten. Man seufzte und trauerte lange Zeit dem Spiel nach, aber man hielt sich an das Verbot. Die Macht der Hierarchie war doch unbegrenzt! Und nach und nach sah man auch ein, wie sehr man alles über der Spielleidenschaft vernachlässigt hatte. Für die freien Samstage – der Sonntag hat in Tibet keine Bedeutung – fand man bald anderen Zeitvertreib. Man spielte Schach oder Halma, vergnügte sich harmlos an Wortspielen und Rätseln.

Ich mußte natürlich das Madschong-Spiel auch lernen, sonst hätte ich keine Ruhe gehabt. Und ich lernte dabei verstehen, daß es zur Leidenschaft werden kann – aber ich hütete mich davor! Nur zu besonderen Gelegenheiten, an Feiertagen und bei großen Gesellschaften, wurde es manchmal hervorgeholt ...

In diesen Tagen hatten wir auch eine Begegnung, über die wir uns wirklich freuten: Wir trafen einen alten Bekannten wieder! Es war der Soldat aus Schangtse, der uns einmal zur Grenze Indiens geleitet hatte. Damals schon hatte er uns so viel von Lhasa vorgeschwärmt. Er war der netteste aller unserer Begleiter gewesen. Beim Abschied hatte er uns noch zugerufen: »Auf Wiedersehen in Lhasa!« Und nun war es wirklich wahr geworden.

Wir trafen ihn in dem kleinen Teehaus, in dem wir öfters Gebäck und Brot einkauften. Er erzählte uns, daß er jetzt Botengänger der Regierung sei und schon viel von uns gehört habe. Als einfacher Soldat konnte er es nicht wagen, uns im Haus des Ministers Tsarong zu besuchen. So waren also nach zwei Jahren seine einstigen Deportierten doch in die Heilige Stadt gekommen!

Wir luden ihn zu Tee und Kuchen ein, und der Besitzer des Teehauses, ein fetter Mohammedaner, freute sich sehr über die Ehre, die wir seinem Lokal erwiesen. Er bediente uns selbst und sprach dabei Englisch – oder vielmehr, was er darunter verstand. Voll Stolz erzählte er, daß er aus Kaschgar stamme und dort seine Kochkunst in einem vornehmen englischen Haus erlernt habe. Seine Erzeugnisse waren berühmt in ganz Lhasa – aber uns schmeckten sie immer noch zu sehr nach ranziger Butter. Die Tibeter kamen in Scharen zu ihm, und er verdiente großartig. Als gläubiger Mohammedaner machte er mehrere Male mit seiner ganzen, vielköpfigen Familie eine Pilgerreise nach Mekka und Medina, und ich fand es beachtenswert, daß hier die Bewohner der einen heiligen Stadt die Reise in die andere finanzierten.

Und wieder droht uns Ausweisung

Am 16. Februar 1946 war es ein Monat, daß wir in Lhasa waren. Unser Schicksal schwebte noch immer im Ungewissen, wir hatten keine Arbeit und machten uns Sorgen um unsere Zukunft.

Und gerade an diesem Tag kam Kabschöpa zu uns, feierlich als Abgesandter des Außenamtes. Als wir seine Amtsmiene sahen, wußten wir, was uns bevorstand. Trotzdem traf uns seine Botschaft wie ein Schlag: Die Regierung hatte unseren Aufenthalt nicht genehmigt, wir sollten sofort nach Indien abgeschoben werden. Im stillen hatten wir uns diese Möglichkeit immer vor Augen gehalten. Nun standen wir vor der Tatsache – und waren fassungslos. Sofort erhoben wir Protest, aber Kabschöpa zuckte die Achseln und meinte, das müßten wir an höherer Stelle tun.

Als nächste Reaktion auf diese Trauerbotschaft suchten wir alle Karten über Osttibet zusammen, die in Lhasa aufzutreiben waren. Grimmig machten wir uns am Abend daran, begannen die Routen zu studieren und Pläne zu schmieden. Eines stand fest: Noch einmal hinter Stacheldraht – das kam nicht in Frage. Lieber wieder fliehen und unser Glück in China versuchen! Es war ein beruhigendes Gefühl, daß wir überhaupt an eine Flucht denken konnten. Wir besaßen etwas Geld, eine gute Ausrüstung und konnten uns jederzeit mit Lebensmitteln versorgen. Aber meine Ischiasschmerzen! Sie waren nicht besser geworden. Aufschnaiter hatte schon den Arzt der British Mission hergebeten, er hatte mir Pulver verschrieben und Injektionen gegeben – aber nichts half. Sollte an diesem verdammten Ischias alles scheitern? Ich war dem Verzweifeln nahe.

Am nächsten Tag machte ich mich kleinlaut auf und humpelte zur Familie des Dalai Lama. Vielleicht konnte ihre Fürsprache uns nützen. Die Mutter des Dalai Lama und Lobsang Samten versprachen auch, dem jungen Gottkönig alles zu erzählen, und sie waren überzeugt, daß er ein gutes Wort für uns einlegen würde. Dies geschah auch in der Tat, und obwohl der junge Dalai Lama noch keine ausübende Macht besaß, war sein Wohlwollen uns bestimmt von Nutzen. Inzwischen lief Aufschnaiter in der Stadt von einem Bekannten zum andern, um alle Hebel in Bewegung zu setzen. Damit nichts unversucht bliebe, verfaßten wir gleichzeitig ein Gesuch in englischer Sprache an das Außenamt, in dem wir alle Argumente für ein Verbleiben in Tibet noch einmal vorbrachten:

»An das Auswärtige Amt Tibets Am 17. Februar 1946

Am gestrigen Tage suchte uns Kabschöpa Se* Kuscho auf und übermittelte uns die Aufforderung der Tibetischen Regierung, Lhasa so bald wie möglich zu verlassen und nach Indien zurückzukehren. In Beantwortung dieser Aufforderung erlauben wir uns, unseren Fall wie folgt darzulegen:

Wir sind im Mai 1939 als Bergsteiger von Deutschland nach Indien gekommen, mit der Absicht, im August desselben Jahres nach Deutschland zurückzukehren. Am 3. September 1939, am Tage des Kriegsausbruches, wurden wir verhaftet und in ein Internierungslager gebracht.

Im Jahre 1943 wurde in den Tagesblättern ein Abkommen zwischen den Regierungen von Tibet und von Indien veröffentlicht, das sich auf den Warentransport von Indien nach China via Tibet bezog, mit der ausdrücklichen Feststellung, daß es sich nicht um Kriegsmaterial handeln würde. Aus diesem Abkommen haben wir gefolgert, daß Tibet sich in diesem Krieg als

* »Se« ist die Höflichkeitsform für Sohn

neutraler Staat betrachte, und deshalb entschlossen wir uns, alle Mühsal auf uns zu nehmen, im Bestreben, Tibet zu erreichen.

Die Tatsache, daß Tibet ein neutraler Staat sei, wurde uns des weiteren durch Mr. Hopkinson, dem Leiter der British Mission in Lhasa, bestätigt, der uns, als wir ihn kürzlich aufsuchten, versicherte, er werde der Tibetischen Regierung nicht den Vorschlag machen, uns nach Indien zurückzuschicken.

Laut internationalem Übereinkommen gilt die Regel, daß Kriegsgefangene, denen es gelingt, neutrales Territorium zu erreichen, dortselbst Aufnahme finden und so lange in Obhut jenes neutralen Landes verbleiben, bis ihre Repatriierung möglich wird. Diese Regel wird von allen neutralen Regierungen auf der ganzen Welt eingehalten, und kein neutrales Land schiebt solche Flüchtlinge wieder in die Gefangenschaft ab.

Wie wir hören, sind die in Indien internierten Deutschen bisher nicht repatriiert worden, und uns nach Indien abzuschieben, wäre daher gleichbedeutend mit unserer Rückstellung in die Gefangenschaft.

In dem Fall, daß unser Verbleiben hier im Lande der Tibetischen Regierung im Widerspruch zu ihrer traditionellen Haltung Fremden gegenüber zu stehen schiene – wie uns dies Kabschöpa Se Kuscho gestern angedeutet hat –, möchten wir uns erlauben, auf die Tatsache hinzuweisen, daß die Tibetische Regierung sich bereits in den vergangenen Jahren zu Ausnahmen bereitgefunden hat. Falls jedoch für Ausländer in einer amtlichen Eigenschaft oder für sonstige Fremde eine Ausnahme bewilligt wurde, so könnte dies doch auch uns zugebilligt werden. Wir sind der Tibetischen Regierung für die Güte und Gastfreundschaft, die uns überall im ganzen Lande entgegengebracht wurde, zutiefst zu Dank verpflichtet, und wir bedauern es aufrichtig, ihr beschwerlich zu fallen. Aber andererseits wird die Tibetische Regierung es zweifellos einsehen, daß wir, nachdem es uns nun einmal gelungen ist, nach Tibet und damit in die Freiheit zu gelangen, nur ungern wieder in die Gefangenschaft zurückkehren würden, in der wir fast fünf Jahre lang geschmachtet haben.

Wir richten daher an die Tibetische Regierung die eindringliche

Bitte, uns die gleiche Behandlung zukommen zu lassen, die andere neutrale Regierungen aus der Gefangenschaft entflohenen Häftlingen gewähren, und es uns zu gestatten, in Tibet zu bleiben, bis unsere Repatriierung möglich wird.

Peter Aufschnaiter
Heinrich Harrer«

Als ob sich alles gegen uns verschworen hätte, verschlimmerte sich plötzlich mein Ischias in einem solchen Ausmaß, daß ich mich gar nicht mehr rühren konnte. Ich hatte fürchterliche Schmerzen und mußte im Bett bleiben. Stöhnend lag ich da und zermarterte mir den Kopf nach einem Ausweg, während Aufschnaiter sich in der Stadt die Füße wundlief. Es waren aufregende Tage!

Am 21. Februar standen plötzlich ein paar Soldaten vor unserer Tür. Sie forderten uns auf, unsere Sachen zu packen, denn sie hätten Befehl, uns nach Indien zu geleiten. Aufbruch: morgen früh! Das war das Ende. Aber wie sollte ich eine Reise antreten? Ich konnte ja nicht einmal die paar Schritte bis zum Fenster gehen. Verzweifelt versuchte ich das dem Leutnant zu demonstrieren. Der machte ein hilfloses Gesicht. Wie alle Soldaten der Welt kannte er nur seinen Befehl und war nicht befugt, Erklärungen entgegenzunehmen. Mit etwas mehr Fassung bat ich ihn, seiner vorgesetzten Stelle auszurichten, daß ich Lhasa nur verlassen könnte, wenn man mich tragen wolle. Die Soldaten zogen ab.

Sofort bestürmten wir Tsarong um Rat und Hilfe – aber auch er wußte nicht weiter. Einem Regierungsbefehl könne man sich nicht widersetzen, meinte er ernst. Wieder allein in unserem Zimmer, verfluchten wir meine Krankheit. Wäre ich gesund gewesen, nichts hätte uns halten können! Noch in derselben Nacht wären wir ausgerissen. Lieber Strapazen, Not und Gefahren, als das bequemste Lagerleben hinter Stacheldraht. Es sollte ihnen nicht so leicht werden, mich morgen fortzubringen. Erbittert nahm ich mir vor, passive Resistenz zu leisten.

Aber am nächsten Morgen rührte sich nichts. Keine Soldaten, keine Nachricht . . . Voll Unruhe schickten wir zu Kabschöpa. Er kam selbst und war ziemlich verlegen. Aufschnaiter deutete auf mein Krankenlager und begann mit ernster Miene zu verhandeln. Vielleicht ließ sich ein Kompromiß schließen? Uns war nämlich der Verdacht gekommen, daß am Ende doch die Engländer dahintersteckten und unsere Auslieferung verlangt hatten!

Tibet war ein kleines Land, es wollte mit allen Nachbarn gut auskommen und versuchte, durch diplomatische Gesten ein gutes Einvernehmen zu erhalten. Wegen zweier deutscher Kriegsgefangener würde es keine Verstimmung des mächtigen England riskieren! Deshalb schlug Aufschnaiter vor, den englischen Arzt, der zu diesem Zeitpunkt Leiter der British Mission war, um ein Attest über meinen Zustand zu bitten. Kabschöpa ging auf diesen Vorschlag so freudig ein, daß wir uns einen verstohlenen Blick zuwarfen: Unser Verdacht hatte sich bestätigt.

Im Laufe des Tages besuchte mich der Arzt und berichtete, die tibetische Regierung hätte die Entscheidung über unsere Abreise in seine Hände gelegt. Er gab mir wiederum Injektionen, die aber auch diesmal nicht halfen. Mehr Linderung brachte mir ein Geschenk Tsarongs, nämlich thermogene Watte.

Ich nahm mir aber jetzt fest vor, meiner Krankheit Herr zu werden. Dieses Mißgeschick durfte nicht alle unsere Pläne durchkreuzen! Unter Aufbietung aller Willenskraft zwang ich mich, täglich Übungen zu machen. Ein Lama hatte mir empfohlen, mit den Fußsohlen einen Stock zu bewegen. So saß ich nun stundenlang in meinem Sessel und rollte den Stock . . . hin – her, obwohl ich vor Schmerz hätte schreien können. Ganz langsam wurde es tatsächlich besser, ich konnte wieder in den Garten gehen und wärmte mich dort in der Frühlingssonne wie ein alter Mann.

Das »Feuer-Hund-Jahr« beginnt

Der Frühling war mit aller Macht gekommen. Es war März geworden. Dieses Jahr begann das größte tibetische Fest, das Neujahrsfest, am 4. März. Drei Wochen lang wird da nur gefeiert. Aber leider konnte ich nicht dabeisein! Ich hörte nur von fern Trommeln und Posaunen und sah an dem Leben und Treiben, das im Hause herrschte, wie wichtig man es nahm. Tsarong und sein Sohn kamen jeden Morgen in neuen prächtigen Gewändern aus Seide und Brokat an mein Krankenlager und ließen sich bewundern. Aufschnaiter war natürlich überall dabei und mußte mir abends Bericht erstatten.

In diesem Jahr feierte man den Beginn des »Feuer-Hund-Jahres«. Am 4. März legte der Stadtmagistrat seine Macht in die Hände der Mönche – die weltliche Gewalt gibt symbolisch ihr Amt der Kirche zurück, von der sie es übertragen bekam. Nun beginnt ein strenges und gefürchtetes Regiment. Den Anfang macht ein großes Reinemachen. Lhasa ist in dieser Zeit berühmt für seine Sauberkeit – was man sonst nicht gerade behaupten kann. Zugleich wird eine Art Burgfrieden proklamiert. Jeder Streit ruht, die Ämter schließen ihre Pforten, jedoch das Feilschen und Handeln in den Straßen ist reger und lebhafter denn je – ausgenommen während der Umzüge und Prozessionen; kriminelle Vergehen, alle Ausschreitungen, ja sogar das Spiel werden in dieser Zeit besonders streng bestraft. Die Mönche sind da unerbittlich und gefürchtet, denn es ist schon vorgekommen, daß Leute unter der rigorosen Auspeitschung – der üblichen Strafe – gestorben sind. Allerdings greift in solchen Fällen der Regent energisch ein und weiß die Verantwortlichen zu finden.

Im allgemeinen Festrummel blieb unsere Sache liegen. Man schien uns vergessen zu haben, und wir hüteten uns, uns bemerkbar zu machen. Wahrscheinlich genügte es vorläufig der Regierung, daß der englische Arzt mich noch nicht für gesund erklärt hatte. Wieder kostbare Zeit gewonnen! Vor allem mußte ich meine Krankheit loswerden. Dann konnte man weitersehen und vielleicht doch die Flucht nach China verwirklichen.

Tag für Tag sonnte ich mich im Garten und freute mich an der täglich zunehmenden Wärme. Um so größer war mein Erstaunen, als ich eines Morgens erwachte und die ganze Frühlingspracht tief verschneit fand. Ein so später Schneefall ist eine doppelte Seltenheit für Lhasa. Denn die Stadt liegt schon so tief im Innern Asiens, daß nur wenige Niederschläge sie erreichen. Auch im Winter bleibt der Schnee nicht lange liegen, denn die südliche Lage der Stadt und die durch die Höhe bedingte starke Sonneneinstrahlung bringen ihn rasch zum Schmelzen.

Auch an diesem Tag war der Schnee bald verschwunden und trug nur dazu bei, daß der Sandsturm in erträglichen Formen blieb. Die Feuchtigkeit hielt Sand und Staub gebunden, so daß nicht alles in der Luft herumwirbeln konnte.

Diese Stürme stellen sich jedes Frühjahr pünktlich ein und beglücken das Land etwa zwei Monate lang. Am frühen Nachmittag erreichen sie die Stadt, man sieht sie schon von ferne als riesig dunkle Wolke mit ungeheurer Geschwindigkeit näher kommen. Zuerst verschwindet der Potala – das ist das Zeichen, daß jeder fluchtartig seine Behausung aufsucht. Das Leben in den Straßen stockt, Fensterscheiben klirren, die Tiere auf der Weide kehren ergeben ihren Schwanz der Windrichtung zu und warten geduldig, bis sie wieder grasen können. Die zahllosen Straßenköter, die Säuberungstruppen der Stadt, rollen sich in einer Ecke zusammen. Für gewöhnlich sind sie nicht so friedlich. Aufschnaiter kam eines Tages mit zerfetztem Mantel heim, denn sie hatten eben ein verendetes Pferd verschlungen – die Meute hatte Blut geleckt.

Die Periode der Stürme ist die unangenehmste Zeit des Jahres. Selbst wenn man im Zimmer sitzt, knirscht einem der Sand zwischen den Zähnen, denn Doppelfenster gibt es hier nicht. Das einzige Positive ist, daß sie wirklich das Ende des Winters anzeigen. Jeder Gärtner weiß, daß er jetzt keinen Frost mehr zu fürchten braucht. Die Wiesen längs der Kanäle bekommen den ersten grünen Hauch, und das »Haar Buddhas« beginnt zu blühen. Das ist die berühmte Trauerweide vor dem Eingang der Kathedrale. Ihre zarten, hängenden Zweige mit den feinen gelben Staubblüten geben im Frühling diesem poetischen Namen seine Berechtigung.

Als ich wieder ein paar Schritte humpeln konnte, hätte ich mich gern irgendwie nützlich gemacht. Tsarong hatte in seinem Garten Hunderte junger Obstbäume stehen. Aber sie waren aus Samen gezogen und hatten noch nie Frucht getragen. Mit George, seinem Sohn, machte ich mich nun daran, sie systematisch zu okulieren. Da hatten die Bewohner des Hauses wieder was zu lachen! In Tibet kennt man das Veredeln kaum und hat auch kein Wort dafür. So nannten sie es »heiraten« und fanden es höchst komisch.

Ein glückliches Völkchen mit seinem kindlichen Humor! Die Tibeter sind dankbar, wenn sie eine Gelegenheit zum Lachen finden. Wenn jemand stolpert oder ausrutscht, ergötzen sie sich stundenlang daran. Schadenfreude ist eine sehr beliebte Freude, aber sie ist nie böse gemeint. Ihre Spottlust macht vor nichts und vor niemandem halt. Da es keine Zeitungen gibt, üben sie ihre Kritik an mißliebigen Vorfällen und Personen durch Spottverse und -lieder. Die Burschen und Mädchen promenieren dann abends über den Parkhor und singen die neusten Verschen. Auch die höchsten Persönlichkeiten müssen sich das Verrissenwerden gefallen lassen. Manchmal verbietet die Regierung ein solches Lied, aber man ist klug genug, niemanden zu bestrafen. Dann hört man es in der Öffentlichkeit nicht mehr, aber im geheimen macht es erst recht die Runde.

Der Parkhor hat zu Neujahr seine große Zeit. Diese Straße ist der innere Ring um die Kathedrale, und auf ihm spielt sich das ganze Stadtleben ab. Hier sind die meisten Geschäfte, hier beginnen oder enden alle religiösen und militärischen Aufzüge. Am Abend, besonders an Feiertagen, pilgern die Frommen scharenweise über den Parkhor, sie murmeln ihre Gebete, und viele Gläubige messen die Strecke mit dem Hinwerfen ihres Körpers aus. Aber auch ein weniger frommes Gesicht hat der Parkhor. Hübsche Frauen zeigen dort ihre neusten Toiletten, flirten ein wenig mit den jungen Adeligen, und auch die leichteren Schönen der Stadt finden dort, was sie suchen. Das Zentrum von geschäftlichem Leben, von Geselligkeit und Tratsch – das ist der Parkhor.

Am fünfzehnten Tag des ersten tibetischen Monats war ich soweit, daß auch ich mir die Festlichkeiten ansehen konnte. Dieser Tag ist ein Höhepunkt der Feiern. Eine großartige Prozession findet statt, an der seine Heiligkeit, der Dalai Lama, persönlich teilnimmt.

Tsarong hatte uns in einem seiner Häuser am Parkhor einen Fensterplatz versprochen. Er würde leider im Erdgeschoß sein. Denn niemand darf sich während der Prozession über den Köpfen der hohen Herren befinden, die da gemessen über den Parkhor ziehen. Überhaupt darf auch kein Haus mehr als zwei Stockwerke hoch gebaut werden, denn es gälte als Frevel, der Kathedrale oder gar dem Potala Konkurrenz zu machen. Und man hielt sich streng an diese Regel. Manchem Adeligen war sein düsteres verwanztes Haus zu klein und unbequem geworden. Da er aber nicht höher bauen durfte, behalf er sich damit, für die warme Jahreszeit ein zerlegbares Holzhäuschen auf sein flaches Dach zu stellen. Ich staunte immer wieder, wie rasch diese Häuschen verschwanden, wenn der Dalai Lama oder der Regent an einer Prozession teilnahmen.

Während durch die Straßen der Stadt eine bunte Menge wogt, in freudiger Erwartung der Prozession, sitzen wir mit Tsarongs Gattin am Fenster. Unsere Hausfrau ist eine freundliche ältere Dame, die uns immer sehr bemuttert hat. Wir sind jetzt besonders froh über ihre Gesellschaft. Denn für uns ist das alles eine fremde Welt, und ihre vertraute, freundliche Stimme ist uns die Brücke zu all dem Neuen, das sie uns eifrig erklärt.

Da wachsen geheimnisvolle Gerüste aus dem Boden, oft zehn Meter hoch. Für die Butterfiguren, erklärt sie uns. Gleich nach Sonnenuntergang werden diese Kunstwerke aus Butter gebracht, die Mönche in monatelanger Arbeit hergestellt haben. In den Klöstern gibt es dafür eigene Abteilungen, in denen besonders geschickte Mönche, wahre Künstler in ihrem Fach, mit unermeßlicher Geduld aus veschieden gefärbter Butter Figuren und Ornamente kneten und modellieren, feinste Filigranarbeit, die dann für eine Nacht zu einem wirklich sehenswerten Kunstwerk zusammengesetzt werden. Hunderte solcher Pyramiden säumen die Straße, durch die die Prozession geht, und zeugen mit ihrer Pracht vom Opferwillen der adeligen und reichen Familien Lhasas. Denn jeder solche Turm kostet ein schönes Stück Geld, und oft müssen sich mehrere Familien zusammentun, um eine Pyramide zu finanzieren. Man sucht sich gegenseitig dabei zu übertreffen, denn die schönste Pyramide erhält einen Preis von der Regierung. Seit Jahrzehnten haben ihn die Mönche des Klosters Gyü für ihre Arbeit bekommen.

Nun ist schon die ganze Straßenfront des inneren Parkhor-Ringes hinter den bunten, dreieckigen Türmen verschwunden. Eine unübersehbare Menge staut sich davor, und es wird ein Problem, etwas davon zu sehen. Es beginnt zu dämmern, und nun marschieren die Regimenter von Lhasa mit Pauken und Trompeten auf. Sie bilden ein Spalier, drängen die Zehntausende von Zuschauern zur Häuserfront zurück und halten die Straße frei.

Rasch bricht jetzt die Nacht herein, aber schon flammt ein Meer von Lichtern auf und beleuchtet alles taghell. Tausende zuckender Butterlämpchen und dazwischen einige Petrolgaslampen mit ihrem furchtbar grellen Licht. Dazu steigt die Scheibe des Mondes über die Dächer, denn der 15. jedes Monats ist hier immer der Tag des Vollmondes. Nun ist alles bereit – die große Feier kann beginnen. Erwartungsvolle Stille breitet sich über die Menge.

Ein Gott hebt segnend die Hand

Jetzt kommt der große Moment. Die Tore der Kathedrale öffnen sich, und langsam tritt der Dalai Lama heraus, der junge Gottkönig, rechts und links gestützt auf zwei Äbte. Ehrfurchtsvoll beugt sich das Volk. Das strenge Zeremoniell würde fordern, daß man sich zu Boden wirft. Das ist hier aus Platzmangel nicht möglich. So neigen sich bei seinem Näherkommen die Rücken der Tausende wie ein Ährenfeld, über das der Wind streicht. Niemand wagt den Blick zu heben. Langsam und gemessen beginnt der Gottkönig seinen Weg um den Parkhor. Immer wieder bleibt er vor den Butterfiguren stehen und betrachtet sie. Ein glänzendes Gefolge hat sich ihm angeschlossen, alle hohen Würdenträger und Adeligen, dann folgt, genau dem Rang nach geordnet, die ganze Beamtenschaft des Landes. Und da können wir auch unseren Freund Tsarong erkennen. Entsprechend seiner hohen Stellung kommt er bald hinter dem Dalai Lama. Wie alle Adeligen trägt er einen schwelenden Weihrauchstock in der Rechten.

Die Menge schweigt, von Ehrfurcht ergriffen. Nur die Musik der Mönche ist zu hören: die Oboen, Tuben, Pauken und Tschinellen. Es ist ein Bild – wie eine Vision aus einer anderen Welt, eine seltsam unwirkliche Atmosphäre, der auch wir nüchternen Europäer uns nicht ganz entziehen können. Im gelben Flackern der vielen Lampen scheinen die Butterfiguren Leben anzunehmen – seltsame Blüten nicken in einem imaginären Windhauch, Falten prunkvoller Göttergewänder bewegen sich knisternd, eine Dämonenfratze verzieht den Mund – ein Gott hebt segnend die Hand . . .

Sind auch wir diesem verwirrenden, fremdartigen Traum verfallen? Die volle Scheibe des Mondes, Symbol der jenseitigen Welt, der diese großartige Huldigung gilt, lächelt auf die Gläubigen herab . . . Senden die Götter dies Zeichen ihrer Zuneigung?

Nun ist der »Lebende Buddha« ganz nahe herangekommen . . . jetzt geht er an unserem Fenster vorbei. Die Frauen verharren in tiefer Verbeugung und wagen kaum zu atmen. Die Menge ist erstarrt. Aufs tiefste ergriffen verbergen wir uns hinter den sich verneigenden Frauen, wollen uns wehren gegen die Macht, die uns in ihren Bann zieht ...

Es ist ja nur ein Kind, sage ich mir immer wieder. Ein Kind ...

Und doch das Ziel des geeinten Glaubens Tausender, Inbegriff ihrer Gebete, Sehnsüchte, Hoffnungen – ob Lhasa oder Rom –, eines ist allen gemeinsam: der Wunsch, Gott zu finden und ihm zu dienen – mächtig über allem Trennenden. Ich schließe die Augen. Gemurmelte Gebete, feierliche Musik, Weihrauch, der in duftenden Schwaden zum Nachthimmel steigt ...

Der Dalai Lama hat seinen Rundgang beendet und verschwindet wieder im großen Tsug Lag Khan. Die Soldaten ziehen mit klingendem Spiel geordnet ab.

Wie aus einer Hypnose erwacht, stürzten in diesem Augenblick die Zehntausende aus der Ordnung ins Chaos. Der Übergang ist so plötzlich, daß man fassungslos ist. Geschrei, wilde Gesten ... sie trampeln sich gegenseitig zu Boden, bringen sich fast um. Aus den eben noch weinend Betenden, ekstatisch Versunkenen sind Rasende geworden. Die Mönchssoldaten beginnen ihr Amt! Riesige Kerle mit ausgestopften Schultern und geschwärzten Gesichtern – damit die abschreckende Wirkung noch verstärkt wird. Rücksichtslos schlagen sie mit ihren Stöcken auf die Menge ein. Die Butterheiligen sind in Gefahr. Ohne Sinn und Verstand drängt alles zu den Pyramiden hin. Heulend steckt man die Schläge ein, aber selbst die Geschlagenen kehren wieder zurück. Als ob sie alle von Dämonen besessen wären. Sind das noch dieselben Menschen, die sich erst demütig vor einem Kind beugten? Jetzt nehmen sie die Peitschenhiebe hin wie einen Segen. Rußende Pechfackeln über den Köpfen, Schmerzensschreie aus dem Toben der Masse, hier ein verbranntes Gesicht – dort das Stöhnen eines Niedergetrampelten!

Es ist späte Nacht geworden. Nach diesem Erleben kann man keinen Schlaf finden. Bild für Bild rollt wieder ab vor den geschlossenen Augen, ein wirrer, bedrückender Traum. Noch dringt das Grölen aus den Straßen herauf. Langsam tropfen die Töne einer Oboe in mein Hinüberdämmern – stimmen mich traurig.

Am nächsten Morgen sind die Straßen leer, die Butterfiguren weggeräumt, keine Spur mehr von Demut und Ekstase der Nacht. Marktstände stehen schon wieder dort, wo die riesigen Gerüste waren . . . Die bunten Figuren der Heiligen sind zerschmolzen. Sie werden Butterlampen nähren oder als geweihte Medizin aufbewahrt.

Wir bekommen viele Besuche an diesem Morgen. Von weit und breit kommen die Tibeter zum Neujahrsfest in die Stadt, die Nomaden aus den Hochebenen, die Bewohner der westlichen Provinzen. Mancher Bekannte von unserer langen Reise ist darunter. Es war nicht schwer, uns zu finden, denn noch immer sind wir das Stadtgespräch von Lhasa, und jedes Kind weiß, wo wir wohnen.

Man bringt uns Geschenke – getrocknetes Fleisch, das hier eine Spezialität ist –, und bei dieser Gelegenheit erfahren wir auch, daß tatsächlich alle Beamten, durch deren Distrikte wir gekommen sind, von der Regierung gerügt wurden. Es gab Verwarnungen und Geldstrafen und die Ankündigung »drastischer« Maßnahmen bei Wiederholung eines solchen Falles.

Wir sind erst sehr kleinlaut darüber, daß wir Menschen, die uns freundlich aufgenommen hatten, solche Unannehmlichkeiten bereitet haben. Aber sie scheinen uns gar nicht böse zu sein. Wir treffen einen Bönpo, den wir mit unserem alten Geleitbrief an der Nase herumgeführt hatten – er lacht nur und freut sich, uns wiederzusehen.

Aber die Neujahrsfeierlichkeiten dieses Jahres sollten nicht ungetrübt vorübergehen. Am Parkhor war ein Unglück passiert – und bald verdrängte es jeden anderen Gesprächsstoff.

Jedes Jahr werden dort hohe Fahnenbäume errichtet, aus vielen schweren Stämmen zusammengefügt. Sie müssen von weit hergebracht werden, und ihr Transport nach Lhasa ist ein Kapitel für sich. Er geschieht auf eine so primitive Art, daß ich erschüttert und empört zugleich war, als ich zum erstenmal einen solchen Zug sah. Unwillkürlich fühlte ich mich an die Wolgaschiffer erinnert. Ungefähr zwanzig Leute schleppen den Stamm, der mit Stricken an ihren Leib gebunden ist, stumpf singen sie ihre monotonen Lieder und trotten im Gleichschritt dahin. Schweißtriefend und keuchend – aber der Vorsänger läßt ihnen keine Ruhepause. Diese Fronarbeit ist ein Teil ihrer Steuern, Tribut an das Feudalsystem! Die Träger werden von den einzelnen Ortschaften gestellt und bei jeder Siedlung neu abgelöst. Die eintönigen Weisen, die den Takt zu diesem Fronmarsch angeben, sollen sie wohl von der schweren Arbeit ablenken. Klüger wäre es, sie schonten ihre Lungen! Mich packte immer eine zornige Auflehnung gegen diese Art von Schicksalsergebenheit, und als moderner Mensch konnte ich nicht begreifen, daß man sich in diesem Land so rigoros gegen jeden Fortschritt verschloß.

Er mußte doch eine Möglichkeit geben, diese Lasten anders als durch Menschenkraft zu befördern. Wozu hatten die Chinesen vor Jahrhunderten das Rad erfunden! Transport und Handel, das ganze öffentliche Leben Tibets würde einen unvorstellbaren Aufschwung nehmen, der Wohlstand könnte immens steigen – aber nein, die Regierung wünscht das Rad nicht.

Als ich dann später Flußregulierungen leitete, machte ich verschiedene Funde, die mich in der Vermutung bestärkten, daß die Tibeter vor vielen hundert Jahren das Rad gekannt und verwendet hatten. Wir legten zugehauene Steinblöcke von Schrankgröße frei, nicht einen, nein, Hunderte! Sie konnten nur mit Hilfe von technischen Mitteln aus den viele Kilometer entfernten Steinbrüchen hergebracht worden sein. Wenn meine Arbeiter einen solchen Block nur wenige Meter weit transportieren sollten, zerschlugen sie ihn vorher in acht Teile. Welche Ironie!

Ich kam immer mehr zur Überzeugung, daß Tibet seine große Zeit schon hinter sich hatte. Ein Zeuge ehemaliger geschichtlicher Bedeutung ist ein hoher Steinobelisk aus dem Jahre 763 n. Chr. Damals waren die tibetischen Armeen bis vor die Tore der kaiserlichen Hauptstadt gezogen und hatten den Chinesen einen Frieden diktiert, der sie zu einem jährlichen Tribut von 50 000 Rollen Seide an Tibet verpflichtete.

Und dann der Potala! Auch er mußte aus einer Glanzzeit stammen, wenn auch aus einer anderen Epoche. Niemandem würde es heute einfallen, ein solches Bauwerk zu errichten. Einmal fragte ich einen Steinmetz, der bei mir arbeitete, warum man denn jetzt nicht ähnliche Bauten schaffe? Entrüstet antwortete er, der Potala sei ein Werk der Götter, niemals hätten Menschenhände so etwas fertiggebracht! Gute Geister und überirdische Wesen hatten in den Nächten dieses Wunderwerk geschaffen.

Hier schlug einem dieselbe Gleichgültigkeit gegen Ehrgeiz und Fortschritt entgegen, mit der die Holzträger ihre Stämme schleppten.

Tibet hatte sich von Kriegsruhm und Macht mehr und mehr der Religion zugewendet. Vielleicht war es so glücklicher . . .

Die vielen schweren Stämme also, die zum Neujahrsfest nach Lhasa gebracht wurden, band man mit Jakhautriemen zu einem zwanzig Meter langen und sehr dicken Mast zusammen. Dann wurde eine mit Gebeten bedruckte Fahne daran befestigt – im Gegensatz zu den europäischen Fahnen nagelt man den Stoff von der Spitze bis zum Boden an den Mast an. Wahrscheinlich waren die Stämme zu schwer für die Jakhautriemen gewesen – beim Aufrichten dieses Mastes war er in seine Bestandteile zerfallen, und die Stämme hatten drei Arbeiter erschlagen und mehrere verletzt.

Ganz Tibet war außer sich über dieses böse Omen, und man malte sich die Zukunft in den düstersten Farben aus. Naturkatastrophen wurden prophezeit, Erdbeben und Überschwemmungen, man sprach von Krieg und blickte bedeutungsvoll nach China. Jeder war dem Aberglauben verfallen, sogar die Adeligen mit englischer Schulbildung.

Trotzdem trug man die Verwundeten dieser Katastrophe nicht zu ihren Lamas, sondern brachte sie zum Sitz der British Mission. Dort stand immer eine Anzahl von Betten für Tibeter bereit. Der englische Arzt hatte viel zu tun. Jeden Morgen stand eine Schlange von Wartenden vor seiner Tür, und nachmittags machte er seine

Mönchspolizist. Während des Neujahrsfestes ist er für Ruhe und Ordnung verantwortlich. Zum Zeichen seiner Machtvollkommenheit trägt er eine große Holzstange, dazu eine Peitsche. Gegürtet ist er mit einem Rosenkranz aus Korallen

Visiten in der Stadt. Die Mönche duldeten diesen Einbruch in ihren Machtbereich stillschweigend, denn die Erfolge des Arztes ließen sich nicht ignorieren – und außerdem war England eine große Macht in Asien.

Die ärztliche Betreuung ist noch ein dunkles Kapitel in Tibet. Der Arzt der britischen und jener der chinesischen diplomatischen Vertretung, der auch mich behandelt hatte, waren die einzigen ausgebildeten Mediziner für dreieinhalb Millionen Menschen. Ärzte würden in Tibet ein reiches Betätigungsfeld finden, aber nie könnte es sich die Regierung erlauben, fremde Ärzte ins Land zu rufen. Alle Macht liegt in den Händen der Mönche, und sie kritisieren sogar Regierungsbeamte, wenn sie den englischen Arzt an ein Krankenbett rufen.

Unsere ersten Arbeitsaufträge

Deshalb war es ein hoffnungsvolles Zeichen für unsere Zukunft, als Aufschnaiter eines Tages zu einem hohen Mönchsbeamten gebeten wurde, der ihn mit dem Bau eines Bewässerungskanals beauftragte. Wir waren sprachlos vor Glück. Der erste Schritt zu einer festen Existenz in Lhasa war getan, und die Mönche waren es, die uns den Weg bahnten!

Aufschnaiter begann sogleich mit den Vermessungsarbeiten. Ich wollte ihm dabei helfen, denn er hatte ja keine geschulten Kräfte

Mönchstänzer bei der Feier des Kleinen Neujahrs im Stadtteil Schö am Fuße des Potala. Sie tragen bemalte Holzmasken und »Schürzen«, deren Glieder aus Menschenknochen oder Elfenbein geschnitzt sind. In der Hand halten sie Donnerkeil und Glocke

zur Verfügung. So wanderte ich zu seinem Arbeitsplatz am Lingkhor hinaus. Ein unbeschreibliches Bild erwartete mich da, sicher auf der ganzen Welt ohne Konkurrenz.

Da hockten Hunderte, ja Tausende Mönche, von ihren roten Kutten bedeckt, und gaben sich einer Beschäftigung hin, für die wir gewöhnlich die Einsamkeit aufsuchen. Es war unbeschreiblich. Ich beneidete Aufschnaiter nicht um seinen Arbeitsplatz. Verbissen machten wir uns an die Arbeit, ohne nach rechts und links zu blikken. Nur recht bald fertig werden und aus dieser Gegend herauskommen!

Aufschnaiter kam gut vorwärts und konnte schon nach vierzehn Tagen mit dem Ausheben des Grabens beginnen. Hundertfünfzig Arbeiter wurden ihm zur Verfügung gestellt, und wir fühlten uns als Großunternehmer. Doch wir sollten die Arbeitsmethoden dieses Landes erst kennenlernen ...

Inzwischen hatte auch ich mir eine Beschäftigung gesucht. Tsarongs Garten blieb noch immer der geeignetste Aufenthaltsort für mich kranken Mann, und ich dachte gern darüber nach, was ich zu seiner Verschönerung beitragen könnte. Dann kam der gute Einfall: eine Springbrunnenanlage!

Ich maß und zeichnete und hatte bald einen hübschen Plan fertig. Tsarong war begeistert. Er suchte persönlich die Diener aus, die mir helfen sollten, und ich saß bequem in der Sonne und dirigierte meine Schar. Bald war eine unterirdische Rohrleitung gelegt und ein Bassin gegraben. Bei der Betonierung ließ Tsarong es sich nicht nehmen, selbst mit Hand anzulegen, denn seit der Errichtung der großen Eisenbrücke war er Experte im Betonbau.

Dann wurde auf dem Dach seines Hauses ein Tank angelegt, der den Brunnen speisen sollte. Leider war das Heraufpumpen des Wassers ziemlich mühsam. Aber ich machte aus der Not eine Tugend und benutzte die Handpumpe zum Training meiner Muskeln.

Endlich war der große Augenblick gekommen, zum erstenmal warf der Brunnen seinen Strahl haushoch in die Luft. Eine kindliche Freude herrschte im ganzen Haus. Der Springbrunnen, der einzige in Tibet, war von nun an die große Sensation bei Tsarongs berühmten Gartenfesten.

Die vielen neuen Eindrücke, die ungewohnte Betätigung hatten uns fast unsere Sorgen vergessen lassen. Da brachte uns eines Tages Thangme eine in tibetischer Sprache erscheinende Zeitung und zeigte uns einen Artikel, der sich mit uns befaßte. Neugierig stürzten wir uns darauf. Der Artikel erzählte in einer durchaus netten Weise, wie wir uns über das Gebirge bis Lhasa durchgeschlagen hatten und daß wir nun das fromme und neutrale Tibet um seinen Schutz bäten. So freundliche Zeilen konnten nur günstig auf die öffentliche Meinung wirken, und wir erhofften davon eine Unterstützung unseres Gesuches. Die Zeitung wäre zwar in Europa ein unbedeutendes Blättchen gewesen – sie erschien monatlich einmal in Kalimpong, also in Indien, in einer Auflage von nur fünfhundert Stück, und der Herausgeber hatte Mühe, selbst die zu verkaufen. Aber sie war doch in Lhasa ziemlich verbreitet, gerade in den Kreisen, auf die es ankam, und einzelne Exemplare gingen sogar an Tibetforscher in der ganzen Welt.

Sportfeste vor Lhasas Toren

Die Neujahrsfeierlichkeiten waren noch nicht beendet. Die großen Zeremonien waren zwar vorbei, jetzt begannen aber die sportlichen Veranstaltungen am Parkhor vor dem Tsug Lag Khan. Mich als alten Sportler interessierte das natürlich besonders. Jeden Tag war ich schon bei Sonnenaufgang draußen, denn die Wettkämpfe begannen in aller Frühe.

Wir hatten uns mit viel Geschick einen Fensterplatz im zweiten Stock der chinesischen Vertretung erobert und sahen von dort aus zu, wohlverborgen hinter einem Vorhang. Nur so ließ sich das Verbot umgehen, in Anwesenheit des Regenten höher zu sitzen als im Erdgeschoß. Der Regent thronte hinter einem Gazevorhang im obersten Stock des Tsug Lag Khan, die vier Kabinettsminister sahen aus den Fenstern zu.

Zuerst kamen die Ringwettkämpfe. Ich kann nicht entscheiden, ob es mehr griechisch-römischer oder mehr Freistil war, sie hatten jedenfalls ihre eigenen Regeln. Hier genügte zum K.o., daß der Kämpfer mit einem anderen Körperteil als den Füßen den Boden berührte. Es gibt keine Meldelisten oder irgendwelche Vorbereitungen. Eine Filzmatte wird auf dem Boden ausgebreitet, und aus den vielen Tausenden von Zuschauern melden sich Männer, die gegeneinander antreten. Ein Training kennt man nicht.

Die Kämpfer haben nur einen kleinen Lendenschurz um und zittern vor Kälte in der Morgenkühle. Es sind lauter gutgewachsene, muskulöse Gestalten. Mit wilden Gebärden fuchteln sie dem Gegner vor der Nase herum, wollen Mut vortäuschen und mit ihrer Kraft protzen. Aber vom Ringen haben sie keine Ahnung. Für jeden wirklichen Ringer wären sie eine leichte Beute. Die Kämpfe sind kurz, und die Paare wechseln rasch. Ein erbittertes Ringen um den Sieg sieht man nicht. Es gibt ja auch keine besondere Auszeichnung für den Sieger! Beide Kämpfer, Sieger und Besiegter, bekommen eine weiße Schleife. Sie verneigen sich vor dem Bönpo, der sie ihnen huldvoll überreicht, werfen sich dreimal zu Boden, um dem Regenten ihre Verehrung zu erweisen, und treten in bester Freundschaft gemeinsam wieder ab.

Dann folgt eine Konkurrenz im Gewichtheben. Ein schwerer, glatter Stein liegt da – er hat bestimmt schon Hunderte von Neujahrsfesten gesehen! Er soll aufgehoben und um den Flaggenbaum getragen werden. Das gelingt nur wenigen. Immer wieder gibt es Gelächter, wenn einer seine Kräfte überschätzt, mit überheblichen Gebärden zum Stein tritt und ihn dann kaum vom Boden bringt oder wenn der Stein einem Wettkämpfer aus der Hand rutscht und ihm beinahe die Zehen zerquetscht.

Da plötzlich hört man von ferne den Hufschlag galoppierender Pferde. Schnell wird das Steinheben abgebrochen. Das Pferderennen beginnt! Schon brausen die Tiere in einer Staubwolke heran.

Auch für das Pferderennen gibt es keine abgesteckte Bahn. Mönchssoldaten schlagen jetzt mit ihren Stöcken auf die Menge ein, die sich unvorsichtig und neugierig erst recht in den Weg stellt. Aber im letzten Augenblick sind es die heranstürmenden Pferde selbst, die sich Bahn brechen. Auch diese Rennen sind für uns ungewohnt. Die Pferde tragen keine Reiter, sie werden in einem Massenstart einige Kilometer vor der Stadt losgelassen und jagen frei durch das widerwillig zurückweichende Spalier der Menge dem Ziel zu. Nur in Tibet gezüchtete Pferde dürfen antreten, und jedes trägt den Namen seines Besitzers auf einem Tuch am Rücken. Es geht um die Ehre des Stalles. Selbstverständlich darf nur ein Pferd des Dalai Lama oder der Regierung gewinnen! Sollte es je einmal einem Außenseiter einfallen, schneller als eines der Regierungspferde zu sein, dann wird es vor dem Ziel durch Diener abgestoppt. Der Weg der Pferde wird mit viel Spannung verfolgt, die aufgeregte Menge, die Diener der Adeligen johlen und schreien und wollen die Renner anfeuern, die Adeligen, meist selbst Besitzer eines der Rennpferde, bewahren ihre Würde. Wie eine wilde Jagd braust das ganze Feld an uns vorbei, dem Ziel zu, das ein wenig hinter der Stadt liegt.

Die Staubwolke, die die Hufe der Pferde aufgewirbelt haben, hat sich noch nicht verzogen, da kommen schon die ersten Läufer angekeucht. Und was sich da alles Läufer nennt! Auch am Wettlauf kann sich beteiligen, wer will, und so stolpert alles mit, vom alten Mann bis zum kleinen Buben. Barfuß laufen sie, die Füße sind blutig gestoßen und voller Blasen, die Gesichter verzerrt, atemlos – man sieht, daß sie nie im Leben trainiert haben. Noch weit vor dem Ziel der acht Kilometer langen Laufstrecke scheiden viele aus, aber sie ernten mit ihren Leiden höchstens den Spott der Zuschauer.

Wieder sind noch die letzten Läufer hinkend auf der Strecke, als der nächste Programmpunkt startet. Pferde jagen heran, doch diesmal mit Reitern. Sie werden mit Jubelgeschrei begrüßt. Die Reiter tragen alte historische Trachten und peitschen wild auf ihre Tiere los, um das Letzte aus ihnen herauszuholen. Die Zuschauer lärmen und gestikulieren – dort scheut ein Pferd, der Reiter fliegt im Bogen in die Menge. Das stört aber niemanden.

Mit dem Reitturnier sind die Wettkämpfe auf dem Parkhor beendet. Alle Sieger treten an, Holztafeln in der Hand, auf denen die Nummer ihres Durchganges durchs Ziel steht. Über hundert Läufer sind es und fast die gleiche Anzahl Reiter. Preisrichter überreichen ihnen bunte und weiße Schleifen, aber die Menge spendet keinen Beifall, diese Sitte kennt man hier nicht. Das Volk lacht und johlt und freut sich, wenn es irgendwo eine komische Situation entdeckt. Es hat sein Schauspiel gehabt.

Und zum Abschluß gibt es noch die Reiterspiele auf einer großen Wiese außerhalb von Lhasa.

Wieder stecken wir im Gedränge einer riesigen Menge und sind froh, als ein Adeliger uns in sein Zelt einlädt. Diese Festzelte bieten ein prächtiges Bild: Sie sind in Reih und Glied je nach dem Rang ihrer Besitzer aufgestellt, aus kostbaren Seidenstoffen und Brokaten und mit prunkvollen Ornamenten verziert. Dazu die reichen Gewänder der Männer und Frauen – eine Symphonie in Farben! Die weltliche Beamtenschaft trägt, vom vierten Rang aufwärts, leuchtendgelbe Seidengewänder, dazu große, tellerförmige Hüte, mit Blaufuchs verbrämt. Diese Füchse kommen aus Hamburg! Ihre eigenen Blaufüchse sind den Tibetern zu schlecht. Nicht nur die Frauen, auch die Männer wollen einander hier in der Kostbarkeit ihrer Gewänder übertreffen. Ihre echt asiatische Prunkliebe hat sie mit vielen Orten der Welt in Verbindung gebracht, obwohl sie sonst nicht gerade Kenner der Weltgeographie sind. Aber Blaufüchse kommen aus Hamburg, Zuchtperlen aus Japan, Türkise über Bombay aus Persien, Korallen aus Italien und Bernstein aus Berlin und Königsberg. Ich selbst habe später oft Briefe in die ganze Welt geschrieben, wenn ein reicher Adeliger sich dies oder das bestellen wollte. Prunk und Pomp sind hier Bedürfnis, sie müssen in der Kleidung und bei Veranstaltungen immer wieder zur Geltung kommen. Das Volk selbst kennt keinen Luxus, aber es liebt ihn bei seinen Herren und betet ihre Macht nur um so mehr an. Die großen Feste sind eigentlich eine Zurschaustellung von Macht und Prunk, und die hohen Bonpös wissen, was sie dem Volke schuldig sind. Wenn dann die vier Kabinettsminister am letzten Tag des Festes ihre kostbaren Kopfbedeckungen mit den rotbefransten Hüten ihrer Diener vertauschen, um so für einen Augenblick ihre Gleichheit mit dem Volk zu manifestieren, dann kennen Jubel und Bewunderung keine Grenzen.

Und nun zurück zum Reiterfest!

Es ist die populärste Veranstaltung, wahrscheinlich ein Überbleibsel der einstigen großen Heerschauen. Damals mußten die Feudalherren dem Herrscher zu bestimmten Zeiten ihre Truppen vor Augen führen und so die ständige Bereitschaft für den Fall eines Krieges beweisen. Dieser Sinn ist längst verlorengegangen, aber manches an diesen Spielen erinnert noch an die kriegerische Periode unter dem Einfluß der Mongolen, von deren Reiterkunststückchen man sich heute noch Wunderdinge erzählt.

Wir sollten auch jetzt noch über die unglaubliche Geschicklichkeit der Tibeter staunen. Jede adelige Familie stellt zu diesen Spielen eine Anzahl von Teilnehmern, und hier ist man natürlich ehrgeizig bestrebt, die Besten zu wählen, um bei der Mannschaftswertung gut abzuschneiden. Reiten und Schießen sind die Proben, bei denen sie ihre Meisterschaft beweisen sollen, und ich kam aus dem Staunen nicht heraus, als ich ihnen zusah. Sie stehen fast aufrecht im Sattel, und während das Pferd an einer aufgehängten Zielscheibe vorbeigaloppiert, schwingen sie den Vorderlader mit der rauchenden Lunte über dem Kopf und schießen im rechten Winkel auf die Scheibe. Und schon haben sie die Flinte gegen Pfeil und Bogen ausgetauscht –, da verkündet das Jubelgeschrei der Menge, daß auch dort ein Treffer sitzt. Es ist unwahrscheinlich, wie flink die Tibeter mit der Waffe umgehen und sie auswechseln!

Bei diesen Festen beweist die tibetische Regierung wieder ihre vorbildliche Gastfreundschaft, selbst den Fremden gegenüber. Für alle ausländischen Vertretungen sind prächtige Ehrenzelte aufgestellt, Diener und Verbindungsoffiziere kümmen sich um die Wünsche der Gäste.

Besonders viele Chinesen sah ich damals auf dem Festplatz. Sie fallen unter den Tibetern sofort auf, wenn sie auch der gleichen Rasse angehören. Die Tibeter sind nicht ausgesprochen schlitzäugig, sie haben ein angenehmer gebildetes Gesicht und rote Wangen. Die reichen chinesischen Trachten haben schon häufig dem europäischen Anzug Platz gemacht, und viel Chinesen – in diesem

Punkt nicht so konservativ wie die Tibeter – tragen Brillen. Meist sind es Kaufleute, die in Lhasa leben und durch die Verbindung mit ihrer Heimat vorteilhafte Handelsbeziehungen unterhalten können. Sie leben gern hier und siedeln sich oft für immer in Lhasa an. Das hat seinen besonderen Grund. Die meisten Chinesen sind nämlich leidenschaftliche Opiumraucher – in Tibet aber, wo schon das Rauchen an sich von den Behörden ungern gesehn, ja in gewissen Fällen sogar mit Strafen belegt wird, besteht kein eigentliches Verbot des Opiumrauchens. Manchmal allerdings greift auch ein Einheimischer, verführt durch das Beispiel der Chinesen, zur Opiumpfeife. Aber auch in diesem Fall beweist sich die autoritäre Gewalt der Regierung: Das Opiumrauchen kann nicht überhandnehmen, denn sie wacht mit strengem Auge über das Laster des Rauchens überhaupt. Man bekommt in Lhasa zwar jede Zigarettensorte der Welt zu kaufen, aber in Ämtern, auf der Straße, bei Zeremonien ist das Rauchen streng verboten, und wenn die Mönche zu Neujahr das Regiment führen, ist sogar der Verkauf von Zigaretten unterbunden.

Dafür schnupfen alle Tibeter! Volk und Mönche benutzen selbstpräparierten Schnupftabak als Stimulans. Jeder ist stolz auf seine Mischung, und wenn zwei Tibeter zusammenkommen, wird zuerst der Schnupftabak hervorgeholt und eine kleine Prise angeboten. Dabei protzt man auch gern ein wenig mit seinem Tabaksbehälter – vom billigen Jakob bis zum kostbaren, goldgefaßten Jadefläschchen kann man alle Abstufungen bewundern. Mit Genuß wird das Pulver auf den Daumennagel gestreut und dann . . . Sie sind wahrhaftig routiniert auf diesem Gebiet und blasen riesige Staubwolken aus ihrem Mund, ohne auch nur einmal zu niesen. Wenn jemand in ein fürchterliches Niesen ausbrach, dann war immer ich es – zur größten Heiterkeit aller Anwesenden.

Und dann gibt es noch die Nepalesen in Lhasa. Reichgekleidet und wohlbeleibt – man sieht es diesen behäbigen Kaufleuten von weitem an, wie gut es ihnen hier geht. Dank einem alten Vertrag sind sie heute noch von allen Steuern befreit – dieses Zugeständnis mußte ihnen Tibet nach einem verlorenen Krieg einräumen –, und sie haben das Zeug dazu, diese Vergünstigung weidlich auszunützen. Die schönsten Geschäfte am Parkhor gehören ihnen, sie sind raffinierte Händler mit einem sechsten Sinn für ein »gutes Geschäft«. Meist haben sie ihre Familien in der Heimat und kehren später dorthin zurück – zum Unterschied von den Chinesen, die gerne Tibeterinnen heiraten und hier vorbildliche Ehen führen.

Bei den offiziellen Festen hebt sich die nepalesische diplomatische Vertretung wie eine noch buntere Insel aus dem bunten Gewühl. Ihre Gewänder übertreffen selbst die allgemeine Farbenpracht, und die roten Waffenröcke der Gurkhasoldaten – ihrer Leibgarde – leuchten von weitem.

Diese Gurkhasoldaten haben eine gewisse Berühmtheit in Lhasa erlangt. Sie sind die einzigen, die es wagen, sich über das Verbot des Fischens hinwegzusetzen. Wenn das der tibetischen Regierung zu Ohren kommt, wird bei der nepalesischen Vertretung feierlich Protest erhoben. Und dann beginnt ein nettes Schauspiel. Die Übeltäter müssen natürlich bestraft werden, denn der Vertretung liegt viel am guten Einvernehmen mit der Regierung. Aber die hohen Herren sind meist selbst nicht ganz unschuldig an der Sache, da auch viele Adelige in Lhasa ein heimliches Fischgericht zu schätzen wissen. Die armen Sünder werden also nach einem riesigen Donnerwetter zur Auspeitschung verurteilt. Aber die Strafe tut keinem weh . . .

Kein Mensch in Lhasa würde es wagen, selbst angeln zu gehen. In ganz Tibet gibt es nur einen einzigen Ort, der das Privileg zum Fischfang hat. Er liegt am Tsangpo inmitten einer Sandwüste. Kein Getreide gedeiht dort, Vieh kann nicht gehalten werden, weil es kein Weideland gibt. Der Fischfang ist daher die einzige Nahrungsquelle, und das Gesetz hat hier eine Konzession gemacht. Freilich gilt die Bevölkerung dieses Dorfes als zweitrangig, genau wie die Zunft der Schlächter und Schmiede.

Zahlenmäßig bilden die Mohammedaner einen ansehnlichen Teil der Stadtbevölkerung. Sie besitzen eine eigene Moschee und genießen volle Freiheit in der Ausübung ihrer Religion. Das ist einer der schönsten Züge am tibetischen Volk, daß es trotz der eigenen absoluten Mönchsherrschaft keinen Bekehrungsfanatismus zeigt und jede andere Religion bis ins letzte respektiert.

Die Moslems sind meist aus Indien eingewandert und haben sich hier mit den Tibetern völlig vermischt. Ihrem Glaubenseifer entsprechend, verlangten sie zuerst, daß ihre tibetischen Gattinnen zum Islam überträten. Aber da schaltete sich die Regierung ein und gestattete den Tibeterinnen die Heirat mit einem Moslem nur, wenn sie ihren Glauben beibehielten. Frauen und Mädchen aus den Mischehen tragen noch ihre tibetische Tracht mit den schönen, quergestreiften Schürzen, den Schleier des Islams aber nur symbolisch in Form einer Kopfbedeckung. Die Männer fallen durch ihre Fese und Turbane im Stadtbild auf. Meist sind sie auch Händler und haben gute Beziehungen nach Indien, besonders nach Kaschmir.

Wie auf einem Präsentierteller kann man beim Reiterfest auf der großen Wiese alle Bevölkerungsgruppen Lhasas beobachten.

Da ist noch ein buntes Gemisch von Ladhakis, Bhutanesen, Mongolen, Sikkimesen, Kazaken und wie die benachbarten Stämme alle heißen mögen. Eine besondere Spezialität sind die Hui-Huis, chinesische Mohammedaner aus der Kuku-Nor-Provinz; ihnen gehören die Schlachthäuser, die in einem besonderen Viertel außerhalb des Lingkhor liegen, und man sieht sie etwas über die Achsel an, weil sie durch das Töten der Tiere gegen die buddhistische Lehre verstoßen. Aber auch sie haben ihren eigenen Tempel.

So verschieden sie auch in Religion, Rasse und Sitte ist, so einträchtig findet sich die Bevölkerung Lhasas bei den Vergnügungen des Neujahrsmonats zusammen. Friedlich stehen sogar Zelte der beiden großen Rivalen um die Gunst Tibets, der Engländer und Chinesen, nebeneinander.

Den Abschluß der Festlichkeiten bildete nach den Reiterspielen und einem Bogenweitschießen ein Wettbewerb der Adeligen. Mein Leben lang habe ich so etwas noch nicht gesehen, ja, ich hätte es nie für möglich gehalten! Ein bunter Vorhang wird gespannt, davor werden konzentrisch ineinandergesteckte Lederringe um eine schwarze Scheibe von zirka fünfzehn Zentimetern Durchmesser aufgehängt. In einer Entfernung von dreißig Metern nimmt der Schütze Aufstellung und schießt mit einem Pfeil nach der schwarzen Scheibe. Diese Pfeile erzeugen während des Fluges merkwürdige Töne, die man ziemlich weit hören kann. Ich bekam nachher einen in die Hand und sah ihn mir näher an. Statt der Pfeilspitze steckte ein durchlöcherter Holzkopf am Ende des Schaftes; und die Luft, die im Fluge durch diese Löcher pfiff, brachte die seltsam singenden Töne hervor. Mit diesem Geschoß trafen die Wettkämpfer so sicher, daß fast jeder Pfeil die innerste Scheibe herausschlug. Auch die Adeligen wurden dann mit weißen Schleifen belohnt.

Wenn das Fest vorbei ist, ziehen am Abend die Feudalherren in prächtigem Zug wieder in die Stadt. Und das Volk steht an den Straßenrändern und bestaunt neidlos den Prunk seiner Halbgötter. Es ist gesättigt. Augen und Ohren haben ihr Schauspiel gehabt, und das Herz der Gläubigen zehrt noch lange an der Mystik der großen Zeremonien, am Anblick des jungen Gottkönigs. Jetzt kann man wieder zum Alltag übergehen. Die Händler öffnen ihre Läden und beginnen mit alter Profitgier zu feilschen, Würfelspieler tauchen wieder an den Straßenecken auf, und die Hunde kommen in die Stadt zurück, denn in der Periode der Sauberkeit hatten sie ihr Quartier außerhalb des Lingkhor aufgeschlagen, aus schon bekannten Gründen ...

Es blieb weiterhin still um uns. Der Sommer kam näher, meine Ischiasschmerzen besserten sich – von unserer Ausweisung fiel kein Wort. Noch immer war ich in ständiger Behandlung des englischen Arztes, konnte aber an den schönen Tagen schon im Garten arbeiten. Ich hatte jetzt Aufträge in Hülle und Fülle! Es hatte sich rasch herumgesprochen, daß die neuen Anlagen und der Springbrunnen in Tsarongs Garten mein Werk waren, und ein Adeliger nach dem andern kam und wollte etwas Ähnliches haben.

Denn der Tibeter liebt seinen Garten. Auf jedem Fleckchen Erde werden Blumen gezogen, und man findet sie oft in den merkwürdigsten Gefäßen, in alten Teekrügen, Konservendosen, zerbrochenem Geschirr. In jedem Haus, in jedem Zimmer sieht man Blumen als Schmuck. Und in den Gärten treibt man einen wahren Kult damit.

Aufschnaiter war sehr beschäftigt. Er baute seinen Kanal, den ersten fachmännischen in Tibet. Von früh bis abends war er auf der Baustelle, nur an hohen Feiertagen ruhte die Arbeit. Als einen besonderen Glücksfall konnte man es bezeichnen, daß Mönche seine Auftraggeber waren. Denn wenn auch die weltlichen Adeligen eine große Rolle in der Verwaltung des Landes spielen, die letzte Entscheidung in allen Fragen liegt bei einer kleinen Mönchsclique.

Der Orden der Tsedrungs

Deshalb war ich nicht wenig erfreut, als auch ich eines Tages in den Garten der Tsedrungs bestellt wurde.

Die Tsedrungs sind Mönchsbeamte, die eine Art Orden bilden. Durch ihre strenge Erziehung zum Gemeinschaftsgeist sind sie den weltlichen Beamten an Macht weit überlegen. Sie bilden die nächste Umgebung des Dalai Lama. Alle persönlichen Diener des jungen Gottes kommen aus diesem Orden, der Kämmerer, seine Lehrer und seine persönlichen Betreuer sind hohe Tsedrungs. Der Dalai Lama nimmt außerdem an ihren obligatorischen täglichen Zusammenküften teil, die der Pflege des Gemeinschaftsgeistes dienen.

Die Mönchsbeamten des Tsedrung-Ordens haben ohne Ausnahme eine strenge Ausbildung hinter sich. Ihre Schule liegt im Osttrakt des Potala, und die Lehrer kommen traditionsgemäß aus dem berühmten Kloster Möndroling südlich des Tsangpo, das für die Pflege des tibetischen Schrifttums und der Grammatik bekannt ist. Jeder junge Mann des Landes kann in die Schule der Tsedrungs eintreten, aber die Aufnahme in den Orden selbst ist sehr schwierig. Es existiert nämlich eine viele hundert Jahre alte Vorschrift, die die Zahl seiner Mitglieder begrenzt, es darf immer nur 175 Tsedrungs geben. Diese Zahl galt früher auch für die weltlichen Beamten, so daß es im ganzen immer 350 Beamte in Tibet gab. Durch die Einführung einiger neuer Ämter wurde in letzter Zeit diese Zahl ein wenig vergrößert.

Wenn der junge Mönchsschüler das achtzehnte Jahr erreicht hat, kann er nach Ablegung bestimmter Prüfungen – und natürlich mit etwas Protektion – Tsedrung werden. Damit erhält er gleichzeitig den niedrigsten Rang und kann, je nach seinen Fähigkeiten, bis zum dritten Rang aufsteigen. Die Tsedrungs tragen die übliche rote Mönchskutte, darüber aber die Abzeichen ihres Ranges, der dritte zum Beispiel ein gelbes Seidengewand. Die jungen Tsedrung-Schüler kommen meist aus dem Volk und bilden ein gesundes Gegengewicht gegen den vererbten weltlichen Adel. Ein großes Arbeitsfeld wartet auf sie, denn es gibt keine Regierungsstelle, wo neben dem weltlichen Beamten nicht mindestens ein Mönchsbeamter sitzt. Durch dieses gemeinsame Ausüben eines Amtes soll eine despotische Diktatur des einzelnen verhindert werden, eine Gefahr, die ja beim Feudalsystem immer gegeben ist.

Der Oberste Kämmerer des jungen Gottes mit dem klangvollen Titel Drönyer Tschemo war es, der mich zu sich gebeten hatte. Er schlug mir vor, den Garten der Tsedrungs herzurichten. Das war eine große Chance für mich! Er ließ nämlich durchblicken, daß auch im Garten des Dalai Lama neue Anlagen notwendig seien und wenn man mit meiner Arbeit zufrieden sei . . . Ich sagte sofort zu. Eine Anzahl von Arbeitern wurde mir zur Verfügung getellt, und ich machte mich mit allem Eifer ans Werk. Es blieb mir kaum noch Zeit für die Privatstunden in Englisch und Mathematik, die ich einigen jungen Adeligen erteilte.

Was konnte uns jetzt noch treffen? Unsere Aufträge gingen von den höchsten Stellen der Mönchsbeamten aus, sollte das nicht ein Zeichen sein, daß man sich mit unserer Anwesenheit abgefunden hatte und uns stillschweigend duldete?

Aber noch einmal kam ein schwerer Schock. Eines Morgens besuchte uns ein hoher Beamter des Außenamtes, Kyibub, der letzte der vier Tibeter, die vor vielen Jahren in Rugby studiert hatten. Sein Auftrag war ihm sichtlich peinlich. Unter vielen Entschuldigungen und großem Bedauern teilte er uns mit, daß der englische

Arzt mich für reisefähig erklärt hätte und daß die Regierung unsere sofortige Abreise erwartete. Als Beweis zeigte er mir einen Brief des englischen Arztes. Es hieß darin, daß ich zwar noch nicht völlig genesen sei, daß aber die Reise für mein Leben keine Gefahr mehr bedeutete.

Aufschnaiter und ich waren wie vor den Kopf geschlagen. Damit hatten wir nicht mehr gerechnet! Aber wir nahmen uns zusammen und versuchten, höflich und gefaßt unsere Gegenargumente vorzubringen. Meine Krankheit könne beim geringsten Anlaß wieder in alter Heftigkeit ausbrechen. Was sollte aus mir werden, wenn ich mitten auf einer beschwerlichen Reise plötzlich keinen Schritt mehr tun konnte? Obendrein war gerade jetzt die Zeit, wo in Indien die Hitzeperiode begann. Kein Mensch, der so lange in der gesunden Höhenluft Lhasas gelebt hatte, konnte diesen Übergang ohne Schädigung überstehen. Und was sollte aus unseren Arbeiten werden? Wir hatten sie im Auftrag der höchsten Stellen begonnen und wollten sie unbedingt zu Ende führen. Wir würden nochmals ein Gesuch an die Regierung richten.

Innerlich stellten wir uns zwar darauf ein, uns bald auf den Weg nach Indien machen zu müssen, gleichzeitig jedoch planten wir, in der Region des Himalaja neuerlich auszureißen. Denn in Indien saßen unsere Kameraden ja noch immer hinter Stacheldraht, obwohl es schon April 1946 war.

Von diesem Tag an hörten wir aber nie wieder etwas von einem Ausweisungsbefehl, wenn wir auch noch eine Weile darauf warteten.

Wir waren inzwischen in Lhasa heimisch geworden. Auf der Straße erregten wir kein Aufsehen mehr, die Kinder zeigten nicht mehr mit dem Finger auf uns, man besuchte uns nicht mehr aus Neugierde, sondern aus freundschaftlichen Gefühlen. Auch die British Mission schien überzeugt von unserer Ungefährlichkeit, denn obwohl Delhi unsere Auslieferung verlangt hatte, war dies offenbar ohne sonderlichen Nachdruck geschehen ... Und Tibets offizielle Stellen versicherten uns, daß wir gerne gesehen seien.

Immer mehr lebten wir uns ein. Wir verdienten jetzt so viel, daß wir nicht mehr ganz von der Gastfreundschaft Tsarongs abhängig waren. Unsere Arbeit machte uns viel Freude, und die Zeit verflog schnell . . . Das einzige, wonach wir uns sehnten, war, Post aus der Heimat zu bekommen. Schon über zwei Jahre waren wir ohne Nachricht. Man mußte uns längst für tot halten. Aber dann trösteten wir uns immer wieder damit, daß unsere Lage doch sehr erträglich war und daß wir allen Grund hatten, zufrieden zu sein. Wir hatten ein Dach über dem Kopf und keine Existenzsorgen mehr. Den Errungenschaften des Westens trauerten wir nicht nach. Europa mit seinen Wirren lag so fern. Oft schüttelten wir den Kopf, wenn wir beim Radio saßen und Nachrichten hörten. Sie ermutigten nicht zur Heimkehr . . .

Viel Abwechslung brachten in unser Leben die Einladungen zu den vornehmen Familien Lhasas. Wir bewunderten immer wieder die tibetische Gastfreundschaft und staunten über die auserlesenen Gerichte, die bei solchen Gelegenheiten auf den Tisch kamen.

Der jüngste Sohn der Gottmutter

Aber alles, war wir bisher gesehen hatten, wurde in den Schatten gestellt durch die erste offizielle Party, die ich im Elternhaus des Dalai Lama mitmachte. Eigentlich kam ich durch Zufall dazu. Ich arbeitete gerade im Garten, denn auch dort sollte ich neue Anlagen schaffen. Da ließ mich die Gottmutter rufen und meinte, ich solle die Arbeit doch für heute sein lassen und mich lieber ihren Gästen anschließen. Etwas verlegen betrachtete ich die glänzende Versammlung im Empfangszimmer. Ungefähr dreißig Adelige waren da, sie hatten ihre besten Kleider an, und die Stimmung war recht gehoben. Ich erfuhr den Anlaß des Festes: Man feierte die Geburt der jüngsten Sohnes der Gottmutter, der vor drei Tagen zur Welt gekommen war. Befangen stotterte ich meine Glückwünsche und überreichte eine rasch ausgeliehene weiße Schleife. Aber die Gottmutter lächelte huldvoll. Wieder mußte ich sie bewundern. Als ob nichts gewesen wäre, spazierte sie im Zimmer herum und unterhielt sich lebhaft mit ihren Gästen. Er ist erstaunlich, wie rasch die Frauen sich hier nach jeder Entbindung erholen. Man macht nicht viel Aufhebens von der Sache. Ärzte gibt es nicht, und die Frauen helfen sich einfach untereinander. Jede Frau ist stolz, wenn sie viele und gesunde Kinder hat; stets stillt sie selbst und mit einer bewundernswerten Ausdauer; es ist nicht ungewöhnlich, daß Drei- bis Vierjährige noch nach der Brust verlangen. Die Nomaden- und Bettlerfrauen tragen ihren Säugling in der Brusttasche ihres Schafspelzes mit, während sie ihrer Arbeit nachgehen, und wenn das Kleine hungrig ist, holt es sich selbst seine Nahrung. Ob arm oder reich, man ist ausgesprochen kinderlieb in Tibet und verwöhnt die Kleinen sehr. Aber leider fordern die venerischen Krankheiten fast in jeder Familie ihre Opfer, und so ist besonders in den Städten Kinderreichtum selten.

Kommt in einer adeligen Familie ein Kind zur Welt, so bekommt der Säugling sogleich seine eigene Dienerin, die das Kind bei Tag und Nacht nicht verlassen darf. Die Geburt eines Kindes wird immer großartig gefeiert. Eine Taufzeremonie in unserem Sinn oder Taufpaten gibt es nicht. Der Name – oder besser die Namen, denn jedes Kind bekommt mehrere – wird von einem Lama ausgesucht, der dabei allerlei astrologische Aspekte und Beziehungen zu Heiligen in Betracht zieht. Hat das Kind aber einmal eine schwere Krankheit durchgemacht, so ist es üblich, ihm einen anderen Namen zu geben, denn der frühere war eben ein schlechtes Omen und wird daher abgelegt.

Mir ging es einmal so mit einem erwachsenen Freund, der nach einer schweren Dysenterie einen neuen Namen bekam – ich verwechselte ihn immer wieder!

Die Geburtsfeier des jüngsten Bruders des Dalai Lama wurde eine fröhliche und eine richtig lukullische Angelegenheit. Wir saßen auf Polstern an kleinen Tischchen, genau nach Rang und Ansehen geordnet.

Zwei Stunden lang kamen immer neue und neue Gänge – ich

wollte sie zählen, aber ich kam nur bis vierzig! Es gehörte Training dazu, sich anfangs soweit zu beherrschen, um bis zu den letzten köstlichen Leckerbissen durchhalten zu können. Flinke Diener stellten Schüssel um Schüssel auf die Tische, servierten lautlos wieder ab und brachten neue Herrlichkeiten. Was gab es da nicht alles! Delikatessen aus aller Welt standen neben den heimischen Gerichten aus Schaf- und Jakfleisch, aus Hühnern und Reis. Daneben indische Spezialitäten, Curry und alle möglichen gaumenreizenden Zutaten. Wenn dann zum Schluß die obligate Nudelsuppe kommt, kann man sie kaum mehr bewältigen. Obwohl alles von der Anstrengung des Essens müde ist, beginnen einige Gäste nach Spielen zu verlangen – und so vergeht die Zeit bis zum Abend wie im Flug. Wieder kommt eine Mahlzeit, womöglich noch üppiger, und wieder ist man für Stunden nur mit dem Essen beschäftigt. Man wundert sich im stillen, daß es überhaupt noch Gerichte gibt, die nicht vorgesetzt wurden. Dann wird Tschang in großen Mengen getrunken, denn das Essen ist stark gewürzt, und das macht durstig. Wem das Bier zu leicht ist, der kann Whisky oder Portwein bekommen. Die Stimmung steigt, und der Gastgeber freut sich, wenn seine Gäste ausgelassen werden. Ein Schwips ist keine Schande – man schätzt ihn als Beitrag zur guten Laune.

Die Party im Hause der Wöchnerin wurde allerdings schon nach dem Essen abgebrochen. Draußen standen Diener und Pferde bereit, um die Gäste nach Hause zu bringen – der Gipfelpunkt der Gastfreundschaft. Man verabschiedet sich dankend und bekommt noch eine weiße Schleife um den Hals gelegt. Von allen Seiten wird man wieder eingeladen – es gehört ein feines Ohr dazu, herauszuhören, welche Einladung bloß eine Höflichkeitsformel und welche ernstgemeint ist. Es dauerte lange, bis Aufschnaiter und ich die feinen Nuancen in Satzform und Ton unterscheiden lernten. Wir konnten mit der Art, wie wir eingeladen wurden, zufrieden sein.

Freundschaft mit Lobsang Samten

Noch oft waren wir Gast in diesem Haus, und mit Lobsang Samten verband mich bald eine aufrichtige Freundschaft. Er war ein sympathischer Junge. Jetzt stand er gerade am Anfang seiner Mönchsbeamtenlaufbahn. Eine glänzende Karriere erwartete ihn, vorgezeichnet durch seine Geburt, durch seine Stellung als Bruder des jungen Gottkönigs. Eines Tages würde er eine große Rolle spielen als Mittler zwischen seinem Bruder und der Regierung. Aber die Last dieser Würde warf schon jetzt ihre Schatten voraus. Er konnte seinen Umgang nicht frei wählen – aus jedem seiner Schritte wurden sogleich Schlüsse gezogen. Kam er zu einem offiziellen Anlaß in das Haus eines höheren Beamten, so legte sich bei seinem Eintritt ehrfürchtiges Schweigen über die Gesellschaft, und alle – ob Kabinettsminister oder Gouverneur – erhoben sich von ihren Sitzen, um ihm als Bruder des Gottkönigs ihren Respekt zu erweisen. Das alles hätte einem jungen Menschen leicht zu Kopf steigen können; aber Lobsang Samten behielt seinen bescheidenen Charakter bei.

Oft erzählte er mir auch von seinem jungen Gottbruder, der im Potala ein einsames Dasein führte. Es war mir schon immer aufgefallen, daß sich bei den Parties alle Gäste versteckten, wenn man der Gestalt des Dalai Lama ansichtig wurde, der auf dem Dach des Potala spazieren ging. Lobsang gab mir die rührende Erklärung dafür: Der junge Gott besaß eine Anzahl erstklassiger Fernrohre, die er zum Geschenk bekommen hatte, und er amüsierte sich gern damit, vom Dach aus das Leben und Treiben seiner Untertanen in der Stadt zu beobachten. Denn der Potala war für ihn eigentlich ein goldenes Gefängnis. Viele Stunden seines Tageslaufes verbrachte er lernend und betend in den düsteren Räumen, Freizeit und Vergnügungen waren spärlich bemessen. Wenn nun eine lustige Festgesellschaft sich beobachtet fühlte, verschwand sie so rasch als möglich aus dem Blickfeld des Fernrohres. Man wollte das Herz des jungen Herrschers nicht traurig stimmen, das solche Fröhlichkeit nie kennenlernen durfte.

Lobsang Samten war sein einziger Freund und Vertrauter und hatte jederzeit Zutritt zu ihm. Er war schon jetzt der Mittler zwischen der Außenwelt und dem Gottkönig, denn er mußte seinem Bruder alles berichten, was es Neues gab. So erfuhr ich auch, daß er sich sehr für unsere Tätigkeit interessierte und daß er mir mit seinem Fernrohr schon oft bei meinen Gartenarbeiten zugesehen hatte.

Lobsang erzählte mir auch, daß sein Bruder sich schon sehr auf die Übersiedlung auf den Sommersitz Norbulingka freue. Die schöne Jahreszeit war gekommen, der Potala schien ihm gar zu eng, und er sehnte sich nach Bewegung im Freien. So bald als möglich wollte er hinaus.

Denn die Sandstürme hatten aufgehört, und die Pfirsichbäume blühten. Von den nahen Gipfeln glänzten die letzten Schneereste blendend weiß in der heißen Sonne, und dieser Kontrast gab dem vollerwachten Frühling jenen eigenartigen Reiz, den ich noch aus den Bergen der Heimat kannte. Nun kam auch der Tag, an dem die warme Jahreszeit offiziell ihr Regiment antrat. Das ist der Übergang zur Sommerkleidung. Denn man darf keinesfalls den Winterpelz nach freiem Ermessen ablegen. Nach verschiedenen Omina aus alten religiösen Büchern wird alljährlich ein Tag festgelegt, an dem Adel und Mönche die Sommerkleidung anziehen, gleichgültig, ob es nachher noch stürmt und schneit oder ob es vorher schon warm war. Dasselbe geschieht im Herbst, wenn man das Wintergewand wieder hervorholt. Immer wieder hörte ich klagen, daß man zu früh oder zu spät gewechselt habe und entweder fast erstickt oder halb erfroren sei. Aber was einmal beschlossen war, blieb auch bestehen.

Der Wechsel erfolgt in Form eines Appells und ist mit einer stundenlangen Zeremonie verbunden. Diener bringen die neue Kleidung in einem Bündel auf dem Rücken herbeigeschleppt. Bei den Mönchen ist es einfacher: Sie vertauschen nur den pelzverbrämten Hut, den sie bei kirchlichen Zeremonien tragen, mit einer tellerförmigen Kopfbedeckung aus Papiermaché. Das ganze

Stadtbild ist mit einem Male verändert, wenn alle plötzlich in anderen Kleidern erscheinen.

Aber noch einmal gibt es einen Kleiderwechsel: und zwar, wenn die gesamte Beamtenschaft ihren Herrscher in einer prunkvollen Prozession in den Sommergarten begleitet.

Aufschnaiter und ich freuten uns schon auf die Prozession. Es mußte sich doch dabei eine Gelegenheit ergeben, den Lebenden Buddha aus der Nähe zu sehen.

Prozession zum Norbulingka

Es war herrlicher Sonnenschein, richtiges Sommerwetter, und die ganze Stadt wanderte durch das westliche Tschörtentor hinaus, um die drei Kilometer lange Strecke zwischen dem Potala und dem Norbulingka zu säumen. Es war ein Kunststück, sich in dem lebensgefährlichen Gedränge einen guten Platz zu sichern!

Alles, was Beine hatte, war herbeigeströmt, von nah und fern. Schon dies allein war ein farbenprächtiges Schauspiel, und es tat mir wieder einmal leid, daß ich keine Kamera hatte. Aber es hätte ein Farbfilm sein müssen, der dieses bunte, bewegte Bild festhielt. Es war ein Tag der Freude für jung und alt, das Fest des Sommerbeginns, und ich selbst war froh für den jungen Menschen, der aus seinem dunklen Gefängnis in den schönen Sommergarten hinausziehen durfte. Es gab wenig genug Sonne in seinem Leben!

So herrlich und großartig auch der Potala nach außen hin durch seine Architektur wirkt, als Wohnung ist er äußerst düster und ungemütlich. Wahrscheinlich hatten alle Gottkönige den Wunsch, ihm so bald als möglich zu entrinnen. Denn der Sommergarten Norbulingka war schon vom 7. Dalai Lama angelegt worden, der 13. konnte ihn aber erst vollenden.

Dieser 13. Dalai Lama war ein großer Reformator und zugleich ein modern denkender Mensch. Als erster hatte er es sich erlaubt, drei Autos nach Lhasa zu bringen. Etwas Unerhörtes für die damalige Zeit! Sie waren, in ihre Bestandteile zerlegt, auf Jak- und Menschenrücken über das Gebirge getragen worden, und in Lhasa setzte sie ein Mechaniker wieder zusammen, der in Indien sein Handwerk gelernt hatte. Er wurde dann der »königliche Chauffeur« und erzählte mir jetzt oft traurig von seinen drei Wagen, die wohlverwahrt in einer Baracke standen. Alte Austins und ein Dodge, kurze Zeit die Sensation auf dem Dach der Welt – nun trauerten sie ihrem verstorbenen Herrn nach und verrosteten in Ehren. Man erzählte sich heute noch lachend, wie der 13. Dalai Lama seine Autos zur heimlichen Flucht aus dem Winterpalast benutzt hatte. Im Herbst machte er die große Prozession der Rückkehr mit allem Pomp mit, aber dann setzte er sich in einen seiner Wagen und war rasch und unauffällig wieder in Norbulingka draußen.

Posaunen und Trompeten klingen in der Ferne auf – die Prozession naht! Ein Murmeln geht durch die Menge, aber gleich ist alles wieder still, ehrfürchtiges Schweigen herrscht, denn die Spitze wird sichtbar. Die Vorhut bildet ein Heer von Mönchsdienern. Feierlich tragen sie in Bündeln die persönliche Habe Seiner Heiligkeit, jedes Bündel in ein gelbes Seidentuch geschlagen. Gelb ist die Farbe der reformierten lamaistischen Kirche, auch kurz die »gelbe Kirche« genannt. Eine alte Legende erzählt, warum man diese Farbe zum Symbol wählte:

Tsong Kapa, der große Reformator des Buddhismus in Tibet, stand bei seinem Eintritt in das Kloster Sakya als letzter in der Schar der Novizen. Als bei der Einkleidung die Reihe an ihn kam, waren die roten Hüte der üblichen Klostertracht ausgegangen. Um ihm überhaupt eine Kopfbedeckung zu geben, griff man nach dem erstbesten Hut. Es war zufällig ein gelber. Tsong Kapa legte ihn nie mehr ab, und die gelbe Farbe wurde das Zeichen der reformierten Kirche.

Auch der Dalai Lama trug bei Empfängen und Zeremonien die gelbe Seidenmütze, und diese Farbe kennzeichnete alle seine Gebrauchsgegenstände. Ein Vorrecht, das nur er hatte.

In großen Käfigen werden die Lieblingsvögel des Gottkönigs vorbeigetragen. Da und dort schreit ein Papagei ein tibetisches Willkommenswort, und die gläubige Menge nimmt es mit einem verzückten Seufzer auf, als wäre es eine persönliche Botschaft ihres Gottes. Auf die Diener folgen in einem gewissen Abstand Mönche mit religiösen Bannern, und dann kommt eine berittene Musikkapelle in bunter, alter Tracht mit altmodischen Instrumenten. Sie entlockt ihnen seltsam wimmernde Töne, und die Trommeln sind nicht ganz aufeinander abgestimmt; aber das alles wird mit viel Lärm und in großer Pose in Szene gesetzt. Nun kommt das Heer der Tsedrungs, ebenfalls beritten und genau nach den Rangstufen geordnet. Hinter ihnen führen Diener die prachtvoll geschmückten Lieblingspferde des Dalai Lama. Ihr Zaumzeug ist gelb, alle Metallteile und die Sättel sind aus purem Gold. Als Überwurf dienen schwere russische Brokate. Als ob die Pferde wüßten, welche Kostbarkeit sie darstellen, tänzeln sie selbstbewußt und feurig vorbei, von der Menge schweigend bewundert.

Und jetzt die höchsten Herren des Landes! Die obersten Ränge, die Männer, die das hohe Amt der persönlichen Betreuer des Gottkönigs bekleiden: Kämmerer, Mundschenk, Lehrer und alle die Würdenträger, die die Verbindung zu Regierung und Volk herstellen. Sie sind die einzigen, die außer den Eltern und Geschwistern mit dem jungen Gott sprechen dürfen; Mönche im Abtrang, mit dem gelben Seidengewand über der Kutte. Von riesigen Gestalten werden sie flankiert, der Leibgarde Seiner Heiligkeit, Männern, die nach Größe und Wuchs sorgfältig ausgesucht sind. Keiner von ihnen mißt weniger als zwei Meter, einmal, so hörte ich, erreichte einer sogar zwei Meter fünfundvierzig! Wahre Riesen, die mächtigen Schultern überdies ausgestopft, lange Peitschen in der Hand. Die einzigen menschlichen Laute in dieser atemlosen Stille kommen von ihnen: Immer wieder fordern sie in tiefem Baß die Leute auf, zurückzutreten und den Hut zu ziehen. Es muß ein Teil des Zeremoniells sein, denn überall stehen die Leute ohnedies ehr-

Einer der vier Kabinettsminister mit Dienern

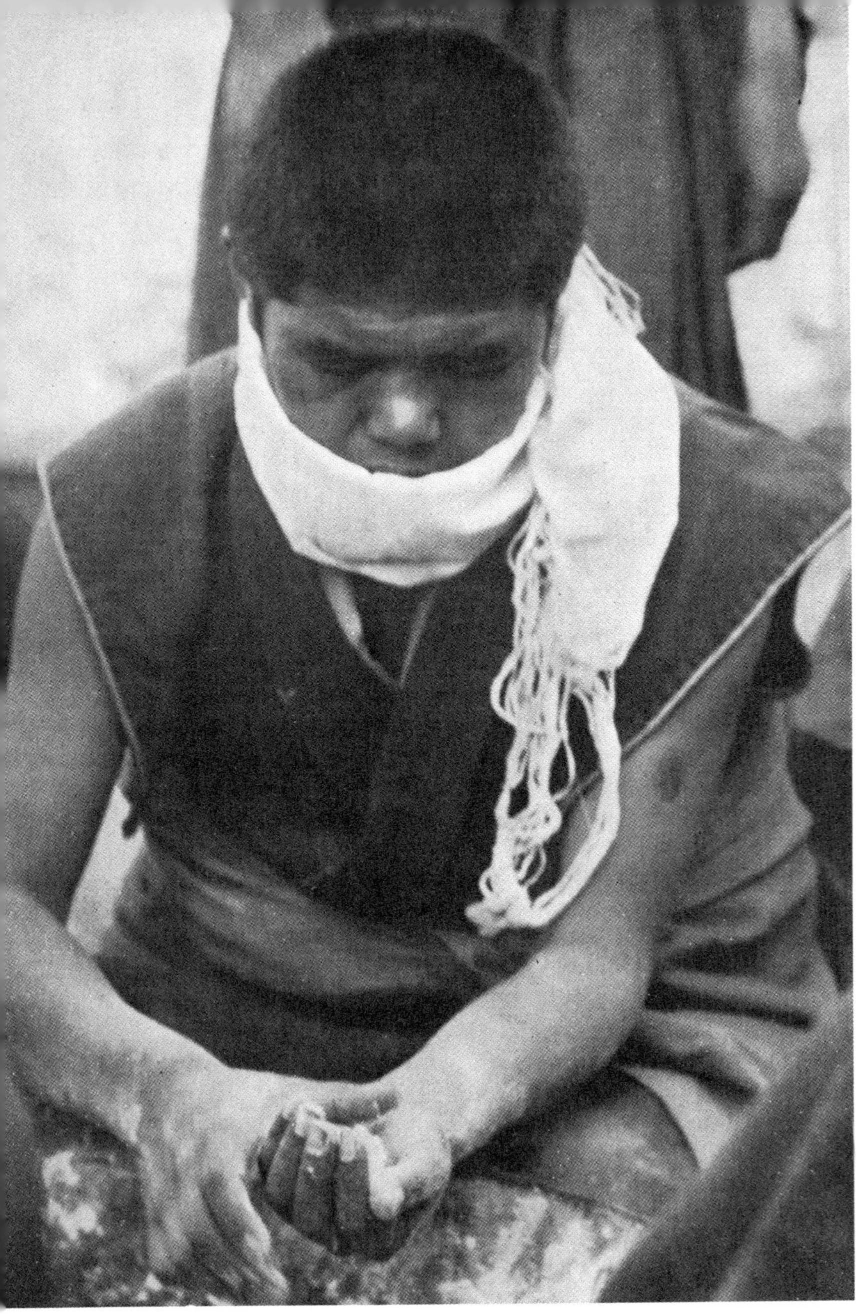

fürchtig am Wegrand, den Kopf gesenkt, die Hände gefaltet, viele haben sich zu Boden geworfen.

Dann kommt feierlich der oberste Befehlshaber der tibetischen Armee. Er hält sein Schwert in Präsentierstellung. Das Khaki seiner Uniform wirkt merkwürdig nüchtern neben den schweren Brokat- und Seidengewändern der anderen. Da jedoch die Einzelheiten seiner Uniform völlig seiner eigenen Phantasie überlassen bleiben, sind seine Epauletten und Auszeichnungen aus solidem Gold. Auf dem Kopf trägt er einen Tropenhelm.

Und nun – alles hält den Atem an – naht die gelbseidene, im Sonnenlicht wie Gold glänzende Sänfte des jungen Lebenden Buddha. Sechsunddreißig Männer in grünseidenen Röcken, mit roten Tellermützen, tragen sie. Der Kontrast der satten, leuchtenden Farben – Gelb, Grün und Rot – ist hinreißend. Ein Mönch hält einen riesigen, in allen Farbtönen schillernden Schirm aus Pfauenfedern über die Sänfte – es ist ein Fest für das Auge, dieses Bild, das aus einem längst versunkenen orientalischen Märchen zu stammen scheint.

Wir wollen den Dalai Lama sehen

Die Menge um uns erstarrt in tiefer Verbeugung, niemand wagt den Blick zu heben. Wir beide müssen auffallen, denn wir verneigen uns nur leicht, wir wollen unbedingt den Dalai Lama sehen! Und da – ganz nahe an die Glasscheibe der Sänfte beugt sich ein feingeschnittenes Gesicht, lächelt uns zu – Züge voll natürlicher Anmut und Würde, das Lächeln eines Knaben. Auch er war also neugierig, uns zu sehen, wir fühlten seinen Blick auf uns ruhen!

Langsam, im harmonischen Rhythmus feierlichen Schreitens,

Ein Mönch bei der Zubereitung des täglichen Opfers für die Götter zieht die Sänfte vorbei. Es ist erstaunlich, wie die Bewegungen der sechsunddreißig Träger aufeinander eingespielt sind. Später hörte ich, daß sie wochenlang unter der Leitung eines Adeligen aus dem vierten Rang mit einer genau nachgebauten Sänfte trainieren und dadurch dieses einmalig harmonische Schreiten erreichen.

Der geistliche Mittelpunkt der Prozession ist vorüber – nun folgt die weltliche Macht. Auf wunderbaren Pferden reiten die vier Kabinettsminister zu beiden Seiten der Sänfte. Hinter ihnen kommt ein zweiter Tragstuhl, ebenso prächtig, nur stehen ihm weniger Träger zur Verfügung. Der Regent! Tagtra Gyeltshab Rimpotsche, der »Tigerfelsen, edler Königsstellvertreter«. Ein alter Herr von dreiundsiebzig Jahren. Stumm starrt er vor sich hin, kein Lächeln grüßt die Menge, kein Blick scheint sie zu sehen. Er ist ein gestrenger Stellvertreter des jungen Gottes und hat ebenso viele Feinde wie Freunde. Das Schweigen des Volkes ist fast bedrückend. Nach ihm reiten die Vertreter der »Drei Säulen des Staates«, die Äbte der Klöster Sera, Drebung und Ganden. Auch sie tragen den gelben Überwurf über der Kutte, aber er ist aus Wolle, und auf den geschorenen Köpfen haben sie flache, vergoldete Hüte aus Papiermaché. Nach ihnen kommt der weltliche Adel, nach Rangstufen geordnet. Jede Gruppe ist einheitlich in der Kleidung; besonders auffallend sind die verschiedenen Kopfbedeckungen. Grotesk wirken die winzigen, weißen Käppchen des niederen Adels; sie bedecken nur den Haarknoten und werden unter dem Kinn durch ein Band festgehalten.

Ich bin noch ganz ins Schauen versunken, da treffen bekannte Töne mein Ohr. Wahrhaftig, es ist die englische Hymne! Auf halbem Weg zum Sommergarten hat die Kapelle der Leibgarde Aufstellung genommen. Jetzt wird die Sänfte des Dalai Lama an ihr vorbeigetragen ... Als Ehrenbezeigung intonieren sie die englische Hymne. Ich habe sie meistens besser gespielt gehört, aber noch nie hat sie mich so in Erstaunen gesetzt. Es war, wie ich später erfuhr, eine etwas mißverstandene Nachahmung europäischer Sitten. Der Kapellmeister der Leibgarde war mit noch einigen Offizieren in der englischen Armee in Indien ausgebildet worden; er hatte bemerkt, daß diese Melodie bei Feierlichkeiten eine große

Rolle spielte, und hatte sie mitgebracht. Es gab sogar einen tibetischen Text dazu, ich habe ihn indes nie gesungen gehört.

Die Blechmusik war, außer einigen mißglückten Trompetentönen, an denen wohl der Sauerstoffmangel schuld war, mit ihrer Hymne ganz gut zu Ende gekommen und schloß sich jetzt dem Schluß des Zuges an. Und nun spielen Dudelsackpfeifer schottische Lieder. Es ist die Kapelle der fünfhundert Mann starken Stadtpolizei, die schon in der Nähe des Sommergartens steht.

Die tibetische Musik, die ich bei verschiedenen Gelegenheiten zu hören bekam, kennt nur den einstimmigen Tonsatz; ihre Melodien klingen auch für unser Ohr angenehm. Traurige und lustige Weisen wechseln ab, und der Rhythmus ändert sich in einem Stück oft mehrmals.

Jetzt ist der feierliche Zug in den weitgeöffneten Toren des Gartens verschwunden. Dort schließt sich noch eine längere Zeremonie an, beschlossen durch ein offizielles Festessen für die ganze Beamtenschaft.

Die Menge zerstreut sich. Man kehrt wieder zur Arbeit zurück oder benutzt, weil man nun schon im Freien ist, den schönen Tag zu einem Picknick. Eines der großen Ereignisse im Jahreslauf des Volkes ist wieder vorbei. Man dehnt das Fest gerne noch ein bißchen aus. Die Adels- und Kaufmannsfrauen zeigen sich in ihren neuen Sommerhüten, flirten ein wenig und haben für lange Zeit Gesprächsstoff. Dort brechen Nomaden ihre Zelte ab; sie schwitzen in den warmen Schafspelzen und wollen nur noch diesen Festzug sehen, dann ziehen sie wieder in ihre kühlere Heimat, das Tschangthang.

So wie man in Tibet keinem Menschen zumuten würde, im Sommer nach Indien zu pilgern, so kommt in der warmen Zeit kein Nomade gerne nach Lhasa. Denn die Stadt liegt »nur« 3700 m hoch, und der Nomade, der durchschnittlich tausend Meter höher lebt, ist solche Wärme nicht gewohnt.

Auch wir gingen wieder nach Hause, tief beeindruckt von allem, was wir gesehen hatten. Man hätte für die Machtverhältnisse im Lande kein besseres Gleichnis finden können als das Bild, das eben an uns vorbeigezogen war. Zentrum und Höhepunkt sind der

Dalai Lama und der Regent. Nach links und rechts führen gleichmäßige Stufen abwärts. Die Spitze der Prozession bilden die Mönche, das ist eine deutliche Demonstration ihrer Wichtigkeit im Staate. In zweiter Linie erst kommt der weltliche Adel.

Der Mittelpunkt des ganzen Staatsgebäudes ist die Religion. Tausend Strapazen nimmt der Pilger auf sich, aus dem fernsten Tschangthang kommt der Nomade, um einmal im Jahr die glänzende Manifestation seines Glaubens zu erleben, und er zehrt davon in der Einsamkeit seines harten Lebens. Der Tageslauf des Volkes wird vom Glauben diktiert, unaufhörlich drehen sich die Gebetsmühlen, murmeln die Gläubigen die frommen Formeln, wehen die Gebetsfahnen von den Dächern der Häuser und auf den Pässen der Berge. Regen, Wind und alle Naturerscheinungen, die einsamen Gipfel des eis- und schneebedeckten Gebirges sind Zeugen der Allgegenwart der Götter: Im Hagelsturm zürnen sie, Gedeihen und Fruchtbarkeit zeigen ihr Wohlwollen. Das Leben des Volkes ist ausgerichtet nach diesem Willen, dessen Interpreten die Lamas sind. Ängstlich sucht man die Zeichen zu erforschen, vor jedem Beginnen steht das gute oder schlechte Omen, unablässig wird gebetet, besänftigt und gedankt. Überall brennen die Butterlampen, im vornehmsten adeligen Haus und im einsamen Nomadenzelt. Ob die Flämmchen im Kupfergefäß der Armen oder in der goldenen Schale der Reichen zucken – derselbe Glaube hat sie entzündet. Das irdische Dasein hat keinen hohen Wert in Tibet, der Tod hat keine Schrecken. Man weiß, daß man wiedergeboren wird, und hofft auf eine höhere Daseinsform im nächsten Leben, erworben durch einen frommen Wandel. Die Kirche ist die höchste Instanz, und der einfachste Mönch genießt im Volke Achtung und wird als »Kuscho« angesprochen, eine Formel, die sonst dem niederen Adel gebührt. Aus jeder Familie wird mindestens ein Sohn dem Klosterleben geweiht. Man erweist damit der Kirche seine Ehrfurcht und sichert seinem Kind einen besseren Start ins Leben.

Ich habe in all den Jahren niemanden getroffen, der auch nur den leisesten Zweifel an der Lehre Buddhas geäußert hätte. Wohl gibt es viele Sekten – aber ihre Unterschiede bestehen nur in Äußerlichkeiten. Der gläubigen Inbrunst, die alle ausstrahlen, kann man sich kaum verschließen. Schon nach kurzem Aufenthalt war es mir nicht mehr möglich, gedankenlos eine Fliege zu töten. Und in Gesellschaft eines Tibeters hätte ich nie gewagt, nach einem Insekt zu schlagen, nur weil es mir lästig war. Diese Haltung wirkt oft rührend. Krabbelt bei einem Picknick eine Ameise an jemandem hoch, so wird sie zärtlich genommen und fortgetragen. Wenn eine Fliege in die Teetasse fällt, ist das eine kleine Katastrophe. Sie wird vor dem Ertrinken gerettet, denn sie könnte ja die Wiedergeburt der verstorbenen Großmutter sein. Immer und überall ist man bemüht, solche Seelen- und Lebensrettungen durchzuführen. Im Winter bricht man das Eis der zugefrorenen Tümpel auf und rettet Fische und Würmer, bevor sie erfrieren. Im Sommer wieder holt man sie heraus, wenn die Lachen auszutrocknen drohen. Kinder, Bettler und die Diener der Adeligen stehen oft stundenlang im Wasser und fischen aus der letzten Brühe alle Lebewesen heraus. Man sammelt sie in Eimer und Konservendosen, läßt sie im Fluß wieder frei und hat damit etwas für sein Seelenheil getan. Oder man geht von Haus zu Haus und verkauft die »Geretteten« an Wohlhabende, damit auch sie an dem verdienstvollen Werk teilhaben können. Je mehr Leben man rettet, desto glücklicher ist man. Diese Verbundenheit mit aller Kreatur ist ein wahrhaft rührender Zug der Seele dieses Volkes.

Ein Erlebnis dieser Art mit meinem Freund, dem Mönchsbeamten Wangdüla, werde ich nie vergessen. Wir gingen zusammen in das einzige chinesische Restaurant Lhasas und sahen dort im Hof eine Gans umherrennen, die sichtlich für den Kochtopf bestimmt war. Plötzlich zog Wangdüla eine hohe Banknote heraus, kaufte dem Chinesen die Gans ab und ließ sie von seinem Diener heimtragen. In seinem Haus sah ich sie noch viele Jahre herumwatscheln und ein friedliches Alter genießen.

Typisch für diese Einstellung zu allem Lebendigen war auch der Erlaß, daß während der dreijährigen Meditationszeit des jungen Dalai Lama die Bautätigkeit in ganz Tibet eingestellt werden mußte. Eilboten wurden in alle Richtungen ausgeschickt; in jeden Winkel des Landes, bis zum letzten Bauernhof mußte das Gebot dringen. Denn bei Erdarbeiten ist es unvermeidlich, daß Würmer und Insekten getötet werden, sosehr auch die Leute dies zu vermeiden trachten. Später, als ich selber Erdarbeiten leitete, konnte ich mit eigenen Augen sehen, wie die Kulis immer wieder ihr Werkzeug hinwarfen und aus jeder Schaufel Erde alle Lebewesen herausklaubten, um sie zu retten.

Folgerichtig führt diese Einstellung dazu, daß es in Tibet auch keine Todesstrafe gibt. Mord gilt als das abscheulichste Verbrechen, aber der Täter wird nur ausgepeitscht und bekommt Eisenfesseln um seine Fußgelenke geschmiedet. Die gräßlichen Auspeitschungen sind zwar im Grunde weniger human als unsere Todesstrafe, denn oft haben sie ein Sterben unter fürchterlichen Qualen zur Folge – aber man hat nicht gegen seine Glaubensregel verstoßen! Die in Eisen gelegten Schwerverbrecher beschließen ihr Leben entweder im Staatsgefängnis in Schö, oder sie werden einem Distriktsgouverneur zugeteilt, der für sie verantwortlich ist. Wir hatten ja einen solchen Fall schon aus eigener Anschauung kennengelernt. Und damals war uns das Schicksal dieses Mörders gar nicht so bemitleidenswert erschienen. Er muß zwar seine Eisen lebenslänglich tragen und bekommt vom Staat keine Verpflegung, aber es gibt so viele gute Menschen, die ihm aus frommer Gesinnung zu essen geben – wieder um ein Leben zu retten! Den Verbrechern, die ihre Strafe im Gefängnis abbüßen, geht es weniger gut. Sie haben nur das eine Privileg, daß sie am Geburts- und Todestag Buddhas am Linkhor um Almosen bitten dürfen, zu zweit aneinandergekettet.

Auch Diebstahl und kleinere Vergehen werden mit öffentlicher Auspeitschung bestraft. Der Sünder bekommt ein Brett um den Hals, auf dem sein Vergehen aufgeschrieben ist, und muß ein paar Tage an einer Art Pranger stehen. Und auch da kommen mildtätige Menschen und bringen ihm zu essen und zu trinken.

Erwischt man Wegelagerer oder Räuber, so werden sie vor Gericht gestellt. Zur Strafe für ihre Vergehen werden ihnen zumeist Hände oder Füße abgehackt. Ich war entsetzt, als ich erfuhr, auf welche Weise man die Wunde steril macht: Der Stummel wird in kochende Butter gehalten. Aber auch das schreckt die Übeltäter nicht ab. Ein Gouverneur erzählte mir, daß die Verbrecher mit frecher Geste ihre Hand hinhalten und nach einigen Wochen wieder neuen Untaten nachgehen. Er selbst hatte über ihren Mut gestaunt. In Lhasa, der Heiligen Stadt, wurden solche unmenschlichen Bestrafungen allerdings schon jahrelang nicht mehr vollzogen.

Politische Vergehen werden sehr streng geahndet. Noch heute spricht man von der Bestrafung der Mönche des Klosters Tengyeling, die vor vierzig Jahren mit den Chinesen zu paktieren versuchten. Ihr Kloster wurde geschleift, ihr Name ausgelöscht.

Einen berufsmäßigen Richterstand gibt es in Tibet nicht. Die Untersuchung jedes einzelnen Falles wird zwei oder drei Adeligen übertragen. Natürlich verführt dieses System zu Bestechungen; nur wenige Adelige stehen im Ruf unbeirrbarer Gerechtigkeit. Bestechungssummen galten ganz offen als gute Einnahmequelle des Feudalsystems, und es kommt vor, daß Streitfälle wie Pfründen vergeben werden. Fühlt sich jemand zu Unrecht verurteilt, so hat er eine große Chance: Er kann bei einer der Prozessionen dem Dalai Lama persönlich einen Brief in die Sänfte reichen. Er wird zwar für diesen Verstoß gegen das Zeremoniell auf jeden Fall bestraft, aber wenn der Dalai Lama findet, daß er im Recht ist, wird er sofort wieder begnadigt. Falls sich sein Unrecht herausstellt, muß er freilich doppelt für seine Frechheit büßen ...

Für die Heilige Stadt selbst ist – mit Ausnahme der einundzwanzig Tage Mönchsherrschaft zu Neujahr – der Magistrat als Gerichtsbehörde zuständig. Zwei weltliche Beamte sind eigens für diese Aufgabe da, und sie haben alle Hände voll zu tun, weil mit den vielen Pilgern auch viel Gesindel in die Stadt kommt.

Einen Ausnahmefall bilden die Katsaras, Mischlinge zwischen Tibetern und Nepalesen. Sie haben ihre eigene Behörde, die zur Hälfte aus Tibetern, zur Hälfte aus Nepalesen besteht. Dieses Amt betreut gleichzeitig die diplomatischen Beziehungen zwischen beiden Ländern.

Regenmangel und das Orakel von Gadong

Nach der Übersiedlung des Dalai Lama in den Sommergarten ging es mit großen Schritten in die Sommerzeit hinein. Eine prachtvolle Zeit in Lhasa! Die Hitze steigt nicht über 35 Grad Celsius, und die Nächte sind angenehm kühl. Aber das trockene Klima macht sich bemerkbar. Niederschläge sind selten, und bald wartet alles sehnsüchtig auf Regen. Es gibt wohl eine Anzahl in Stein gefaßter Brunnen in und um Lhasa, aber fast jedes Jahr trocknen sie aus. Dann muß die Bevölkerung das Wasser aus dem Kyitschu holen. Der Fluß gilt natürlich als heilig – trotzdem werden manchmal Leichen darin versenkt. Aber die Fische sorgen dafür, daß sie rasch verschwinden. Das Wasser des Flusses ist frisch und klar wie ein Gebirgsbach, denn er kommt aus den Gletschern des Nyentschenthanglha.

Wenn die Brunnen der Stadt am Versiegen sind und die Gerstenfelder dürr und trocken stehen, dann kommt jedes Jahr ein merkwürdiger Regierungserlaß: Jeder Einwohner der Heiligen Stadt hat so lange Wasser auf die Straße zu schütten, bis der Befehl widerrufen wird. Und nun beginnt ein seltsames Treiben – als ob man plötzlich in einer Stadt der Schildbürger wäre! Alles, was Hände und Füße hat, läuft mit Eimer und Krügen zum Fluß und schleppt das kostbare Naß in die Stadt. Die Adeligen schicken ihre Diener, aber sie nehmen ihnen dann die vollen Krüge aus der Hand und tun selbst begeistert bei der Wasserschlacht mit. Denn nicht bloß die Straßen – auch die Passanten werden fleißig begossen. Arm und reich, alt und jung, alles ist auf der Straße, es gibt keinen Standesunterschied mehr, es wird nur noch gegossen, geschüttet, gespritzt und geplanscht. Aus den Fenstern kommen heimtückische Wassergüsse, von den Dächern rauschen Bäche herab, alte Spritzen werden hervorgeholt und schießen einem plötzlich ihren Strahl ins Gesicht. Und erst die Kinder. Endlich einmal ist ihnen erlaubt, was sonst verboten ist! Das wird natürlich bis zur Neige ausgekostet. Selbstverständlich muß man gute Miene zum bösen Spiel machen, auch wenn man schon von Kopf bis Fuß tropfnaß ist. Spielverderber zahlen nämlich doppelt drauf! Wenn einer zu schimpfen anfängt, wendet sich sofort die ganze Front der Übermütigen geschlossen gegen ihn, und er behält bestimmt keinen trockenen Faden am Leib.

Es ist das reinste Volksfest! Die Geschäftsläden sind halb geschlossen, und wer etwas auf der Straße zu tun hat oder am Parkhor Besorgungen machen will, der kommt gebadet nach Hause. Auf mich hatten sie es natürlich besonders abgesehen. Ich mit meiner Länge war ein gutes Ziel, denn der »tschermen Henrigla«, der deutsche Heinrich, sollte mehr abbekommen als alle anderen!

Während in den Straßen Lhasas die Wasserschlacht tobt, wird das »Orakel von Gadong«, der berühmteste Wettermacher Tibets, in den Sommergarten des Dalai Lama gerufen. Dort wartete bereits eine glänzende Versammlung der höchsten Regierungsbeamten, und der Dalai Lama persönlich führt den Vorsitz. Vor dem harrenden Publikum fällt der Mönch in kurzer Zeit in Trance. Sein Körper beginnt sich zuckend zu bewegen, Stöhnen bricht aus seinem Mund. In diesem Augenblick bittet einer der Mönchsbeamten in feierlicher Weise das Orakel um Regen, da durch eine Mißernte dem Land zuviel Schaden zugefügt würde. Die Bewegungen des Orakels werden ekstatischer, sein unverständliches Murmeln steigert sich zu kleinen Schreien – und schon ist ein Sekretär zur Stelle, der daraus die orakelhaften Worte entimmt und mit fliegender Hand niederschreibt. Er überreicht die Tafel dem Kabinettsrat. Der Körper des Mediums, von seinem Gotte verlassen, versinkt in tiefe Ohnmacht und wird hinausgetragen.

Und nun wartet ganz Lhasa gespannt auf den Regen. Und es reget wirklich. Ob man nun an Mystik glaubt oder nach einer verstandesmäßigen Erklärung sucht, Tatsache bleibt, daß immer bald nach diesem Schauspiel Regen fällt. Für die Tibeter gibt es keinen Zweifel: Der schützende Gott ist während des Trancezustandes in den Körper des Zauberers gefahren und hat die Bitten seines Volkes erhört.

Ich gab mich damit natürlich nicht zufrieden und suchte

krampfhaft nach einer nüchternen Erklärung. Vielleicht hatte das Wasser, das tagelang auf die Straßen geschüttet wurde, die Wolkenbildung hervorgerufen? Oder waren es die Ausläufer des Monsuns, die etwas verspätet das tibetische Hochland erreichten?

Die British Mission hatte eine Wetterstation eingerichtet, machte gewissenhaft ihre Messungen und registrierte einen Jahresdurchschnitt von 35 Zentimeter Niederschlag. Die Hauptmenge fiel regelmäßig um dieselbe Zeit des Jahres. Aufschnaiter konnte später mit seinen Pegelmessungen am Kyitschu den Beginn des Ansteigens jährlich an fast genau demselben Tag verzeichnen. Mit etwas mystischem Aufwand hätte er ein gutes Orakel abgegeben.

Nach allgemeinen Aussagen muß die Gegend um Lhasa früher viel mehr Niederschläge gehabt haben. Es gab große Wälder, und sie hatten das Klima kühl und regenreich gemacht. Aber man hatte so lange Raubbau am Waldbestand getrieben, bis er ausgerottet war. Jetzt gab es weit und breit kein Holz mehr. Lhasa liegt heute mit seinen künstlich angelegten und hochgezogenen Weiden- und Pappelpflanzungen wie eine grüne Oase mitten im baumlosen Kyitschutal.

Wir fanden auf unseren Ausflügen oft alte Baumstrünke, Zeugen des einstigen Waldes. Wie schön muß damals erst diese Gegend gewesen sein! Wir bedauerten sehr, daß man hier für ein geordnetes Forstwesen kein Verständnis hatte. Einer unserer vielen Pläne, die wir der Regierung vorlegten, beschäftigte sich mit der Anlage einer Baumschule und der Ausbildung von forstwirtschaftlichem Personal.

Die Beschaffung von Heizmaterial ist nämlich für Lhasa bereits ein Problem geworden. Das Holz muß von sehr weit hergebracht werden und ist entsprechend teuer. Nur die Reichen können sich diesen Luxus erlauben. Gewöhnlich heizt man auch hier nur mit Jakmist. Und seine Beschaffung nimmt oft groteske Formen an. Wenn die großen Wollkarawanen aus dem Tschangthang kommen und am Stadtrand ihr Lager aufschlagen, laufen schon die Frauen und Kinder mit Körben hinaus. Unter Geschrei, Gelächter und Streit ist man hinter den Tieren her und versucht, die Jakfladen sozuagen im Fallen noch zu erwischen.

Derselbe Wettlauf wiederholt sich jeden Abend, wenn die vielen Pferde Lhasas zur Tränke an den Fluß getrieben werden.

Noch flüssig werden die Jakfladen an die Hauswände geschmiert, und nach wenigen Tagen sind sie so trocken, daß sie verheizt werden können.

Um die Zeit der Morgenstille liegt jeden Tag eine dicke, blaue Wolke über der Stadt, wie der Rauch von vielen Fabriken. Aber es sind nur die schweren Schwaden der Dungfeuer. Mit der ersten Morgenbrise schweben sie zu den Bergen hin und lösen sich auf.

Alltag in Lhasa

Da und dort eingeladen, oft um Rat gefragt, immer im Mittelpunkt – so lernten wir das Leben in Lhasa bald von jeder Seite kennen: öffentliche Einrichtungen und Familienverhältnisse, Anschauungen und Sitten. Tag für Tag trat Neues an uns heran, vieles verlor bald sein geheimnisvolles Aussehen, manches blieb uns aber doch immer in Dunkel gehüllt. Eines jedoch hatte sich geändert: Wir waren keine Außenstehenden mehr, wir gehörten dazu.

Die Badesaison war gekommen. Alles strebte hinaus ins Grüne. In den Gärten den Fluß entlang herrschte reges Leben, groß und klein vergnügte sich dort in dem seichten Wasser der Nebenarme des Kyitschu. Man ziehe sein buntestes Kleid an, nehme einen Krug Tschang und etwas Proviant – das ist das einfache Rezept für einen glücklichen Tag.

Natürlich gibt es dasselbe auch mit allem Komfort. Die Adeligen schlagen bestickte Zelte auf, und manche junge Dame, die in Indien studiert hat, trägt stolz ihren modernen Badeanzug. Man plätschert ein bißchen herum und vertreibt sich die Zeit mit Essen und Würfelspiel. Nie wird ein Tag beendet, ohne am Abend zum

Dank für den schönen Tag den Göttern ein Weihrauchopfer am Ufer des Flusses darzubringen.

Ich wurde ob meiner Schwimmkünste sehr bewundert. Man versteht hier nicht viel vom Schwimmen, das Wasser des Flusses ist zu kalt, als daß man es darin erlernen könnte. Man plätschert herum und hält sich bestenfalls mit einer Art Matrosenschwimmen über Wasser. Und nun kam ich als guter Sportschwimmer! Von allen Seiten wurde ich eingeladen, natürlich mit dem Hintergedanken, daß ich das von allen erwartete Schauspiel lieferte. Das war immer eine Strafe für mich und mein Ischias. Denn das Wasser hatte höchstens zehn Grad. Selten genug ließ ich mich überreden, meinem Publikum zuliebe den Sprung ins Wasser zu wagen. Aber manchmal erwies es sich als sehr gut, daß ich in der Nähe war. So konnte ich drei Menschen vor dem Ertrinken retten. Denn der Fluß war nicht ganz ungefährlich, er hatte viele Wirbel, die durch unsachgemäße Verbauungen entstanden waren.

Eines Tages war ich Gast des Außenministers Surkhang und seiner Familie, die am Flußufer ihr Zelt aufgeschlagen hatten. Sein einziger Sohn aus zweiter Ehe, Dschigme – das heißt »Fürchte nichts« –, war gerade in seinen Ferien zu Hause. Er besuchte eine Schule in Indien und hatte dort auch ein wenig schwimmen gelernt.

Ich hatte mich auf den Rücken gelegt und ein Stück flußabwärts treiben lassen, da hörte ich plötzlich Geschrei und sah aufgeregt gestikulierende Menschen am Ufer, die immer wieder aufs Wasser deuteten. Dort mußte etwas passiert sein! Rasch schwamm ich ans Ufer und lief zum Zeltplatz zurück. In einem der Wirbel tauchte gerade Dschigmes Körper auf, wurde hinabgerissen, tauchte wieder auf ... Ohne viel zu überlegen, sprang ich ins Wasser. Auch mich erfaßte der Sog, aber ich war kräftiger als der junge Dschigme, und es gelang mir, seinen leblosen Körper zu fassen und ans Ufer zu bringen. Meine Erfahrungen als Sportlehrer kamen mit sehr zugute, nach kurzer Zeit atmete er wieder – zur Freude seines Vaters und der verblüfften Zuschauer. Der Außenminister beteuerte mir immer wieder unter Tränen des Dankes, er wisse wohl, daß sein Sohn ohne mich jetzt tot wäre. Ich hatte ein Menschenleben gerettet – das wurde mir sehr hoch angerechnet.

Durch diese Episode trat ich in nähere Beziehungen zur Familie und sah mich auf einmal den merkwürdigsten Verhältnissen gegenüber, die ich je kennengelernt habe. Selbst für tibetische Gewohnheiten war diese Ehe ungewöhnlich.

Der Außenminister war von seiner ersten Frau geschieden. Die zweite war gestorben und hatte ihm Dschigme hinterlassen. Nun teilte er sich mit einem Adeligen niederen Ranges dessen junge Frau. Und im Heiratskontrakt war Dschigme als dritter Gatte eingetragen, denn Surkhang wollte nicht der Frau allein das ganze Vermögen hinterlassen.

Ähnlich verworrene Verhältnisse findet man in vielen Familien. Mir begegnete einmal der groteske Fall, daß die Mutter die Schwägerin ihrer eigenen Tochter war. Es gibt Polygamie und Polyandrie, aber die Mehrzahl der Tibeter lebt doch in der üblichen Einehe.

Wenn ein Mann mehrere Frauen hat, unterscheidet sich das Verhältnis wesentlich vom orientalischen Harem. Meist hat er dann in ein Haus mit mehreren Töchtern geheiratet, in dem kein Sohn als Erbe da ist. So bleibt das Vermögen immer in der Familie. Ein solcher Fall war der unseres Gastfreundes Tsarong. Er hatte drei Schwestern geheiratet und bekam vom Dalai Lama ihren Hausnamen verliehen.

Trotz dieser oft merkwürdigen Verhältnisse sind die Ehen nicht mehr zerrüttet als bei uns. Dazu trägt die Mentalität dieser Menschen viel bei – sie übertreiben ihre Gefühle nicht. Wenn mehrere Brüder eine Frau »teilen«, ist immer der Älteste der Herr im Haus, die andern haben nur Rechte, wenn er verreist ist oder sich anderswo amüsiert. Aber es kommt niemand zu kurz – Frauen gibt es im Überfluß! Sehr viele Männer leben ja als Mönche im Zölibat, denn jedes Dorf hat sein Kloster. Die Kinder aus Nebenehen haben freilich in der Erbfolge keine Rechte, das Erbe gehört ausschließlich den Kindern der Hausfrau. Dabei ist es wieder nicht so wichtig, welcher von den Brüdern der Vater des Kindes ist. Hauptsache, der Besitz bleibt in der Familie.

Tibet kennt nicht die Sorge der Überbevölkerung. Seit Jahrhunderten ist die Bevölkerungszahl die gleiche geblieben. Neben der Vielmännerei und den unzähligen Mönchen ist daran auch die frühe Sterblichkeit schuld. Meiner Schätzung nach liegt die durchschnittliche Lebenserwartung der Tibeter bei dreißig Jahren. Viele Kleinkinder sterben, und in der ganzen Beamtenschaft des Landes gab es einen einzigen Siebzigjährigen und vier Sechzigjährige.

In vielen Büchern über Tibet hatte ich gelesen, daß der Hausherr dem Gastfreund die eigene Frau oder Tochter anbietet. Wenn ich darauf gewartet hätte, wäre ich sehr enttäuscht worden! Manchmal kommt es vor, daß einem im Scherz eine nette junge Dienerin angeboten wird, aber die Mädchen gehen nicht so ohne weiteres darauf ein; auch sie wollen erobert sein. Leichte Mädchen gibt es freilich überall, und gewisse Schöne verstehen es auch in Lhasa, aus der Liebe ein Gewerbe zu machen.

Früher wurden die Ehen nur durch Vermittlung der Eltern geschlossen. Heute kommt es schon oft vor, daß sich die jungen Leute selbst ihren Partner suchen. Man heiratet sehr jung, die Mädchen schon mit sechzehn Jahren, Männer spätestens mit siebzehn oder achtzehn. Der Adel hat seine strengen Gesetze: Man darf nur untereinander heiraten, Verwandte aber erst nach sieben Generationen, damit Inzucht vermieden wird. Der Dalai Lama allein kann Ausnahmen bewilligen. In besonderen Fällen kann er auch tüchtige Männer aus dem Volke in den Adelsstand erheben, so kommt frisches Blut in die ungefähr zweihundert Adelsfamilien des Landes.

Sind die jungen Leute einander versprochen, dann beginnt das Mädchen seine Vorbereitungen zur Hochzeit. Die Aussteuer, hauptsächlich Kleider und Schmuck, richtet sich nach dem Stand. Am Tage der Eheschließung reitet die Braut noch vor Sonnenaufgang in ihr neues Heim. Dort segnet ein Lama den Bund in der Hauskapelle. Den Brauch der Hochzeitsreise kennt man nicht, aber ein großes Fest findet statt, das je nach dem Vermögen drei bis vierzehn Tage dauert. Die Gäste bleiben gleich über Nacht. Dann beginnt die junge Frau sich in ihrem neuen Heim einzuleben. Herrin des Hauses wird sie aber erst nach dem Tode der Schwiegermutter.

Ehescheidungen sind selten und müssen erst von der Regierung genehmigt werden. Für Ehebrecher hat man sehr drastische Strafen, zum Beispiel das Naseabschneiden. Ich habe indes nie erlebt, daß eine solche Bestrafung wirklich durchgeführt wurde. Eine alte Frau, die keine Nase hatte, wurde mir einmal gezeigt – angeblich war sie beim Ehebruch erwischt worden. Aber es konnte ebensogut ein Fall von Syphilis sein ...

Ärzte, Gesundbeter und Wahrsager

Damit berühre ich ein Kapitel, das für Tibet leider sehr ernst ist. Fälle von venerischen Krankheiten kommen in der Stadt recht häufig vor, doch wie allen anderen Krankheiten mißt man auch diesen Erkrankungen wenig Bedeutung bei. Meist werden sie vernachlässigt, man holt den Arzt erst, wenn es schon zu spät ist. Das uralte Heilmittel Quecksilber ist auch hier den Mönchen der Medizinschulen bekannt.

Wieviel ließe sich für die Zukunft Tibets tun, wenn man die medizinischen und sanitären Zustände verbesserte! Die Chirurgie vor allem ist hier noch ganz unbekannt. Aufschnaiter und ich bekamen Angstzustände beim Gedanken an eine Blinddarmentzündung. Jeder verdächtige Schmerz jagte uns Schrecken ein, denn es schien uns absurd, im zwanzigsten Jahrhundert am Blinddarm zu sterben. Die Tibeter kennen keinerlei Eingriffe in den menschlichen Körper, außer dem Aufschneiden von Geschwüren. Auch die Geburtshilfe ist ihnen fremd. Das einzige, was sich irgendwie mit Chirurgie berührt, ist die Beschäftigung der Leichenzerstückler, der Domden. Oft berichten sie den Verwandten, die gerne die Todesursache kennen möchten, oder interessierten Medizinstudenten, wenn sie in einer Leiche etwas Besonderes feststellen konnten.

Leider verschließen sich die Medizinschulen jedem Fortschritt. Die Lehre Buddhas und seiner Apostel ist ihnen oberstes Gebot, das nicht angetastet werden darf. Das System ist festgelegt – aber es ist ein jahrhundertealtes System. Besonders stolz ist man zum Beispiel jetzt noch darauf, aus dem Fühlen des Pulses jede Krankheit feststellen zu können.

Es gibt zwei Medizinschulen, die kleinere liegt am Tschagpori oder Eisenberg, die größte unten in der Stadt. Jedes Kloster schickt eine Anzahl intelligenter Jungen in eine dieser Schulen. Das Studium dauert zehn bis fünfzehn Jahre. Alte, gelehrte Mönche erteilten den Unterricht, und die kleinen Mönchlein sitzen in Buddhastellung auf dem Boden, eine Tafel auf den Knien, und hören und sehen ihren Lehrern zu. Zur Erläuterung dienen oft farbige Wandtafeln. So war ich einmal dabei, wie ein Lehrer an Hand von graphischen Darstellungen die Vergiftungserscheinungen nach dem Genuß einer bestimmten Pflanze erklärte. Man sah die Pflanze, die Erscheinungen, die sie im menschlichen Organismus auslöst, die Gegengifte und die Reaktion darauf. Es war ganz das System der Wandbilder in unseren Schulen.

Die Astronomie gehört hier zur medizinischen Wissenschaft und ist eng mit ihr verbunden. In den Schulen wird nach alten Büchern der jährliche Mondkalender zusammengesetzt. Sonnen- und Mondfinsternisse werden zusammengestellt, ähnlich wie in unserem Bauernkalender.

Im Herbst geht dann die ganze Schule, Mönchsschüler und Lehrer, auf Kräutersuche in die Berge. Die Jungen freuen sich sehr auf diese Zeit, es gibt viel Spaß, aber auch viel Arbeit. Jeden Tag schlägt man sein Lager woanders auf, und zum Abschluß ziehen die Jaks schwer beladen nach Tra Yerpa. Das ist einer der heiligsten Orte Tibets, und es gibt dort einen bestimmten Tempel, in dem die Kräuter sortiert und zum Trocknen ausgelegt werden. Im Winter müssen dann die jüngsten Mönche in mühevoller Kleinarbeit die Kräuter zu Pulver mahlen. Genau beschriftet, werden sie in luftdichten Ledersäckchen vom Abt der Medizinschule aufbewahrt. Diese Schulen sind zugleich die Apotheken des Landes, jeder kann sich kostenlos oder gegen ein kleines Geschenk Rat und Medikamente holen. Diese Betreuung ist für die Schüler zugleich der praktische Unterricht.

In der Kenntnis der Kräuter und ihrer Heilwirkungen sind die Tibeter wirklich weit fortgeschritten; ich habe mich selbst oft ihrer Wissenschaft anvertraut. Wenn auch ihre Pillen mein Ischias nicht kuriert haben, so holte ich mir doch oft ihre Kräutertees gegen Verkühlung und Fieber.

Der Abt der Stadtmedizinschule ist zugleich auch immer der Leibarzt des Dalai Lama. Das ist ein ehrenvolles, aber ein sehr gefährliches Amt. Als der 13. Dalai Lama, erst 54 Jahre alt, starb, wurden allerlei Verdächtigungen gegen den damaligen Abt laut, und er konnte froh sein, daß er nur seinen Rang verlor und ohne Auspeitschung davonkam.

In den Städten und Klöstern kann man sich gegen Blattern impfen lassen, jeder anderen Epidemie steht man wehrlos gegenüber, und das kostet oft viele Menschenleben.

Tibets Rettung sind sein kühles Klima und die reine Höhenluft; denn bei der herrschenden Unsauberkeit und den elenden hygienischen Verhältnissen wären Katastrophen unvermeidlich. Bei jeder Gelegenheit betonten wir, wie wichtig sanitäre Verbesserungen wären, und ein Plan zur Kanalisierung Lhasas war zumindest in unseren Köpfen schon ziemlich weit gediehen. Aber mehr als den Mönchen der Medizinschulen, die ähnlich wie unsere Heilpraktiker arbeiten, vertraut das Volk dem Handauflegen und Gesundbeten. Häufig bestreichen die Lamas ihre Patienten mit ihrem heiligen Speichel; oder es werden Tsampa und Butter mit dem Urin der heiligen Männer zu einem Brei verrührt und den Kranken eingegeben. Harmloser sind die aus Holz geschnitzten Gebetsstempel, die in Weihwasser getaucht und auf die schmerzende Stelle gedrückt werden. Besonders beliebt als Amulette gegen Krankheit und Gefahr sind kleine Götterfiguren, die die Lamas aus Lehm pressen. Aber nichts steht als Heilmittel höher im Wert als ein Gegenstand aus dem Besitz des Dalai Lama. Fast jeder Adelige zeigte mir stolz

Reliquien vom 13. Dalai Lama, sorgfältig in kleine Seidensäckchen eingenäht. Tsarong, als sein ehemaliger Günstling, besaß viele Gegenstände, die dem Dalai Lama zum persönlichen Gebrauch gedient hatten, und ich wunderte mich immer, daß Tsarong und sein in Indien erzogener Sohn, aufgeklärte und fortschrittliche Männer, an diesem Aberglauben festhielten.

Das Vertrauen der Tibeter in die Schutzkraft der Amulette ist grenzenlos. Bei Reisen und im Krieg fühlen sie sich gegen jede Gefahr gefeit. Wenn ich manchmal mit Gegenargumenten kam, wurde mir jede Wette angeboten, daß beispielsweise der Besitz eines Amuletts kugelsicher mache. Daraufhin stellte ich einmal geradeheraus die Frage: Wenn man einem der vielen Straßenhunde ein Amulett umhängt, kann ihm dann der Schwanz nicht abgehackt werden? Alle waren davon überzeugt, daß dies nicht möglich wäre. Mein Taktgefühl und die Rücksicht auf die Gastfreundschaft, die ich genoß, hielten mich ab, die Probe aufs Exempel zu machen. Ich wollte ja niemanden in seiner religiösen Überzeugung verletzen.

Viele Männer und Frauen leben vom Wahrsagen und Horoskopstellen. Es gehört zum Straßenbild Lhasas, daß entlang der Pilgerringe alte Weiblein hocken, die einem für eine kleine Gabe die Zukunft deuten. Sie fragen nach dem Geburtsjahr, stellen eine kurze Berechnung mit ihrem Rosenkranz an – und der Frager geht, von ihren geheimnisvollen Worten getröstet, wieder weiter. Völliges Vertrauen genießen die Weissagungen der Lamas und der Inkarnationen. Man tut keinen Schritt ohne Befragung des Schicksals. Begibt man sich auf eine Pilgerfahrt oder tritt man ein neues Amt an, immer läßt man sich vorher das für die Reise günstige Datum ansagen.

In Lhasa existierte damals ein besonders berühmter Lama, dessen Besuche und Audienzen immer schon für Monate voraus vergeben waren. Er zog mit seinen Schülern von Ort zu Ort, um allen Einladungen nachzukommen, und erhielt so viele Geschenke, daß die ganze Schar davon gut leben konnte. Sein Ansehen war so groß, daß sogar Mr. Fox, der englische Radiooperateur, der seit Jahren schrecklich an Gicht litt, sehnsüchtig auf seinen Besuch wartete. Leider kam er nicht mehr an die Reihe, denn der betagte Lama starb vorher.

Er war usprünglich ein einfacher Mönch gewesen. Nach zwanzigjährigem Studium legte er die besten Prüfungen in einem der größten Klöster ab und zog sich dann als Eremit für einige Jahre zurück. Er wohnte in einer der einsamen Klausen, die man über das ganze Land verteilt findet. Die Mönche suchen sie zur Meditation auf, manche lassen sich sogar von ihren Schülern einmauern und leben jahrelang nur von Tsampa und Tee. Auch unser Mönch wurde durch sein vorbildliches Leben berühmt. Er aß nie ein Nahrungsmittel, zu deren Gewinnung Leben vernichtet wurde, sogar Eier lehnte er ab. Es hieß, daß er überhaupt keinen Schlaf brauchte und nie ein Bett benutzte. Letzteres konnte ich selbst einmal feststellen, als er drei Tage neben mir wohnte. Auch Wunder wurden ihm zugeschrieben, so soll einmal sein Rosenkranz durch die starke Ausstrahlung seiner Hand zu brennen angefangen haben. Aus den Spenden, die ihm zuflossen, hatte er die größte goldene Buddhastatue der Stadt gestiftet.

Es gab auch eine einzige weibliche Inkarnation im Lande. Sie hieß »Donnerkeil-Sau«. Oft sah ich sie bei Zeremonien oder am Parkhor. Sie war damals ein ungefähr sechzehnjähriges, unauffälliges Mädchen, das immer Nonnenkleidung trug und in Lhasa studierte. Aber sie war die heiligste Frau Tibets, und die Leute erbaten ihren Segen, wo immer sie auftauchte. Später lebte sie als Äbtissin im Männerkloster am Yamdrok-See.

Lhasa war immer voll von Gerüchten und Geschichten über heilige Nonnen und Lamas, und ich hätte zu gerne einmal ihren Wundern nachgespürt. Aber es ging nicht an, die Leute in ihrem Glauben zu verletzen. Sie waren glücklich in ihrer Überzeugung und selbst von einer so vornehmen Gesinnung, daß nie jemand den Versuch machte, Aufschnaiter oder mich zu bekehren. Wir hielten uns an ihre Gebräuche, besuchten ihre Tempel und verschenkten weiße Seidenschleifen, wie es die Etikette verlangte.

Das Staatsorakel

Wie die Bevölkerung für die Sorgen ihres Alltags Rat und Hilfe bei Wahrsagern und Lamas sucht, so befragt die Regierung vor großen Entscheidungen das Staatsorakel. Ich bat meinen Freund Wangdüla einmal, mich zu einer offiziellen Befragung mitzunehmen, und in aller Frühe ritten wir hinaus zum Netschungkloster. Die Würde des Staatsorakel trug damals ein neunzehnjähriger Mönch. Er kam aus einfachen Verhältnissen, hatte aber schon bei allen Prüfungen durch seine medialen Fähigkeiten Aufsehen erregt. Obwohl seine Routine noch nicht so groß war wie die seines Vorgängers, der auch bei der Ermittlung des Dalai Lama mitgewirkt hatte, erwartete man viel von ihm. Ich habe mir oft den Kopf darüber zerbrochen, ob es nur seine unerhörte Konzentrationsfähigkeit war, durch die er sich vor vielen Menschen in kürzester Zeit in einen lang andauernden Trancezustand versetzen konnte, oder ob er Drogen und andere Hilfsmittel verwendete.

Um als Orakel zu wirken, muß der Mönch seinen Geist vom Körper trennen können, damit der Gott des Tempels von ihm Besitz ergreift und durch ihn spricht. In diesem Augenblick wird er durch seine mediale Veranlagung zur Manifestation des Gottes. Das ist die Überzeugung der Tibeter, und auch Wangdüla glaubte fest daran.

Unter solchen Gesprächen hatten wir die acht Kilometer bis zum Netschungkloster zurückgelegt. Aus dem Tempel klingt uns eine dumpfe, unheimliche Musik entgegen. Wir treten ein – der Anblick ist furchterregend! Von allen Wänden grinsen grausige Fratzen und Totenköpfe auf uns herab, die weihrauchgeschwängerte Luft beengt die Brust. Gerade wird der junge Mönch aus seinen Privatgemächern in die düstere Tempelhalle geführt. Er trägt einen runden Metallspiegel auf der Brust, Diener hüllen ihn in bunte Seidengewänder und geleiten ihn zu seinem Thron. Dann zieht sich alles von ihm zurück. Außer der dumpfen, beschwörenden Musik ist kein Laut zu hören. Das Medium beginnt seine Konzentration. Ich beobachte es scharf, wende kein Auge von seinen Zügen. Nicht das leiseste Zucken seiner Mienen entgeht mir. Mehr und mehr scheint das Leben aus ihm zu weichen. Jetzt ist es völlig reglos, das Gesicht eine starre Maske. Und da – wie vom Blitz getroffen bäumt sich der Körper auf. Ein Aufatmen geht durch den Raum: Der Gott hat von ihm Besitz ergriffen. Zittern befällt das Medium, wird immer stärker, Schweiß perlt auf seiner Stirn. Da treten Diener zu ihm hin und setzen ihm einen riesigen, phantastischen Kopfschmuck auf. Dieser ist so schwer, daß zwei Männer das ungeheure Ding halten müssen, während sie es ihm aufsetzen, und die schmächtige Gestalt des Mönchs sinkt unter dem Gewicht der Tiara noch tiefer in die Kissen des Throns. Es ist kein Wunder, daß die Medien nicht lange leben, geht es mir durch den Kopf. Die ungeheure körperliche und geistige Anstrengung dieser Séancen verzehrt ihre Kraft.

Das Zittern wird stärker, auf und ab schwankt der viel zu schwer belastete Kopf, die Augen quellen hervor. Das Gesicht ist aufgedunsen und von einem ungesunden Rot überzogen. Zischende Laute brechen zwischen den Zähnen hervor. Plötzlich springt das Medium auf – Diener wollen ihm helfen, er entgleitet ihnen, und zum Gewimmer der Oboen beginnt sich der junge Mönch in einem seltsamen, ekstatischen Tanz zu drehen. Sein Stöhnen und Zähneknirschen sind die einzigen menschlichen Laute im Tempel. Jetzt beginnt er mit einem riesigen Daumenring wild auf sein schimmerndes Brustschild zu schlagen – das Klirren übertönt das dumpfe Rollen der Trommeln –, jetzt dreht er sich auf einem Fuß, aufrecht unter der riesigen Krone, die vorhin zwei Männern zu schwer war. Diener füllen seine Hände mit Gerstenkörnern – er wirft sie unter die verängstigte Menge der Zuschauer. Alles duckt sich, ich fürchte schon, als Eindringling aufzufallen. Der Mönch ist jetzt unberechenbar ... Störe ich bei der Götterbefragung? Nun wird er etwas ruhiger. Diener halten ihn mit festem Griff, und ein Kabinettsminister tritt vor ihn hin. Über den von der Last gebeugten Kopf wirft er eine Seidenschleife und beginnt die vom Kabinett sorgsam ausgeklügelten Fragen zu stellen. Die Besetzung einer

Gouverneurstelle, die Auffindung einer hohen Inkarnation, Krieg oder Frieden, das alles wird dem Orakel zur Entscheidung vorgelegt. Oft muß eine Frage mehrmals wiederholt werden, bis das Orakel zu lallen beginnt. Ich bemühe mich, aus dem Murmeln verständliche Worte herauszufinden – unmöglich! Während der Regierungsvertreter demütig gebeugt steht und etwas zu verstehen versucht, schreibt ein älterer Mönch fließend die Antworten nieder. Er hat das schon hunderte Male in seinem Leben getan, denn er diente schon dem verstorbenen Orakel als Sekretär. Ich konnte mich des Verdachtes nicht erwehren, daß dieser Sekretär vielleicht das eigentliche Orakel war. Die Antworten, die er niederschrieb, waren bei aller Zweideutigkeit doch immer richtunggebend und genügten, das Kabinett der größten Verantwortung zu entheben. Gab ein Orakel dauernd falsche Antworten, dann machte man kurzen Prozeß: Es wurde seines Amtes enthoben. Das war eine Maßnahme, deren Logik ich nie begreifen konnte. Es war doch der Gott, der aus dem Medium sprach?

Trotzdem war die Stellung eines Staatsorakels sehr begehrt. Denn es bekleidet das Amt eines Dalama, das dem dritten Rang entspricht, und ist der oberste Herr des Netschungklosters mit allen seinen Pfründen.

Die letzten Fragen, die der Regierungsvertreter noch stellt, bleiben unbeantwortet. Haben den jungen Mönch die Kräfte verlassen, oder zürnt der Gott? Mönche treten zu dem vor Erregung bebenden Medium, reichen ihm kleine Seidenschleifen. Mit zitternden Händen knüpft es Knoten hinein. Diese Schleifen werden Bittstellern umgehängt und gelten als Amulette, die vor jeder Gefahr schützen. Noch einmal versucht es ein paar Tanzschritte zu machen, dann bricht es zusammen und wird von vier Mönchen bewußtlos aus der Tempelhalle getragen.

Ganz benommen verlasse ich den Tempel und stehe geblendet im Sonnenlicht. Mein nüchterner Europäerverstand weiß nicht,

Ein Mönch beim Füllen der Butterlampen. In Tibet diente dazu eine kostbare Kanne aus Gold und Silber, im Exil tut's auch ein einfacher Wasserkessel aus Aluminium

wohin mit dem eben Geschauten. Später habe ich noch oft an Orakelbefragungen teilgenommen – eine auch nur annähernde Erklärung dieses Rätsels ist mir nie gelungen.

Ein merkwürdiges Erlebnis war es immer, wenn ich dem Staatsorakel im Leben des Alltags begegnete. Ich konne mich nie ganz daran gewöhnen, mit ihm an einem Tisch zu sitzen und ihn genauso wie alle übrigen Adeligen seine Nudelsuppe schlürfen zu hören. Wenn wir einander auf der Straße begegneten, zog ich den Hut, und er lächelte mir mit höflichem Nicken zu. Sein Gesicht war dann das eines netten jungen Mannes seiner Altersstufe und erinnerte in nichts an die rote, aufgedunsene Fratze der Ekstase.

Und dann sah ich ihn am Neujahrstag durch die Straßen wanken ... Diener stützten ihn rechts und links, und alle dreißig bis vierzig Meter sank er erschöpft auf den Sessel, der für ihn mitgetragen wurde. Alles wich vor ihm zurück, und das Volk genoß sprachlos das dämonische Schauspiel.

Noch einen großen Tag hat das Staatsorakel: die sogenannte »Große Prozession«, wenn nämlich der Dalai Lama zum Besuch der Kathedrale in die Stadt getragen wird – zum Unterschied von der gewöhnlichen »Prozession«, wenn er in den Sommergarten zieht.

Wieder ist ganz Lhasa auf den Beinen, man findet kaum ein Plätzchen zum Stehen. Auf einem freien Platz ist ein Zelt aufgeschlagen. Mönchssoldaten mit ihren Peitschen halten wie üblich die neugierige Menge zurück. Dieses Zelt verhüllt noch das große Geheimnis vor den Blicken des Volkes; der Netschung Dalama bereitet sich drinnen auf den Trancezustand vor. Langsam nähert sich nun der Gottkönig in seiner Sänfte mit den sechsunddreißig Trägern. Die Musik der Mönche begleitet den feierlichen Zug, Posaunen, Tuben und Trommeln zeigen den Höhepunkt an. Jetzt ist er vor dem Zelt des Orakels. In diesem Augenblick stürzt mit torkelnden Schritten der von seinem Gott besessene Mönch heraus. Wiederum ist sein Gesicht aufgedunsen, zischende Laute brechen aus seinem Mund, fast wird er zu Boden gedrückt von der Last der

Alter Mönch aus dem Kloster Samdenling bei Kyirong

Tiara. Aber wild um sich schlagend drängt er die Träger beiseite, nimmt die Stangen der Sänfte auf seine Schultern und rennt durch das Spalier, während die königliche Bürde bedrohlich schwankt. Seine Diener und die Sänftenträger laufen mit und versuchen ihn beim Tragen zu unterstützen. Nach ungefähr dreißig Schritten bricht er ohnmächtig zusammen. Eine Tragbahre steht schon bereit, zugedeckt wird er in sein Zelt zurückgetragen. Gebannt hat die Menge diesen sekundenschnellen Vorgang verfolgt – schon nimmt die Prozession wieder ihren geordneten Fortgang. Nie konnte ich herausfinden, was dieses Ritual genau zu bedeuten hat. Vielleicht sollte es die Unterwerfung eines Schutzgottes gegenüber dem Lebenden Buddha symbolisch darstellen.

Außer dem Staats- und Wetterorakel gab es in Lhasa noch mindestens sechs Medien, darunter sogar eine alte Frau, die als Manifestation einer Schutzgöttin galt. Für kleine Spenden war sie bereit, sich in Trance zu versetzen und die Göttin sprechen zu lassen. Es gab Tage, an denen sie bis zu viermal diesen Zustand erreichte. In meinen Augen allerdings war sie eine ziemlich gerissene Scharlatanin …

Es gibt auch Orakel, die im Trancezustand riesige Schwerter zu einer Spirale verbiegen – in Lhasa haben mehrere Adelige solche Schwerter vor ihrem Hausaltar liegen. Jeder Versuch, ein solches Schwert auch meinerseits zu verbiegen, mißlang.

Das Befragen der Orakel stammt noch aus der vorbuddhistischen Zeit, als die Götter Menschenopfer verlangten, und wurde fast unverändert übernommen. Ich selbst war von dem unheimlichen Erlebnis immer tief beeindruckt, aber ich war doch froh, daß ich meine Entscheidungen nicht von Orakeln abhängig machen mußte.

Fröhlicher Herbst in Lhasa

Die Zeit verging – wir waren jetzt schon einige Monate in Lhasa –, und all das Unbegreifliche hatte uns jeden Tag neu in seinen Bann gezogen. Fast konnte man darüber vergessen, daß es auch einen Alltag gab. Jetzt kam der Herbst, die schönste Jahreszeit in Lhasa. Die Blumen in den Gärten – viele schon der Erfolg meiner eigenen Arbeit! – standen in voller Blüte, indes die Blätter der Bäume sich schon zu färben begannen. Früchte gab es in Hülle und Fülle, Pfirsiche, Äpfel, Weintrauben aus den südlichen Provinzen, Prachtexemplare von Tomaten und Kürbissen lagen am Markt zur Schau, und die Adeligen gaben jetzt ihre großen Feste, denn die Jaherszeit bietet eine Auswahl aller erdenklichen Leckerbissen.

Das wäre so recht die Zeit für Ausflüge gewesen! Man kennt das aber hier leider nicht. Keinem Tibeter würde es einfallen, zum Vergnügen auf einen Berg zu steigen. Nur aus kultischen Gründen besuchen die Mönche an bestimmten Tagen die Gipfel der Umgebung, die durchschnittlich 5600 m hoch sind. Die Adeligen schicken dann meist ihre Diener mit, denn es gilt, die Götter gnädig zu stimmen und Weihrauchfeuer zu ihren Ehren anzuzünden. Dann werden Gebete in die Winde gerufen, neue Fahnen aufgestellt, und die frechen Krähen warten schon auf den geopferten Tsampa. Doch jeder Opfergänger ist froh, wenn er nach zwei oder drei Tagen wieder in die Stadt zurückkommt.

Dafür machten Aufschnaiter und ich uns ein Vergnügen daraus, alle Gipfel der Umgebung zu besteigen. Sie boten zwar keine technischen Schwierigkeiten, die uns gereizt hätten, aber auf jedem gab es einen herrlichen Rundblick. Im Süden des Himalaja, ganz nahe ein Siebentausender des Nyentschenthanglha, über dessen Kette wir vor einem Jahr nach Lhasa heruntergestiegen waren.

Von der Stadt aus sah man keine Gletscher. Die Annahme, daß man in Tibet überall auf Eis und Schnee stößt, trifft nicht zu. Wir wären so gerne wieder einmal Ski gelaufen. Aber selbst wenn wir unser Experiment mit den selbstgemachen Brettern wiederholt hätten, wären die Entfernungen zu groß gewesen, und wir hätten Pferde, Zelte und Diener mitnehmen müssen. Denn es kostet einigen Aufwand, in unbewohnten Gegenden Sport zu treiben.

So begnügten wir uns mit dem Bergsteigen. Unsere Ausrüstung war nicht gerade zünftig: Armeestiefel und andere Bekleidungsstücke aus amerikanischen Überschußwaren. Aber sie genügten für den Zweck. Die Tibeter konnten sich nicht fassen vor Staunen, in welch kurzer Zeit wir unsere Touren zurücklegten, und einmal mußte ich sogar ein Weihrauchfeuer anzünden, das meine Freunde von den Dächern ihrer Häuser beobachteten. Niemand hätte sonst geglaubt, daß wir tatsächlich den Gipfel erstiegen hatten. Touren, für die ihre Diener zwei bis drei Tage brauchten, machte ich mit Aufschnaiter an einem Tag. Es gelang mir, als ersten meinen Freund Wangdüla für eine Tour zu begeistern, denn er konnte sehr ausdauernd gehen. Später machten auch andere mit, und alle fanden viel Freude an der schönen Aussicht und an den wunderbaren Gebirgsblumen, die wir fanden.

Auch hier waren die Berge nach Göttern benannt. Wir wunderten uns oft, daß die Tibeter für alle die tausend Gipfel immer neue Namen erfanden, freilich waren es meist lokale Bezeichnungen, und es konnte passieren, daß ein Berg im Norden ganz anders hieß als bei seinen südlichen Anrainern.

Mein Lieblingsziel war ein kleiner Bergsee, knapp einen Tagesmarsch von Lhasa entfernt. Zum erstenmal war ich zu ihm hinaufgestiegen, als man in Lhasa während der Regenzeit einen Abfluß seiner Wasser befürchtete. Eine uralte Sage erzählt nämlich, daß der See mit einem unterirdischen Gewässer unter der Kathedrale in Verbindung stünde. Deshalb schickte die Regierung jedes Jahr Mönche hinauf, die durch Gebet und Opfer die Seegeister gnädig stimmen sollten. Auch viele Pilger besuchten ihn und warfen Ringe und Münzen in den See. An seinen Ufern standen Steinhütten als Unterkunft, und auch ich hauste bei meinen Ausflügen dort. Den See selbst fand ich völlig harmlos. Sogar wenn seine Wasser einmal über die Ufer getreten wären, hätte dies der Stadt nicht schaden können. Es war ein stilles, idyllisches Plätzchen.

Herden wilder Schafe, Gazellen, Murmeltiere und Füchse zogen ohne Scheu vorbei, der Lämmergeier zog hoch im Blau seine Kreise. Sie alle kannten den Menschen nicht als Feind. Niemand hätte in der Umgebung der Heiligen Stadt ein Tier zu jagen gewagt. Und eine Flora gab es um den See, daß jedes Botanikerherz höher schlagen mußte. Wunderbar gelber und blauer Mohn stand an den Ufern, eine tibetische Lokalform, die es nur noch im Botanischen Garten von London zu sehen gibt.

Diese Ausflüge genügten mir aber nicht als einzige sportliche Betätigung. Ich überlegte oft, was man hier sonst noch unternehmen könnte. Da kam mir die Idee, einen Tennisplatz anzulegen. Es gelang mir, eine Anzahl Leute dafür zu interessieren, ich legte eine Mitgliederliste an und ließ mir Vorauszahlungen geben, um die nötigen Mittel zusammenzubekommen. Die Liste war recht stattlich und trug beinahe internationalen Charakter: Inder, Chinesen, Sikkimesen, Nepalesen und natürlich viele junge Adelige aus Lhasa. Sie hatten zuerst gezögert, weil ja die Regierung schon das Fußballspiel verboten hatte. Aber ich konnte ihre Bedenken zerstreuen, denn das Tennisspiel war ein Sport, der keine Zuschauer anlockte, keine Streitigkeiten verursachen konnte und wohl auch der Kirche harmlos erscheinen mußte. Außerdem gab es schon in der British Mission einen Tennisplatz – eine wertvolle moralische Unterstützung für uns.

Ich suchte mir also Landarbeiter und ließ am Fluß eine geeignete Fläche planieren. Es war nicht leicht, die richtige Erde für den Belag des Platzes zu finden, aber nach einem Monat war doch alles fix und fertig, und wir waren sehr stolz auf unser Werk. Netze, Schläger und Bälle hatten wir aus Indien bestellt, und mit einer kleinen Einweihungsparty starteten wir den »Tennisklub Lhasa«.

Die Kinder rissen sich darum, bei uns Balljungen zu sein. Allerdings waren sie furchtbar ungeschickt, denn sie hatten ihr Lebtag noch keinen Ball in der Hand gehabt. Wenn wir nun Mitglieder der British Mission zu einem Spiel einluden, gab es ein lustiges Bild: Die Soldaten der Leibwache der nepalesischen Auslandsmission, wahre Prachtburschen in ihren bunten Uniformen, fungierten als Balljungen!

Bald hatten wir eine Anzahl ganz guter Spieler beisammen. Der Beste war unbestritten Mr. Liu, der Sekretär der chinesischen diplomatischen Vertretung, nach ihm kam Mr. Richardson, der neue Leiter der British Mission, ein hagerer Schotte, schlau und zäh in seiner politischen Arbeit, der nur ein einziges Steckenpferd kannte: seinen herrlichen Blumen- und Gemüsegarten. Wenn man zu ihm kam, glaubte man, einen Märchengarten zu betreten.

Durch unser Tennisspiel hatte sich auch eine sehr nette Geselligkeit entwickelt. Es ergab sich, daß wir uns gegenseitig auf unsere Plätze einluden, nachher eine Tasse Tee tranken und ein paar Stunden beim Bridge saßen. Das waren meine Sonntage. Schon lange vorher freute man sich darauf, war gezwungen, sich gesellschaftsfähig anzuziehen, und hatte das Gefühl, dem Milieu, aus dem man kam, doch nicht ganz verlorenzugehen.

Mein Freund Wangdüla bewährte sich auch hier. Er war ein passionierter Tennisspieler und vollwertiger Partner beim Bridge.

Unser Tennisplatz hatte noch einen großen Vorteil: Man konnte ihn das ganze Jahr hindurch benutzen. Nur zur Zeit der Sandstürme mußten wir aufpassen. Wir hatten nämlich statt der Drahtgitter riesige Vorhänge aufgespannt. Wenn nun die Wolke über dem Potala stand, hieß es flink sein beim Abnehmen, damit der schnell heranbrausende Sturm uns die Vorhänge nicht entführte.

Die Tibeter haben im Herbst ihre eigenen, althergebrachten Vergnügungen. Da ist vor allem das Drachensteigen. Wenn die Regen vorüber sind und die klare Herbstluft ins Freie lockt, sind die Basare voll mit den farbenprächtigsten Drachen. Genau am Ersten des achten tibetischen Monats beginnt das Spiel. Nicht nur für die Kinder, wie bei uns. Es ist ein wahres Volksfest, und auch die Adeligen begeistern sich daran.

Auf dem Potala steigt der erste Drache hoch – das ist das Startzeichen, und bald ist der Himmel über Lhasa voll von unzähligen Drachen. Kinder und Erwachsene stehen stundenlang auf den flachen Dächern und betreiben das Spiel mit einem Ernst und einer Hingabe, wie man sie bei uns höchstens bei einem Meisterschaftsspiel finden könnte. Die Drachen hängen an festen Zwirnsfäden, die mit Leim und pulverisiertem Glas imprägniert sind. Man versucht nun, mit der eigenen Schnur die des Gegners zu kreuzen und durchzuschneiden. Wenn das gelingt, gibt es ein großes Freudengeschrei auf den Dächern. Der Drache schwebt langsam nieder, die Kinder stürzen sich darauf, denn nun gehört er ihnen, und sie dürfen ihn wieder steigen lassen. Wer seinen Drachen am längsten in der Luft halten kann, der hat gewonnen. Dieses Spiel nimmt einen Monat lang jede freie Stunde in Anspruch und verschwindet dann ebenso plötzlich, wie es begonnen hat.

Als ich eines Tages durch den Basar bummelte und mir die Drachen ansah, hatte ich ein merkwürdiges Erlebnis: Ein mir völlig fremder Tibeter sprach mich an und bot mir eine Uhr zum Kauf an. Das heißt, es war eigentlich ein Wrack, ganz verrostet und ohne Zifferblatt. Der Mann meinte, sie sei kaputt und er könne damit nichts mehr anfangen. Ich als Europäer könnte sie vielleicht noch reparieren. Jeder Preis sei ihm recht. Ich nahm das Ding in Hand und erkannte es sofort: Es war Aufschnaiters Armbanduhr, die er in Westtibet zu Geld gemacht hatte. Sie war eine der ersten wasserdichten Rolex-Uhren, und er hatte sie bei der Nanga-Parbat-Expedition mitgehabt. Aufschnaiter hatte sich schweren Herzens von ihr getrennt. Vielleicht konnte ich ihm mit ihr eine Freude machen, auch wenn sie nie wieder gehen sollte! Ein Kuriosum war das Ding jedenfalls. Im November hatte er Geburtstag. Obwohl mit wenig Hoffnung auf Erfolg, gab ich die Uhr doch einem sehr geschickten mohammedanischen Bastler. Er war von ihrem Werk entzückt und hatte sie bald wieder in Gang gebracht. Aufschnaiter machte große Augen, als er sie wiedersah. Er trägt sie heute noch.

Im Herbst scheint in allen Schichten Tibets die Lust zu körperlichen Betätigung zu erwachen. Manchmal konnte ich die Mönchsbeamten im Tsedrunggarten in ihrer Freizeit beobachten. Ihr liebstes Vergnügen ist ein Spiel, das sehr primitiv aussieht, aber große Geschicklichkeit erfordert. Mit runden Steinen werfen sie auf ein Jakhorn, das in zirka dreißig Meter Entfernung lose aufgestellt ist. Je öfter man es umwirft, desto mehr

Geld kann man gewinnen. Ich beteiligte mich oft daran, kann aber nicht behaupten, daß ich viel Erfolg hatte ...

Auch den singenden Pfeil konnte man in den Gärten surren hören; die Adeligen vertreiben sich gerne ihre Zeit damit.

Im Herbst werden auch die großen Pferdemärkte abgehalten. Mit riesigen Karawanen kommen Hunderte von Pferden aus Siling in Nordwestchina in die Stadt. Ein lebhaftes Handeln und Feilschen beginnt – man versteht sich darauf, und man versteht etwas von Pferden in Lhasa. Hohe Preise werden für besonders schöne Tiere gezahlt, denn die Adeligen halten etwas auf ihren Stall und legen Wert darauf, jedes Jahr ein neues Rassepferd zu reiten – ein Luxus, den sich allerdings nur die Reichen leisten können. Das Volk benutzt, wenn es überhaupt reitet, in Tibet gezüchtete Ponys. Die Adeligen hingegen sind schon durch Rang und Stellung zu diesem Aufwand verpflichtet. Wenn sie ausreiten, werden sie von Dienern begleitet, ein Kabinettsminister zum Beispiel von sechs gleichgekleideten Männern, so verlangt es die Etikette. Jeder Adelige hat deshalb je nach Rang und Stellung zwei bis zwanzig Pferde im Stall stehen.

Auch die vornehmen Frauen des Landes habe ich oft reiten gesehen. Ihre Röcke sind weit genug, daß sie im Herrensitz im Sattel sitzen können, und so begleiten sie ihre Männer oft wochenlang auf Pilgerfahrten oder auf der Reise zu einem neuen Amtssitz. Vor der Sonne schützt sie eine dachartige Kopfbedeckung, außerdem schmieren sie sich eine dunkelbraune Pflanzenessenz auf das Gesicht, und der Mund wird durch einen Schal geschützt. Wenn sie in dieser Aufmachung durch die Straßen reiten, sieht eine wie die andere aus, und ich fürchte, ich habe manchen Fauxpas begangen, wenn ich sie nicht gleich erkannte ...

Bei solchen längeren Reisen zu Pferde reiten Kinder bis zu vier und fünf Jahren auf dem Schoß der Dienerinnen mit, größere sitzen in einem krippenartigen Gestell und halten sich an den Holzkreuzen fest.

Auf schönes Sattel- und Zaumzeug legt man großen Wert. Innerhalb der Stadt müssen alle Beamten noch die althergebrachten, wiegenförmigen Holzsättel benutzen. Auf langen Reisen sind diese aber für Mensch und Pferd recht unbequem, und man ist doch zum Ledersattel übergegangen. Bei den Prozessionen sieht man dafür noch die prachtvollen alten, mit Gold und Silber beschlagenen Sättel mit ihren kostbaren Decken. Am Zaumzeug kann man auch gleich den Rang des Besitzers erkennen. Baumelt am Hals des Pferdes eine riesige rote Quaste, dann ist sein Herr ein angesehener Adeliger, trägt es zwei Quasten, dann ist er von besonders hohem Rang. Auch die Straßen zeigen durch ihre Einrichtungen, wie sehr man auf das Reiten eingestellt ist. Vor Privathäusern und Amtsgebäuden stehen Steinsockel, die das Auf- und Absteigen erleichtern sollen. Kommt ein Adeliger vorgeritten, dann springen schon vorher seine Diener ab, führen das Pferd genau an die richtige Stelle und stützen ihren Herrn beim Absteigen.

Einen aufregenden Tag gab es noch Anfang Dezember. Da war eine Mondfinsternis vorhergesagt, und die Dächer waren seit den frühen Abendstunden von Neugierigen belagert, die auf das Schauspiel warteten. Als der Erdschatten langsam über die Mondscheibe kroch, ging ein Raunen durch die ganze Stadt. Plötzlich setzte lautes Klatschen und Schreien ein – man wollte den bösen Dämon vertreiben, der sich vor den Mond stellte! Als die Finsternis vorbei war, ging man wieder zufrieden in die Häuser und feierte den Erfolg bei Tschang und Würfelspiel.

Meine Weihnachtsparty

Nun ging es schon stark auf Weihnachten zu. Ich hatte mir eine Überraschung ausgedacht: Ich wollte meinen Freunden ein Fest geben. Ein richtiges Weihnachtsfest mit Christbaum und Geschenken. So oft war ich eingeladen gewesen, so viel Freundlichkeit hatte ich erfahren, daß ich ihnen auch einmal Freude machen wollte. Nun hatte ich genug zu tun mit den Vorbereitungen! Mein Freund Trethong, der Sohn eines verstorbenen Ministers, stellte mir für ein paar Tage sein Haus zur Verfügung. Ich mietete geschulte Diener und Köche, besorgte Geschirr und kaufte für meine Gäste kleine Geschenke: Taschenlampen, Federmesser, Tischtennis und Gesellschaftsspiele. Für meinen Gastgeber Tsarong und seine Familie dachte ich mir besondere Gaben aus. Und dann kam die Hauptattraktion: der Christbaum! Frau Tsarong lieh mir einen Wacholderbaum in einem schönen Topf, und ich schmückte ihn mit Kerzchen, Äpfeln, Nüssen und Süßigkeiten. Er sah beinahe echt aus.

Das Fest begann schon am Vormittag, wie es hier bei Parties üblich ist. Wangdüla stand mir als »Zeremonienmeister« zur Seite, denn ich fürchtete doch noch, irgendeinen Verstoß gegen die Etikette zu begehen. Neugierig kamen die Gäste, beguckten den »Tannenbaum« von allen Seiten, wunderten sich über die Päckchen darunter und waren voll Spannung und Vorfreude – wie Kinder zu Weihnachten. Mit Essen, Spielen und Trinken verging der Tag, und als es dunkel wurde, bat ich alle in ein anderes Zimmer. Wangdüla zog seinen Pelz verkehrt an und mimte den Weihnachtsmann, und ich zündete die Lichter am Baum an. Das Grammophon spielte die Platte »Stille Nacht, heilige Nacht«, die Tür ging auf, und mit großen, erstaunten Augen standen meine Gäste vor dem Baum. Mr. Liu stimmte das Lied an, einige kannten die Melodie aus den englischen Schulen und sangen mit. Es war eine merkwürdige Stimmung: diese gemischte Runde im Herzen Asiens – und das vertraute Weihnachtslied aus der Heimat! Eisern hatte ich bisher alle weichen Gefühle beherrscht, aber jetzt kamen mir fast die Tränen in die Augen; schmerzlich überfiel mich das Heimweh.

Doch das ist nicht die richtige Einstellung, wenn man hier leben muß. Hier ist natürlich alles anders, und Land und Leute lassen sich mit der Heimat nicht vergleichen. Man muß sich umstellen und versuchen, den hiesigen Sitten und Gebräuchen Freude abzugewinnen.

Die fröhliche Stimmung der Gäste, ihre Freude an den Geschenken und ein bißchen Alkohol halfen mir dann auch über mein Heimweh hinweg. Als meine Gäste aufbrachen, beteuerten sie immer wieder, wie gut ihnen unser »deutsches Neujahr« gefallen habe.

Vor einem Jahr waren es zwei weiße Brötchen gewesen, die uns mitten im einsamen Tschangthang die köstlichste Weihnachtsgabe dünkten. Heute saßen wir im Kreise uns wohlgesinnter Menschen an einer reichen Tafel – wir sollten nicht mit unserem Schicksal hadern!

Eine arbeitsreiche Zeit

Ohne besondere Feierlichkeiten gingen wir in das Jahr 1947. Aufschnaiter hatte seinen Bewässerungskanal fertig und eine neue große Aufgabe vor sich. Lhasa besaß ein altes Elektrizitätswerk, das einer der vier Rugbyschüler vor zwanzig Jahren errichtet hatte. Jetzt war es völlig verwahrlost und gab kaum noch Strom. An den Arbeitstagen reichte er gerade noch aus, die Maschinen des Münzamtes zu betreiben, und nur an freien Samstagen war Strom genug da, um auch die Leitungen in den Häusern zu beliefern und den Ministerwohnungen das begehrte helle Licht zu geben.

Tibet stellt nämlich sein Papier- und Hartgeld selbst her. Die Einheit ist der Sang; durch Dezimalteilung kommt man auf den Scho und den Karma. Das Papiergeld wird auf dem einheimischen, starken Papier in Buntdruck mit Wasserzeichen hergestellt, die Nummer wird sehr geschickt mit der Hand gemalt, und alle Fälschungsversuche scheiterten bisher an der Nachahmung dieser Nummern. Die Banknoten sehen sehr repräsentativ aus. Die Münzen werden aus Gold, Silber und Kupfer geprägt, sie tragen die Sinnbilder Tibets: Berge und Löwen. Auch die Landesfahne und die Briefmarken zeigen neben einer aufgehenden Sonne diese Zeichen.

Da dieses kleine Münzwerk sehr vom Strom abhängig war, trat man an Aufschnaiter mit der Bitte heran, das alte Werk zu verbessern und auszubauen. Ihm gelang es, die maßgebenden Stellen zu überzeugen, daß damit nicht viel gewonnen wäre und daß man die Wasserkraft des Kyitschu ausnützen müsse. Denn das alte Werk lag an dem müden Wässerchen eines Seitenarmes. Man hatte wieder einmal befürchtet, die Götter würden Lhasa strafen, wenn das Wasser des heiligen Flusses zu solchen Zwecken mißbraucht würde. Es war Aufschnaiters Verdienst, der Regierung dies ausgeredet zu haben, und er konnte sofort mit den Vermessungen beginnen. Um nicht täglich den weiten Weg zurücklegen zu müssen, bekam er eine Wohnung außerhalb der Stadt im Gartenhaus eines Landgutes.

Wir sahen uns nun seltener. Meine Lehrtätigkeit hielt mich in der Stadt fest, daneben gab ich noch Trainerstunden in Tennis. Meine großen und kleinen Schüler machten im allgemeinen gute Fortschritte, aber leider ist Beständigkeit keine Zierde der Tibeter. Anfangs sind sie von allem begeistert und fangen viele neue Sachen an, doch ihr Interesse erlahmt nach kurzer Zeit. Deshalb wechselten meine Schüler oft, was für mich nicht sehr befriedigend war. Die Kinder der Adeligen, die ich unterrichtete, waren durchwegs intelligent und aufgeweckt und standen an Auffassungsgabe nicht hinter den unseren zurück. In den indischen Schulen sind die Tibeter den europäischen Schülern durchaus ebenbürtig. Man muß nur bedenken, daß sie ja erst die Sprache des Lehrers erlernen müssen! Und trotzdem erreichen sie sehr oft den Platz des Klassenersten. Im St.-Josephs-College in Darjeeling war sogar ein Junge aus Lhasa der Schulbeste und gleichzeitig Mannschaftsführer aller Sportteams der Anstalt.

Außer meinem Unterricht hatte ich mich noch auf allerlei Nebenverdienste verlegt. Das Geld liegt in Lhasa wirklich auf der Straße! Man braucht nur ein wenig Initiative. Ich hätte zum Beispiel eine Molkerei mit frischer Milch und Butter einrichten oder mir eine Eismaschine zur Erzeugung von Speiseeis aus Indien bringen lassen können. Uhrmacher, Schuster, Gärtner waren gesucht. Große Möglichkeiten lagen auch beim Handel, besonders wenn man englische Sprachkenntnisse hatte und Verbindung mit Indien aufnehmen konnte. Wie viele Leute lebten davon, daß sie Waren in den indischen Basars ein- und in Lhasa wieder verkauften! Eine Lizenz ist nicht notwendig, Gewerbeschein und Meisterbrief sind unbekannte Begriffe, Steuern werden nicht erhoben. Viele Sparten sind konkurrenzlos und bilden ihre Preise nach eigenem Ermessen.

Wir hatten aber nicht die Absicht, uns als Kaufleute zu betätigen oder bloß Geld zu verdienen – wir wollten Arbeit finden, die uns auch Befriedigung schenken würde. Und vor allem ging es uns darum, der Regierung von Nutzen zu sein, um die uns gewährte Gastfreundschft zu rechtfertigen. Daher freute es uns, wenn die Leute sich in vielen Dingen an uns wandten, und wenn wir auch regelrecht »Mädchen für alles« waren, so statteten wir damit nur unseren Dank ab. Manchmal allerdings brachte man uns mit dem einen oder anderen Anliegen in Verlegenheit, denn wir waren nicht immer so beschlagen, wie man annahm.

So sollten wir plötzlich einmal die Götterfiguren in einem Tempel frisch vergolden. Zum Glück fanden wir in Tsarongs unerschöpflicher Bibliothek ein Formelbuch mit einem Rezept, wie man aus Goldkörnern eine verwendbare Farbe bereitet. Verschiedene Chemikalien dazu mußten aus Indien bestellt werden. Denn die Nepalesen, Meister in der Gold- und Silberarbeit, hüten eifersüchtig ihr Geheimnis.

Tibet besitzt im ganzen Land große Goldvorkommen. Aber nirgends wird mit modernen Mitteln danach geschürft. Von alters her gräbt man im Tschangthang mit Gazellenhörnern, auf die primitivste Art. Ein Engländer machte einmal mir gegenüber die Bemerkung, daß es sich wahrscheinlich lohnen würde, die bereits durchsuchte Erde nochmals mit modernen Methoden auszubeuten. Manche Provinzen müssen heute noch ihre Steuern in Goldkörnern abliefern. Es wird aber nicht mehr gegraben, als unbedingt notwendig ist, denn auch hier begegnet man wieder der Angst, die Erdgeister zu stören und ihre Rache heraufzubeschwören, und dies verhindert alle fortschrittlichen Maßnahmen.

Viele der großen Flüsse Asiens entspringen in Tibet und tragen das Gold ihrer Berge mit sich. Aber erst die Nachbarländer beginnen mit der Auswertung, und nur in wenigen Gebieten, wo die Goldwäscherei besonders rentabel ist, wird sie auch in Tibet betrieben. Es gibt Flüsse in Osttibet, die oft wannenartige Höhlungen ausgewaschen haben. Dort sammeln sich die Körner von selbst, man braucht sie nur von Zeit zu Zeit abzuholen. Meist hält der Distriktsgouverneur seine Hand über diese natürlichen Goldwäschereien.

Ich wunderte mich immer, daß noch niemand auf den Gedanken gekommen war, diese Schätze für die eigene Tasche auszubeuten. Wenn man in der Umgebung von Lhasa in den Bächen unter Wasser schwimmt, sieht man den Goldstaub im Sonnenlicht flimmern – ein unwahrscheinliches Bild! Aber der Reichtum bleibt ungenützt liegen – wie auf so vielen Gebieten dieses Landes; zum Teil, weil die Tibeter schon diese verhältnismäßig leichte Arbeit zu mühsam dünkt. Andererseits ist in Tibet die Vorliebe für Gold größer als bei uns, nicht so sehr wegen seines materiellen Wertes, sondern als Ausdrucksmittel für Prunk und Pracht. Alle Schmuckstücke sind wunderbare Goldarbeiten, und in den Tempeln werden unermeßliche Werte aufgehäuft. Man kann davon nicht genug haben! Meterhohe Butterlampen sind aus solidem Gold, es gibt mit Goldplatten belegte Götterstatuen, die viele Stockwerke hoch sind, und verschwenderisch geschmückte Grabmale, Zeugnisse der Prunksucht und gleichzeitig des Opferwillens. Arme Leute ziehen oft den einzigen Ring vom Finger und opfern ihn im Tempel – sie wollen nicht nur die Götter gnädig stimmen, sondern auch etwas beitragen zu dieser ungeheuren Ansammlung von Kostbarkeiten, die ihnen so viel bedeutet.

Mit der Ausbeutung der Bodenschätze des Landes ist es ähnlich bestellt. Glimmer, Eisen, Kupfer, Silber und andere Mineralien werden jährlich als althergebrachter Tribut von den Provinzen nach Lhasa geliefert. Doch niemand denkt daran, eine Industrie aufzubauen oder die Bodenschätze für den eigenen Bedarf zu verwerten.

Man will die Erdgeister nicht stören und fürchtet Erdbeben als Strafe. Lieber läßt man die Kupferplatten für das Münzamt auf dem wochenlangen Weg über das Gebirge aus Indien bringen, oder man kauft alte Eisenbahnwaggonfedern, um Schwerter daraus zu schmieden. Anstatt in der Tiefe nach Kohlen zu graben, trocknet man Jakdung und Pferdemist als Heizmaterial. Selbst das kostbare Steinsalz bleibt unberührt, denn die abflußlosen Seen des Tschangthang liefern ja genug Salz: Jährlich werden Tausende von Lasten in Bhutan, Nepal und Indien gegen Reis eingetauscht. Rohöl kommt in offenen Tümpeln vor, und die Leute holen es sich als Brennstoff für ihre rußenden Lampen. Vielleicht gibt es da und dort einen unternehmungslustigen Tibeter, der davon träumt, durch die Auswertung dieser Schätze zu Reichtum zu kommen. Aber keiner wagt den Anfang zu machen. Sie fühlen instinktiv, daß es mit ihrem friedlichen Dasein vorbei wäre, wenn sie erst einmal die Machtgier der großen Nachbarn herausforderten. So legt man sein Kapital lieber im Handel mit weniger weltbewegenden Dingen an . . .

Knapp vor dem zweiten Neujahr in Lhasa bekamen wir die erste Post aus der Heimat. Nach drei Jahren! Die Briefe waren ein Jahr lang unterwegs gewesen, ein Umschlag trug sogar den Stempel von Reykjavik und war um die ganze Welt gereist. Welches Gefühl, daß nun doch eine Verbindung bestand, ein Faden vom »Dach der Welt« in das ferne, unvergessene Heimatland! Leider war es ein sehr dünner Faden, und die schlechte Postverbindung wurde in all den Jahren nicht besser. Nun, daran ließ sich nichts ändern. Die Nachrichten aus Europa waren nicht sehr ermutigend. Sie bestärkten uns in dem Wunsch, der schon ab und zu in uns aufgetaucht war: hierzublieben, in Lhasa seßhaft zu werden! Beide hatten wir keine besonderen Bindungen in der alten Heimat. Die Jahre in diesem letzten friedlichen Winkel der Welt hatten uns geformt, wir hatten Art und Denken der Menschen hier verstehen gelernt, die Sprache war uns so geläufig geworden, daß sie uns nicht mehr bloß das notwendige Verständigungsmittel war, sondern daß wir auch eine Konversation mit allen Höflichkeitsformen führen konnten. Die Verbindung zur Welt hielt ein kleiner Radioapparat aufrecht. Ein Minister hatte ihn mir geschenkt und mich gebeten, ihm alle politischen Neuigkeiten mitzuteilen, besonders wenn sie Zentralasien betrafen. Es war ein unwirkliches Gefühl, in diesem kleinen Kästchen so rein und deutlich die Stimmen aller Nationen der Welt einfangen zu können. Denn auf dem Dach der Welt gibt es keinen Zahnarzt mit dem Bohrer, keine Straßenbahn, keinen Friseur mit surrenden Apparaten, also auch keine Störung des Empfangs.

Jeder Tag begann für mich mit dem Abhören der Nachrichten, und ich mußte meist schon in aller Frühe den Kopf schütteln und mich darüber wundern, was in aller Welt die Menschen wichtig nahmen. Ob eine Maschine etliche PS mehr produzierte als in der letzten Serie, ob der Ozean um zwei Minuten schneller überquert wurde als im Monat vorher ... wie nebensächlich war das doch! Die Einstellung zu den Dingen ändert sich eben mit dem Standpunkt des Betrachters. Hier ist das Tempo des Jaks das Maß für alle Geschwindigkeit und war es schon vor tausend Jahren! Wäre Tibet durch eine Umstellung glücklicher geworden? Schon eine Autostraße nach Indien hätte ohne Zweifel den Lebensstandard des Volkes um vieles gehoben, aber damit wäre das »moderne Tempo« ins Land gedrungen und hätte ihm seine Muße und Ruhe geraubt. Man soll einem Volk nicht Erfindungen aufdrängen, die seiner Entwicklungsstufe noch völlig fernstehen. In Tibet gibt es ein schönes Sprichwort: »Man kann nicht in den fünften Stock des Potala gelangen, wenn man nicht im Erdgeschoß anfängt!«

Ob nicht Tibets eigene Kultur und Lebensart so manche technische Erfindung aufwiegt? Wo in der westlichen Welt gibt es noch dies vollendete Höflichkeit? Nie verliert hier jemand sein »Gesicht«, nie wird einer ausfällig. Auch Feinde im politischen Leben behandeln einander mit Achtung und Höflichkeit und begrüßen einander freundlich, wenn sie sich auf der Straße treffen. Die Frauen der Adeligen sind kultiviert und gepflegt, ihr Geschmack in Kleidung und Schmuck ist vorbildlich, sie sind wunderbare Gastgeberinnen. Man hätte es für selbstverständlich angesehen, wenn wir zwei Junggesellen uns eine oder auch mehrere Frauen ins Haus genommen hätten, um unseren Haushalt zu führen. Unsere tibetischen Freune machten uns sogar den Vorschlag, wenigstens gemeinsam eine zu nehmen. In einsamen Stunden spielte ich manchmal mit dem Gedanken, mir eine Gefährtin zu suchen. Aber so hübsch ich manches Mädchen fand, ich konnte mich doch zu keiner Bindung entschließen. Es gab nicht genug seelische Berührungspunkte, und alles andere war mir zu wenig für ein Zusammenleben. Gerne hätte ich mir eine Frau aus der Heimat gerufen ... Aber erst fehlten mir die Mittel, später schoben sich politische Ereignisse dazwischen.

So lebte ich allein, und es erwies sich später als großer Vorteil, als ich in nähere Berührung mit dem Dalai Lama kam. Die machthabenden Mönchskreise hätten unsere Zusammenkünfte wahrscheinlich noch weniger gern gesehen, wäre ich verheiratet gewesen. Denn die Mönche leben in strengem Zölibat, jede Berührung mit Frauen wird vermieden. Leider ist Homosexualität eine häufige Erscheinung, sie wird sogar gerne gesehen als Zeichen dafür, daß die Frauen im Leben der Betreffenden keine Rolle spielen. Manchmal kommt es auch vor, daß Mönche sich verlieben und um ihren Austritt ansuchen, um die Erwählte heiraten zu können. Das wird ohne Schwierigkeiten bewilligt, geborene Adelige bekleiden dann dieselbe Rangstufe in der weltlichen Beamtenschaft; der aus dem Volk stammende Mönch allerdings verliert seinen Rang und findet dann meist als Kaufmann seinen Unterhalt. Schwer bestraft werden dagegen Mönche, die sich mit Frauen einlassen, ohne zuvor um ihren Austritt nachgesucht zu haben.

Trotz meiner selbstgewählten Einsamkeit verging die Zeit rasend schnell. Die Stunden neben unserer Arbeit waren ausgefüllt durch Lektüre und Einladungen, und auch Aufschnaiter und ich besuchten einander regelmäßig, seitdem wir nicht mehr zusammen wohnten. Ein Gedankenaustausch war uns beiden Bedürfnis. Wir fühlten uns durch unsere Tätigkeit nicht ganz ausgefüllt, und manchmal stiegen in uns Zweifel auf, ob wir unsere Zeit nicht besser hätten verwenden können. Gerade auf dem Gebiet der Forschung wäre in diesem unberührten Land noch so viel zu leisten gewesen! Oft wälzten wir Pläne, Lhasa zu verlassen und so wie vorher durchs Land zu ziehen, als arme Pilger von Station zu Station, und es so kennenzulernen, wie niemand zuvor ... Aufschnaiter träumte immer davon, ein Jahr am Namtsho zu verbringen, dem großen, geheimnisvollen See, und seine Gezeiten zu beobachten.

Ausländer und ihre Schicksale in Tibet

Wenn auch unser Aufenthalt in Lhasa nach und nach keine Sensation mehr für uns war, so sahen wir doch immer wieder, wie glücklich wir uns schätzen mußten, hier sein zu dürfen. Oft gab uns die Regierung Briefe zu übersetzen. Briefe aus aller Welt und aus den verschiedensten Berufszweigen, deren Absender um die Einreiseerlaubnis baten. Viele erboten sich, nur für Quartier und Kost zu arbeiten, bloß um das Land kennenzulernen. Andere Schreiben kamen von Lungenkranken, die sich von der Höhenluft Tibets Heilung oder ein längeres Leben erhofften. Diese Kranken bekamen stets eine Antwort, und ihr waren immer die persönlichen Wünsche und der Segen des Dalai Lama beigefügt, oft auch eine Geldspende. Die anderen Gesuche aber wurden nie beantwortet. die Einreisebewilligung jedoch bekam niemand. Tibet tat alles, um isoliert zu bleiben. Es blieb das »Verbotene Land« – und wenn die Angebote noch so verführerisch waren.

Die Fremden, die ich in den fünf Jahren meines Aufenthalts in Lhasa zu Gesicht bekam, ließen sich an den Fingern abzählen.

Im Jahre 1947 wurde auf Empfehlung der Engländer der Franzose Amaury de Riencourt offiziell eingeladen, ein junger Journalist, der drei Wochen in Lhasa blieb.

Ein Jahr später traf der berühmte Tibetologe Professor Tucci aus Rom ein. Es war bereits sein siebenter Besuch in Tibet, aber jetzt erst war es ihm gelungen, bis nach Lhasa zu kommen. Er galt als der beste Kenner der Geschichte und Kultur Tibets, hatte zahlreiche tibetische Bücher übersetzt und eine Anzahl eigener Werke herausgegeben. Er überraschte Chinesen, Nepalesen, Inder und Tibeter immer wieder durch seine Kenntnis von Daten aus der Geschichte ihrer Länder. Ich traf auf Parties öfters mit ihm zusammen, und einmal fügte er mir vor einer großen Gesellschaft von Tibetern eine arge Blamage zu, indem er sich in einer Diskussion mit den Tibetern – gegen mich – einer Meinung erklärte. Es hatte sich um die Gestalt der Erde gedreht. In Tibet war die Ansicht überliefert, daß sie eine flache Scheibe sei, und ich vertrat natürlich eifrig die Lehre von der Kugelform. Meine Argumente erschienen auch den Tibetern überzeugend, und zur Bekräftigung rief ich noch vor allen Gästen Professor Tucci als Zeugen an. Zu meiner größten Überraschung stellte er sich auf die Seite der Zweifler, denn er meinte, alle Wissenschaftler müßten ihre Theorien dauernd revidieren, und eines Tages könne sich ebensogut die tibetische Lehre als richtig herausstellen. Allgemeines Schmunzeln, da man wußte, daß ich auch Geographie unterrichtete . . . Professor Tucci blieb acht Tage in Lhasa, besuchte dann noch das berühmteste Kloster Tibets, Samyé, und verließ mit einer reichen wissenschaftlichen Ausbeute und vielen wertvollen Büchern aus der Druckerei des Potala das Land.

Ein anderer interessanter Besuch kam im Jahre 1949 nach Lhasa: die beiden Amerikaner Lowell Thomas senior und junior. Auch sie blieben acht Tage, nahmen an den täglichen Parties teil, die ihnen zu Ehren gegeben wurden, und auch sie empfing der Dalai Lama. Beide filmten und machten ausgezeichnete Aufnahmen von Land und Leuten. Der Sohn schrieb mit journalistischer Gewandheit einen Bestseller, der Vater, ein berühmter Radiokommentator in den Staaten, machte Tonaufnahmen auf Bändern für seine Sendungen.

Ich beneidete sie sehr um ihre herrliche Film- und Photoausrüstung, vor allem um die Filme. Denn damals hatte ich mir schon gemeinsam mit meinem Freund Wangdüla eine Leica zugelegt und litt an ewigem Filmmangel. Die beiden Amerikaner schenkten mir zwei Farbfilme, meine ersten und einzigen.

Die politische Lage zu diesem Zeitpunkt hatte das Einreisegesuch der beiden Amerikaner begünstigt. Die Bedrohung Tibets durch die Chinesen, obwohl schon historisch, war wieder besonders aktuell geworden. Jedes chinesische Regime, ob kaiserlich, national oder kommunistisch, hatte imperialistische Ansprüche auf Tibet gestellt und betrachtete das Land als eine seiner Provinzen.

Das stand sehr im Gegensatz zu den Wünschen der Bewohner des Lamalandes, denn sie liebten ihre Unabhängigkeit und hatten auch ein klares Recht darauf. So hatte sich die Regierung zu dieser Geste entschlossen, um durch die publizistische Tätigkeit der beiden Amerikaner der Welt die Unabhängigkeit des Landes eindrucksvoll vor Augen zu führen.

Außer diesen vier Gästen der Regierung kamen noch ein Ingenieur und ein Mechaniker beruflich nach Tibet. Der Ingenieur war Engländer und arbeitete bei der General Electric Company (G. E. C.). Er hatte den Auftrag bekommen, die Maschinen für das neue E-Werk zu beschaffen. Er lobte die Arbeit sehr, die Aufschnaiter bereits geleistet hatte.

Nedbailoff, der Mechaniker, war Weißrusse und hatte sich seit Beginn der russischen Revolution in Asien herumgetrieben. Er war schließlich in demselben Internierungslager gelandet wie ich und sollte 1947 nach Rußland repatriiert werden. Um seinen Kopf zu retten, war er nach Tibet geflohen, wurde aber bald hinter der Grenze wieder verhaftet, da das Gebiet unter der Kontrolle der Engländer stand; schließlich duldete man ihn in Sikkim, da er ein geschickter Arbeiter war. Nach Lhasa wurde er gerufen, um die Maschinen des alten E-Werkes zu reparieren. Aber wenige Monate nach seiner Ankunft überfielen die Rotchinesen Tibet, und er mußte wieder fliehen. Schließlich soll er in Australien gelandet sein. Sein Schicksal war ewige Flucht. Er war eine Abenteurernatur und überstand alle Gefahren ohne Schaden. Neben seiner Arbeit liebte er starken Schnaps und junge Mädchen – beides gab es reichlich in der Heiligen Stadt.

Die Unabhängigkeitserklärung Indiens bestimmte auch das

Schicksal der British Mission in Lhasa. Ihr Personal wurde ausgewechselt, nur Mr. Richardson blieb noch bis Mitte September 1950, da die Inder keinen geschulten Mann für diesen Posten hatten. Reginald Fox wurde von der tibetischen Regierung als Radiooperateur übernommen. Er bekam den Auftrag, an allen strategisch wichtigen Punkten Radiostationen zu errichten, da die Gefahr einer Überrumpelung durch Rotchina immer größer wurde. Für den Brennpunkt in Osttibet, Tschamdo, brauchte man einen verläßlichen Mann, und Fox durfte sich einen jungen Engländer, Robert Ford, für diesen Posten holen. Ich lernte ihn flüchtig in Lhasa kennen – ein netter junger Mann, der gern tanzte. Er war es, der der adeligen Jugend in Lhasa den ersten Samba beibrachte. Man tanzte gern bei den Parties, meist die einheimischen, dem Steppen ähnliche Tänze, manchmal auch einen schnellen Foxtrott. Die Alten schüttelten dabei die Köpfe und fanden es sehr unschicklich, daß Tänzer und Tänzerin sich so eng umschlungen hielten – genauso wie bei uns ein paar Jahrzehnte vorher, als der Walzer seinen Siegeszug antrat.

Ford reiste dann mit einer riesigen Karawane nach Tschamdo, und bald konnte man sich mit ihm durch das Radiophon unterhalten. Ein sehr einsamer Posten – als einziger Europäer auf Hunderte von Kilometern! Aber die Radioamateure der ganzen Welt rissen sich um eine Unterhaltung mit Robert Ford. Durch diese Plaudereien bekamen Ford und Fox eine Flut von Briefen und Geschenken aus aller Welt. Unglücklicherweies wurden Notizen, die Ford sich über diese harmlosen Gespräche gemacht hatte, ihm wenig später zum Verhängnis. Er wurde auf der Flucht vor den Chinesen durch eine Armeegruppe abgeschnitten, und man erhob die tollsten Anschuldigungen gegen ihn, um Grund für seine Aburteilung zu finden. Man warf ihm vor, einen Lama vergiftet zu haben, und die Eintragungen in seinem Notizbuch wurden als Spionage gedeutet. Heute noch ist dieser sympathische und völlig unschuldige junge Mann Gefangener der Rotchinesen. Dem britischen Vertreter in Peking ist es bisher nicht gelungen, ihn freizubekommen.

Noch einem anderen Weißen begegnete ich während meiner

sieben Jahre in Tibet: dem Amerikaner Bessac, von dessen Schicksal ich später erzählen werde.

Audienz beim Dalai Lama

Mein zweites tibetisches Neujahr in Lhasa war gekommen. Diesmal machte ich alle Phasen des Festes von Anfang an mit. Wieder kamen Zehntausende in die Stadt, und ganz Lhasa glich einem Heerlager. Man feierte den Beginn des »Feuer-Schwein- Jahres«, und der Prunk der Zeremonien stand dem des Vorjahres um nichts nach. Mich interessierten natürlich besonders jene Veranstaltungen, die ich vor einem Jahr wegen meiner Krankheit versäumt hatte.

Das Bild, das mir von diesem Fest heute noch am lebhaftesten in Erinnerung ist, war der Aufmarsch der tausend Soldaten in alten Ritterrüstungen. Dieser Brauch geht auf ein historisches Ereignis zurück. Einst war eine mohammedanische Armee gegen Lhasa gezogen, während des ungeheuer schwierigen Vormarsches am Fuße des Nyentschenthanglha-Gebirges aber von heftigen Schneestürmen überrascht worden und völlig eingeschneit. Die Bönpos dieses Gebietes hatten die Rüstungen der erfrorenen Soldaten im Triumph nach Lhasa gebracht, und seither werden sie jedes Neujahr hervorgeholt und von tausend tibetischen Soldaten zur Schau getragen. Die alten Fahnen ziehen vorbei, die Kettenhemden der Männer und Rosse klirren, die Helme mit den Urdu-Inschriften glänzen in der Sonne, in den engen Gassen widerhallen die

Peter Aufschnaiter, Teilnehmer an der Himalaja-Expedition und Flüchtlingskamerad aus dem englischen Internierungslager in Indien

Schüsse der alten Vorderladerbüchsen ... Ein seltsames Bild, dieser mittelalterliche Zug in der altertümlichen Stadt! Er wirkt in diesem Rahmen so echt, daß es Wirklichkeit sein könnte, nicht historische Reminiszenz. Von zwei adeligen Generalen geführt, marschiert die Truppe über den Parkhor zu einem freien Platz am Stadtrand. Dort warten schon Zehntausende, um ein riesiges Feuer geschart, in dessen Flammen die Opfergaben zum Himmel lohen: ganze Lasten von Butter und Feldfrüchten. Die Menge sieht gebannt zu, indes die Mönche Totenköpfe und symbolische Figuren böser Geister in die Flammen werfen. Gleichzeitig donnern dumpfe Kanonenschüsse zu den Bergen empor: Aus eingegrabenen Mörsern schießen die Soldaten jedem Gipfel seinen Salut. Und als Höhepunkt wankt das Orakel in Trance zum Feuer und bricht nach kurzem Tanz zusammen. Das ist das Zeichen, das die Massen aus ihrer Erstarrung löst. Schreiend und entfesselt bewegen sie sich wie in Ekstase. In solchen Augenblicken wird die Masse unberechenbar. Im Jahre 1939 ist die einzige deutsche Tibet-Expedition bei diesem Fest nur mit knapper Not mit dem Leben davongekommen. Sie hatten damals versucht, das in Trance heranwankende Orakel von vorne zu filmen, und wurden von der Menge mit einem Steinregen davon abgehalten. Über Gartenmauern und Dächer mußten sie flüchten. Dieser Vorfall war nicht ein Zeichen von politischem Haß oder Widerwillen gegen Fremde im allgemeinen, er entsprang nur dem fanatischen religiösen Gefühl des Volkes, das mitunter zu solchen Ausbrüchen führen kann. Ich selbst mußte auf der Hut sein, als ich später für den Dalai Lama filmte, denn es kam fast jedesmal zu ekstatischen Szenen. Deshalb war ich sehr stolz, daß es mir gelang, auch für mich noch einige Aufnahmen zu machen.

Bei diesem Neujahrsfest teilte uns der Oberste Kämmerer Seiner Heiligkeit mit, daß wir auf der Empfangsliste des Dalai Lama stünden. Obwohl wir den jungen Gott schon einige Male gesehen und er uns bei den Prozessionen unverkennbar zugelächelt hatte, waren wir doch sehr aufgeregt, ihm nun im Potala gegenüberzutre-

Tibetische Nonne mit Gebetsmühle

ten. Ich fühlte, daß diese Einladung große Bedeutung für uns haben mußte. Und wirklich war sie der Anfang jener Entwicklung, die mich später in die unmittelbare Nähe des jungen Gottes führte.

Am festgesetzten Tag zogen wir unsere Fellmäntel an, kauften die teuersten weißen Schleifen, die wir in der Stadt auftreiben konnten, und stiegen inmitten einer bunten Menge – Mönche, Nomaden und festlich gekleidete Frauen – die vielen Steinstufen zum Potala empor. Je höher wir kamen, desto eindrucksvoller wurde das Stadtbild unter uns. Von hier erst kamen die schönen Gärten zur Geltung, die villenartigen Häuser. Der Weg führte an unzähligen Gebetsmühlen vorbei, die die Passanten ständig in Bewegung hielten, dann betraten wir durch eines der großen Haupttore das Innere des Potala.

Dunkle Gänge, die Wände mit seltsamen Schutzgöttern bemalt, führen durch die unteren Stockwerke in einen Hof. Riesige Lichtschächte münden hier, acht bis zehn Meter tief, und zeigen die ungeheure Dicke der Mauern. Aus diesem Hof führen steile Leitern einige Stockwerke hoch bis zu einem offenen Dach. Vorsichtig steigt einer nach dem andern hinauf, jeder bemüht sich, lautloser als sein Nachbar zu sein, und die hünenhaften Mönchssoldaten haben keinen Grund, ihre Peitsche zu gebrauchen. Oben steht schon eine dichtgedrängte Menge, denn jeder kann sich zu Neujahr den persönlichen Segen des Lebenden Buddha holen.

Auf dem Dach gab es noch mehrere kleine Aufbauten mit goldenen Dächern; sie enthielten die Räume des Dalai Lama. In einer langen Schlange, an der Spitze die Mönche, bewegten sich die Gläubigen einer Tür zu, vor der die Mönchsbeamten gerade ihre tägliche Zusammenkunft abhielten. Wir beide kommen gleich nach den Mönchen an die Reihe. Als wir den Empfangsraum betreten, recken wir unsere Hälse, um über die vielen Köpfe hinweg gleich einen Blick auf den Lebenden Buddha werfen zu können. Und, seine Würde einen Augenblick vergessend, reckt auch er den Hals, um die beiden Fremden zu sehen, von denen er schon so viel gehört hat.

In Buddhastellung, leicht vorgeneigt, sitzt er auf einem mit kostbarem Brokat bespannten Thron. Stundenlang muß er so die

Gläubigen an sich vorbeiziehen lassen und sie segnen. Zu Füßen des Thrones liegen Berge von Geldsäckchen und Seidenrollen und Hunderte von weißen Schleifen. Wir wußten, daß wir unsere Schleifen nicht ihm persönlich überreichen durften – einer der Äbte nimmt sie entgegen. Wie wir jetzt selbst vor ihm stehen, kann ich es nicht lassen, entgegen der Etikette einen verstohlenen Blick auf sein Gesicht zu werfen. Ein neugieriges Knabenlächeln liegt auf den hellen, schönen Zügen, und mit der segnenden Hand drückt er leicht auf meinen Kopf, wie er es auch bei den Mönchen tut. Alles geht sehr schnell – im nächsten Augenblick stehen wir schon vor dem etwas niedrigeren Thron des Regenten. Auch er gibt uns durch Handauflegen seinen Segen, dann legt uns ein Abt rote Amulettschleifen um den Hals, und wir werden gebeten, auf Kissen Platz zu nehmen. Reis und Tee werden serviert, und wir werfen der Sitte gemäß ein paar Körner auf den Boden als Opfer für die Götter.

Von unserer ruhigen Ecke aus können wir jetzt wunderbar beobachten, was um uns vorgeht. Noch Tausende ziehen an dem jungen Gottkönig vorbei, um seinen Segen zu erhalten. Demütig gebeugt, die Zunge herausgestreckt – ein seltsames Bild! Keiner wagt den Blick zu heben. Ein leichtes Streicheln mit einer Seidenquaste ersetzt jetzt das Handauflegen, das den Mönchen und uns zuteil wurde. Wir folgen mit unseren Blicken dem langen Zug, der noch immer zur Tür hereinströmt: Da ist keiner, der nicht wenigstens ein kleines Geschenk mitbringt. Oft ist es nur eine zerschlissene Schleife, dann wieder kommen Pilger, die ein beladenes Gefolge mitführen. Alle Gaben werden gleich vom Schatzmeister registriert und, wenn brauchbar, dem Haushalt des Potala zugeteilt. Die vielen Seidenschleifen werden später wieder verkauft oder bei den Wettbewerben an die Sieger verteilt. Nur die Geldsäckchen, die vor den Thron gelegt werden, bleiben persönliches Eigentum des Gottkönigs. Sie fließen in die Gold- und Silberkammern des Potala, in denen sich seit Jahrhunderten ungeheure Schätze anhäufen und von einer Inkarnation auf die andere vererben.

Aber eindrucksvoller als die Geschenke ist die Hingabe auf den Gesichtern aller dieser Menschen. Für viele ist es der größte Augenblick ihres Lebens. Tausende Kilometer kamen sie hierher gepilgert, haben sich in den Staub geworfen und sind auf den Knien gerutscht, manche waren monate- und jahrelang unterwegs, haben Hunger und Kälte gelitten, um hier gesegnet zu werden. Die automatische Bewegung mit der Seidenquaste schien mir ein geringer Lohn für so viel Hingabe, aber jeder strahlt hochbeglückt, wenn ihm ein Mönchsbeamter außerdem noch eine dünne Seidenschleife um den Hals legt. Diese Schleife wird das ganze Leben lang aufbewahrt, in einem Amulettkästchen oder eingenäht in einen Beutel trägt man sie mit sich und ist überzeugt, daß sie vor allem Unheil bewahrt. Die Art der Schleife richtet sich nach dem Rang des Empfängers, doch jede hat den berühmten dreifachen mystischen Knoten. Die geknoteten Schleifen bereiten die Mönchsbeamten vor, und nur für die Minister und die höchsten Äbte knüpft sie der Dalai Lama in ihrer Gegenwart selbst.

Die Atmosphäre in dem nicht sehr großen Raum, der Licht und Luft nur durch ein Oberlicht erhält, ist drückend. Der Geruch der Butterlampen und die Weihrauchschwaden legen sich beklemmend auf die Brust, über den vielen Menschen lastet eine Stille, in der das Scharren der Schuhe das einzige Geräusch ist.

Obwohl es für uns ein langgehegter Wunsch gewesen war, den Gottkönig zu sehen, und obwohl es auch sonst noch genug zu sehen gab, atmeten wir auf, als die Zeremonie zu Ende war. Wahrscheinlich geht es allen Anwesenden so, außer der segenerflehenden Menge, denn die höchsten Würdenträger mußten stehend Stunde um Stunde der feierlichen Handlung beiwohnen. Aber das ist ein Teil ihres hohen Amtes und gilt als besondere Ehre.

Sobald der letzte Besucher den Raum verläßt, erhebt sich der Dalai Lama und mit ihm alle Anwesenden. Gestützt von seinen Dienern, begibt er sich in seine Privatgemächer, während wir in ehrfürchtig gebeugter Stellung verharren. Beim Fortgehen tritt ein Mönchsbeamter auf uns zu und überreicht jedem von uns eine funkelnagelneue Hundert-Sang-Note. »Gyalpo Rimpotsche ki sörere«, sagt er, »dies ist ein Geschenk des edlen Königs!«

Wir waren von dieser Geste sehr überrascht, um so mehr, als wir erfuhren, daß noch niemand in dieser Form beschenkt worden war. Es war typisch für Lhasa, daß bereits die ganze Stadt davon wußte, bevor wir es jemandem erzählen konnten. Viele Jahre lang bewahrten wir diese Note als glückbringenden Talisman, und als wir Tibet verließen, mußten wir zugeben, daß er sich bewährt hatte.

Wir besichtigen den Potala

Nach der Audienz benutzten wir die Gelegenheit, mit den anderen Pilgern die vielen heiligen Stätten des Potala zu besichtigen.

Der Potala, eines der imposantesten Bauwerke der Welt, wurde in seiner jetzigen Form vor etwas dreihundert Jahren vom 5. Dalai Lama errichtet. Schon vorher hatte auf demselben Berg eine Festung der Könige von Tibet gestanden, aber die Mongolen hatten sie in Kriegen zerstört. In harter Fronarbeit war dann von Tausenden von Männern und Frauen Stein um Stein kilometerweit hergeschleppt worden, und geschickte Steinmetze hatten ohne alle technischen Hilfsmittel diesen gigantischen Bau aus den Felsen herauswachsen lassen. Das Werk schien gefährdet, als der 5. Dalai Lama plötzlich starb. Der damalige Regent verheimlichte daraufhin mit Hilfe einiger Vertrauter den Tod Seiner Heiligkeit, denn er allein hätte nie genug Verehrung genossen, um die Untertanen zu dieser harten Fron anzuhalten. Daher wurde eine Zeitlang eine Erkrankung des Gottkönigs vorgeschützt; dann hieß es wieder, der Dalai Lama sei in Meditationsübungen vertieft – zehn Jahre lang hielt man diese Täuschung aufrecht, bis der Palast fertig war. Wenn man heute das einmalige Gebäude sieht, kann man diesen Betrug verstehen und verzeihen.

Auf dem Dach des Potala fanden wir auch das Grab des Herrschers, dem er auf diese Weise sein Entstehen verdankte. Die Überreste des 5. Dalai Lama ruhen in einem Tschörten neben denen der anderen Gottkönige. Sieben solche Grabmale stehen dort, vor jedem sitzen betende Mönche und entlocken einer Trommel dumpfe Töne. Will man zu den einzelnen Stupas gelangen, so muß man über steile Leitern klettern. Das ist in der herrschenden Dunkelheit eine halsbrecherische Angelegenheit, denn die Sprossen sind schlüpfrig von dem Schmutz, der jahrhundertelang Zeit hatte, sich dort anzusetzen. Die größte Stupa ist die des 13. Dalai Lama, sie reicht mehrere Stockwerke tief in den Potala hinein. Über tausend Kilogramm Gold sollen verwendet worden sein, um diesen Turm mit Goldplatten zu belegen. Goldgetriebene Ornamente tragen Edelsteine und Perlen, Geschenke der Gläubigen von unermeßlichem Wert. Die ganze Pracht wirkt etwas überladen, aber dies entspricht der Mentalität des Asiaten.

Nach den verschiedenen Tempelhallen besuchten wir noch den westlichen Trakt des Gebäudes, der 250 Mönche beherbergt. Namgyetratshang, so heißt er, ist winkelig und eng und nicht sehr einladend für einen Europäer. Doch ein Blick durch die kleinen Fenster entschädigt für all die Düsterkeit: Die Aussicht auf den Tschagpori und den klaren Kyitschufluß ist hinreißend. Die Häuser von Schö liegen so tief unten, daß man sich weit hinausbeugen muß, um sie zu sehen. Wie schön ist doch Lhasa von hier oben mit seinen würfelförmigen Häusern und den flachen Dächern! Den Schmutz in den engen Gassen sieht man von hier nicht.

Wir sind schon auf dem Rückweg, als wir noch an einem verschlossenen Tor vorbeikommen, das uns durch seine Ausmaße auffällt. Es ist die Tür zur Garage, die der 13. Dalai Lama für seine Autos bauen ließ. So hat das zwanzigste Jahrhundert doch auch hier Eingang gefunden! Wenn die Wagen auch heute nicht mehr benutzt werden, so war doch schon ihre Anschaffung ein Ausdruck des Wunsches nach Fortschritt. Freilich sind dann immer wieder die konservativen Mönche stärker als jede neue Idee, und deshalb ist Tibet heute noch so, wie es vor Hunderten von Jahren war.

Den Osttrakt mit der Schule der Tsedrungs und den verschiedenen Ämtern, die dort untergebracht sind, besuchten wir diesmal nicht. Wir waren vom Obersten Kämmerer zum Mittagessen eingeladen. Seine Wohnung lag seinem Rang entsprechend einige Stockwerke tiefer als die des Dalai Lama. Mehrere Beamte und Äbte haben ihre Wohnung im Potala, in Ausstattung und Lage genau nach dem Rang ihrer Inhaber abgestuft.

In den nächsten Jahren hatte ich mehrmals Gelegenheit, im Potala zu wohnen, wenn ich bei Freunden auf Besuch weilte. Das Leben und Treiben in dieser geistlichen Festung erinnert an eine mittelalterliche Burg. Kaum ein Gegenstand gehört der Neuzeit an. Abends werden zu einer bestimmten Stunde unter Aufsicht des Obersten Schatzmeisters die vielen Tore geschlossen, die Wächter ziehen dann mit Öllämpchen durch den ganzen Palast, sehen nach, ob alles in Ordnung ist, und ihre Rufe hallen durch die Gänge – der einzige Laut in der bedrückenden Stille. Die Nächte sind lang und ruhig, denn man geht früh schlafen im Potala. Im Gegensatz zum geselligen Leben der Stadt gibt es hier keine Feste. Die Tschörten der verstorbenen Gottkönige verbreiten eine Todesatmosphäre, so düster und feierlich, daß der ganze Palast wie ein großes Grabmal wirkt. Ich konnte es gut verstehen, daß der junge Herrscher glücklich war, wenn er in den Sommergarten ziehen durfte. Ein einsames Kind, ohne Eltern und Spielgefährten, mußte hier ein trauriges Leben führen. Es kannte keine andere Unterhaltung, als die Gespräche mit seinen alten Lehrern und Äbten. Seine einzige Abwechslung waren die seltenen Besuche seines Bruders Lobsang Samten, der ihm Grüße aus dem Elternhaus brachte und die Neuigkeiten aus der Stadt erzählte.

Nach dem Essen beim Kämmerer verließen wir den Palast. Unterwegs begegneten uns keuchende Wasserträger, die in ihren Holztonnen das Wasser für die Küche Seiner Heiligkeit heraufschleppten. Es kommt aus einer eingefriedeten Quelle am Fuße des Tschagpori, zu deren Tür nur die Köche des Herrschers den Schlüssel besitzen. Aber viele Leute holten trotz der weiten Entfernung ihr Wasser vom Abfluß der Quelle, denn es galt als das beste der Stadt.

Auch der Elefant des Dalai Lama, der einzige im Lande, wurde täglich dort getränkt. Er war ein Geschenk des Maharadschas von Nepal an den Lebenden Buddha, denn auch dort gab es viele

Gläubige, die den Dalai Lama als Inkarnation verehrten. Viele Nepalesen traten in die Klöster Tibets ein und weihten ihr Leben der Kirche. Sie bildeten kleine Gemeinschaften innerhalb der Lamaserien und waren sehr intelligente Schüler. Als Ausdruck der Verehrung ganz Nepals waren zwei Elefanten als Geschenk an den Dalai Lama geschickt worden. Einer von ihnen hatte jedoch die Reise über den Himalaja nicht überstanden, obwohl der fast tausend Kilometer lange Weg von Steinen gesäubert und gekehrt worden war, um den Tieren, die nunmehr, als Besitz des Gottkönigs, für »heilig« galten, die Reise zu erleichtern. Für den überlebenden Elefanten standen auf allen Raststationen eigene Ställe bereit. Und als »Langtschen Rimpotsche« – wir der Elefant genannt wurde – glücklich in Lhasa eintraf, herrschte große Freude. Noch niemand hatte hier einen solchen Riesen gesehen. Er bekam ein eigenes Haus an der Nordseite des Potala und ging manchmal, mit kostbaren Brokaten behangen, bei den Prozessionen mit. Jeder Reiter wich ihm in weitem Bogen aus, denn die tibetischen Pferde scheuten, wenn sie diesem unbekannten, riesigen Tier in den engen Gassen begegneten.

Noch während des Neujahrsfestes gab es einen Trauerfall: Der Vater des jungen Gottkönigs starb. Man hatte alles Erdenkliche für ihn getan, als er krank wurde. Mönche und Medizinmänner gaben sich die größte Mühe, ihn am Leben zu erhalten. Sie fertigten auch eine Puppe an, in die seine Krankheit hineingezaubert wurde, und verbrannten sie unter großen Zeremonien am Fluß. Diese Art der Krankheitsaustreibung ist ein Rest der Bön-Religion und wird häufig angewendet – doch konnte sie sein Leben nicht retten. Ich hätte mehr davon gehalten, den englischen Arzt zu rufen. Aber das Haus des Dalai Lama mußte immer Vorbild sein und durfte in einer kritischen Lage nicht vom Althergebrachten abweichen.

Der Leichnam wurde, wie üblich, an den dazu bestimmten heiligen Ort außerhalb der Stadt gebracht, zerteilt und den Vögeln überlassen. Große Trauer um Tote in unserem Sinn kennt man in Tibet nicht. Den Schmerz über die Trennung überwindet man im Gedanken an die baldige Wiedergeburt, der Tod hat für den Buddhisten keinen Schrecken. Neunundvierzig Tage lang werden

Butterlampen gebrannt, dann findet die übliche Gebetszeremonie im Haus des Verstorbenen statt, und von dem Fall wird nicht mehr gesprochen. Witwen und Witwer dürfen nach einiger Zeit wieder heiraten, und das Leben nimmt seinen gewohnten Gang.

Die Verschwörung der Mönche von Sera

Das Jahr 1947 beschwerte Lhasa einen kleinen Bürgerkrieg. Der frühere Regent, Reting Rimpotsche, schien, obwohl er freiwillig abgedankt hatte, wieder Machtgelüste zu verspüren. Reting hatte noch eine große Anhängerschaft im Volke und unter den Beamten, die dauernd gegen den jetzigen Regenten schürte. Man wollte Reting wieder ans Ruder bringen. Ein ganz modernes Zeitbombenattentat sollte den Coup einleiten. Die Bombe wurde als Geschenk eines Unbekannten im Hause eines hohen Mönchsbeamten abgegeben, doch bevor das Paket noch dem Regenten überreicht wurde, explodierte das Höllending. Zum Glück kam dabei niemand ums Leben. Durch das mißglückte Attentat entdeckte man jedoch die Verschwörung, und der energische Tagtra Rimpotsche handelte schnell und durchgreifend. Eine kleine Armee unter Führung eines Kabinettsministers zog zum Reting-Kloster und verhaftete den ehemaligen Regenten. Doch die Mönche des Klosters Sera empörten sich gegen diese Aktion der Regierung, und in der Stadt brach Panik aus. Die Kaufleute verrammelten ihre Läden und brachten ihre Waren in Sicherheit. Die Nepalesen zogen sich in das Gebäude ihrer diplomatischen Vertretung zurück, die bald einem Schatzlager glich, da viele ihre Werte dorthin brachten. Die Adeligen verschlossen die Tore ihrer Häuser und bewaffneten ihre Diener. Über die Stadt wurde der Ausnahmezustand verhängt.

Aufschnaiter hatte die Kolonnen nach Sera marschieren gesehen und kam schleunigst aus seinem Landhaus in die Stadt zurück. Gemeinsam organisierten wir die Verteidigung des Tsarong-Hauses.

Mehr als die Regierungskrise fürchtete man, daß die vielen tausend Mönche des Klosters Sera plündernd in die Stadt einbrechen könnten. Aber nicht weniger mißtrauisch stand man den Truppen der Regierung gegenüber, die mit einigermaßen modernen Waffen ausgerüstet waren. Nicht zum erstenmal in der Geschichte Lhasas wäre so etwas passiert . . .

Mit Spannung wartete man auf den Einzug des gefangenen Reting. Er war indes schon längst heimlich in den Potala gebracht worden. Man bediente sich dieser List, um die revoltierenden Mönche zu täuschen, denn man wußte, daß sie eine Befreiungsaktion planten. In dem Augenblick, wo ihr Führer gefangen war, war ihre Sache eigentlich verloren. Doch in ihrem Fanatismus ergaben sie sich noch immer nicht, und es begann eine wilde Schießerei. Erst als die Regierung nach ein paar Tagen die Klosterstadt Sera mit Haubitzen beschießen ließ und einige Häuser zerstört wurden, war der Widerstand gebrochen. Der Armee gelang es, die Mönche zu überwältigen, und langsam kehrte wieder Ruhe in die Stadt ein.

Wochenlang dauerten noch die Verhandlungen gegen die Schuldigen; Ausweisungen und schwere Auspeitschungen waren an der Tagesordnung.

Während noch die Kugeln über die Stadt pfiffen, hatte sich wie ein Lauffeuer die Nachricht vom Tode des aufständischen Regenten verbreitet. Man munkelte allerhand über die Umstände seines Ablebens. Viele glaubten an einen politischen Mord, aber die meisten nahmen an, daß es ihm als Lama gelungen war, sich mit Hilfe seiner Konzentrationskraft und seines starken Willens ins Jenseits zu befördern. Auf einmal war die Stadt voll von den unglaublichsten Gerüchten über die Wunder, die ihm zugeschrieben wurden, und über seine übermenschlichen Kräfte. So soll er einmal auf einem Spaziergang einen irdenen Topf, in dem die Suppe eines Pilgers überzukochen begann, einfach mit seinen Händen geschlossen haben, als ob der Ton noch weich und plastisch wäre.

Die Regierung enthielt sich jeder Stellungnahme zu den Gerüchten. Wahrscheinlich wußten nur wenige, was wirklich geschehen war. Der aufständische Regent hatte aus seiner Regierungszeit auch manche Feinde gehabt. So hatte er einmal einem Minister, der eine Revolte anzetteln wollte, die Augen ausstechen lassen. Das hatte sich nun gerächt. Wie immer bei politischen Krisen mußten auch Unschuldige büßen, und die letzten Anhänger Retings wurden ihres Amtes enthoben. Ein Anführer seiner Partei beging sogar Selbstmord, der einzige Fall, von dem ich während meines Aufenthalts in Tibet hörte. Selbstmord widerspricht hier den religiösen Ansichten, und nur ganz Verzweifelte wählen diesen Ausweg. Die Regierung hätte auch diesen Mann nicht mit dem Tode bestraft – der Entschluß, Sera zu beschießen, war ihr schon schwer genug gefallen –, aber wahrscheinlich hatte er die früher übliche Bestrafung durch Körperverstümmelung gefürchtet und wollte diesem Schicksal entgehen.

Da die Gefängnisse nicht ausreichten, mußten die Adeligen für Unterbringung und Haft der Schuldigen sorgen, und so konnte man in der nächsten Zeit fast in jedem Haus einen Verurteilten mit Eisenfesseln und einem Holzring um den Nacken begegnen. Erst am Tage der offiziellen Machtübernahme durch den Dalai Lama wurden politische und kriminelle Häftlinge begnadigt.

Die Mönche des Klosters Sera waren zum größten Teil nach China geflohen. Häufig haben ja die Chinesen die Hand im Spiel, wenn es in Tibet zu Revolten kommt.

Alle Güter der Aufständischen wurden von der Regierung konfisziert und öffentlich versteigert. Die Häuser und Pavillons des Reting Rimpotsche wurden abgetragen, seine herrlichen Obstbäume in andere Gärten verpflanzt. Das Kloster war von den Soldaten rücksichtslos geplündert worden, und noch viele Wochen nachher tauchten Goldkelche, Brokate und andere wertvolle Dinge im Basar auf.

Aufschnaiter bekam von der Regierung ein Pferd aus dem Besitz des Reting zur Verfügung gestellt. Er konnte es bei seinem ausgedehnten Arbeitsgebiet gut gebrauchen, denn bisher hatte er sich immer eines ausleihen müssen.

Aus dem Verkauf des Retingbesitzes flossen einige Millionen

Rupien in die Regierungskasse. Viele hunderte Lasten von englischen Wollstoffen, achthundert Seiden- und Brokatkleider waren nur ein kleiner Teil seiner Habe – ein Beweis, wie reich man in Tibet werden kann. Denn Reting war aus dem Volke gekommen und hatte seine Karriere begonnen, als man ihn, noch als Knaben, als Inkarnation erkannte.

Religiöse Feiern zu Buddhas Gedächtnis

Ich war froh, als die Unruhen vorbei waren und langsam wieder das normale Leben in die Stadt zurückkehrte. Der vierte Monat des tibetischen Jahres, der als Geburts- und Todesmonat Buddhas als heilig gilt, verwischte mit seinen religiösen Feiern vollends jede Spur der Revolte.

Wieder kommen Tausende von Pilgern nach Lhasa, der Lingkhor ist der Schauplatz glänzender Prozessionen, und die Gläubigen messen mit ihrer Körperlänge die acht Kilometer des Ringes aus. Bis zu elf Tagen braucht man dazu, und durchschnittlich fünfhundertmal werfen sie sich auf die staubige Straße oder die felsigen Pfade des Tschagpori. Das »Om mani padme hum« liegt auf den Lippen aller Pilger, die ohne Unterschied von Stand und Rang Buße tun. Da kniet die Schwester des Dalai Lama neben der Nomadenfrau, und wenn auch die Kleidung verschieden ist, die Inbrunst ist die gleiche. Erst wenn das Tagespensum erfüllt ist, zeigt sich wieder der große Unterschied. Auf den Adeligen wartet schon ein Diener mit Pferden und ein reichliches Mahl. Die Nomadenfrau zieht ihren Mantel fester um sich und sucht neben der Straße ihren Schlafplatz, um am nächsten Morgen gleich wieder anfangen zu können. Man beginnt seine Prostrationen immer an derselben Stelle, an der man am Vortag aufgehört hat. Fanatiker messen den Lingkhor mit ihrer Körperbreite aus, um das Gesicht niemals von der Heiligen Stadt abwenden zu müssen. Aber es gibt unter den Frommen auch manche »Professionelle«, die diese Bußübungen für wohlhabende Leute übernehmen und im übrigen von Almosen leben. Sie »verdienen« so viel, daß sie meist einmal im Jahr einem Kloster eine größere Spende geben können.

Ich kannte einen alten Mann, der seit vierzig Jahren täglich um den Lingkhor kroch und im Kloster Sera für seine Freigebigkeit bekannt war. Er hatte viele reiche Adelige als »Kunden« und bediente sich bei seinen Übungen einer besonderen Methode: Mit hölzernen, eisenbeschlagenen Handschuhen und einer riesigen Lederschürze ausgestattet, warf er sich förmlich auf die Straße und benutzte den Schwung, um möglichst weit vorwärtszukommen.

Am 15. des vierten Monats, dem Todestag Buddhas, erreicht der Betrieb am Lingkhor seinen Höhepunkt. Zahllose Zelte säumen den Straßenrand, bettelnde Nomaden haben sich die besten Plätze gesichert. Beim ersten Strahl der Sonne beginnt die Prozession der Vornehmen: Alle Regierungsmitglieder mit Ausnahme des Dalai Lama und des Regenten ziehen um den Ring. Betend schreiten sie langsam an dem dichtgedrängten Spalier der Zuschauer vorbei, Diener mit schweren Säcken folgen ihnen und verteilen Kupfermünzen unter die Menge. Keiner der Bettelnden geht leer aus. Es sind aber nicht nur Bedürftige, ich sah viele unserer Erdarbeiter und Handwerker die Hand ausstrecken. Keiner der ungefähr fünftausend Almosenempfänger schien sich deshalb zu schämen. Diese Beteiligung dauert den ganzen Tag, alle Reichen, auch die Nepalesen, Mohammedaner und Chinesen, spenden den Bedürftigen ihre Gaben. Auch Tsampa und verschiedene Lebensmittel werden unter die Menge verteilt.

An einem solchen Tag am Lingkhor hätte ein Ethnologe seine Freude. Er zeigt einen Querschnitt durch die Bevölkerung ganz Tibets. Aber auch der riesige Abstand der Aristokratie, der einzigen besitzenden Klasse, zum Volk wird sichtbar.

Wie immer bei solchen Festen finden geschickte Leute alle nur erdenklichen Möglichkeiten, um daran zu verdienen. Ein Mann hatte buntbemalte Tafeln an eine Gartenmauer gehängt und sang mit monotoner Stimme die dazugehörige Geschichte. Dicht gedrängt stand die Menge herum und hörte zu. Es war die Geschichte vom Helden Kesar, der mit eigener Hand tausend Feinde erlegt hatte. Wenn das Stück zu Ende war, spendet jeder seinen Groschen, die Zuhörer wechseln, und der Sänger fängt wieder von vorne an. Oder er bringt eine neue Sage aus Tibets Vergangenheit. Ganz wie früher einmal die Moritaten-Sänger unserer Jahrmärkte!

Andere verdienen sich ihr Geld, indem sie Gebetsformeln in Stein meißeln. Die Gläubigen kaufen solche Steine gerne und legen sie auf die »Manimauern« nieder. Diese Mauerstreifen sind über ganz Tibet verstreut, viele von ihnen stehen schon Hunderte von Jahren und sind mit Moos und Gräsern bewachsen. Oft sind Gebetsmühlen in ihre Wand eingebaut. Schiefertafeln und Steine mit frommen Inschriften bedecken sie. Wenn man unterwegs auf eine solche Mauer trifft, muß man sie rechts von sich liegen lassen, nur die Anhänger der Bön-Religion gehen in entgegengesetzter Richtung an ihr vorbei. Sie haben ungefähr dieselbe Bedeutung wie bei uns ein Wegkreuz oder ein Marterl. Hin und wieder stiftet ein Reicher eine neue Manimauer, um sich durch dieses Opfer eine bessere Wiedergeburt zu erkaufen.

In diesem heiligen Monat ist es streng verboten, ein Tier zu schlachten. Frisches Fleisch gibt es daher nicht, und somit auch keine Party. Alle Geselligkeit ruht, denn man kann seinen Gästen doch nicht zumuten, mit einem ganz einfachen Mahl vorliebzunehmen.

Doch das Volk weiß sich seine Belustigungen zu finden. Der fröhliche Teil des Tages spielt sich am Nordhang des Potala ab. Dort ist ein großer Teich, in dessen Mitte auf einer kleinen Insel der Schlangentempel steht. Es ist ein beliebtes Vergnügen, sich mit einem Jakhautboot gegen ein kleines Entgelt übersetzen zu lassen. Nachher lagert man im Gras rings um den Teich und genießt ein kleines Picknick in der Sommersonne.

Als der heilige Monat herum war, begannen gleich wieder die großen Partys. Im Sommer sind das oft tage- und wochenlange Feste in den schönen Gärten oder am Flußufer, und die gute Gesellschaft sucht sich gegenseitig zu überbieten mit glänzenden Gastmählern, Tanz und Spiel. Oft wunderte es mich, daß die Adeligen ihrer dauernden Feste und Einladungen nicht müde wurden.

Erste Regierungsaufträge

Im Herbst bekamen wir von der Regierung den Auftrag, einen genauen Stadtplan aufzunehmen. Aufschnaiter unterbrach seine Arbeiten am Stadtrand, und wir begannen gemeinsam die Vermessungsarbeiten. Es war das erstemal, daß die Regierung die Stadt vermessen ließ, denn bisher gab es noch keinen Plan von Lhasa. Indische Geheimagenten hatten im vorigen Jahrhundert einmal Skizzen mit nach Hause gebracht, aber sie waren aus dem Gedächtnis gezeichnet und ungenau. Jetzt kam uns Tsarongs Theodolit zugute, und mit unseren Meßbändern krochen wir in allen Winkeln der Heiligen Stadt herum. Wir konnten nur in den ersten Morgenstunden arbeiten, denn wenn das Leben in den Straßen begann, waren wir sofort von einer Schar von Neugierigen umlagert. Die Regierung hatte uns schon zwei Polizisten zugeteilt, weil wir allein uns der Leute nicht erwehren konnten. Aber immer noch fand man es besonders interessant, mit Aufschnaiter zugleich in das Objektiv zu schauen – allerdings von der anderen Seite. Es war kein Vergnügen, in beißender Morgenkälte durch Schmutz und Kot zu kriechen, und wir brauchten den ganzen Winter, bis wir alle Unterlagen für den Plan beisammen hatten. Dann mußten wir noch auf die Dächer steigen, damit Aufschnaiter die Häuser in die Blocks eintragen konnte, und ich sammelte über tausend Hausnamen, alle in Originalschrift. Als die Kopien für den Dalai Lama und alle wichtigen Ämter fertig waren, wurde in Lhasa ein neues Gesellschaftsspiel modern: Man lernte den Plan lesen und hatte einen Riesenspaß daran, das eigene Haus herauszufinden.

Damals schon trug sich die Regierung mit dem Gedanken, die Stadt kanalisieren und elektrische Leitungen legen zu lassen. Auch damit sollten wir beauftragt werden. Weder Aufschnaiter noch ich hatten diese technischen Arbeiten gelernt, aber mein Kamerad besaß ein ausgezeichnetes mathematisches Können durch sein Studium als Landwirtschaftsingenieur, und in Spezialfragen holten wir uns bei einschlägigen Handbüchern Rat. Aufschnaiter bezog schon in diesem Jahr von der Regierung ein monatliches Gehalt in Rupien, und ich wurde zu Beginn 1948 fest angestellt. Noch heute bin ich auf den Gehaltsbrief stolz, den ich damals bekam.

Einige Monate nach der Audienz beim Dalai Lama – es war inzwischen Sommer geworden – wurde ich mitten in der Nacht in den Norbulingka gerufen. Die Hochfluten des Kyitschu bedrohten den Sommerpalast! Unheimlich schnell wird in der Monsunzeit aus dem sanften Fluß ein reißender, streckenweise fast zwei Kilometer breiter Strom. Als ich hinauskam, begannen die alten Verbauungen bereits zu wanken, und im heftigen Regen, beim spärlichen Licht der Taschenlampen, machten sich die Soldaten der Leibgarde daran, unter meiner Anleitung neue Dämme aufzuwerfen. Es gelang uns, den alten Damm so zu verstärken, daß er bis zum Morgen aushielt. Am nächsten Tag ließ ich alle Jutesäcke aufkaufen, die im Basar zu haben waren, und sie mit Lehm und Rasenziegeln füllen. Fünfhundert Kulis und Soldaten arbeiteten in einem ihnen ganz ungewohnten Tempo, und es gelang uns, gerade noch fertig zu werden, bevor der alte Damm brach.

Gleichzeitig hatte man das Wetterorakel aus Gadong rufen lassen, und der Mönch war während dieser Tage mein Nachbar in einem der Häuser des Norbulingka. Beide hatten wir dieselbe Aufgabe – die Fluten zu bändigen! Aber es war gut, daß man sich nicht auf das Orakel allein verlassen hatte, sondern auch tausend Hände zur Arbeit einsetzte. Als wir die letzten Spatenstiche am Damm taten, wankte das Orakel in Trance an das Wasser und vollführte seinen Tanz. Am selben Tag noch hörte der Regen auf, die Flut ging zurück, und wir erhielten beide ein Lob des Dalai Lama.

Später fragte man mich dann, ob ich nicht ein für allemal etwas unternehmen könnte, um die Fluten einzudämmen, die alljährlich den Sommerpalast bedrohten. Ich erklärte mich sofort einverstanden, denn mit Aufschnaiters Hilfe traute ich mir schon eine sachgemäße Flußregulierung zu. Die Tibeter bauen ihre Dämme immer mit senkrechten Wänden – ich hatte längst eingesehen, daß darin der Hauptfehler lag.

So begannen wir zeitig im Frühjahr 1948 mit den Arbeiten, denn ich wollte bis zur Monsunzeit fertig sein. Fünfhundert Soldaten und tausend Kulis wurden mir zur Verfügung gestellt – eine ungewöhnlich große Zahl. Und noch eine große Neuerung gab es bei diesem Dammbau: Es gelang mir, die Regierung zu überzeugen, daß die Arbeit viel schneller vonstatten gehen würde, wenn man keinen Frondienst verlangte. Ich erreichte, daß jeder Arbeiter täglich seinen Lohn erhielt, und so herrschte immer frohe Stimmung auf der Baustelle. Freilich durfte man die Arbeitsleistung nicht mit europäischem Maßstab messen. An einer Schaufel hingen oft drei Arbeiter: Einer führte sie, die zwei anderen zogen an dem Seil, das am Schaufelstiel befestigt war. Die Körperkräfte der Leute sind viel geringer als die unserer Arbeiter, und ich wurde immer mit offenem Mund angestaunt, wenn ich ungeduldig wurde und selbst zur Schaufel griff. Und wie viele Unterbrechungen und Pausen gab es! Mit einem Aufschrei entdeckt einer einen Wurm auf der Schaufel: Alles wird hingeworfen, der Wurm gerettet und in Sicherheit gebracht.

Auch eine ganze Menge Frauen arbeiteten am Dammbau, und sie standen den Männern an Kräften nicht nach. Den ganzen Tag schleppten sie Körbe voll Erde auf dem Rücken und sangen ihre monotonen Weisen, um im Schritt zu bleiben. Die Soldaten sind, wie überall auf der Welt, auch hier die größten Schürzenjäger, und ununterbrochen flogen die Neckereien zwischen den beiden Geschlechtern hin und her. Meist war die Anzahl der Frauen auf den Baustellen sogar größer als die der Männer. So beschäftigte Aufschnaiter einmal dreihundert Tibeterinnen neben einer Handvoll

Männer. Es macht sich doch bemerkbar, daß ein Fünftel der Männer in den Klöstern lebt.

Die geringe Leistungsfähigkeit der Menschen muß wohl eine Folge der genügsamen Ernährung sein. Tsampa, Buttertee und ein paar Rettiche mit Paprika, das ist die Hauptnahrung des einfachen Mannes. Den ganzen Tag über brodeln die Kessel mit Buttertee auf der Baustelle, jeder bekommt seine feste Ration, und mittags gibt es noch eine Suppe. Ich wunderte mich immer, daß die Arbeiter dabei so zufrieden und fröhlich waren. Aber sie sind nichts anderes gewohnt, Fleisch ist teuer und auch zu Hause nur selten im Kochtopf.

Neben meinen Soldaten und Kulis hatte ich noch vierzig Jakhautboote zur Hilfe. Auch die Bootsleute gehören zu den weniger angesehenen Berufen, denn sie haben, wie die Lederarbeiter, mit der Haut von Tieren zu tun und verstoßen dadurch gegen die Lehre Buddhas. Ein besonders drastisches Beispiel für die Art, wie man sie behandelt, ist mir in Erinnerung geblieben:

Ein Dalai Lama benutzte einmal auf der Reise nach dem Kloster Samyé einen Paß, den die Bootsleute auf ihrem Weg zum Fluß ständig begehen mußten. Nun war die Paßstraße infolge der Berührung mit dem Gottkönig heilig geworden: Kein Bootsmann durfte sie mehr betreten. Sie mußten, ihr Boot auf dem Rücken, einen viel höheren und mühsameren Weg nehmen, der für sie einen großen Zeitverlust bedeutete. Die Boote wiegen mehr als hundert Kilogramm, die Pässe sind durchwegs höher als fünftausend Meter – welchen Einfluß hat die Religion in diesem Land, daß sie mit ihren Gesetzen so einschneidend alltägliche Gewohnheiten ändern kann! Es war für mich immer ein rührendes Bild, wenn die Leute mit ihrem Boot auf dem Rücken vorbeikamen. Langsam und gemessen schritten sie flußaufwärts, denn es war unmöglich, gegen den Strom zu rudern. Jeder Bootsmann besitzt ein Schaf, das ihm treu und anhänglich wie ein Hund folgt. Es sieht wie Dressur aus, wenn es so ohne Leine, bepackt mit der persönlichen Habe seines Herrn, hinter ihm daher trottet und von selbst ins Boot springt, wenn die Fahrt beginnt.

Die vierzig Boote, die zu meinem Dammbau eingesetzt waren,

mußten Granitsteine aus einem flußaufwärts gelegenen Steinbruch holen. Keine leichte Aufgabe für die Boote. Ihre Wände mußten erst durch Bretter verstärkt werden, damit sie die Steine aufnehmen konnten. Aber die Bootsleute gehören zu den kräftigsten Männern im Lande, und ihre Arbeit wurde auch besser bezahlt. Sie sind gar nicht so demütig, wie man es von einer mindergeachteten Klasse erwarten würde, sie bilden eine eigene Gilde und sind stolz darauf.

Ein lustiger Zufall wollte es, daß einer meiner Mitarbeiter der »hohe Bönpo« aus Tradün war. Er mußte abends immer die Löhne auszahlen. Wir hatten uns gegenseitig noch in bester Erinnerung und unterhielten uns oft über die damalige, für mich so bittere Zeit. Heute konnte ich darüber lachen. Damals war er mit zwanzig Dienern auf einer Inspektionsreise gewesen und hatte sich uns gegenüber sehr freundlich und wohlwollend gezeigt. Wer hätte gedacht, daß wir einmal nebeneinander arbeiten würden und daß ich dabei sogar die »leitende Stellung« innehaben sollte! Ich konnte es manchmal nicht begreifen, daß seither schon vier Jahre vergangen waren. Wie sehr hatte dieses Land mich bereits gefangengenommen! Oft ertappte ich mich bei den für die Tibeter typische Gesten, die ich hundertmal am Tage sah und schon ganz unbewußt nachahmte.

Da meine Arbeit dem Schutz des Gartens Seiner Heiligkeit diente, waren meine Vorgesetzten Mönche von höchstem Rang, und auch die Regierung nahm großen Anteil an meiner Tätigkeit. Wiederholt kam das ganze Kabinett mit Sekretären und Dienern zur Baustelle geritten, Aufschnaiter wurde herbeigeholt, und wir wurden beide unter vielen Komplimenten mit Seidenschleifen und Geld beschenkt. Auch jeder Arbeiter bekam ein Geldgeschenk, und der Rest des Tages wurde freigegeben.

Im Juni war der Damm tatsächlich fertig. Gerade rechtzeitig, denn bald kamen die ersten Fluten. In diesem Jahr schwollen sie besonders hoch an – aber der Damm hielt. Das Überschwemmungsgebiet wurde dann mit Weiden bepflanzt und trug mit seinem jungen Grün viel dazu bei, die Umgebung des Sommergartens zu verschönern.

Arbeit und Feste im Edelsteingarten

Während dieser Arbeiten zum Schutze des Edelsteingartens wurde ich oft von hohen Mönchsbeamten zum Abendessen und zum Übernachten eingeladen. Ich war wohl der erste Europäer, der im Potala und im Sommergarten des Gottkönigs wohnen durfte. So konnte ich die schönen Anlagen des Parkes bewundern, die aus allen Teilen des Landes herbeigeholten Laub- und Nadelbäume, die herrlichen Äpfel, Birnen und Pfirsiche, die für die Tafel des Dalai Lama bestimmt waren. Eine Schar von Gärtnern pflegte die Blumenbeete, die schönen Bäume und hielt die Wege in Ordnung; zu größeren Arbeiten wurden die Soldaten der Leibgarde herangezogen. Der Park ist von einer großen Mauer umgeben, aber für jeden Besucher zugänglich. An den Toren stehen zwar Leibgardisten, doch sie achten nur darauf, daß die Besucher nach tibetischer Sitte gekleidet sind. Kein Besucher mit einem europäischen Hut oder Schuh wird in den Park gelassen, nur bei mir wurde eine Ausnahme gemacht. Als jedoch die Zeit der Gartenfeste kam, mußte auch ich mich der Regel fügen und schwitzte in der Sommerhitze nicht wenig unter dem pelzbesetzten Hut. Die Garden am Tor grüßten jeden Adeligen vom vierten Rang aufwärts durch Präsentieren des Gewehres, und auch mir erwiesen sie diese Ehre.

Mitten im Park stößt man wieder an eine hohe, gelbe Mauer. Sie schließt den Privatgarten des Lebenden Buddha ein. Nur zwei Tore führen hinein, von Soldaten streng bewacht, und einzig die Äbte, die persönlichen Betreuer des jungen Gottes, dürfen sie passieren. Goldene Tempeldächer blitzen geheimnisvoll durch das Laub, die Schreie der zahmen Pfauen sind der einzige Laut, der an die Außenwelt dringt. Kein Mensch weiß, was sich in diesem innersten Heiligtum abspielt. Nicht einmal die Kabinettsminister dürfen hinein, und für das tibetische Volk umschließt die Mauer ein mystisches Geheimnis.

Auch diese Mauer ist das Ziel vieler Pilger. Eine Straße führt die

Betenden in Uhrzeigerrichtung um sie herum. In kleinen Abständen sind Hundehütten an die Mauer angebaut, und ihre großen, langhaarigen Bewohner toben, wenn jemand zu nahe kommt. Die Jakhaarleinen halten zwar fest, aber das heisere Hundegebell ist doch ein Mißton in dieser Welt des Friedens. Später, als sich sogar noch die Tore der gelben Mauer für mich öffneten, schloß ich ein wenig Freundschaft mit diesen rauhen Gesellen, soweit dies überhaupt möglich war.

Ganz Lhasa freut sich jedes Jahr auf das große Sommertheater, das sich vor diesem Innengarten auf einem riesigen Steinpodium abspielt. Alles strömt herbei, und wer in der Nähe des Podiums keinen Platz mehr findet, lagert im Schatten des herrlichen Parkes. Sieben Tage lang spielen verschiedene Schauspielergruppen von Sonnenaufgang bis Sonnenuntergang. Alle Darsteller sind Männer, da nur religiöse Themen behandelt werden. Die Schauspieler kommen aus dem Volk, aus allen Berufen, und kehren nachher wieder in ihr Privatleben zurück. Nur wenige erlangen solche Berühmtheit, daß sie von ihrer Kunst leben können.

Jedes Jahr werden dieselben Dramen gezeigt. Im Stile unserer Oper werden die Rollen rezitativ gesungen, das Orchester bilden Trommeln und Tschinellen. Die Musik dient vor allem dazu, den Rhythmus für die Tanzeinlagen zu geben. Nur die Komiker unterbrechen den opernhaften Ablauf des Dramas und sprechen ihre Rolle. Die sehr schönen und wertvollen Kostüme gehören der Regierung und werden immer im Sommergarten aufbewahrt.

Eine der sieben Gruppen, die Gyumalungma, ist berühmt für ihre Parodien. Es war die einzige, bei der auch ich mich köstlich amüsierte. Immer wieder mußte ich über ihren Freimut staunen. Es ist ein gutes Zeugnis für den Humor und die gesunde Kraft dieses Volkes, daß es imstande ist, die eigenen Schwächen, ja sogar die Einrichtungen der Kirche zu persiflieren und herzlich darüber zu lachen. Unter den Lachstürmen der Zuschauer kommt zum Beispiel ein Orakel auf die Bühne und führt den Trancezustand mit Tanz und Ohnmacht vor. Männer treten als Nonnen verkleidet auf und mimen auf urkomische Weise die vorgetäuschte Inbrunst der für Geld betenden Frauen. Wenn dann noch Mönche an die

Rampe treten und mit den Nonnen zu kokettieren beginnen, nimmt das Gelächter kein Ende. Selbst den ernstesten Mönchen rollen Lachtränen über die Backen.

Auch der Dalai Lama nimmt an diesem Schauspiel teil. Er sitzt, hinter einem Gazevorhang verborgen, im ersten Stock eines Gartenhauses, das zwar innerhalb der gelben Mauer steht, aber mit der Frontseite der Bühne zugewendet ist. Die Beamtenschaft sitzt nach dem Rang geordnet in Zelten zu beiden Seiten des Podiums. Mittags, auf dem Weg zur gemeinsamen Mahlzeit, die die Küche des Dalai Lama bereitstellt, defiliert die Beamtenschaft am Fenster ihres Herrschers vorbei. Nachher laden sie sich gegenseitig in ihre Häuser und Ämter ein und feiern dort untereinander weiter. Inzwischen rollt auf der Freilichtbühne Szene um Szene ab, ohne Unterbrechung, und es gibt viele Zuschauer, die nicht von der Stelle weichen und das Spiel vom Anfang bis zum Ende mit offenem Mund bestaunen.

Der Aufmarsch aller in Lhasa stationierten Truppen eröffnet und beschließt jeden Tag. Mit ihren Musikkapellen ziehen sie durch den Garten und präsentieren das Gewehr vor dem König des Lamalandes. Am Abend ist dies das Zeichen zur Belohnung der Schauspieler. Sie werden mit einem Regen von weißen Schleifen überschüttet, in die Geld eingeknüpft ist. Aus den Vorratskammern des Herrschers werden Lasten von Tsampa, Butter und Tee gebracht, und ein Vertreter des Dalai Lama überreicht jedem Schauspieler eine weiße Schleife und einen Briefumschlag mit Geld.

Wenn das Fest im Sommergarten zu Ende ist, werden die Schauspieltruppen noch von den reichen Adeligen und in die Klöster zum Spielen eingeladen. Einen Monat lang führen sie noch an verschiedenen Orten ihre Dramen auf, belagert vom Publikum, so daß oft die Polizei eingreifen muß.

Nur für wenige Stunden wird diese Fahne – sie ist die größte der Welt – anläßlich der Feier des Kleinen Neujahrs an der Mauer des Potala aufgehängt. Die auf das Fahnentuch aufgenähten Figuren sind aus verschiedenfarbigen Seiden- und Brokatstoffen

In der eigenen Wohnung – mit allem Komfort

In meinen persönlichen Verhältnissen hatte sich in diesem Jahr vieles zum Guten und Besseren gewendet. Ich war mein eigener Herr geworden. Dazu gehörte vor allem eine schöne Wohnung, in der ich ganz unabhängig leben konnte. Ich vergaß nie, wie sehr ich Tsarong zu Dank verpflichtet war, daß er mir sein Haus geöffnet und mir geholfen hatte, hier Fuß zu fassen. Seit ich Geld verdiente, hatte ich ihm auch eine Miete gezahlt. In letzter Zeit bekam ich manche Angebote von Adeligen, die zeitweise in die Provinz versetzt wurden, ihr Haus, ihren Garten und einen Teil ihrer Dienerschaft zu übernehmen. Das war sehr verlokkend, und ich konnte es mir ja jetzt leisten, einen eigenen Haushalt zu führen!

Ich wählte schließlich eines der Häuser des Außenministers Surkhang, denn es gehörte zu den für tibetische Begriffe modernsten Bauten der Stadt. Es hatte massive Wände, eine ganze Front von Fenstern mit kleinen Glasscheiben, aber für meinen Bedarf viel zuviel Räume. Deshalb wählte ich mir nur einige Zimmer aus und ließ die anderen verschließen. Der Raum mit der schönsten Morgensonne wurde mein Schlafzimmer. Griffbereit neben das Bett stellte ich den Radioapparat, an die Wände heftete ich Bilder aus einem Schweizer Alpenkalender, der irgendwie – wahrscheinlich mit einer Schweizer Uhrensendung – nach Lhasa gekommen war. Die Schränke und Truhen in meinem Zimmer waren wie unsere Bauernmöbel bunt bemalt und geschnitzt. Die Kleider mußte man im Sommer gut verwahren, denn Motten und anderes Ungeziefer bildeten eine große Plage. Alle Böden des Hauses waren aus

In Gyantse steht einer der größten Tschörten Tibets. Er ist fünfstöckig und aus Granit erbaut. Die einzelnen Stufen enthalten zahlreiche mit Statuen geschmückte Kapellen. Im Inneren führt eine Art Wendeltreppe bis hinauf unter das Dach

Stein, und mein Diener war stolz darauf, wenn sie spiegelblank glänzten. Er rieb sie mit Kerzenwachs ein und tanzte jeden Morgen in Wollschuhen kreuz und quer durch die Räume – so war die Arbeit für ihn gleichzeitig ein Vergnügen. Bunte Teppiche lagen in allen Zimmern. Die Zimmerdecken werden hier allgemein von Säulen getragen, deshalb sind die einzelnen Teppiche ziemlich klein. Es gibt berühmte Teppichweber, die in die adeligen Häuser kommen und gleich an Ort und Stelle jeden Teppich in den gewünschten Maßen herstellen. Sie sitzen auf dem Boden, haben einen Holzrahmen vor sich und knüpfen die bunten, handgesponnenen Fäden nach klassischen Vorlagen: Drachen, Pfauen und Blumen und die verschiedenen Ornamente entstehen unter ihren geschickten Händen. Diese Teppiche überdauern Generationen, das Material ist unglaublich haltbar und die Farben, aus Baumrinde von Bhutan, grünen Nußschalen und Pflanzenessenzen hergestellt, bleiben lange frisch.

Für mein Wohnzimmer hatte ich mir einen Schreibtisch und ein großes Zeichenbrett machen lassen. So geschickt die Tischler bei der Herstellung von althergebrachten Möbelstücken und Schnitzereien waren, so unbeholfen zeigten sie sich, wenn sie etwas Neues fertigbringen sollten. Das schöpferische Können wird hier in allen Berufen vernachlässigt, und weder Schulen noch Privatinitiative regen zu Versuchen an.

Im Wohnzimmer stand ein Hausaltar, von meinem Diener mit besonderer Hingabe gepflegt. Täglich wurden die sieben Schalen mit frischem Wasser für die Götter gefüllt, und das Flämmchen der Butterlampe erlosch nie. Ich lebte allerdings in ständiger Sorge vor einem Einbruch, denn die Götterfiguren trugen echte Golddiademe mit Türkisen. Zum Glück waren meine Diener sehr verläßlich, und in all den Jahren kam nicht das geringste abhanden.

Einiges Kopfzerbrechen bereitete mir das Problem einer Duschanlage. Schließlich bastelte ich aus einem großen Benzinkanister ein Wasserreservoir mit Brause, indem ich ihn auf einer Seite durchlöcherte und in einem Raum neben meinem Schlafzimmer aufhängte. Da das Zimmer einen Steinboden hatte, war der Abfluß leicht geschaffen: Ich machte einfach ein Loch in die Hauswand, was bei der Bauweise ohne Zement keine Schwierigkeit bot. Diese primitive Badeanlage bildete einen Anziehungspunkt für alle meine Freunde, denn sie kannten bestenfalls ein Bad in einer kleinen Zinnwanne oder im kalten Fluß. Das flache Dach meines Hauses, von einer Steinmauer eingefriedet, wäre ein ideales Sonnenbad gewesen. Doch das kennt und begreift man hier nicht. Niemand mag braun werden, und man wundert sich sehr über die Bilder in den westlichen Illustrierten, die so oft Menschen beim Sonnenbad zeigen.

Wie auf allen Dächern, war in jeder Ecke ein Gebetsfahnenbaum angebracht. Ich benutzte den einen gleich zur Befestigung meiner Radioantenne. Ein Weihrauchofen und andere »glückbringende« Aufbauten gehören zu jedem Haus, und ich achtete immer sorgsam darauf, daß alles in Ordnung blieb und keine der einheimischen Sitten verletzt oder vernachlässigt wurde.

Dieses Haus wurde mir bald ein wirkliches Heim, und ich freute mich immer darauf, wenn ich von meiner Arbeit oder von Besuchen nach Hause kam. Dann wartete schon mein Diener Nyima, »die Sonne«, mit heißem Wasser und Tee, und alles war sauber, ruhig und voll Behaglichkeit. Ich hatte nur immer Mühe, mein Alleinsein zu wahren, denn es ist Sitte, daß die Diener sich in Rufnähe aufhalten oder ungerufen in kurzen Abständen zum Tee-Einschenken hereinkommen. Nyima achtete zwar meine Wünsche, aber er hing sehr an mir. So kam es immer wieder vor, daß er mich spätabends im Haustor meiner Gastgeber erwartete, wenn ich ihn auch zu Bett geschickt hatte. Denn er fürchtete, daß man mich auf dem Heimweg überfallen könnte, und stand mit Revolver und Schwert bereit, sein Leben für mich einzusetzen. Diese Anhänglichkeit entwaffnete mich immer wieder.

Er durfte seine Frau und seine Kinder bei sich haben, und auch bei diesen einfachen Menschen sah ich, wie groß die Liebe der Tibeter zu ihren Kindern ist. Wenn gar eines krank wurde, sparte er keine Ausgaben, um den besten Lama herbeizuholen.

Ich tat selbst alles, was ich konnte, um meine Dienerschaft gesund zu erhalten, denn ich wollte frohe Gesichter um mich sehen. Ich konnte sie in der indischen Auslandsmission, die sehr entgegenkommend war, impfen und behandeln lassen, mußte aber immer dahinter her sein, denn die Tibeter beachten Krankheiten bei Erwachsenen meist gar nicht.

Neben diesem persönlichen Diener, der ein Monatsgehalt von etwa dreißig Mark bekam, stellte mir die Regierung noch einen Soldaten als Botengänger und einen Pferdeknecht zur Verfügung. Seit ich für den Norbulingka arbeitete, durfte ich ständig ein Pferd aus dem Stall des Dalai Lama reiten. Ursprünglich sollte es jeden Tag ausgewechselt werden. Denn der Stallmeister mußte streng darauf achten, daß keines der Pferde zu sehr beansprucht wurde, und er wäre sofort entlassen worden, hätte ein Tier abgenommen. Für mich war aber der ständige Wechsel denkbar unangenehm. Die Pferde kannten nur ihr ruhiges Leben auf den schönen Weiden des Norbulingka, und sie scheuten in den engen Straßen und im Verkehr der Stadt beim geringsten Anlaß. Schließlich erreichte ich, daß man mir jedes Pferd für eine Woche ließ und daß drei bestimmte Tiere einander abwechselten, so daß wir uns aneinander gewöhnen konnten. Das Zaumzeug der Pferde war gelb wie alles aus dem Besitz des Dalai Lama. Theoretisch hätte ich mit diesen Tieren, die die Farbe des Gottkönigs trugen, bis hinauf in den Potala reiten oder am Parkhor die Runde machen können zu einer Zeit, wo dies sogar den Ministern verboten war.

Stall, Küche und Dienerquartiere lagen in Nebengebäuden in einem Garten, der von einer hohen Mauer eingefriedet war. Diesem Garten wendete ich meine besondere Liebe zu. Er war sehr groß, ich konnte viele Blumen- und Gemüsebeete anlegen, und es blieb noch genug Platz für Federball- und Krocketplätze auf den schönen Rasenflächen. Auch einen Tisch für das in Tibet sehr beliebte Pingpong stellte ich auf. In einem kleinen Glashaus zog ich Gemüsepflanzen und erzielte schon früh im Jahr eine angenehme Beikost zu meinen Mahlzeiten. Jeder Besucher mußte meine Beete bewundern, denn ich war sehr stolz auf meine Erfolge. Ich machte mir Mr. Richardsons Erfahrungen zunutze, widmete mich jeden Morgen und jeden Abend der Gartenarbeit und konnte auch bald den sichtbaren Lohn für meinen Fleiß ernten. Schon im ersten Jahr hatte ich herrliche Tomaten, Blumenkohl, Salat und Kraut. Es war erstaunlich, welche Größe hier alles erreichte, ohne an Qualität zu verlieren. Das Rezept war eigentlich einfach: Man mußte nur dafür sorgen, daß die Wurzeln immer genug Feuchtigkeit bekamen; die trockene Luft und die halbtropische Sonne schufen dann eine Treibhausatmosphäre, in der alles herrlich gedieh. Das Bewässern war freilich nicht so einfach, denn da es hier keine Druckleitungen gab, konnte man natürlich auch keine Gartenschläuche zum Spritzen verwenden. Man mußte die Beete so anlegen, daß sich ein kleiner Wasserlauf hindurchleiten ließ. Bei den Gartenarbeiten halfen mir ständig zwei Frauen, besonders beim Jäten, denn auch das Unkraut gedieh üppig. Aber das Ergebnis der Arbeit belohnte alle Mühe: Auf einer Fläche von sechzehn Quadratmetern erntete ich zweihundert Kilogramm Tomaten, einzelne davon wogen bis zu einem halben Kilo. Ähnlich war es bei allen anderen Gemüsen. Es gibt keine Gemüsesorte Europas, die hier nicht prächtig gediehe, obwohl der Sommer sehr kurz ist.

Auch Tibet erreichen die Wellen der Weltpolitik

Aber auch nach dem friedlichen Leben der tibetischen Hauptstadt griffen die Wogen der Weltpolitik. Der Bürgerkrieg in China nahm immer beunruhigendere Ausmaße an, und man fürchtete, daß auch unter den in Lhasa ansässigen Chinesen Unruhen entstehen würden. Um zu zeigen, daß Tibet sich von chinesischer Politik unabhängig fühle, entschloß sich die Regierung eines Tages, die Vertreter Chinas auszuweisen. Etwa hundert Menschen wurden davon betroffen. Gegen den Ausweisungsbefehl gab es keinen Einspruch.

Mit typisch asiatischer Schlauheit benutzte man eine Stunde, da der chinesische Radiooperateur gerade Tennis spielte, und besetzte seinen Sender. Als er von dem Ausweisungsbefehl erfuhr, hatte er keine Möglichkeit mehr, sich mit seiner Regierung in Verbindung zu setzen. Auch das Post- und Telegraphenamt der Stadt wurde für vierzehn Tage versiegelt, und in der Welt entstand damals schon das Gerücht, in Lhasa gäbe es einen neuen Bürgerkrieg.

Davon war aber keine Rede. Die des Landes verwiesenen Chinesen wurden mit ausgesuchter Höflichkeit behandelt, man gab ihnen Parties zum Abschied und tauschte ihr tibetisches Geld zum besten Kurs gegen Rupien um. Quartiere und Transporttiere standen kostenlos bereit, und eine Eskorte mit Fahnen und Trompeten begleitete sie bis zur indischen Grenze. Die Chinesen konnten ihr Schicksal nicht recht begreifen, und der Abschied fiel ihnen sehr schwer. Die meisten von ihnen kehrten nach China oder Formosa zurück, einige reisten direkt Richtung Peking, wo Mao Tse-tung bereits seinen Regierungssitz hatte.

Damit war das jahrhundertealte Duell zwischen Tibet und China wieder eröffnet. Rotchina faßte die Ausweisung der chinesischen diplomatischen Vertretung als Affront auf und nicht als eine Geste der Neutralität.

In Lhasa war man sich damals schon völlig im klaren darüber, daß ein rotes China eine riesige Gefahr für die Unabhängigkeit des Landes und für die Religion darstellte. Aussprüche des Orakels und verschiedene Naturereignisse deutete man als Beweis für diese Befürchtungen. Der große Komet des Jahres 1948 galt als Vorzeichen einer drohenden Gefahr, verschiedene Mißgeburten bei Haustieren legte man als böses Omen aus. Auch ich hegte ernstliche Befürchtungen, sie basierten aber auf durchaus nüchternen Erwägungen. Asiens Zukunft sah dunkel aus.

Im selben Jahr bestimmte die Regierung vier hohe tibetische Beamte zum Antritt einer Weltreise. Ich beneidete sie sehr; sie würden auch in jene Gegenden der Welt kommen, nach denen ich mich im geheimen immer wieder sehnte ... Für sie war es das große Ereignis ihres Lebens. Von keiner Sorge beschwert, würden sie die Wunder der weiten Welt sehen und wohl aus dem Staunen nicht herauskommen. Man hatte mit Bedacht besonders gebildete und fortschrittlich denkende Adelige ausgewählt, denn man wollte ja der Welt vor Augen führen, daß in Tibet keine Wilden lebten.

Die Führung hatte der Finanzsekretär Schekabpa, die übrigen Mitglieder dieser kleinen Expedition in die Welt waren der Mönch Tschangkhyimpa, der durch Handel reich gewordene Pangdatshang und General Surkhang, ein Sohn des Außenministers aus dessen erster Ehe. Die beiden letzten sprachen ein wenig Englisch und waren mit westlichen Sitten halbwegs vertraut. Die Regierung besorgte für sie die feinsten Anzüge und Mäntel, das Beste war gerade gut genug. Für offizielle Empfänge nahmen sie prächtige tibetische Seidengewänder mit, denn sie reisten als Delegation des Landes und besaßen Diplomatenpässe. Ihre Reiseroute begann in Indien, von dort flogen sie nach China. Nach längerem Aufenthalt ging es dann über die Philippinen nach Hawaii und San Francisco. In Amerika machten sie häufig Station, wurden von Staatsmännern empfangen und besuchten zahlreiche Fabriken, besonders solche, die tibetisches Rohmaterial verarbeiteten.

Ähnlich war ihr Programm in Europa. Die ganze Reise dauerte fast zwei Jahre, und es war jedesmal eine Sensation in Lhasa, wenn ein Brief von ihnen ankam. Wie ein Lauffeuer verbreiteten sich ihre Nachrichten in der Stadt. In Amerika waren sie von den Wolkenkratzern tief beeindruckt, in Europa hatte ihnen Paris am besten gefallen. Als sie zurückkamen, hatten sie neue Handelsbeziehungen für den Export der tibetischen Wolle angeknüpft und brachten eine Unmenge von Prospekten für landwirtschaftliche Maschinen, Webstühle, Teppich- und Knüpfmaschinen und ähnliches mit. Auch ein zerlegter Jeep mit allem Zubehör kam mit ihrem Gepäck an, und der Chauffeur des 13. Dalai Lama setzte ihn wieder zusammen. Er machte eine Probefahrt durch die Stadt, dann sah man ihn zum allgemeinen Bedauern nicht mehr. Er war dazu bestimmt, die Maschinen des Münzamtes anzutreiben. Mancher Adeliger in Lhasa mag damals Lust bekommen haben, sich ein Auto zuzulegen. Aber die Zeit war noch nicht reif dafür. Ein Grund für den Besuch der Vereinigten Staaten war auch der Ankauf von Goldbarren gewesen – sie wurden jetzt unter schwerer Bewachung nach Lhasa gebracht.

Die Rückkehr der vier Weltreisenden wurde mit vielen Parties und Festen gefeiert, und das Erzählen wollte kein Ende nehmen. Früher waren Aufschnaiter und ich für alle Fragen der weiten Welt kompetent gewesen, jetzt saßen wir im Kreis der andächtigen Zuhörer und waren vielleicht am neugierigsten, wie sich die Dinge draußen entwickelt hatten. Die vier Tibeter konnten gar nicht genug erzählen von den riesigen Fabriken, den Autos und Flugzeugen, dem hypermodernen Luxusschiff »Queen Elizabeth«, den Präsidentschaftswahlen in Amerika ... und, natürlich, von allerlei geheimnisvollen Erlebnissen mit weißen Frauen. Besonders Spaß hatte es ihnen auf der Reise gemacht, wenn niemand erriet, woher sie kamen, wenn man sie für Chinesen, Burmesen, Japaner und alles mögliche hielt, aber niemals für Tibeter.

Ihre Berichte weckten in mir nach langer Zeit wieder einmal das Heimweh, denn sie hatten ja auch jenen Teil der Welt berührt, in dem ich zu Hause war. Anfang des Jahres 1948 hatte die Repatriierung aus den indischen Lagern begonnen ... Wie gerne wäre ich auf ein paar Monate Urlaub nach Europa gefahren! Aber das war noch eine zu kostspielige Angelegenheit.

Während die vier vergnügt durch die Welt bummelten, hatte sich die politische Lage in Asien sehr verändert. Indien hatte seine Unabhängigkeit von England erhalten, die Kommunisten hatten ganz China erobert. In Tibet indes spürte man noch nichts davon. Vorläufig nahm man in Lhasa die traditionelle Klosterfahrt des Dalai Lama wichtiger als alle Weltpolitik.

Die Klosterfahrt des Dalai Lama

Jeder junge Gottkönig muß nämlich vor der Erklärung seiner Mündigkeit den Klöstern Drebung und Sera einen Besuch abstatten und dort in Form einer religiösen Diskussion eine Prüfung ablegen. Die Vorbereitungen zu dieser Reise hielten bereits seit Monaten die ganze Stadt in Atem. Der Adel zog selbstverständlich als Begleitung mit, und die Mönche von Drebung hatten einen eigenen Palast errichtet, um den Gottkönig und sein glänzendes Gefolge würdig aufnehmen zu können.

Wie eine riesige Schlange bewegte sich die feierliche Prozession die acht Kilometer zu dem Kloster hin. In ihrem schönsten Staat und von einer Schar von Dienern begleitet, ritten die Adeligen auf ihren prachtvollen Pferden, nur der Herrscher wurde in seiner gelben Sänfte getragen. Die vier obersten Äbte von Drebung erwarteten mit einem glänzenden Gefolge den göttlichen Besucher am Haupttor und geleiteten ihn in seinen Palast. Dieser Besuch ist das größte Ereignis im Leben der Mönche der Klosterstadt, denn es gibt kaum einen unter den Zehntausend, der das Glück hat, ihn zweimal zu erleben.

Auch ich ritt am selben Tag nach Drebung, denn ich hatte dort unter den Mönchen einige Freunde, die mich für die Dauer der Feierlichkeiten eingeladen hatten. Schon immer war es mein Wunsch gewesen, eine dieser Klosterstädte näher kennenzulernen. Ich hatte, wie die anderen Pilger, bisher nur einen flüchtigen Blick in die Tempel und Gärten werfen können.

Meine Freunde führten mich zu einem der vielen Steinhäuser, die einander völlig glichen, und wiesen mir dort ein spartanisches Lager an. Der Mönch Pema, der kurz vor den Abschlußprüfungen stand und selbst schon Schüler hatte, spielte den Cicerone in der Mönchsstadt und erklärte mir ihre Einteilung und Organisation. Eine Vergleichsmöglichkeit mit irgendeiner uns geläufigen Einrichtung gibt es hier nicht. Hinter diesen Klostermauern sind die Zeiger der Zeit um tausend Jahre zurückgedreht ... Nichts erinnert daran, daß wir im zwanzigsten Jahrhundert leben. Die dicken, grauen Mauern der Häuser scheinen seit Jahrtausenden zu stehen, und der ekelerregende Geruch von ranziger Butter und ungewaschenen Mönchen ist tief ins Mauerwerk gedrungen.

Jedes Haus hat fünfzig bis sechzig Bewohner und ist in winzige Räume geteilt. In jedem Stockwerk befindet sich eine Küche. Das reichliche Essen ist die einzige Annehmlichkeit der Mönche, den intelligenteren macht noch die Aussicht das Leben erträglich, durch eifriges Studium einmal eine hohe Stellung erreichen zu können. Sonst ist ihr Dasein spartanisch genug. Privateigentum gibt es nicht, höchstens ein Butterlämpchen, eine religiöse Malerei oder ein Amulettkästchen. Ein einfaches Lager ist alles, was dem Mönch an Bequemlichkeit zusteht. Absoluter Gehorsam ist Bedingung. Schon als Knabe wird der Mönchsschüler ins Kloster gebracht und gleich in die rote Kutte gesteckt, die er sein ganzes Leben lang nicht mehr ablegt. Die ersten Jahre muß er die niedrigsten Arbeiten verrichten und seinem Lehrer dienen. Zeigt er sich klug und aufgeweckt, dann lernt er lesen und schreiben, beginnt sein Studium und wird zu den Prüfungen zugelassen. Aber nur sehr wenigen gelingt es, eine Stufe nach der anderen zu bewältigen, die Masse bleibt ihr Leben lang im Dienerstand. Die Auserwählten sind gezählt, die nach dreißig oder vierzig Jahren die Lehre Buddhas so beherrschen, daß sie zu den Endprüfungen zugelassen werden. Sie haben die Chance, zu den höchsten Ämtern der Kirche aufzusteigen. Die Klöster sind zugleich die Religionshochschulen, die Bildungsstätte für alle rein kirchlichen Einrichtungen, während die Mönchsbeamten für das öffentliche Leben in der Schule der Tsedrungs im Potala ausgebildet werden.

Einmal im Jahr finden in der Kathedrale in Lhasa die öffentlichen Abschlußprüfungen der Klosterschüler statt. Aus ganz Tibet werden nur zweiundzwanzig Prüflinge zugelassen. Nach schwierigen Diskussionen unter dem Vorsitz der persönlichen Lehrer des Dalai Lama werden die fünf Besten in den höchsten Rang erhoben. Die anderen werden Lehrer und Äbte in kleineren Klöstern. Wer bei den Prüfungen in der Kathedrale als erster Sieger hervorgeht, kann sich als Eremit zurückziehen und nur für den Glauben leben oder sich der öffentlichen Laufbahn widmen und es manchmal bis zum Regenten bringen. Ein ungewöhnlicher Fall, denn sonst dürfen nur Inkarnationen dieses hohe Amt ausüben, aber es ist immerhin möglich, daß auch ein Mann aus dem Volke – weder Adeliger noch Lebender Buddha – zu solchen Ehren kommt. Dies ereignete sich zuletzt, als im Jahre 1910 der 13. Dalai Lama vor den Chinesen nach Indien floh und ein Vertreter für ihn ernannt werden mußte. Aber der Weg dahin ist weit – er führt durch viele Jahre einsamen Klosterlebens, und auch der Zutritt zur Kathedrale ist noch keine sichere Verheißung.

Die zehntausend Mönche des Klosters Drebung sind in Gruppen eingeteilt, jede hat ihren eigenen Versammlungstempel und ihren Garten. Dort verbringen sie die ersten Stunden des Tages mit gemeinsamen Gebetsübungen, bekommen aus der Gemeinschaftsküche ihren Buttertee und ihre Suppe und kehren erst nachmittags zum eigentlichen Unterricht ins Haus zurück. Trotzdem bleibt jedem noch genug Freizeit zum Spazierengehen, für harmlose Gemeinschaftsspiele oder um sich zusätzlich etwas zu kochen. Denn die Mönche bekommen Lebensmittelrationen aus ihren Heimatgemeinden, und schon deshalb sucht man die Gemeinschaften nach ihrer Herkunft zu ordnen. So gibt es Häuser, in denen nur Mongolen oder Nepalesen leben oder Mönchsschüler aus einer bestimmten Stadt, zum Beispiel aus Schigatse.

Innerhalb der Klosterstädte darf kein Lebewesen getötet werden. Aber das kalte Klima verlangt doch den Zusatz von Fleisch zur Kost, und so schicken die Gemeinden meist luftgetrocknetes Jakfleisch, und in einem nahen Dorf ist manchmal auch frisches zu haben.

Neben freier Kost und Unterkunft bekommen die Mönche noch ein kleines Taschengeld aus den Geschenken der Regierung und den Spenden der Pilger. Wenn aber ein Mönch durch seine Begabung auffällt, dann findet er immer einen Mäzen in den Adelskreisen oder unter den reichen Kaufleuten. Im übrigen verfügt die Kirche über reiche Mittel, denn der größte Teil des Grundbesitzes ist in ihren Händen, und die Einkünfte riesiger Güter fließen den Klöstern zu. Jedes Kloster hat auch seine eigenen Händler, die alles Notwendige herbeischaffen. Man würde es nicht für möglich halten, welch ungeheure Summen die Klöster verschlingen. Ich half einmal einem befreundeten Mönchsbeamten bei seinen Rechenarbeiten: der Abrechnung über den Neujahrsmonat, den alle Mönche in Lhasa verbringen. In diesem Zeitabschnitt kosteten sie der Regierung dreitausend Kilogramm Tee und fünfzigtausend Kilogramm Butter, dazu erhielten sie aus den Spenden ein Taschengeld von mehr als eine halbe Million Mark.

Die Gestalten in den roten Kutten sind nicht immer sanfte und gelehrte Brüder. Die meisten sind grobe, gefühllose Gesellen, für die die Peitsche der Disziplin nicht streng genug sein kann. Die ärgsten unter ihnen finden sich in der zwar nicht erlaubten, aber geduldeten Organisation der Dob-Dobs, der Mönchssoldaten, zusammen. Sie tragen eine rote Binde um den nackten Arm und schwärzen sich das Gesicht mit Ruß, um recht furchterregend auszusehen. Im Gürtel haben sie einen riesigen Schlüssel stecken, der je nach Bedarf als Schlagring oder Wurfwaffe dient. Nicht selten tragen sie auch ein scharfes Schustermesser in der Tasche versteckt. Viele von ihnen sind berüchtigte Raufer; schon ihr frecher Gang wirkt herausfordernd; ihre Angriffslust ist bekannt, und man hütet sich, sie zu reizen. Aus ihren Reihen bildete sich später ein Freiwilligenbataillon im Kampf gegen die Rotchinesen, das wegen seiner Tapferkeit berühmt wurde. Aber auch im Frieden haben sie genug Gelegenheit, ihre überschüssigen Kräfte loszuwerden, denn zwischen den Dob-Dobs der großen Klöster herrscht ständige Fehde. Der harmlosere Teil dieser Auseinandersetzungen sind die leichtathletischen Wettkämpfe zwischen den Mannschaften der Klöster Sera und Drebung. Man nimmt sie sehr ernst und trainiert lange dafür. Am Tage des Treffens sammeln sich die Dob-Dobs der beiden Klöster auf dem Kampfplatz und feuern mit lautem Zuruf ihre Auswahlmannschaften an. Die Wettkämpfer werfen die Kutte ab und stehen in einem kurzen, schellenbesetzten Lendenschurz da. Dann beginnt der Kampf: Wettlauf, Steinwerfen und eine Art Weit- und Tiefspringen. Dazu wird eine riesige, mehrere Meter tiefe Grube ausgehoben. Von einem schanzenartigen Absprung schnellen sich die Springer oft fünfzehn bis zwanzig Meter weit durch die Luft und landen in der Grube. Abwechselnd springt einmal ein Drebung-, einmal ein Seramönch, aber gemessen wird nur die Differenz zwischen den jeweiligen Sprüngen. Meist ist das Kloster Drebung Sieger; es hat die Unterstützung der Regierung und besitzt infolge seiner Größe die Möglichkeit, eine bessere Auswahl an Wettkämpfern antreten zu lassen.

Da ich früher Sportlehrer gewesen war, zog es mich oft nach Drebung, und die Mönche freuten sich immer, wenn ich bei ihrem Training mitmachte. Hier habe ich die einzigen athletischen Gestalten mit gut durchgebildeten Muskeln in ganz Tibet gefunden.

Alle Wettkämpfe enden mit einem großen Festschmaus, und ich habe selten solche Mengen an Fleisch vertilgen gesehen wie bei diesen Gelegenheiten.

Die großen Klöster Drebung, Sera und Ganden, die »Drei Säulen des Staates«, spielen im politischen Leben des Landes eine entscheidende Rolle. Ihre Äbte bilden zusammen mit acht Regierungsbeamten den Vorsitz der Nationalversammlung. Es gibt keine Entscheidung ohne Zustimmung dieser Mönche, die natürlich in erster Linie auf die Vormachtstellung ihrer Klöster bedacht sind. Viele fortschrittliche Ideen fanden durch ihren Einspruch ein vorzeitiges Ende. Auch Aufschnaiter und ich waren ihnen erst ein Dorn im Auge. Als sie aber sahen, daß wir keinerlei politische Ambitionen hatten, daß wir uns dem Leben und den Sitten des Landes einfügten und Arbeiten übernahmen, die auch ihnen zugute kamen, gaben sie ihre Opposition gegen uns auf.

Die Klöster sind, wie schon gesagt, die Hochschulen der Kirche. Deshalb müssen alle Lebenden Buddhas – es gibt über tausend in Tibet – ihre Ausbildung in einem Kloster durchmachen. Diese Inkarnationen sind ein ständiger Anziehungspunkt für die Pilger, die zu Tausenden herbeigeströmt kommen, um sich ihren Segen zu holen.

Auch während des siebentägigen Besuches des Dalai Lama in Drebung saßen die Inkarnationen bei allen Zeremonien in der vordersten Reihe – eine richtige Götterversammlung! Täglich fanden nun in den schattigen Klostergärten die berühmten Debatten zwischen dem Herrscher Tibets und dem zuständigen Abt statt. Sie gehören zum Intimsten im religiösen Leben des Lamaismus, daher hatte ich nicht die leiseste Hoffnung gehegt, dabei anwesend sein zu dürfen.

Aber als ich mit Lobsang Samten beim Frühstück saß, fragte er mich, ob ich nicht auch mitkommen möchte. Dieser unerwarteten Geste verdanke ich es, daß ich ein Schauspiel miterleben durfte, das wohl noch kein Andersgläubiger gesehen hat. In Begleitung des Bruders des Dalai Lama hielt mich natürlich niemand vom Betreten des eingefriedeten Gartens ab. Ein eigenartiges Bild! Vor den dunklen Baumgruppen kauerten auf einem mit weißem Kies bestreuten Platz dicht gedrängt vielleicht zweitausend Mönche in ihren roten Kutten, und von einem erhöhten Platz aus predigte der Dalai Lama aus der Heiligen Schrift. Zum erstenmal hörte ich seine noch knabenhaft helle Stimme. Er sprach ohne jede Verlegenheit, mit der Sicherheit eines Erwachsenen. Es war sein erstes öffentliches Auftreten. Viele Jahre hatte der nun Vierzehnjährige im Studium verbracht, jetzt sollte er zum erstenmal seine Fähigkeiten vor einer kritischen Zuhörerschaft unter Beweis stellen. Viel hing von diesem ersten Auftreten ab. Wenn auch ein Versagen seine vorgeschriebene Laufbahn nicht mehr ändern konnte, mußte sich doch jetzt herausstellen, ob er nur ein Instrument oder der Herr der Mönche sein würde. Nicht alle seine Vorgänger waren so klug wie der große 5. und der fortschrittliche 13. Dalai Lama. Viele blieben ihr Leben lang die Marionetten ihrer Erzieher, und die Geschicke des Landes lagen in den Händen des Regenten. Von der Intelligenz dieses Knaben jedoch erzählte man sich jetzt schon wahre Wunder. Es hieß, daß er ein Buch nur einmal zu lesen brauche, um es auswendig zu wissen. Schon früh interessierte er sich für alle Angelegenheiten des Staates und kritisierte oder lobte die Entscheidungen der Nationalversammlung.

Als es jetzt zur Debatte kam, sah ich, daß man nicht übertrieben hatte. Der Sitte gemäß setzte sich der Dalai Lama ebenfalls auf den Kies, um nicht die Überlegenheit seiner hohen Geburt in die Waagschale zu werfen. Der Abt, in dessen Klostergruppe die heutige Diskussion stattfand, stand vor ihm und untermalte mit den vorgeschriebenen Gesten seine Streitfragen. Schlagfertig erfolgten die Antworten und gleich darauf eine neue Fangfrage. Aber der Dalai Lama war nicht aus der Fassung zu bringen. Mit spielender Leichtigkeit kamen seine Antworten, und auf dem jungen Gesicht lag das Lächeln der Sicherheit.

Nach einer Weile wechselten sie die Positionen, und nun richtete der Dalai Lama seine Fragen an den auf dem Boden sitzenden Abt. Da zeigte es sich, daß das Ganze nicht eine wohleinstudierte Szene war, um die Intelligenz des jungen Buddha herauszustellen, sondern daß der Abt wirklich in die Enge getrieben wurde und Mühe hatte, vor seinen eigenen Klosterschülern nicht zu verlieren.

Als die Debatte beendet war, begab sich der junge Gottkönig wieder auf seinen Thron, und seine Mutter, die einzige Frau, die anwesend war, reichte ihm Tee in einer goldenen Schale. Verstohlen blinzelte er zu mir herüber, als ob er sich auch meines Beifalls vergewissern wolle. Ich war von allem, was ich gesehen und gehört hatte, tief beeindruckt und bewunderte vor allem die Selbstsicherheit dieses göttlichen Knaben, der doch aus ganz einfachen Verhältnissen kam. Beinahe könnte man wirklich an die Möglichkeit einer Wiedergeburt glauben . . .

Später hatte ich noch manchmal Gelegenheit, den Debatten der studierenden Mönche beizuwohnen, und dabei ging es dann nicht immer so sanft und gesittet zu. Die Zuhörer ergriffen oft Partei für die eine oder die andere Seite, man erhitzte sich bis zur Weißglut, und die Diskussion endete nicht selten mit einer handfesten Rauferei.

Zum Abschluß der Religionsdebatte beteten alle gemeinsam, es klang wie eine Litanei und dauerte sehr lange. Dann begab sich der Dalai Lama, von seinen Äbten gestützt, in den Palast zurück. Der greisenhafte Gang des Knaben war mir schon lange ein Rätsel gewesen, jetzt erfuhr ich, daß dies eine der Regeln des Rituals und jede Bewegung genau vorgeschrieben ist. Es soll eine Nachahmung des Ganges der Heiligen sein und andererseits die hohe Würde des Dalai Lama ausdrücken.

Wie gerne hätte ich ein paar Aufnahmen von diesem einmaligen

Erlebnis gemacht! Aber es war mein Glück, daß ich meine Kamera nicht mithatte. Denn am nächsten Tag gab es eine große Aufregung, als mein Freund Wangdüla – ohne mein Wissen – den Dalai Lama bei seiner Runde um den Klosterlingkhor zu photographieren versuchte. Eine Aufnahme war ihm bereits heimlich gelungen, doch ein eifriger Mönch, der ihn beobachtet hatte, zeigte ihn an. Wangdüla wurde vor den Sekretär des Regenten geladen und einem strengen Verhör unterzogen. Zur Strafe für sein Vergehen wurde er degradiert, und man bedeutete ihm, daß er sich noch glücklich schätzen könne, aus der Reihe der Mönche nicht überhaupt ausgestoßen zu werden. Überdies wurde auch seine Kamera konfisziert. Das alles, obwohl er Adeliger des fünften Ranges und Neffe eines früheren Regenten war. Das Vorkommnis bildete das Tagesgespräch im Kloster; doch Wangdüla selbst zeigte sich wenig erschüttert – er kannte das Auf und Ab der Beamtenlaufbahn.

Der Vorfall war denn auch bald vergessen. Eine neue Zeremonie zog alle Aufmerksamkeit auf sich. Der Dalai Lama sollte das traditionelle Opfer auf dem Gipfel des 5600 m hohen Gompe Utse darbringen, eines Berges, der sich gleich hinter dem Kloster Drebung erhebt.

Am frühen Morgen schon brach eine große, berittene Karawane auf, wohl an die tausend Menschen und mehrere hundert Pferde. Das erste Ziel war eine Einsiedelei, die auf halber Höhe lag. Zwei Stallmeister führten das Pferd des Dalai Lama. Unterwegs waren viele Rastplätze eingerichtet worden, und das Auf- und Absteigen des jungen Herrschers war jedesmal an ein bestimmtes Zeremoniell gebunden. Auf jeder Station wartete ein mit Teppichen belegter Thron, damit Seine Heiligkeit einen würdigen Ruheplatz habe. Gegen Abend kam man zur Einsiedelei, brachte ein Weihrauchopfer dar als Dank für die glückliche Ankunft und vertiefte sich in Gebetsübungen. Hier waren Zelte und Notquartiere aufgeschlagen, in denen man die Nacht verbrachte. Für den nächsten Tag standen schon Jaks bereit, und noch vor Sonnenaufgang trat der Dalai Lama mit seinen höchsten Würdenträgern den Ritt zum Gipfel an. Die Mönche des Klosters hatten vorher einen eigenen, wenn auch sehr notdürftigen Weg für diese Pilgerfahrt angelegt.

Oben angekommen, sprach man wieder Gebete und brachte den Göttern ein Opfer dar. Unten im Tal wartete das ganze Volk auf den Augenblick, wo der Rauch vom Gipfel aufstieg. Man wußte, daß der Herrscher jetzt dort oben für das Wohl seiner Untertanen betete. Ich selbst war schon am Tage vorher auf einem Abkürzungsweg bis zum Gipfel aufgestiegen und sah jetzt aus diskreter Entfernung dem Opfer zu. Auch ganze Schwärme von Krähen und Dohlen hatten sich als Zuschauer eingefunden, denn sie rochen das Tsampa- und Butteropfer und warteten mit Krächzen darauf, sich auf die Überreste stürzen zu können.

Für die meisten Begleiter des Dalai Lama war es das erste und wohl auch das einzige Mal, daß sie auf einem Gipfel standen. Die jüngeren unter ihnen schienen an der Bergtour viel Vergnügen zu finden und zeigten einander voll Freude die einzelnen Punkte der schönen Fernsicht. Aber die älteren Mönche und Beamten, meist schon etwas behäbige Herren, hatten keinen Blick für die Schönheit der Berge. Erschöpft hatten sie sich niedergesetzt und ließen sich von ihren Dienern laben.

Noch am selben Tag ritt man den ganzen Weg bis zum Kloster zurück, und ein paar Tage später machte sich der Dalai Lama auf die Reise nach Sera, wo sich die ganze Zeremonie mit den Diskussionen ähnlich wie in Drebung noch einmal abspielte. Die Ratgeber des jungen Gottes hatten zuerst Bedenken geäußert, auch diesem Kloster die Ehre des Besuches zu erweisen. Denn es hatte sich ja erst vor wenigen Monaten gegen die Regierung gestellt. Doch gerade hier zeigte es sich wieder, daß der junge Herrscher erhaben über allen Intrigen und Cliquen stand. Es war rührend, wie sich die Mönche bemühten, ihm ihre Ergebenheit zu beweisen, ihn würdig zu empfangen und Drebung an Prunk womöglich noch zu übertreffen. Alle ihre jahrhundertealten Schätze hatten sie hervorgeholt und die Tempel verschwenderisch geschmückt, von allen Dächern flatterten neue Gebetsfahnen, und die Gassen waren peinlich sauber gekehrt.

Als der Herrscher von seinen Besuchen in Drebung und Sera wieder in den Norbulingka zurückkehrte, drängte sich in Lhasa eine freudig bewegte Menge in allen Straßen.

Aufschnaiters archäologische Funde

Mein Leben ging inzwischen in seinem Gleichmaß weiter: Ich stand im Dienst der Regierung, übersetzte Nachrichten und Zeitungsartikel und baute hin und wieder kleinere Dämme und Bewässerungsanlagen. Regelmäßig besuchte ich Aufschnaiter bei seinem Kanalbau am Stadtrand draußen.

Er hatte bei dieser Arbeit hochinteressante Entdeckungen gemacht: Seine Arbeiter waren beim Graben auf Tonscherben gestoßen; Aufschnaiter ließ sie sorgfältig sammeln und begann sie Stückchen um Stückchen zusammenzusetzen. Die schönsten Vasen und Krüge entstanden, Formen, die mit den heute gebräuchlichen gar keine Ähnlichkeit hatten. Aufschnaiter versprach seinen Kulis eine Belohnung für jeden Fund und wies sie an, möglichst vorsichtig zu graben und ihn sofort zu rufen, falls sie auf etwas stießen. Nun brachte jede Woche interessante Entdeckungen. Ganze Gräber mit tadellos erhaltenen Skeletten, mit Gefäßen und Schmucksteinen als Beigabe wurden freigelegt. Aufschnaiter hatte eine neue Beschäftigung für seine Freizeit gefunden: Er setzte zusammen, registrierte und verpackte und bewegte sich nur noch in Epochen, die wohl Jahrtausende zurücklagen. Mit Recht war er stolz auf diese Sammlung, denn es war das erste Mal, daß man Zeugen einer früheren Kultur des Landes fand. Sie mußte sehr weit zurückliegen, denn kein Lama konnte die Funde erklären oder in alten Büchern Hinweise auf eine Zeit entdecken, in der man die Toten begraben und ihnen Geschenke mitgegeben hatte.

Aufschnaiter wollte die Funde dem archäologischen Museum in Indien zur Verfügung stellen, und als wir während der Invasion der Rotchinesen Lhasa verließen, nahmen wir sie sorgfältig verpackt mit. Aufschnaiter blieb damals in Gyantse zurück und vertraute mir die Sachen für den Weitertransport nach Indien an.

Landwirtschaftliche Probleme Tibets

Bald nach diesen Funden bot sich mir eine unerwartete Gelegenheit, wieder einmal aus Lhasa herauszukommen und ein neues Stück des Landes kennenzulernen. Einige Adelige hatten mich gebeten, mir einmal ihren Grundbesitz anzusehen und ihnen Vorschläge zu einer eventuellen Verbesserung zu machen. Sie hatten von der Regierung einen Urlaub für mich erwirkt, und ich besuchte nun der Reihe nach ihre Güter. Die Verhältnisse, die ich hier antraf, muteten wie ein Stück Mittelalter an. Wie vor tausend Jahren war der Pflug noch ein einfacher Holzknüppel mit einer Eisenspitze. Zur Feldarbeit verwendete man den Dzo, eine Kreuzung zwischen Rind und Jak, der als Zugtier besonders geeignet ist. Der Dzo sieht mehr dem Jak ähnlich, und die Milch der weiblichen Tiere wird wegen ihres Fettgehalts sehr geschätzt.

Ein Problem, mit dem der Tibeter gar nicht fertig wird, ist die Bewässerung der Felder. Das Frühjahr ist meist recht trocken, aber niemand nützt die durch die Schneeschmelze wasserreichen Bäche und Flüsse, um sie auf die dürstenden Äcker zu leiten.

Die Güter der Adeligen haben riesige Ausmaße, man muß oft tagelang reiten, um sie zu durchqueren. Zu jedem Besitz gehören Tausende von Leibeigenen, denen kleine Felder für ihren eigenen Bedarf zugewiesen werden und die nebenher für ihren Gutsherrn eine bestimmte Zeit arbeiten müssen. Die Gutsverwalter, oft nur besonders vertrauenswürdige Diener, herrschen wie kleine Könige. Denn ihr Herr steht in Lhasa im Dienst der Regierung und hat wenig Zeit, sich um seinen Besitz zu kümmern. Dafür wird er für besondere Verdienste immer wieder mit neuen Landschenkungen belohnt. Es gibt Adelige, die auf diese Weise im Laufe der Zeit oft zwanzig Riesenfarmen geschenkt bekamen. Aber ebenso schnell kann jemand auch völlig enteignet werden, wenn er in Ungnade fällt. Dann wird alles, was er besitzt, wieder Eigentum des Staates. Trotzdem gibt es viele Familien, die schon jahrhundertelang auf ihren Burgen sitzen und den Namen der Landschaft tragen. Ihre Vorfahren haben diese Festungen oft auf Felsvorsprüngen gebaut, die weithin das Tal beherrschen. Liegen sie jedoch in der Ebene, dann sind sie von Wassergräben umgürtet, die heute freilich ausgetrocknet und leer sind. Alte Waffen zeugen noch von der Kampfeslust der Ahnen, die sich ständig zur Wehr setzen mußten gegen die Mongolen, die sie mit Mord und Brand bedrohten.

Tage- und wochenlang war ich so unterwegs, und das Reiten durch die unbekannten Gegenden war mir eine willkommene Abwechslung nach dem Leben in Lhasa. Schön war es, in einem Jakhautboot den großen Brahmaputra hinunterzutreiben – ich hatte ja Zeit! Es spielte keine Rolle, ob ich einen Tag früher oder später nach Lhasa zurückkam. Oft legte ich an, wenn ein altes Kloster mich zum Besuch lockte; ich hatte meine Kamera mit und machte viele Aufnahmen von Gegenden und Menschen. Leider mußte ich mit den Filmen sparen, denn es gab im Basar kein Leicamaterial.

Eissport in Lhasa

Als ich nach Lhasa zurückkehrte, war es Winter geworden. Die kleinen Flußarme des Kyitschu waren zugefroren, und das brachte uns auf eine neue Idee. Mit einer kleinen Gruppe von Freunden – auch der Bruder des Dalai Lama war dabei – gründeten wir eine Eislaufgemeinschaft. Wir waren allerdings nicht die ersten, die diesem Sport in Tibet huldigten.

Schon die British Mission in Gyantse hatte zum größten Erstaunen der einheimischen Bevölkerung den Eissport gepflegt. Wir hatten eigentlich ihr Erbe angetreten, denn wir erstanden die Schlittschuhe, die sie bei ihrem Abzug ihren Dienern geschenkt hatten. Was uns noch fehlte, wurde dann aus Indien besorgt. Unsere ersten Versuche waren ein erheiterndes Bild – und es fanden sich auch regelmäßig viele Schaulustige ein. Ängstlich wartete man, ob sich jemand den Kopf einschlagen oder durchs Eis brechen würde. Zum Entsetzen vieler Eltern gab es indes immer neue Begeisterte, die um jeden Preis eislaufen lernen wollten. Die unsportlichen, konservativen Adelskreise konnten es nicht begreifen, daß man sich mutwillig ein »Messer« unter die Füße band und sich darauf fortbewegte.

Der einzige Nachteil unseres Eislaufplatzes war, daß schon gegen zehn Uhr vormittags das Eis weich zu werden begann. Denn die Sonne ist hier auch im Winter sehr stark. Deshalb blieb uns nichts übrig, als entsprechend früh am Morgen anzufangen. Dafür konnte man gleich anschließend die Schlittschuhe mit dem Tennisschläger vertauschen. Nachher trafen wir uns einmal bei dem, einmal bei jenem zu einem kleinen Picknick. Es waren meine schönsten Stunden, wenn ich so ungezwungen, ohne alle Zeremonien und Verpflichtungen, wie das Leben in Lhasa sie nun einmal mit sich brachte, mit der Jugend herumtoben konnte.

Kameramann des Lebenden Buddha

Auch der Dalai Lama hatte durch seinen Bruder von unserem Treiben gehört. Der Eislaufplatz lag leider so, daß er uns vom Dach des Potala aus nicht beobachten konnte. Aber er wollte so gerne auch etwas von dem neuen, lustigen Sport auf dem Eis sehen! Eines Tages schickte er mir seine Filmkamera mit dem Auftrag, für ihn einen Film zu drehen, der unser Treiben auf dem Eis festhielt.

Aus dem Besitz des 13. Dalai Lama, der mit Sir Charles Bell befreundet war und von ihm viele Anregungen und moderne Ideen übernommen hatte, war noch eine vollständige Photoausrüstung da. Die britische diplomatische Vertretung hatte dem jungen Dalai Lama später eine neue mit den modernsten Projektionsapparaten geschenkt, und die vier Weltreisenden hatten den neuesten Filmapparat mitgebracht.

Da ich selbst noch nie gefilmt hatte, bat ich auch um die dazugehörigen Prospekte und Anweisungen und studierte sie sorgfältig, bevor ich ans Werk ging. Dann drehte ich den Film, ließ ihn durch Vermittlung des Außenamtes und der British Mission in Indien entwickeln, und zwei Monate später hatte ihn der Dalai Lama in der Hand. Er war recht gut gelungen.

Dieser Film war der erste persönliche Kontakt zwischen mir und dem jungen Herrscher Tibets, und es war merkwürdig, daß gerade ein Produkt des zwanzigsten Jahrhunderts den Ausgangspunkt einer Freundschaft bildete, die uns später über alle Konventionen hinweg immer fester verband.

Durch Lobsang Samten ließ er mich bald seinen Wunsch wissen, verschiedene Zeremonien und Feierlichkeiten für ihn zu photographieren. Von da an bestand eine ständige Verbindung zwischen uns. Ich konnte nur staunen, wie intensiv er sich trotz seines anstrengenden Studiums mit den Aufnahmen beschäftigte, denn er schickte mir immer wieder die genauesten Instruktionen. Bald waren es ein paar Zeilen auf einem Zettel, dann wieder richtete mir Lobsang Samten seine Wünsche mündlich aus. Einmal gab er mir die Richtung an, aus der seiner Ansicht nach das Licht am günstigsten einfallen mußte, ein anderes Mal machte er mich darauf aufmerksam, daß diese oder jene Zeremonie pünktlich beginnen würde. Auch konnte ich damals bereits mit ihm vereinbaren, daß er beim Vorbeiziehen der Prozession längere Zeit in eine bestimmte Richtung blicken möge, wo ich abmachungsgemäß mit der Kamera stehen würde.

Das Staatsorakel bei seiner Konzentration, kurz bevor es in den Trancezustand fällt, in dem der Gott von ihm Besitz ergreift und die Antworten auf die Fragen der Regierungsvertreter eingibt

Selbstverständlich bemühte ich mich, bei allen Zeremonien so wenig wie möglich mit meinem Apparat aufzufallen. Das war offenbar auch die ständige Sorge des jungen Gottkönigs, denn oft bat er mich auf den Zettelchen, die er mir schrieb, ich möge mich nicht vordrängen und lieber auf eine Aufnahme verzichten. Es war natürlich unvermeidlich, daß ich gesehen wurde; aber bald wußte jedermann, daß ich im Auftrag Seiner Heiligkeit filmte und photographierte, und man bemühte sich, mich dabei zu unterstützen. Sogar die gefürchteten Mönchssoldaten machten mir oft mit ihren Peitschen das Blickfeld frei und benahmen sich wie sanfte Lämmer, wenn ich sie bat, mir zu posieren. So war es mir möglich, viele Aufnahmen von religiösen Festen zu machen, wie sie bisher bestimmt noch niemandem gelungen waren, denn meine Position war immer vorher genau überlegt. Nebenbei hatte ich auch stets meine Leica mit und konnte manche seltene Aufnahme für mich machen. Meist mußte ich selbst aber zugunsten meines Auftraggebers auf die schönsten Szenen verzichten. Besonders leid tat es mir, daß ich vom Orakel in Trance nur wenige Photos ergattern konnte.

Die Kathedrale von Lhasa

Besonders schöne Aufnahmen machte ich von der Kathedrale. Der Tsug Lag Khan ist im siebenten Jahrhundert erbaut worden und bewahrt die wertvollste Götterstatue Tibets auf. Die Entstehungsgeschichte dieses Tempels geht auf den berühmten tibeti-

Oben: In feierlicher Prozession nähert sich die Sänfte des Dalai Lama auf seiner Flucht im Jahre 1951 der Festung Gyantse
Unten: Beamter des Dalai Lama im Gespräch mit einem Khampasoldaten

schen König Srongtsen Gampo zurück. Seine Gattinnen waren zwei Prinzessinnen, die beide dem buddhistischen Glauben angehörten. Die eine kam aus Nepal und gründete den zweitgrößten Tempel Lhasas, Ramotsche, die zweite, eine Chinesin, brachte die goldene Götterstatue mit. Den beiden Frauen gelang es, den König, der noch der alten Bön-Religion anhing, zum Buddhismus zu bekehren. Er machte ihn später zur Staatsreligion und ließ als Heimstatt für die herrliche Statue die Kathedrale erbauen. Leider hat sie den gleichen Fehler wie der Potala. Sie ist von außen ein wunderbares, eindrucksvolles Gebäude, von innen jedoch düster, winkelig und unfreundlich. Unermeßliche Werte sind in ihr angehäuft und werden täglich durch neue Opfer vermehrt. Jeder Minister muß zum Beispiel bei seinem Amtsantritt für alle Heiligenstatuen neue Seiden- und Brokatgewänder kaufen und einen Butterkelch aus solidem Gold stiften. Unaufhörlich werden Lasten von Butter in den Lampen verbrannt, der ranzige Geruch erfüllt Sommer und Winter die Luft mit stichigen, schwülen Schwaden. Die einzigen Nutznießer der reichen Opfergaben sind die Mäuse. Zu Tausenden klettern sie in den Falten der schweren Seidengewänder der Statuen auf und ab und schlemmen an den Opferschalen, die mit Tsampa und Butter gefüllt sind. Es ist dunkel im Tempel, kein Lichtstrahl fällt von draußen herein, nur die Butterlampen auf den Altären verbreiten ihr flackerndes Licht. Der Eingang zum Allerheiligsten ist durch einen schweren, eisernen Kettenvorhang geschlossen, der nur zu bestimmten Stunden geöffnet wird.

In einem schmalen dunklen Gang entdeckte ich eine Glocke, die von der Decke herabhing. Ich wollte meinen Augen nicht trauen, als ich die Inschrift entzifferte. Da stand, fein säuberlich als Relief gegossen: »Te Deum laudamus«. Wahrscheinlich war diese Glocke der letzte Überrest jener Kapelle, die katholische Missionare vor vielen hundert Jahren in Lhasa errichtet hatten. Es war ihnen damals nicht gelungen, sich durchzusetzen, und sie mußten das Land verlassen. Aber die tiefe Achtung, die man in Tibet jeder Religion entgegenbringt, mochte wohl der Anlaß gewesen sein, daß diese Glocke in der Kathedrale aufbewahrt wurde. Gern hätte ich Näheres über diese Kapelle der Kapuziner und Jesuiten erfahren. Aber jede Spur war verwischt.

Wenn es Abend wird, füllt sich die Kathedrale mit Besuchern, und vor dem Allerheiligsten steht eine lange Menschenschlange. Ein jeder berührt demütig mit seiner Stirn die Buddhafigur und bringt ein kleines Geschenk mit. Ein Mönch gießt den Gläubigen geweihtes Wasser, mit Safran leicht gefärbt, in die hohle Hand. Die Hälfte davon schlürft man auf, das übrige schüttet man sich auf den Kopf.

Viele Mönche halten sich dauernd im Tempel auf, denn es gehört zu ihren Pflichten, unter der Aufsicht eines hohen Beamten die unermeßlichen Schätze zu hüten und die Butterlampen nachzufüllen.

Einmal machte man den Versuch, in der Kathedrale elektrische Leitungen zu legen, um die dunklen Gänge und Kapellen besser zu beleuchten. Aber durch einen Kurzschluß entstand ein kleiner Brand – alle an der Arbeit Beteiligten wurden sofort entlassen, und nie wieder wollte man etwas von künstlichem Licht hören.

Vor dem Eingang der Kathedrale liegen große Steinplatten. Sie sind spiegelglatt gescheuert und haben viele Vertiefungen . . . Seit tausend Jahren werfen sich die Gläubigen hier auf ihr Angesicht, um den Göttern ihre Verehrung zu erweisen. Wenn man diese Höhlungen in den Steinen sieht und die Hingabe von den Gesichtern abliest, dann versteht man, daß eine christliche Mission hier nicht Fuß fassen konnte. Ein Lama aus Drebung müßte genauso resigniert den Vatikan verlassen, denn beide Religionen sind gleich stark fundiert in ihrer Lehre von der Glückseligkeit im Jenseits. Sie haben vieles gemeinsam: Für das diesseitige Leben predigen sie die Demut, und wie der Buddhist sich vor den Abbildern seiner Gottheit zu Boden wirft, so steigt der Katholik die Stufen der heiligen Treppe in Rom auf den Knien empor. Aber ein großer Unterschied ist da: Hier hetzt noch keine Zivilisation den Menschen von früh bis spät, hier hat man Zeit, man kann sich mit den Dingen des Glaubens beschäftigen, sich in sich selbst versenken. Die Kirche nimmt noch den breiten Raum im Leben des einzelnen ein, den sie vor Jahrhunderten auch bei uns innehatte.

Wie vor unseren Gotteshäusern ist die Kirchentür auch hier die Stätte der Bettler. Sie wissen es hier genausogut, daß der Mensch besinnlich und barmherzig ist, wenn er vor das Angesicht Gottes tritt. Aber wie überall treibt das Bettlerunwesen seine Auswüchse. Als ich meinen Damm baute, unternahm die Regierung den Versuch, die Gesunden unter diesen Herumlungerern zur Arbeit heranzuziehen. Siebenhundert Arbeitsfähige wurden aus den mehr als tausend Bettlern Lhasas zusammengetrieben und gegen Essen und Lohn beim Bau eingesetzt. Am nächsten Tag erschien nur noch die Hälfte, und ein paar Tage später waren alle ausgeblieben. Der Versuch war kläglich gescheitert. Nicht Arbeitsmangel und Not zwingen diese Menschen zum Betteln, meist auch nicht körperliche Gebrechen, sondern pure Faulheit. Man kann in Tibet nämlich vom Betteln recht gut leben. Niemand weist einen Bettler von der Tür. Und wenn er auch als Almosen nur ein wenig Tsampa und eine kleine Kupfermünze bekommt, so genügt meist der Ertrag von zwei Stunden, um das Leben weiterzufristen – und mehr verlangt man nicht. Man setzt sich faul an eine Mauer, döst in der Sonne und läßt es sich gutgehen. Dann kommt ein kleines Spielchen mit den Würfeln, und in der Nacht sucht man sich eine geschützte Ecke in einem Hof oder auf der Straße und wickelt sich in seinen Schafspelz . . .

Viele Bettler haben abscheuliche Krankheiten, die wohl Mitleid verdienen, sie machen daraus indes ein Geschäft und stellen ihre wirklichen und vorgetäuschten Gebrechen zur Schau, um mehr Almosen zu bekommen.

Auch an den Ausfallstraßen der Stadt lungern die Bettler scharenweise herum. Ihr Geschäft geht hier nicht schlecht, denn die Straßen sind sehr belebt, und fast jeder Pilger, Kaufmann und Adelige, der die Stadt betritt oder verläßt, wirft ein paar Münzen unter die Armen. Oft konnte ich die Szenen, die sich dabei abspielten, selbst beobachten, wenn ich Freunde, die nach Indien ritten, begleitete oder abholte.

Tibetische Gastfreundschaft

Damit berühre ich eine der nettesten Sitten, die ich je kennenlernte und die wirklich des Erzählens wert ist. Dieses Begleiten und Abholen ist ein Teil der tibetischen Gastfreundschaft. Wenn jemand verreist, lassen seine Freunde oft noch zehn Kilometer vor der Stadt ein Zelt errichten und erwarten ihn mit einem Abschiedsmahl. Dann erst läßt man ihn ziehen, überschüttet mit weißen Schleifen und begleitet von den herzlichsten Wünschen. Bei der Rückkehr spielt sich dasselbe ab, und wenn jemand viele Freunde hat, kann es ihm passieren, daß er an mehreren Stellen feierlich empfangen wird. Oft sieht der Heimkehrer den Potala schon in der Frühe, aber auf dem Weg zur Stadt wartet ein Zelt nach dem andern auf ihn mit fröhlichem Willkommen. So wird es Abend, bis er in die Stadt einzieht, und aus seiner Karawane ist ein stattlicher Aufzug geworden, denn alle Freunde mit ihren Dienern haben sich angeschlossen, und er kommt mit dem frohen Gefühl nach Hause, daß man ihn nicht vergessen hat.

Wenn Ausländer erwartet werden, schickt das Außenamt dem Gast seine Vertreter entgegen, die ihn offiziell begrüßen und bewirten. Kommt ein neuer Gesandter, dann wird er mit militärischen Ehren empfangen, und Abgesandte des Kabinetts überreichen ihm Seidenschleifen. In der Stadt wartet schon ein Quartier auf den Gast, auf seine Diener und Tiere, Geschenke sind aufgestapelt, kurz, wohl nirgends auf der Welt wird der Reisende mit mehr Aufmerksamkeit und Gastfreundschaft umgeben als in Tibet.

Während des Krieges verirrten sich öfters Flugzeuge auf der Strecke zwischen Indien und China. Das ist sicher die schwierigste Fluglinie der Welt, denn das Überfliegen des Himalaja stellt die größten Anforderungen an das Können und die Erfahrung des Piloten. Hat er sich einmal verirrt, dann gibt es kaum mehr ein Zurechtfinden, denn das Kartenmaterial über Tibet ist sehr dürftig.

So hörte man eines Nachts Motorendröhnen über der Heiligen

Stadt und war höchst beunruhigt darüber. Zwei Tage später kam aus dem Distrikt Samyé die Nachricht, daß dort fünf Amerikaner mit Fallschirmen gelandet seien. Die Regierung lud sie ein, über Lhasa nach Indien zurückzukehren. Die Piloten mögen sich nicht wenig gewundert haben, als sie schon weit vor der Stadt in einem Zelt mit Buttertee und weißen Schleifen herzlich empfangen wurden. Sie erzählten dann in Lhasa, daß sie gänzlich die Richtung verloren und mit den Flügeln ihres Flugzeuges schon den Schnee des Nyentschenthanglha gestreift hätten. Da waren sie umgekehrt, hatten aber zu wenig Benzin zum Rückflug und mußten die Maschine aufgeben. Alle kamen gut mit dem Fallschirm herunter; außer ein paar Verstauchungen und einem Armbruch gab es keine Verletzungen. Nach einem kurzen Aufenthalt in Lhasa reisten sie mit einem Regierungstransport, hoch zu Roß und von allem tibetischen Komfort umgeben, nach Indien zurück.

Die Besatzungen anderer amerikanischer Maschinen, die während des Krieges abstürzten, kamen nicht so gut davon. In Osttibet fand man von zwei Flugzeugen nur noch die Trümmer, kein Mann der Besatzung hatte sich retten können. Die Regierung ließ die Reste des Wracks in Häuser verstauen und versiegeln. Ein anderes Flugzeug muß südlich des Himalaja abgestürzt sein, in einer Provinz, deren Bewohner halbwilde Dschungelmenschen sind. Sie gehören nicht der buddhistischen Religion an, laufen fast unbekleidet herum, und jeder Tibeter kennt und fürchtet ihre Giftpfeile. Nur manchmal kommen sie aus ihren Wäldern, um Felle und Moschus gegen Salz und falschen Schmuck einzutauschen. Bei einer solchen Gelegenheit boten sie Dinge an, die nur aus einem amerikanischen Flugzeug stammen konnten. Aber dies war die einzige Kunde, die von diesem Unglück in die Welt drang. Alles Nachforschen war illusorisch. Ich hätte gerne die Unglücksstätte aufgesucht und wäre den Spuren nachgegangen, aber der Plan scheiterte daran, daß die Provinz so weit entfernt lag.

Reorganisierung des Heeres und Intensivierung der Frömmigkeit

Die politische Lage des Landes verschlechterte sich immer mehr. Schon hatten die Chinesen in Peking feierlich erklärt, daß sie Tibet bald »befreien« würden. Selbst in Lhasa gab man sich keinem Zweifel darüber hin, wie ernst diese Drohung aufzufassen war. Die Rotchinesen hatten immer noch ausgeführt, was sie sich vorgenommen hatten.

Deshalb ging man im Lamaland mit Eiltempo daran, die Armee zu reorganisieren. Man beauftragte einen der Kabinettsminister mit dieser Sonderaufgabe. Tibet hat eine stehende Armee. Je nach der Einwohnerzahl muß jeder Ort eine bestimmte Anzahl von Männern zum Wehrdienst stellen. Das ist ein Teil ihrer Verpflichtungen gegenüber dem Staat. Es ist keine Wehrpflicht in unserem Sinn, denn der Staat hat nur an der Zahl, nicht an der Person Interesse. Die von der Verpflichtung Betroffenen können sich einen Vertreter kaufen und ihn an ihrer Stelle zum Militär schicken. Häufig genug bleiben diese Männer dann ihr ganzes Leben lang Soldaten.

Die Instruktoren des Heeres haben in Indien gedient und können mit modernen Waffen umgehen. Die Kommandosprache war bisher ein Gemisch von Tibetisch, Indisch und Englisch. Der neue Minister setzte nun als eine seiner ersten Anordnungen einheitliche tibetische Befehle durch. Auch an Stelle der englischen Hymne »God save the King« wurden Text und Melodie einer neuen tibetischen Hymne geschaffen. Ihr Inhalt war eine Verherrlichung der Unabhängigkeit Tibets und eine Huldigung für seinen erlauchten Herrscher, den Dalai Lama.

Die ebenen Wiesen um Lhasa verwandelten sich in Truppenübungsplätze, neue Regimenter wurden aufgestellt, und die Nationalversammlung faßte den Beschluß, von den Adeligen und Wohlhabenden eigens noch die Stellung und Ausrüstung von weiteren tausend Mann zu verlangen. Ob sie selbst zum Dienst antraten oder einen Ersatzmann schickten, blieb ihrer eigenen Initiative überlassen. Kurse wurden abgehalten, in denen man weltliche und Mönchsbeamte zu Offizieren ausbildete. Die meisten waren begeistert bei der Sache.

Die Uniform des Heeres war im Sommer einheitlich aus Khakibaumwolle, im Winter aus dem einheimischen, mit grünen Nußschalen gefärbtem Schafwollstoff angefertigt. Sie entsprach im Schnitt der gewohnten tibetischen Tracht: ein mantelartiger Überwurf, der zugleich als Decke dient, darunter lange Hosen und die landesüblichen hohen Stiefel. Den Kopf schützt im Sommer ein breitkrempiger Hut vor der starken Sonne, im Winter eine Pelzkappe vor der Kälte. Die Truppe macht in geschlossener Formation einen guten und recht kriegerischen Eindruck, freilich darf man keine Vergleiche mit europäischen und amerikanischem Militär anstellen. Ein preußischer Feldwebel hätte noch viel auszusetzen – allerdings könnte auch er nirgends bedingungloseren Gehorsam finden. Das ist kein Wunder, denn die Armee besteht zum größten Teil aus Leibeigenen, die an blindes Gehorchen gewöhnt sind. Dazu kam nun noch der Gedanke, daß sie ihr Land und ihre Religion verteidigen sollten – das erfüllte alle mit Selbstbewußtsein und Kampfgeist.

In den vergangen friedlichen Zeiten hatte man sich um das Heer nicht allzuviel gekümmert. Auch damals hatten die Heimatgemeinden den Eingerückten mit Lebensmitteln und Geldzuschüssen beistehen müssen. Jetzt erkannte die Regierung die Wichtigkeit einer guten Organisation und setzte selbst Gehälter für die Offiziere und Mannschaften aus.

Es war anfangs auch nicht leicht, die lückenlose Verpflegung der vielen neu aufgestellten Truppen zu bewerkstelligen. Das gesamte Transportwesen war plötzlich überlastet, das nötige Brotgetreide mußte aus oft weit entfernten Vorratskammern herbeigeschafft werden. Diese Lagerhäuser, die in jenen Gegenden errichtet werden, wo viel Getreide gedeiht, sind große, fensterlose, mit Luftlöchern versehene Steinbauten. Das Korn kann hier jahrzehntelang lagern, ohne Schaden zu nehmen, denn die trockene

Luft verhindert das Verderben. Aber jetzt wurden sie schnell leer, denn man verlagerte die Vorräte an Orte, wo im Kriegsfall eine Front zu erwarten war. Lebensmittelknappheit drohte deshalb dem Lande noch lange nicht. Man könnte eine Mauer um Tibet ziehen, und niemand müßte Hunger oder Kälte leiden, denn alles, was die drei Millionen Einwohner dieses Riesenlandes zum Leben brauchen, ist in irgendeiner Form vorhanden.

Die Gemeinschaftsküchen des Militärs lieferten also reichliche Kost, und der Sold langte außerdem für Zigaretten und Tschang. Die Soldaten waren zufrieden.

Der Unterschied zwischen Offizier und Mannschaft ist auch beim tibetischen Militär leicht an der Uniform zu erkennen. Je höher der Rang, desto zahlreicher die Verzierungen aus solidem Gold. Es gibt dafür kein strenges Reglement. Ich sah einmal einen General, der außer seinen goldenen Achselstücken noch eine Menge anderer glitzernder Sächelchen auf der Brust trug. Wahrscheinlich hatte er zu viele ausländische Illustrierte betrachtet und sich nach ihrem Muster selbst dekoriert, denn in Tibet gibt es keine Medaillen. Der tibetische Soldat bekommt anstelle der Auszeichnungen viel greifbarere Belohnungen. Nach dem Sieg hat er ein Recht auf die Beute, und deshalb sind Plünderungen keine Seltenheit. Nur die erbeuteten Waffen müssen abgeliefert werden. Ein gutes Beispiel für diese Methoden ist die Bekämpfung der Räuberbanden, die ich selbst oft miterlebte. Die lokalen Bönpos können sich an die Regierung um Hilfe wenden, wenn ihnen die Räuber über den Kopf wachsen. Dann werden kleinere Militäreinheiten zu ihrer Bekämpfung eingesetzt. Trotz der bekannt rücksichtslosen Kampfmethoden der Banden sind diese Kommandos sehr begehrt, denn der Soldat sieht nur die reiche Beute vor sich und denkt nicht an die Gefahr. Dieses Recht auf Beute hat schon viel Schaden angerichtet, und ich selbst mußte einen tragischen Fall mit ansehen, bei dem diese Einstellung mehreren Menschen das Leben kostete.

Als die Rotchinesen Turkistan besetzten, wollte der dort stationierte amerikanische Konsul Machiernan gemeinsam mit einem jungen Landsmann, dem Studenten Bessac, und drei Weißrussen nach Tibet fliehen. Er ließ von Indien aus durch seine Gesandtschaft die tibetische Regierung um Durchreiseerlaubnis bitten, und Lhasa schickte sofort Eilboten in alle Richtungen, damit die verstärkten Grenzposten und Patrouillen den Flüchtlingen keine Schwierigkeiten in den Weg legten. Der Weg der kleinen Karawane führte über den Kuën Lun und durch das Tschangthang; die Kamele hielten sich wunderbar, und frisches Fleisch lieferte die Jagd auf Kyangs. Aber das Unglück wollte es, daß der Bote der Regierung gerade an jener Stelle zu spät kam, wo der Amerikaner und seine Begleiter die Grenze überschreiten wollten. Bevor noch ein Anruf oder eine Verhandlung möglich war, machten die Posten von der Waffe Gebrauch. Daran war wahrscheinlich neben ihrem Pflichteifer auch der Anblick der zwölf schwerbeladenen Kamele schuld. Der amerikanische Konsul und zwei Russen waren sofort tot. Der dritte Russe blieb verletzt liegen, und nur Bessac kam ohne Schaden davon. Er wurde gefangengenommen, und eine Eskorte machte sich mit ihm und dem Verwundeten auf den Weg zum nächsten Gouverneur. Die Behandlung war alles eher als höflich, er wurde als Eindringling beschimpft und bedroht. Die übereifrigen Grenzsoldaten machten sich sofort an die Verteilung der Beute und waren über so wertvolle Dinge wie Ferngläser und Photoapparate nicht wenig erfreut. Aber noch bevor der Transport mit den beiden Gefangenen den nächsten Bönpo erreicht hatte, kam der Bote mit der Order, die beiden Amerikaner und ihre Begleiter als Gäste der Regierung aufzunehmen. Nun schlug die Stimmung um. Die tibetischen Soldaten wurden sehr kleinlaut und überboten sich an Höflichkeit. Der Vorfall war indes nicht mehr ungeschehen zu machen – er hatte drei Menschen das Leben gekostet. Der Gouverneur schickte einen Rapport nach Lhasa. Dort war man entsetzt über das Geschehene und bemühte sich, das Bedauern der Regierung in jeder Weise zum Ausdruck zu bringen. Ein in Indien ausgebildeter Sanitäter wurde mit Geschenken zu Bessac und dem Verwundeten gesandt. Man bat die beiden, nach Lhasa zu kommen und dort als Kronzeugen gegen die bereits verhafteten Soldaten auszusagen. Ein hoher tibetischer Beamter, der ein wenig Englisch sprach, ritt, wie es der Brauch erfordert, den Ankommenden entgegen. Ich schloß mich ihm an, denn ich konnte mir denken, daß es dem jungen Amerikaner vielleicht ein kleiner Trost wäre, sich mit einem Weißen über seine Erlebnisse auszusprechen, und ich hoffte auch, ihn davon zu überzeugen, daß die Regierung an dem Vorfall keine Schuld traf und daß sie ihn ungemein bedauerte. Bei strömendem Regen trafen wir mit dem jungen Mann zusammen – er war ein baumlanger Kerl, unter dem das kleine tibetische Pferd fast verschwand. Ich konnte mir nur zu gut vorstellen, wie dem Armen zumute war. Monatelang war die kleine Karawane unterwegs gewesen, immer auf der Flucht, immer von Gefahren umgeben, und die erste Begegnung mit den Menschen jenes Landes, von dem sie sich Asyl erhofften, brachte dreien von ihnen den Tod.

Jetzt warteten bereits neue Kleider und Schuhe in einem Zelt der Regierung, und in Lhasa stand ein Gartenhaus mit Koch und Diener bereit, um die Gäste aufzunehmen. Zum Glück war die Verwundung des Russen Vassiljeff nicht lebensgefährlich, bald konnte er auf seinen Krücken durch den Garten humpeln. Die beiden blieben einen Monat in Lhasa, und ich wurde in dieser Zeit mit Bessac gut Freund. Er hegte keinen Groll gegen das Land, das ihn so schlecht empfangen hatte; als einzige Genugtuung verlangte er die Bestrafung der Soldaten, die ihn auf dem Transport zum Gouverneur so grob behandelt hatten. Man bat ihn um seine Anwesenheit beim Vollzug der Strafe, damit jeder Verdacht einer Täuschung ausgeschaltet würde. Als er aber die schwere Auspeitschung sah, setzte er sich selbst für eine Milderung ein. Er machte von der Szene Aufnahmen, die später in »Life« erschienen, so daß die tibetische Regierung vor der Öffentlichkeit entschuldigt war.

Man tat in Lhasa alles, um den Toten nach westlicher Sitte die letzte Ehre zu erweisen. So kommt es, daß heute mitten im Tschangthang drei schlichte Holzkreuze stehen. Ihre Geschichte ist deshalb so tragisch, weil die Opfer den Tod fanden, als sie sich gerettet glaubten.

Bessac wurde vom Dalai Lama empfangen und zog dann weiter an die Grenze von Sikkim, wo ihn schon die Vertreter seines Landes erwarteten.

Die unruhige Zeit brachte noch manchen Flüchtling nach Tibet, aber alle anderen hatten mehr Glück. Wieder kam eine Kamelkarawane durch das Tschangthang, ein mongolischer Prinz mit seinen zwei Gattinnen, einer Polin und einer Mongolin. Ich war voll Bewunderung für die beiden Frauen, die diese enorme Leistung vollbracht hatten, und staunte noch mehr, als ich ihre zwei reizenden Kinder sah, die ebenfalls die Flucht gut überstanden hatten. Sie blieben ein halbes Jahr in Lhasa und leben jetzt in Indien.

Auch die Begebenheiten einer anderen Flucht, an der so recht die Tragik unserer Zeit sichtbar wurde, lernte ich in Lhasa kennen. Hundertfünfzig Weißrussen waren aus ihrer Heimat aufgebrochen und zu Fuß durch ganz Rußland gezogen. Jahrelang unterwegs, hatten sie eine beschwerliche und aufreibende Flucht hinter sich – als sie nach Lhasa kamen, waren ihrer nur noch zwanzig am Leben. Die Regierung half ihnen, soviel sie konnte, gab ihnen Nahrung und stellte ihnen Transportmittel zur Verfügung. Aber das Schicksal wollte es, daß sie, kaum angekommen, schon wieder nach Indien weiter mußten. So wurden sie um die ganze Welt gehetzt, und erst vor ein paar Tagen las ich, daß alle zwanzig wohlbehalten im Hamburg eingetroffen sind, von wo sie sich nach den Vereinigten Staaten einschiffen wollen, um dort nach ihrer leidvollen Irrfahrt endlich wieder eine Heimat zu finden.

Es ist selbstverständlich, daß die Regierung in diesen kritischen Zeiten nicht nur die äußere Wehrkraft des Landes mobilisieren wollte, sondern auch alle Mittel der inneren Abwehr wachrief. Sie brauchte dabei nur auf die Religion zurückzugreifen, die der stärkste Rückhalt aller Lebensäußerungen Tibets ist. Neue Verordnungen und neue Beamte wurden in den Dienst dieses Gedankens gestellt. Sie bekamen ungeheure Mittel in die Hand, um in ganz Tibet die neuen Maßnahmen zu organisieren. Allen Mönchen des Landes wurde befohlen, die tibetische Bibel, den Kangyur, in regelmäßigen Versammlungen gemeinsam zu lesen. Neue Gebetsfahnen und Gebetsmühlen wurden überall errichtet und sollten den Beistand der Götter herabflehen. Seltene, besonders kräftige Amulette wurden aus alten Truhen hervorgeholt. Die Opfer wurden verdoppelt, auf allen Bergen brannten die Feuer, trieb der Wind auf den Gipfeln die neuen Gebetsmühlen, die ihre Bitten zu den Schutzpatronen des Lamaismus in alle Himmelsrichtungen schickten. Im Glauben an die Macht der Religion erhoffte man felsenfest genügend Schutz, um die Unabhängigkeit des Landes zu bewahren.

Inzwischen sandte Radio Peking bereits Nachrichten in tibetischer Sprache und wiederholte ständig das Versprechen, Tibet bald zu »befreien«.

Mehr denn je strömten die Massen zu den Festen der Kirche. Der Beginn des Jahre 1950 stellte alles in Schatten, was ich an Pomp und Prunk bisher gesehen hatte. Das Volk ganz Tibets drängt sich in gläubiger Begeisterung in den engen Gassen Lhasas. Aber ich konnte das bedrückende Gefühl nicht loswerden, daß ihr rührender Glaube die goldenen Götter wohl kaum erweichen würde ...

Tibet würde bald rauh aus seiner friedlichen Ruhe gerissen werden, wenn nicht Hilfe von außen käme.

Wieder hatte mich der Dalai Lama gebeten, Aufnahmen vom Fest zu machen, und so konnte ich diesmal alles aus nächster Nähe erleben. Vier Wochen nach dem »großen« Neujahrsgebetsfest findet noch ein »kleines« Gebetsfest statt, das »nur« zehn Tage dauert, das größere an Prunk indes vielleicht noch übertrifft. Um diese Zeit beginnt es schon grün zu werden, und die Stadt im Glanze des Frühlings und des Festes war ein unvergeßlicher Anblick. Vielleicht gerade wegen der Wolken, die sich in der Ferne zusammenballten ... Dieses Fest ist die große Zeit des Ortes Schö. Vom Potala wird hoch über dem Ort für zwei Stunden eine Fahne herabgelassen, die sicher die größte der Welt ist. Sie bildet eine riesige Rolle, und es sind fünfzig Mönche dazu nötig, sie an ihren Platz zu bringen und zu entfalten. Zu ihrer Aufbewahrung wurde in Schö ein eigenes Haus erbaut. Sie ist aus schwerer, reiner Seide, und die schönsten Götterfiguren sind in bunten Farben auf den prächtigen Hintergrund aufgenäht. Wenn sie vom Potala über die ganze Stadt leuchtet, bewegt sich aus dem Tsug Lag Khan eine prunkvolle Prozession langsam nach Schö und löst sich nach feierlichen Zeremonien dort auf. Daran schließt sich ein seltsames Tanzfest: Gruppen von Mönchen führen uralte rituelle Tänze vor.

Maskiert und mit kostbaren, geschnitzten Knochenornamenten behangen, drehen sie sich langsam zum Takt der Trommeln. Das Volk starrt gebannt auf die unheimlichen Gestalten. Manchmal geht ein Wispern durch die Menge, wenn einer glaubt, den Dalai Lama erspäht zu haben, der fast senkrecht hundert Meter über ihren Köpfen steht und mit seinem Fernglas vom Dach des Potala dem eigenartigen Schauspiel zusieht. Immer wieder werfen sich die Gläubigen auf den Steinstufen vor der götterbestickten Fahne nieder. Noch während des Festes wird sie langsam eingezogen und verschwindet wieder für ein Jahr in der Dunkelheit.

Von Druckereien und Büchern

Der Ort Schö am Fuße des Potala ist durch seine Staatsdruckerei berühmt. Sie ist ein hohes, düsteres Gebäude, aus dem selten ein Laut an die Außenwelt dringt. Keine Maschinen dröhnen in ihr, nur die gedämpften Stimmen der Mönche hallen durch die Säle. Auf langen Regalen liegen Holzblöcke aufgestapelt, die nur in Funktion treten, wenn ein neues Buch in Auftrag gegeben wird. Unendliche Arbeit steckt im Zustandekommen eines solchen Buches. Die Mönche müssen mit dem Zuhacken der kleinen Holzbrettchen beginnen, denn es gibt hier keine Sägemühlen. Dann wird jeder der verschnörkelten Buchstaben einzeln in das Birkenbrettchen geschnitzt, und die fertigen Tafeln werden sorgsam geordnet aufgestapelt. Es ist eine schier endlose Mühe, denn ein Buch beispielsweise wie die tibetische Bibel füllt oft eine ganze Halle. Die Druckerschwärze ist angerührter Ruß, den die Mönche reichlich beim Verbrennen von Jakmist erhalten. Meist stehen sie von Kopf bis Fuß geschwärzt bei ihrer Arbeit. Schließlich kommt es zum Abziehen der einzelnen Platten auf dem handgemachten tibetischen Papier. Die Bücher werden nicht gebunden, sondern bestehen aus losen, auf beiden Seiten bedruckten Blättern, die zwischen zwei geschnitzte Holzdeckel gelegt werden. Die fertigen Bücher kann man entweder in der Druckerei bestellen, oder man kauft sie bei einem der Buchhändler am Parkhor. Es ist üblich, daß man sie zu Hause in Seidentücher wickelt und sorgfältig aufbewahrt. Da sie immer einen religiösen Inhalt haben, werden sie mit viel Respekt behandelt, und ihr Platz ist meist auf dem Altar. In jedem wohlhabenden Haus findet man sowohl die sämtlichen Bände der tibetischen Bibel, als auch die zweihundertvierzig Bände ihrer Auslegung. Mit diesen Büchern gehen die Tibeter sehr sorgsam um. Nie würde es zum Beispiel jemandem einfallen, ein Buch auf einen Sitzplatz zu legen. Um so weniger achten sie unsere Bücher. So fand ich einmal an einem nicht sehr passenden Ort ein wertvolles Werk über die tibetische Sprache. Nur die ersten paar Seiten fehlten, ich schrieb sie mir aus einem anderen Exemplar ab und war sehr froh über meinen Fund.

Der Preis der tibetischen Bücher hängt von der Qualität des Papiers ab. Der Wert der vollständigen Bibelausgabe entspricht dem eines edlen Pferdes oder eines Dutzends bester Jaks.

Außer in Schö gibt es noch in Narthang in der Nähe von Schigatse eine sehr große Druckerei, und fast jedes Kloster besitzt die Druckstöcke für bestimmte Bücher über lokale Heilige und die Annalen ihrer Lamaserie.

Die ganze Kultur Tibets ist von der Religion inspiriert, so wie es in früheren Zeiten auch bei uns der Fall war. Die Werke der Baukunst und Bildhauerei, der Dichtung und Malerei verherrlichen den Glauben und haben das Ziel, Macht und Ansehen der Kirche zu vermehren. Noch gibt es zwischen Religion und Wissenschaft keine Differenzen, und so ist der Inhalt aller Bücher eine Verquikkung der Religionsgesetze mit philosophischer Erkenntnis und aus der Erfahrung geschöpften Ratschlägen. Lieder und Gedichte sind nur handschriftlich auf losen Blättern festgehalten, gesammelte Ausgaben gibt es nicht. Eine Ausnahme bilden die Gedichte des 6. Dalai Lama, die gedruckt sind und die auch ich mir im Basar erstand. Ich habe sie oft gelesen, denn sie geben in vollendeter Form der Sehnsucht nach Liebe Ausdruck. Aber nicht nur ich hegte eine besondere Vorliebe für diese Verse eines einsamen Gefangenen, auch die Tibeter lieben die Gedichte ihres längst verstorbenen Herrschers. Er war eine eigenartige Erscheinung in der Reihe der Dalai Lamas. Er liebte die Frauen und schlich oft verkleidet in die Stadt. Aber man trug es seiner sehnsüchtigen Dichterseele nicht nach.

Kostbarer als jedes gedruckte Werk sind die vielen Handschriften, die meist kunstfertige Mönche geschrieben haben. Ihren Inhalt bilden weniger gelehrte Themen, oft sind es Anekdoten, wie zum Beispiel die Anekdotensammlung des berühmtesten tibetischen Komikers, Agu Thönpa. Er kritisiert in sehr humorvoller Weise das politische und religiöse Leben seiner Zeit und ist noch heute ungeheuer beliebt. Bei jeder Party werden seine Geschichtchen hervorgeholt, um die Gäste zu unterhalten. Bei der Vorliebe des Volkes für Humor und komische Situationen hat er so etwas wie klassische Bedeutung erlangt, und während meines Aufenthaltes in Lhasa trug der beste Komiker der Stadt seinen Namen.

Dann gibt es noch besondere Bücher, die genaue Richtlinien für das Zeichnen und Malen der Thankas enthalten. Thankas sind Wandbehänge, die religiöse Motive darstellen und in jedem Tempel oder Kloster und auch in den meisten Privathäusern zu finden sind. Ihre Kostbarkeit richtet sich nach dem Alter und der Ausführung, sie sind das beliebteste Andenken an Tibet, und alle Ausländer sind hinter ihnen her. Diese Wandbilder stellen die Lebensgeschichte der Götter dar, auf kostbare Seide gemalt, und die Männer, die sie herstellen, sind sehr stolz auf ihren Beruf, denn er erfordert eine gründliche Kenntnis der Bücher, in denen die Legenden aufgezeichnet sind. Der Künstler kann in der Ausschmükkung der einzelnen Episoden seiner Phantasie freien Lauf lassen, bei den Gestalten der Götter hingegen ist er an genaue Vorschriften und Proportionen gebunden. Die Seide ist während der Arbeit in einen Rahmen gespannt, und das fertige Kunstwerk wird mit kostbarem Brokat eingefaßt. Da Thankas stets religiöse Motive behandeln, gelten sie als religiöser Gegenstand und dürfen daher nicht öffentlich zum Verkauf angeboten werden. An diese Vorschrift hält man sich in Tibet sehr genau. Gegenstände, die mit dem Glauben zusammenhängen, kommen niemals in den Handel, und im Falle ihres Verkaufes dient der Erlös dazu, Butterlampen in den Heiligtümern zu speisen oder als Almosen verteilt zu werden. Trotzdem gelangen Thankas immer wieder über die Grenze Tibets, und dort werden oft hohe Liebhaberpreise dafür bezahlt. Ich hatte meinen Freunden gegenüber oft den Wunsch geäußert, einen der herrlichen Wandbehänge zu besitzen, aber keiner wollte mir einen verkaufen. Doch kurz vor meiner Abreise bekam ich mehrere zum Geschenk. Als ich später in Darjeeling einen besonders schönen sah, den ich unbedingt in meiner Sammlung haben wollte, mußte ich tief in die Tasche greifen.

Viele der alten Thankas wandern in den Potala oder in andere Tempel, denn niemand würde einen Thanka vernichten; andererseits lieben es die Reichen, ihre Wandbehänge immer wieder durch neue in frischen Farben auf der glänzenden Seide zu ersetzen. Vom Dalai Lama hörte ich später, in seinem Winterpalast hingen weit mehr als zehntausend Thankas unbeachtet in den verschiedenen unbenutzten Räumen. Ich hatte Gelegenheit, mich selbst davon zu überzeugen.

Jedes Jahr im Herbst gibt es in Lhasa ein großen Anstreichen und Saubermachen aller Privathäuser und Tempel, ja sogar der Potala wird frisch hergerichtet. Es ist eine lebensgefährliche Arbeit, die hohen, steilen Mauern des Potala zu streichen, und deshalb wird sie immer von denselben geübten Leuten durchgeführt. Sie hängen frei an Seilen aus Jakhaar und schütten mit kleinen Tongefäßen die Farbe auf die Wände, sie reiten in halsbrecherischen Stellungen über die Ornamente der Gesimse und geben ihnen neuen Glanz. Viele Stellen, an denen der Regen die Farbschicht nicht so leicht abwaschen kann, haben im Lauf der Jahrhunderte durch dieses jährliche Anstreichen eine dicke Kalkkruste bekommen. Aber es ist ein strahlender Anblick, wenn sich dann der Potala blendend weiß über der Stadt erhebt.

Ich freute mich sehr, als ich vom Dalai Lama den Auftrag bekam, von dieser Arbeit einen Film zu drehen. Wieder konnte ich etwas festhalten, was sicher auf der ganzen Welt einzigartig war.

Langsam trottete ich schon am frühen Morgen mitten unter einer Schar lustiger Farbträgerinnen die vielen Steinstufen hinauf. Die ganze Farbe für den Riesenbau wird von Frauen aus Schö heraufgetragen, und hundert Kulis müssen vierzehn Tage lang arbeiten, bis die steilen Mauern im neuen Gewande prangen. Ich konnte mir also Zeit lassen mit meinen Aufnahmen und probierte alle möglichen Perspektiven aus, um wirkungsvolle Bilder zu bekommen. Besonders reizte es mich, mit der Kamera die Arbeiter einzufangen, die da zwischen Himmel und Erde an ihren Seilen baumelten. Zu diesem Zweck bekam ich auch Zutritt zu allen Räumen des Palastes. Die meisten Zimmer waren stockfinster, denn jahrhundertealtes Gerümpel verstellte die Fenster, und ich hatte die größte Mühe, an sie heranzukommen. Aus großen Augen blickten mich vergessene Buddhastatuen an, keine Butterlampe brannte mehr zu ihren Ehren, und kein Frommer warf sich ihnen zu Füßen. Unter dicken Staubschichten entdeckte ich immer wieder herrliche alte Thankas. Die Museen der ganzen Welt wären glücklich, wenn sie nur einen Bruchteil der Schätze besäßen, die hier unbeachtet verstauben. Man hat sie vergessen, Mäuse und Spinnen sind heute ihre einzigen Bewunderer. Im untersten Stockwerk zeigte mir mein Begleiter noch eine Merkwürdigkeit dieses einmaligen Gebäudes. Unter die Säulen, die die Decke tragen, waren Keile geschoben. Der wolkenkratzerartige Bau hatte sich im Laufe der Jahrhunderte gesenkt, und die besten Handwerker Lhasas hatten es in mühevoller Arbeit fertiggebracht, ihn wieder zu heben. Es war für diese ungeschulten Leute eine technische Glanzleistung, die ich kaum fassen konnte.

Es gelang mir, vom Streichen des Potala einen guten Film zu drehen, und er wurde, wie alle anderen, nach Indien zum Entwikkeln geschickt.

Ich baue dem Dalai Lama ein Kino

Der Dalai Lama mußte wohl Lust bekommen haben, meine Filme auch regelrecht anzusehen. Daher überraschte mich Lobsang Samten eines Tages mit der Frage, ob ich es mir zutraute, einen Vorführungsraum zu bauen. Ich hatte es in Lhasa längst gelernt, daß man nicht gleich »nein« sagen durfte, selbst wenn man mit den Dingen, die von einem verlangt wurden, noch nie etwas zu tun gehabt hatte. Aufschnaiter und ich waren als »Mädchen für alles« bekannt, und wir hatten schon schwierigere Probleme gelöst. Im Sommer zum Beispiel hatte ich den Plan für ein Schulhaus für tausend Kinder entworfen, denn man begann in Lhasa langsam zu begreifen, daß der Mangel an Schulbildung ein großer Fehler sei.

So bat ich jetzt nach kurzer Überlegung um die Prospekte der Projektoren des Dalai Lama, denn ich hatte keine Ahnung, welche Stromstärke und welche Saallänge sie verlangten. Als ich mich dann bereit erklärt hatte, den Vorführraum zu bauen, bekam ich den offiziellen Aufrtrag dazu von den Äbten, die die persönlichen Betreuer des jungen Gottes waren. Von da an standen mir die Tore des inneren Norbulingkagartens offen, die sonst jedem verschlossen waren. Der Beginn der Arbeit fiel in den Winter 1949/50, der junge König war bereits wieder in den Potala gezogen. Ich sah mir die vorhandenen Gebäude an und wählte schließlich ein Haus zum Umbau aus, das an der inneren Gartenmauer stand und seit dem Tode des 13. Dalai Lama nicht mehr benutzt worden war. Die besten Handwerker Lhasas und die Soldaten der Leibgarde standen mir für die Arbeit zur Verfügung. Frauen durften in diesem Fall nicht herangezogen werden, denn dies hätte das »Sanktum« entweiht. Aus kurzen Eisenstücken – die speziell für Tibet hergestellt werden und deren Transport den weiten Weg von Indien her auf Menschenrücken bewerkstelligt wird – ließ ich Traversen zusammenschrauben und stützte damit die pfeilerlose Decke ab. Der Raum war zwanzig Meter lang, und ich mußte außen noch einen kleinen, etwas höher gelegenen Anbau für den Projektionsapparat anfügen. Er war sowohl von außen als auch von innen, vom Zuschauerraum her, zugänglich. In einiger Entfernung vom Vorführraum baute ich ein neues Häuschen für den Benzinmotor und den Generator. Das geschah auf ausdrücklichen Wunsch des Dalai Lama, denn er hatte mich bitten lassen, den Motor so unterzubringen, daß man seine Geräusche nicht hörte. Er wollte den alten Regenten nicht noch mehr beunruhigen. Die Einrichtung eines Kinos war schon genug revolutionierend für den Norbulingka. Deshalb baute ich noch eine spezielle Kammer für die Auspuffrohre, was sich später sehr bewährte. Da man dem alten Benzinmotor nicht ganz vertrauen konnte, schlug ich vor, für den Notfall den Jeep bereitzustellen und zum Antrieb des Generators zu benutzen. Es war selbstverständlich, daß ein Wunsch des Dalai Lama den Vorrang hatte, wozu immer auch der Jeep gerade verwendet werden sollte.

Man kann sich als Europäer keine Vorstellung davon machen, welche Wichtigkeit der kleinsten Liebhaberei des Gottkönigs beigemessen wird. Um ihm einen Wunsch zu erfüllen, setzt man die ganze Regierungsmaschine in Bewegung. Erst versucht man, den gewünschten Gegenstand in Lhasa aufzutreiben, gelingt das nicht, wird ein Bote mit einem Sonderpaß nach Indien geschickt. Er trägt auf seinem ganzen Weg ein rotes Fähnchen, dessen Anblick genauso wirkt wie bei uns etwa die Sirene der Feuerwehr. Jeder weiß sofort, daß der Bote im höchsten Auftrag unterwegs ist, daß er die größte Eile hat, und jeder bemüht sich, ihn zu unterstützen. Auf den Stationen der Tasamstraße bekommt er das schnellste Pferd, das aufzutreiben ist, und jeder andere, der vielleicht schon lange auf Weiterbeförderung wartet, muß selbstverständlich zurückstehen. Oft wird ihm sogar ein Läufer vorausgeschickt, der sein Kommen dem nächsten Bönpo avisiert. Diese Boten – sie heißen Atrungs – sind, einmal im Sattel, ununterbrochen auf dem Weg, ihr täglicher Reisedurchschnitt beträgt 120 Kilometer, die vielen hohen Pässe, die sie zu Fuß überwinden müssen, sind dabei gar nicht berücksichtigt. Es gibt keine Rast für sie, sie können nur im Sattel ein wenig einnicken, keine Karawanserei würde ihnen Schlafgelegenheit geben. Außerdem ist der Gürtel ihres Mantels mit dem großen Kabinettssiegel verschlossen, so daß sie ihn nicht ausziehen können. Aber diese Reiter sind sehr stolz auf ihre Leistungen, finden überall höchste Anerkennung und werden von jedem Bönpo kostenlos gelabt und mit Geld beschenkt.

So bedurfte es auch in meinem Fall nur eines Winkes, und sofort stand der Jeep zur Verfügung. Leider war es nicht so einfach, den Wagen in den inneren Garten zu bekommen. Das Tor in der gelben Mauer war um einige Zentimeter zu schmal. Aber der junge Herrscher wußte sich zu helfen: Er befahl einfach, das Tor zu erweitern. Es war ein mutiger Beweis seines Willens, sich durchzusetzen, denn seine Umgebung hatte sicher große Bedenken, am Althergebrachten etwas zu ändern, solange er noch nicht mündig war. Das gähnende Loch in der gelben Mauer wurde auch möglichst rasch wieder durch ein neues Tor ersetzt, man bemühte sich, schnell alle Spuren zu verwischen und nicht auf ungute Weise Aufsehen zu erregen. Es war die Stärke dieses Knaben, daß er es verstand, seine Ideen durchzuführen, und es dabei doch immer zuwege brachte, die Gefühle seiner Umgebung nicht zu verletzen.

Der Jeep bekam also sein eigenes Häuschen und bewährte sich oft als Retter in der Not, wenn der alte Motor streikte. Der Chauffeuer des 13. Dalai Lama half mir beim Legen der elektrischen Leitungen, und bald lief die ganze Anlage wie am Schnürchen. Ich bemühte mich nun selbst, alle Spuren der Bautätigkeit im Garten zu verwischen, und legte anstelle der unvermeidlichen Verwüstungen neue Blumenbeete und Wege an. Dabei benutzte ich natürlich die einmalige Gelegenheit, um diesen sonst streng verschlossenen Garten gründlich zu durchforschen. Ich hatte ja keine Ahnung, daß ich in Zukunft noch öfters hier zu Gast sein sollte.

Es war inzwischen Frühling geworden, und der Norbulingka prangte in all seiner Lieblichkeit. Die Pfirsich- und Birnbäume standen in voller Blüte, buntgefiederte Pfauen stolzierten durch die Anlagen, und Hunderte seltener Blüten standen in ihren Töpfen in der Sonne. In künstlich angelegten Teichen gab es kleine Inseln, auf denen ein Tempelchen stand, das man über eine Brücke erreichen konnte. In einer Ecke des Parkes war ein kleiner Zoo eingerichtet. Aber die meisten Käfige standen leer, nur ein paar Luchse und Wildkatzen waren übriggeblieben. Früher hatte es hier Panther und Bären gegeben, sie waren jedoch in der Enge ihrer Behausung bald eingegangen. Der Dalai Lama bekam dauernd alle möglichen Tiere geschenkt, insbesondere verletzte, denn im Edelsteingarten waren sie in sicherer Hut.

Außer den Tempeln standen noch verschiedene kleine Häuser verstreut unter den Bäumen. Jedes hatte einen besonderen Zweck: in das eine zog sich der junge Herrscher zum Meditieren zurück, das andere war zum Lesen eingerichtet, wieder andere dienten als Lehrraum für den Dalai Lama und als Versammlungsort für die Mönche. Das größte Gebäude, mehrere Stockwerke hoch, stand im Zentrum des Gartens und war halb Tempel, halb Wohnung Seiner Heiligkeit. Aber auch hier waren die Fenster klein, und ich fand die Bezeichnung »Palast« entschieden übertrieben für das schlichte Haus. Nur das Grün der Bäume ließ es freundlicher als den Potala erscheinen, der eher einem Gefängnis glich.

Doch auch der Garten war viel zu düster. Die Bäume hatten Jahre hindurch ungehindert wachsen können, sie bildeten ein wahres Dickicht, und niemand machte den Versuch, es zu lichten. Die Gärtner beklagten sich, daß alle ihre Bemühungen um die Blumen und die Obstbäume umsonst waren, sie wollten im Schatten nicht gedeihen. Es hätte mir Freude gemacht, in diesen Garten einmal Ordnung zu bringen und hier neue Anlagen zu schaffen, denn obwohl so viele Gärtner ihn betreuten, fehlte ihm jeder Stil. Es gelang mit wenigstens, den Hauptkämmerer davon zu überzeugen, daß einzelne Bäume geschlagen werden mußten, und ich überwachte selbst die Arbeiten der Holzfäller. Die Gärtner, die in kleinen Häuschen innerhalb der gelben Mauer wohnten, hatten für solche Dinge wenig Verständnis, sie beschäftigten sich hauptsächlich mit der Zucht von Topfblumen, die tasgüber im Freien standen und abends sorgsam in ein eigenes Haus getragen wurden.

Wangdüla, mein bester Freund in Lhasa. Er wurde später kommunistischer Jugendführer

Aus dem inneren Garten führte eine Tür direkt in die Pferdeställe. Dort standen die Lieblingstiere des Dalai Lama und ein gezähmter Kyang, den man ihm geschenkt hatte. Die Tiere lebten hier in beschaulicher Ruhe, von vielen Dienern umsorgt, und wurden dick und fett, denn ihr Herr benutzte sie nie.

Die Lehrer und persönlichen Diener, der Kämmerer und der Mundschenk des Dalai Lama wohnten außerhalb der gelben Mauer im großen Norbulingka. Dort gab es bequeme Wohnblocks, für tibetische Verhältnisse außerordentlich sauber, in denen auch die fünfhundert Mann starke Leibgarde untergebracht war. Der 13. Dalai Lama hatte sich persönlich um das Wohl seiner Truppen gekümmert, unter ihm bekamen sie Uniformen nach europäischem Schnitt, er überwachte ihre Übungen von einem eigens dazu erbauten Pavillon, und mir fiel auf, daß die Soldaten sogar das Haar nach westlicher Art geschnitten trugen, was man sonst nirgends in Tibet findet. Wahrscheinlich hatte der 13. Dalai Lama während seines Aufenthaltes in Indien am englischen Militär Gefallen gefunden und seine Leibtruppe nach diesem Vorbild organisiert. Die Offiziere wohnten in hübschen kleinen Bungalows zwischen Blumenbeeten. Der Dienst von Offizieren und Mannschaften war leicht, er bestand hauptsächlich aus Wachestehen und Aufmärschen bei Paraden und Festlichkeiten.

Lange bevor der Dalai Lama in den Sommerpalast übersiedelte, war ich mit meinen Arbeiten fertig. Ob der Vorführraum wohl sein Gefallen finden würde? Ich konnte damit rechnen, von Lobsang Samten, der an der ersten Vorführung sicher teilnehmen würde, darüber sogleich Bericht zu erhalten. Wahrscheinlich würde der Dalai Lama den Filmvorführer der indischen Vertretung zur Bedienung des Apparates rufen lassen. Diese pflegte nämlich ihren Gästen bei ihren netten Parties hin und wieder englische und indische Filme zu zeigen. Dabei konnte ich auch beobachten, mit

Oben: Bevor die Chinesen in das Land einfielen, wurden in Tibet noch 10 000 Soldaten rekrutiert
Unten: Seine Heiligkeit der Dalai Lama im Kloster Dungkhar im Tschumbital, 1951

welch kindlicher Begeisterung die Tibeter diesen Vorführungen folgten und ganz besonders den Filmen über ferne Länder. Ich war einmal dabei, wie sie vor Entzücken außer sich gerieten, als ein Film Pygmäen beim Bau ihrer Lianenbrücken zeigte. Aber den höchsten Grad erreichte ihre Begeisterung bei den Zeichentrickfilmen von Walt Disney. Wie würde ihr junger Herrscher auf die Filmvorführungen reagieren?

Es war ein schöner, schon recht warmer Frühlingstag, als man mit den Vorbereitungen zur Prozession begann. Schon in aller Frühe war alles auf den Beinen, um wie üblich mit Tonwasserkrügen die staubige Straße zum Norbulingka zu besprengen. Andere wieder legten Steine zu beiden Seiten der Straße längs einer gekalkten Linie, um die bösen Geister fernzuhalten (ihrer Überzeugung nach hindern diese Linien sie am Überschreiten der Straße). Dann strömten Menschen in solchen Scharen aus der Stadt herbei, daß es mir schwer wurde, in dem lebensgefährlichen Gedränge einen Platz zum Filmen zu finden. Da leistete mir nun mein Diener, wie immer bei solchen Gelegenheiten, gute Dienste. Er war ein pockennarbiger Hüne, und sein Anblick allein konnte schon Furcht einflößen. Treu schleppte er die ganze Zeit meine Kameras und bahnte mir einen Weg durch die Menge. Er sah nicht nur furchterweckend aus, er hatte seinen Mut schon in einer recht gefährlichen Situation bewiesen.

Manchmal nämlich verirrten sich Leoparden bis in die Gärten der Stadt. Da man diese Bestien nicht töten darf, versucht man, sie in Fallen zu locken oder durch verschiedene Tricks zu fangen. So war auch einmal ein Leopard in den Edelsteingarten eingebrochen. Von allen Seiten gehetzt und durch einen Fußschuß verwundet, war er in eine Ecke getrieben worden und fauchte jeden wild an, der sich ihm nähern wollte. Mein Diener, damals Soldat der Leibgarde, stürzte sich mit bloßen Händen auf ihn und hielt ihn so lange fest, bis andere Soldaten mit einem Sack herbeieilten. Der Leopard hatte sich natürlich zur Wehr gesetzt und meinem Diener Verletzungen beigebracht. Das Tier lebte noch einige Tage im Zoo des Dalai Lama und ging dann ein.

Als der Dalai Lama jetzt in feierlicher Prozession in seiner Sänfte vorbeigetragen wurde und mich beim Filmen entdeckte, lächelte er mir wieder zu. Er mag sich wohl im stillen auf sein kleines Kino gefreut haben. Niemand außer mir würde wohl auf diesen Gedanken verfallen sein. Aber war es nicht ganz natürlich für einen einsamen Vierzehnjährigen? Doch schon ein Blick auf das demütige und verzückte Gesicht meines Dieners genügte, um mich zu erinnern, daß er für alle anderen nicht ein einsamer Knabe, sondern ein Gott war.

Während die Prozession langsam ihres Weges zog, drängte ich mich durch die Menschenmenge bis zum Haupteingang des Edelsteingartens. Ich wollte das bunte Bild vom Einzug des Dalai Lama filmen und vielleicht noch ein paar Aufnahmen machen, die besonders typische Szenen festhielten. Denn dort warteten schon die Diener der ganzen Beamtenschaft, um die Pferde ihrer Herren in Empfang zu nehmen. Es ist verboten, im Norbulingka zu reiten, deshalb werden die Pferde draußen gelassen, und die Diener halten stundenlang die festlich geschmückten Tiere, bis die Zeremonien beendet sind und ihre Herren zurückkommen. Dieses prachtvoll bunte Bild der feiertäglich gekleideten Menge, der feurigen Pferde mit dem glänzenden Zaumzeug und den grellfarbenen Satteldecken, dazu die frischbemalten Steinlöwen des Haupttores, das alles mußte ein paar schöne Farbaufnahmen geben.

Als die Prozession im Garten verschwunden war, löste sich die Menge in einzelne Gruppen auf, die fröhlich singend in die Stadt zurückzogen. Auch ich wollte mich auf den Heimweg machen, aber mein Pferd war nicht da. Immer wenn ich in die Nähe des Norbulingka kam, stürzten sich die Diener auf das Tier, sobald sie das gelbe Zaumzeug erblickten. Obwohl ich selbst ein großer Tierfreund bin und auf die mir anvertrauten Pferde besonders achtete, konnten sie sich nie genugtun, es zu pflegen und zu füttern. Ich mußte es dann immer aus den Ställen des Dalai Lama holen lassen. Die Pferde, Esel und Maultiere werden hier zumeist mit Erbsen gefüttert, Hafer wächst nur als Unkraut. Die Nomaden geben ihren Tieren sogar getrocknetes Fleisch als Kraftfutter und als besonderen Leckerbissen vor großen Anstrengungen Tsampa, mit Butter und Teeblättern angerührt.

Die Stallknechte des Dalai Lama sind eine eigene Gilde. In der ganzen Stadt sind sie berüchtigt und gefürchtet, und sie nützen das auch weidlich aus. Wo sie hinkommen, verlangen sie eine großartige Bewirtung, die meist in einem Trinkgelage endet. Man behandelt sie allgemein mit Vorsicht, sogar in den vornehmsten Häusern werden sie höflich aufgenommen, denn die Geschichte Tibets kennt viele Fälle, in denen ein Diener es als Günstling des Dalai Lama zu Reichtum und Macht gebracht hat. Das letzte Beispiel war der ehemalige Gärtnerjunge Khünpela, mit dem ich zufällig ein Jahr lang im gleichen Hause wohnte. Er war als Kind in den Norbulingka gekommen und dem 13. Dalai Lama dadurch aufgefallen, daß er sich ein kleines Mißgeschick gar so sehr zu Herzen nahm. Ein Blumentopf war ihm nämlich aus den Händen gefallen und zerbrochen, und er wollte sich deshalb des Leben nehmen. Mit Mühe hielten ihn die Mönche davon ab und berichteten den Vorfall dem Dalai Lama. Dieser, voll Rührung über das Gehörte, ließ den Knaben zu sich rufen, redete ihm gut zu, gab ihm eine bessere Arbeit und verlor ihn nie mehr aus den Augen. Er hatte sich in Khünpela nicht getäuscht, denn der Knabe war klug und aufgeschlossen und wurde bald ein wertvoller Helfer bei der Durchführung der Reformideen des Dalai Lama. Er trat immer mehr in den Vordergrund und löste allmählich den früheren Günstling Tsarong ab. Bis zum Tod seines Herrn war er der Mächtigste neben ihm, wenn er auch nie Amt und Titel erhielt. Das war ja einer der Vorzüge dieses klugen Herrschers, daß er es verstand, sich mit den richtigen Menschen zu umgeben.

Als der 13. Dalai Lama starb, beschuldigte die Nationalversammlung den Günstling Khünpela, am frühen Tod seines Herrn nicht ganz unschuldig zu sein. Khünpelas schlichte Erwiderung blieb nicht ohne Wirkung: Er sei der letzte, gab er zu bedenken, den man einer solchen Tat verdächtigen dürfe; denn wenn man ihm schon nicht so viel Liebe zu seinem Herrn zutraue, so stünde doch außer Zweifel, daß für ihn mit dem Tod des Dalai Lama auch seine Karriere zu Ende sei. Dennoch wurde er enteignet und aus der Stadt verwiesen und lebte lange Jahre in einem kleinen, einsamen Dörfchen der südlichen Provinz Kongpo. Als er die Untätigkeit nicht mehr ertragen konnte, floh er nach Indien und wurde erst während meines Aufenthaltes in Lhasa vom Regenten begnadigt. Ich lernte ihn sehr schätzen und bedauerte es oft, daß er mit seinen fortschrittlichen Ideen nicht durchdrang. Er war es zum Beispiel gewesen, der vor zwanzig Jahren das Münzamt geschaffen und die Armee modernisiert hatte.

Zum erstenmal Aug in Auge mit Kundün

Darüber nachsinnend, ritt ich langsam heim. Ich war schon in der Nähe der Stadt, da wurde ich von einem aufgeregten Soldaten der Leibgarde eingeholt: Man suche mich bereits in der ganzen Stadt, sagte er, und ich möge sofort in den Sommergarten zurückreiten. Mein erster Gedanke war, daß die Kinoanlage nicht funktionierte, denn die Erklärung, daß der noch unmündige König sich über alle Konventionen hinwegsetzen und mich zu sich befehlen könne, wäre mir absurd erschienen. Ich kehrte also unverzüglich um und war bald wieder beim Norbulingka, um den es jetzt still und friedlich geworden war. Am Tor der gelben Mauer warteten bereits ein paar Mönche, die heftig zu winken begannen, als sie mich sahen, und zum Eingang in den inneren Garten zeigten. Sooft ich auch während des Bauens durch dieses Tor getreten war, heute wurde mir ganz eigenartig zumute. Da kam mir schon Lobsang Samten entgegen, flüsterte mir etwas zu und drückte mir eine weiße Schleife in die Hand. Nun gab es keinen Zweifel mehr: Sein Bruder wollte mich sehen.

Ich wandte mich sogleich zum Vorführraum, aber ehe ich noch eintreten konnte, ging von innen die Tür auf, und ich stand vor dem Lebenden Buddha. Trotz meiner Überraschung verneigte ich mich tief und überreichte ihm meine Schleife. Er nahm sie selbst in die linke Hand und segnete mich mit einer impulsiven Geste seiner rechten. Es war weniger das zeremonielle Handauflegen als die ungestüme Gefühlsäußerung eines Knaben, der seinen Willen endlich durchgesetzt hatte. Im Vorführraum warteten mit gesenkten Köpfen drei Äbte, die persönlichen Betreuer des Gottkönigs. Ich kannte sie alle drei gut, und es entging mir nicht, wie frostig sie heute meinen Gruß erwiderten. Sicher war ihnen dieser Einbruch in ihre Domäne gar nicht recht, aber sie hätten nie eine offene Opposition gegen den Wunsch des Dalai Lama gewagt.

Der junge Gottkönig war dafür um so herzlicher. Er strahlte über das ganze Gesicht und sprudelte eine Frage nach der anderen heraus. Er kam mir vor wie ein Mensch, der jahrelang einsam über verschiedenen Problemen gebrütet hat und jetzt, da er endlich mit jemandem sprechen kann, alles zugleich beantwortet haben möchte. Er ließ mir auch gar keine Zeit, die Antworten zu überlegen, sondern drängte mich gleich zum Apparat, um einen Film einzuspannen, den er schon lange sehen wollte. Es war ein Dokumentarfilm von der japanischen Kapitulation. Die Äbte hatte er in den Zuschauerraum geschickt, sie sollten das Publikum bilden.

Ich muß ziemlich ungeschickt am Projektor herumgefingert haben und war ihm wohl nicht flink genug, denn plötzlich schob er mich ungeduldig beiseite, nahm selbst den Film in die Hand, und es zeigte sich, daß er viel geübter war als ich. Er erzählte mir, daß er sich schon den ganzen Winter über im Potala mit den Apparaten beschäftigt und den einen Projektor bereits zerlegt und wieder zusammengesetzt habe. Damals merkte ich zum erstenmal, daß er es liebte, den Dingen auf den Grund zu gehen und nichts als gegeben hinzunehmen. Später führte dies dazu, daß ich wie mancher gute Vater, der vor seinem jungen Sohn in Ehren bestehen will, viele Abende damit verbrachte, halbvergessene oder neue Themen vorzubereiten. Ich gab mit die größte Mühe, jede Frage ernst zu nehmen und gewissenhaft zu behandeln. Es war mir klar, daß meine Antworten für ihn die Basis seiner Bildung und seines Wissens über die westliche Welt sein würden.

Schon bei dieser ersten Begegnung war ich überrascht von seiner Begabung für alle technischen Dinge. Es war eine Meisterleistung für einen Vierzehnjährigen, ohne jede Anleitung – die englischen Prospekte konnte er nicht lesen – einen Projektor zu zerlegen und wieder zusammenzusetzen. Als nun der Film lief, war er glücklich darüber, daß die Anlage funktionierte, und er konnte meine Arbeit nicht genug loben. Während wir so gemeinsam im Vorführraum saßen und durch die Gucklöcher in der Wand der Vorführung folgten, war er voll Freude über alles, was er sah und hörte, oft ergriff er spontan meine Hände und drückte sie vor Aufregung – ganz wie es jeder andere lebhafte Junge gemacht hätte. Obwohl er zum erstenmal in seinem Leben mit einem weißen Menschen allein war, kannte er keine Hemmungen und gab sich ohne jede Scheu. Während er den nächsten Film einfädelte, drängte er mir das Handmikrophon auf und bestürmte mich, doch etwas hineinzusprechen. Gleichzeitig beobachtete er durch die Gucklöcher den elektrisch beleuchteten Zuschauerraum, wo seine Lehrer auf Teppichen saßen. Ich sah es ihm an, wie gerne er die erstaunten Gesichter der würdevollen Äbte gesehen hätte, wenn nun plötzlich eine Stimme aus dem Lautsprecher kam. Immerhin waren es seine Lehrer, und er hatte den üblichen Respekt vor ihnen, wenn er auch ihr Herr war. Ich wollte ihm die Freude nicht verderben und forderte ein nichtvorhandenes Publikum zum Hierbleiben auf, denn der nächste Film würde Sensationen aus Tibet bringen. Er lachte begeistert über die verblüfften Gesichter der Mönche, die über meinen respektlosen, lustigen Ton schockiert waren. So lockere Worte hatte es in der Umgebung des göttlichen Herrschers noch nie gegeben, und er selbst genoß die Situation mit glänzenden Augen.

Er überließ mir jetzt die Vorführung eines meiner selbstgedrehten Filme aus Lhasa und bediente die Schalttafel. Ich selbst war nicht weniger neugierig als er, denn dieser Film war mein erster Versuch gewesen. Ich konnte jedoch ganz zufrieden sein, die Mängel, die ein Fachmann entdeckt hätte, fielen hier nicht ins Gewicht. Es waren meine Aufnahmen vom »kleinen« Neujahrsfest, und selbst die steifen Äbte vergaßen ihre Würde, als sie sich auf dem flimmernden Streifen wiedererkannten. Großes Gelächter gab es, als die Großaufnahme eines Ministers auf der Leinwand erschien, der während der Zeremonie eingenickt war. Aber das Lachen war durchaus wohlwollend, denn jeder von ihnen hatte schon mit dem Schlaf kämpfen müssen. Trotzdem muß es sich unter der Aristokratie herumgesprochen haben, daß der Dalai Lama Zeuge der schwachen Stunde seines Ministers geworden war, denn wo immer ich später mit meiner Kamera erschien, warf man sich in Positur.

Die meiste Freude an seinem Kino hatte natürlich der Dalai Lama selbst. Seine sonst so langsamen Bewegungen wurden jungenhaft lebendig, und für jedes Bild hatte er begeisterte Kommentare. Ich bat ihn nachher, doch auch eine von ihm gedrehte Filmrolle vorführen zu dürfen. Da meinte er ganz bescheiden, daß er es nicht mehr wage, nach dem bisher Gezeigten seine stümperhaften Anfänge zu bringen. Doch es gelang mir, ihn zu überreden, denn ich war neugierig, was ihn wohl am meisten zum Filmen gereizt hatte. Freilich standen ihm nicht viele Objekte zur Verfügung. Er hatte vom Dach des Potala eine große Schwenkung über das Lhasatal gemacht – die Landschaft huschte viel zu schnell vorbei. Dann kamen ein paar unterbelichtete Telebilder von Adeligen zu Pferd und von Karawanen, die durch den Ort Schö zogen. Eine Nahaufnahme seines Koches zeigte, daß er sich auch gerne an Personen herangewagt hätte. Der Film war sein allererster Versuch, und er hatte ihn ohne jede Anleitung oder Anweisung aus dem Prospekt gedreht. Als es wieder hell wurde, ließ er mich durch das Mikrophon das Ende der Vorstellung ansagen. Dann öffnete er die Tür zum Zuschauerraum, bedeutete seinen Äbten, daß er sie nicht mehr brauche, und entließ sie mit einer Handbewegung. Wieder sah ich, daß in ihm keine Marionette großgezogen wurde, sondern daß hier ein ausgeprägter eigener Wille die Oberhand behielt.

»Henrig, du hast ja Haare wie ein Affe!«

Als wir allein waren, räumten wir gemeinsam die Filme weg und verstauten die Apparate unter ihren gelben Hüllen. Dann setzten wir uns in den Zuschauerraum, durch dessen offenes Fenster das Sonnenlicht auf den herrlichen Teppich fiel. Es war ein Glück, daß ich schon große Übung im Sitzen mit gekreuzten Beinen hatte, denn in der Umgebung des Dalai Lama gab es keinen Stuhl und keine Sitzkissen. Anfänglich hatte ich mich gesträubt, mich niederzulassen, denn ich wußte, daß nicht einmal Minister in der Gegenwart des Gottkönigs sitzen dürfen. Außerdem gab es hier keinen Thron, der wenigstens den Unterschied betont hätte. Aber er packte mich einfach beim Ärmel und zog mich zu sich herunter, so daß ich meine Bedenken aufgab.

Er erzählte mir, daß er schon lange unser Zusammentreffen geplant habe, weil er wußte, daß er einmal diesen Schritt tun müsse, um etwas von der Welt zu erfahren. Er rechnete damit, daß der Regent sich dagegen aussprechen werde, aber er wollte auf seinem Willen bestehen und hatte sich sogar schon die Worte der Entgegnung zurechtgelegt. Er war fest entschlossen, sich neben seinem religiösen Wissen auch andere Kenntnisse anzueignen, und dazu schien ich ihm die einzig geeignete Person. Er hatte keine Ahnung, und wahrscheinlich hätte es auch wenig Eindruck auf ihn gemacht, daß ich Lehramtsprüfungen absolviert hatte. Nun fragte er mich nach meinem Alter und war sehr erstaunt, daß ich erst siebenunddreißig Jahre alt war. Wie viele Tibeter hatte auch er meine »gelben« Haare für ein Zeichen des Alters gehalten. Voll kindlicher Neugier studierte er meine Züge und neckte mich wegen meiner großen Nase. Für unsere Begriffe ist sie ganz normal, aber unter den kleinen Mongolennasen hatte sie schon häufig Aufsehen erregt. Schließlich entdeckte er die Härchen auf meinem Handrükken und sagte, übers ganze Gesicht lachen: »Henrig, du hast ja Haare wie ein Affe!« Mir fiel gleich eine gute Antwort ein, denn ich kannte die Legende, nach der die Tibeter ihr Geschlecht von der Begegnung ihres Gottes Tschenresi mit einem weiblichen Teufel ableiten. Tschenresi hatte die Gestalt eines Affen angenommen, als er sich mit der Teufelin paarte, und da der Dalai Lama eine Inkarnation dieser Buddhas ist, hatte der Vergleich nichts Beleidigendes an sich.

Durch solche lustigen Bemerkungen bekam unser Gespräch gleich einen ungezwungenen Charakter, und wir verloren beide unsere Scheu. Auch ich konnte jetzt sein Äußeres auf mich wirken lassen und wurde noch bestärkt in dem guten Eindruck, den ich schon von den ersten flüchtigen Begegnungen hatte. Seine Haut war viel heller als die des Durchschnittstibeters und noch um einige Schattierungen lichter als die der Lhasa-Aristokratie. Seine sprechenden, kaum geschlitzten Augen zogen mich gleich in ihren Bann; sie sprühten vor Leben und hatten nichts von dem lauernden Blick vieler Mongolen. Seine Wangen glühten vor Eifer, und er rutschte im Sitzen ständig hin und her. Die Ohren standen ihm ein wenig vom Kopfe ab – eines der Merkmale, die ihn als Inkarnation des Buddhas gekennzeichnet hatten, wie ich später erfuhr. Seine Haare waren etwas länger, als es sonst üblich ist, denn sie sollten im kalten Potala ein wenig Schutz bieten. Er war für sein Alter hochgewachsen und würde wohl die Größe seiner Eltern erreichen, die beide auffallende Gestalten waren. Leider hatte er sich beim vielen Studieren und dem ewigen Sitzen mit vorgebeugtem Oberkörper eine schlechte Haltung angewöhnt. Schön und edel waren seine langgliedrigen Hände, die er meist in Ruhestellung hielt. Ich bemerkte, daß sein Blick oft erstaunt meiner Hand folgte, wenn ich meine Worte durch eine Geste unterstrich. Schon meine sparsamen Bewegungen fielen ihm auf, denn der Tibeter kennt überhaupt keine Gestikulation – darin drückt sich gleichfalls die Ruhe des Asiaten aus.

Auch der Dalai Lama trug das rote Mönchskleid, das einst Buddha vorgeschrieben hatte, und er unterschied sich äußerlich in nichts von den anderen Mönchsbeamten.

Die Zeit verging uns im Flug. Es war, als ob die Dämme gebrochen wären und der Knabe nun alles auf einmal hervorsprudeln müßte. Ich war überrascht, wieviel unzusammenhängendes Wissen er sich aus Büchern und Zeitschriften angeeignet hatte. Allein über den Zweiten Weltkrieg besaß er ein siebenbändiges englisches Werk, dessen Bildbeschreibungen er sich ins Tibetische hatte übersetzen lassen. Er war imstande, die einzelnen Flugzeug-, Auto- oder Tanktypen zu erkennen, und die Namen eines Churchill, Eisenhower oder Molotow waren ihm bekannt und geläufig. Da er aber niemanden hatte, den er fragen konnte, fehlten ihm oft die Zusammenhänge, und er war jetzt glücklich, daß er alle Fragen, die er seit Jahren auf dem Herzen hatte, endlich an den Mann bringen konnte.

Es mochte ungefähr drei Uhr nachmittags sein, als Sopön Khenpo hereintrat, der Abt, der für sein leibliches Wohl zu sorgen hatte, und den jungen Gottkönig an das Essen erinnerte. Ich stand auf und wollte mich verabschieden, aber er zog mich gleich wieder nieder und vertröstete den Alten auf später. Ganz schüchtern zog er dann ein Heft heraus, dessen Umschlag mit allerlei Zeichnungen beschmiert war, und bat mich, seine Schreibübungen anzusehen. Zu meinem Erstaunen sah ich, daß er sich hier die großen Buchstaben des lateinischen Alphabets aufgeschrieben hatte. So beschäftigte sich der Knabe nicht nur mit seinen anstrengenden religiösen Studien, er bastelte in seinen einsamen Stunden im Potala noch an den modernsten Apparaten der westlichen Technik und begann aus eigener Initiative fremde Sprachen zu lernen. Er drang in mich, doch sofort mit englischen Übungen zu beginnen. Die Aussprache notierte er sich gleich in seiner zierlichen tibetischen Schrift. Eine Stunde mußte schon wieder vergangen sein, als Sopön Khenpo zum zweitenmal in der Tür erschien und jetzt eindringlich bat, doch an das wartende Essen zu denken. Er hatte eine Platte mit Kuchen, weißen Brötchen und Schafkäse in der Hand, die er mir aufdrängte. Als ich mich wehrte, zog er ein weißes Tuch hervor und wickelte alles ein, damit ich es mitnehmen konnte.

Aber der Dalai Lama wollte die Unterhaltung noch nicht abbrechen. Mit schmeichelnder Stimme bat er seinen Mundschenk, sich doch noch ein wenig zu gedulden. Mit einem liebevollen Blick auf seinen Schützling erklärte sich der Abt einverstanden und verließ uns. Ich hatte das Gefühl, daß er dem Knaben wirklich mit väterlicher Liebe zugetan und sehr um ihn besorgt war. Der Weißhaarige hatte schon beim 13. Dalai Lama dasselbe Amt betreut und war weiter im Dienst geblieben. Das war ein Zeichen seiner Zuverlässigkeit und Treue, denn selten bleiben Beamte auf ihrem Posten, wenn die Herren wechseln.

Der Dalai Lama schlug mir vor, am nächsten Tag seine Familie zu besuchen, die den Sommer über im Norbulingka wohnte, und dort zu warten, bis er mich nach Beendigung seiner Pflichten holen ließe. Zum Abschied schüttelte er mir herzlich die Hand, eine Geste, die er wahrscheinlich in den Zeitschriften gesehen hatte und mit der er mir seine Freundschaft beweisen wollte.

Als ich durch den leeren Garten ging und die Riegel des großen Tores zurückschob, konnte ich es selbst nicht fassen, daß ich eben fünf Stunden mit dem Gottkönig des Lamalandes verplaudert hatte. Ein Gärtner schloß hinter mir die Tür, und die Wachen, die inzwischen einige Male gewechselt hatten, präsentierten verblüfft das Gewehr. Langsam ritt ich nach Lhasa zurück. Wäre nicht das Kuchenbündel in meiner Hand gewesen, ich hätte alles für einen Traum gehalten. Welcher meine Freunde hätte mir geglaubt, wenn ich ihm erzählt hätte, ich wäre soeben ein paar Stunden lang mit dem Lebenden Buddha allein im Gespräch gewesen? Zur Antwort hätten sie nur ein mitleidiges Lächeln für den armen Irren gehabt ...

Freund und Lehrer des Dalai Lama

Ich war sehr glücklich über die schöne Aufgabe, die sich mir da eröffnet hatte. Diesem intelligenten Jungen – Beherrscher eines Landes, so groß wie Deutschland, Frankreich und Spanien zusammengenommen – Wissen und Kunde von der Welt zu bringen, das schien mir eine wirklich wertvolle Aufgabe.

Noch am selben Abend suchte ich mir Zeitschriften hervor, die Einzelheiten über die Konstruktion der Düsenjäger enthielten, denn ich war heute bei diesem Kapitel mehrmals in Verlegenheit gekommen und hatte versprechen müssen, nächstes Mal an Hand von Zeichnungen alles genau zu erklären. Später legte ich mir für unsere Zusammenkünfte immer Material zurecht, denn ich wollte etwas System in den Wissensdurst des Knaben bringen.

Oft scheiterte indes mein Plan daran, daß er Fragen stellte, die wieder ganz andere Gebiete eröffneten, und mir blieb nichts anderes übrig, als zu antworten und zu erklären, so gut ich es wußte. Um zum Beispiel von der Atombombe sprechen zu können, mußte ich die Elemente erklären. Dies ergab wieder eine Belehrung über die Metalle; dafür gibt es aber kein tibetisches Wort, so daß ich ganz ins Detail gehen mußte und die Fragen sich bald wie eine Lawine vor mir auftürmten.

Damit hatte für mich ein neuer Lebensabschnitt in Lhasa begonnen. Mein Dasein hatte einen Zweck gefunden; die Unzufriedenheit und das Gefühl, nicht ganz ausgefüllt zu sein, wichen von mir. Ich gab meine alten Pflichten nicht auf und sammelte weiterhin Nachrichten und zeichnete Landkarten; aber die Tage wurden mir jetzt zu kurz, und ich arbeitete oft bis spät in die Nacht hinein. Vergnügungen und Steckenpferde mußten zurückstehen, denn ich mußte immer Zeit haben, wenn der Dalai Lama mich rufen ließ. Zu den Parties meiner Freunde kam ich nicht mehr am Morgen, wie es üblich war, sondern am späten Nachmittag. Doch das alles war kein Verzicht, ich war glücklich in dem Bewußtsein, ein Ziel gefunden zu haben. Die Stunden mit meinem hohen Schüler waren für mich oft genauso lehrreich wie für ihn. Ich lernte von ihm vieles aus der Geschichte Tibets und der Lehre Buddhas, denn seine Beschlagenheit auf diesem Gebiet war ungeheuer. Wir hatten oft stundenlange Religionsdebatten, und er war völlig überzeugt davon, daß es ihm gelingen würde, mich zum Buddhismus zu bekehren. Er erzählte mir, daß er sich gerade mit Büchern beschäftige, die uraltes Wissen über die Wege der Trennung von Körper und Geist überlieferten. Denn die Geschichte Tibets weiß von vielen Heiligen, denen es gelang, ihren Geist Hunderte von Meilen entfernt wirken zu lassen, während ihr Körper in Meditation versunken dasaß. Der junge Dalai Lama war überzeugt, daß er es kraft seines Glaubens und mit Hilfe der vorgeschriebenen Riten dazu bringen könne, an weit entfernten Orten, zum Beispiel in Samyé, zu wirken. Wenn er soweit wäre, wollte er mich dorthin schicken und mich von Lhasa aus dirigieren. Ich erinnere mich, daß ich ihm darauf lachend erwiderte: »Nun, Kundün, wenn du das kannst, werde ich auch Buddhist!«

Tibet von Rotchinesen bedroht

Leider sollte es nie zu diesem Experiment kommen. Schon über dem Beginn unserer Freundschaft lag der Schatten der politischen Ereignisse. Immer anmaßender wurde der Ton der Rotchinesen im Sender Peking, und Tschiangkaischek hatte sich mit seiner Regierung bereits nach Formosa zurückgezogen. Die Nationalversammlung in Lhasa hielt eine Sitzung nach der anderen ab, die Aufstellung immer neuer Truppeneinheiten wurde beschlossen und durchgeführt. In Schö gab es Truppenübungen und Paraden, und der Dalai Lama selbst weihte die neuen Fahnen, die der Armee übergeben wurden.

Der Engländer Fox hatte viel zu tun: Ununterbrochen mußten

neue Funker ausgebildet werden, denn jede Einheit bekam mindestens einen Sender zugeteilt.

Die tibetische Nationalversammlung, das Instrument aller wichtigen Entscheidungen, besteht aus fünfzig weltlichen und geistlichen Beamten. Den Vorsitz führen je vier Äbte aus den Klöstern Drebung, Sera und Ganden, denen vier weltliche Finanzsekretäre und vier Mönchsbeamte beigegeben sind. Die Körperschaft der Nationalversammlung, die weltlichen und geistlichen Beamten, kommen aus den verschiedenen Ämtern, doch gehört keiner der vier Kabinettsminister dazu. Die Verfassung sieht vor, daß sie zur selben Zeit in einem anschließenden Raum tagen und sämtliche Beschlüsse vorgelegt bekommen. Sie besitzen jedoch kein Einspruchsrecht. Die letzte Entscheidung über alle Fragen trifft der Dalai Lama, und solange er noch nicht mündig ist, an seiner Statt der Regent. Natürlich würde niemand wagen, einen Vorschlag, der von so hoher Seite kommt, zu diskutieren. Den größten Einfluß in der Nationalversammlung üben stets die Günstlinge der Machthaber aus.

Bis vor wenigen Jahren wurde alljährlich neben der kleinen auch die sogenannte große Nationalversammlung einberufen. Sie bestand aus der gesamten Beamtenschaft und den Vertretern der Handwerkerinnungen, der Schneider, Steinmetze, Tischler usw. Dieses Treffen der fast fünfhundert Menschen wurde schließlich stillschweigend aufgehoben, denn es hatte praktisch keinen anderen Wert, als dem Buchstaben des Gesetzes Genüge zu tun, während im Grunde die Macht des Regenten diktatorisch war.

In den schweren Zeiten, die jetzt angebrochen waren, befragte man um so öfter das Staatsorakel. Seine Prophezeiungen waren düster und trugen nicht dazu bei, die Stimmung im Lande zu heben. »Ein mächtiger Feind bedroht von Norden und Osten das heilige Land«, hieß es, oder: »Die Religion ist in Gefahr.« Obwohl die Sitzungen streng geheim abgehalten wurden, sickerten die Orakelsprüche immer wieder durch und wurden flüsternd weitergetragen. Wie immer in Zeiten des Krieges und der Krisen summte die Stadt von Gerüchten wie ein Bienenstock, und die Macht des Feindes wurde oft ins Sagenhafte übertrieben. Die

Wahrsager hatten gute Tage, denn nicht nur das Geschick des Landes war in der Schwebe, auch jeder einzelne bangte um sein privates Stück Wohlergehen. Mehr denn je suchte man den Rat der Götter, verließ sich auf die Omina und deutete jeden Vorfall als gutes oder böses Zeichen. Besonders Vorsichtige verlagerten bereits ihre Schätze nach dem Süden oder auf abgelegene Güter. Aber das Volk glaubte fest an die Hilfe der Götter und war überzeugt, daß ein Wunder das Land vor dem Krieg bewahren würde.

Die Nationalversammlung allerdings dachte nüchterner. Man sah endlich ein, daß die Isolationspolitik in dieser Zeit eine große Gefahr für das Land bedeutete. Es war höchste Zeit, diplomatische Beziehungen anzuknüpfen und den Unabhängigkeitswillen Tibets vor der ganzen Welt zum Ausdruck zu bringen. Denn bisher war die Behauptung Chinas, daß Tibet eine seiner Provinzen sei, offiziell ohne Entgegnung geblieben. Zeitungen und Sender der ganzen Welt hatten über das Lamaland sagen können, was sie wollten, es war nie eine Antwort gekommen. Denn in Anbetracht seiner Politik einer völligen Neutralität hatte Tibet es abgelehnt, sich mit Nachrichten auseinanderzusetzen. Jetzt erkannte man die Gefahr dieser Einstellung, man begriff die Wichtigkeit der Propaganda, und »Radio Lhasa« begann, täglich seinen Standpunkt in tibetischer, chinesischer und englischer Sprache in den Äther zu senden. Die Regierung stellte Delegationen auf, die nach Peking, Delhi, Washington und London reisen sollten, Mönchsbeamte und junge Adelige, die in Indien Englisch gelernt hatten. Aber sie kamen nicht weiter als bis Indien und blieben dort, denn die Unschlüssigkeit der tibetischen Regierung und Intrigen der Großmächte verhinderten immer wieder ihre Abreise.

Der junge Dalai Lama sah ohne Haß und Voreingenommenheit den Ernst der Situation. Aber er hoffte noch immer auf eine friedliche Entwicklung der Dinge. Bei meinen Besuchen merkte ich, wie rege bereits das Interesse des zukünftigen Herrschers am politischen Geschehen war. Wir trafen uns immer allein im Vorführraum des kleinen Kinos, und ich konnte oft aus Kleinigkeiten entnehmen, wie sehr er sich jedesmal auf mein Kommen freute. Manchmal kam er mir freudestrahlend durch den Garten entgegengelaufen und streckte mir die Hand zur Begrüßung hin. Trotz aller Herzlichkeit und obwohl er mich seinen Freund nannte, ließ ich es doch nie am nötigen Respekt fehlen und behandelte ihn als den künftigen König Tibets und meinen Vorgesetzten. Er hatte mich beauftragt, ihm Stunden in Englisch, Geographie und Rechnen zu erteilen, nebenbei mußte ich sein Kino bedienen und ihn über das Weltgeschehen auf dem laufenden halten. Er dachte von selbst daran, eine Gehaltserhöhung für mich zu beantragen, denn wenn er auch noch nicht den Befehl dazu geben konnte, so genügte doch sein Wunsch.

Immer wieder setzte er mich in Erstaunen durch sein rasches Auffassungsvermögen, seine Ausdauer und seinen Fleiß. Wenn ich ihm beispielsweise als Hausaufgabe zehn Sätze zum Übersetzen gab, machte er freiwillig das Doppelte. Sprachen lernte er sehr leicht, eine Fähigkeit, die ich schon bei vielen Tibetern beobachtet hatte. Es ist keine Seltenheit, daß Adelige und Geschäftsleute außer ihrer Muttersprache noch Mongolisch, Chinesisch, Nepalesisch und Hindi sprechen. Es ist nebenbei ein Irrtum, daß diese Sprachen viel Ähnlichkeit miteinander hätten. Nur ein Beispiel: Das tibetische Alphabet kennt kein F, aber zahlreiche R; im Chinesischen ist es umgekehrt. So bereitete die Aussprache des F im Englischen auch meinem hohen Schüler die meisten Schwierigkeiten. Es machte mir immer Spaß, ihm zuzuhören. Da mein Englisch auch nicht gerade perfekt war, nahmen wir sein Kofferradio zu Hilfe und hörten täglich die Nachrichten, die zum Mitschreiben langsam durchgesagt wurden.

Ich hatte auch entdeckt, daß in einem der Ämter in versiegelten Kisten englische Schulbücher lagen. Es bedurfte nur eine Winkes – noch am selben Tag hatten wir sie zur Hand und richteten uns im Vorführraum eine kleine Bibliothek ein. Er war über diesen Fund außer sich vor Freude, denn er bedeutete für Lhasa wirklich einen kleinen Schatz. Wenn ich so seinen Eifer und seine Lernbegier sah, mußte ich oft etwas beschämt an meine eigene Jugend denken.

Auch aus dem Nachlaß des 13. Dalai Lama war eine große Anzahl englischer Bücher und Landkarten vorhanden, aber ich merkte an dem Zustand der Blätter, daß sie kaum benutzt waren.

Er hatte sich sein Wissen auf seinen jahrelangen Reisen in China und Indien angeeignet und verdankte seine Kenntnis der westlichen Welt seiner Freundschaft mit Sir Charles Bell. Der Name dieses Engländers war mir schon bekannt, ich hatte bereits in der Gefangenschaft seine Bücher gelesen. Er war ein großer Verfechter der Unabhängigkeit Tibets. Als politischer Verbindungsoffizier für Sikkim, Tibet und Bhutan hatte er den Dalai Lama auf seiner Flucht nach Indien kennengelernt, und damals begann die enge Freundschaft zwischen diesen beiden reifen Männern, die viele Jahre dauerte. Sir Charles Bell war wohl der erste Weiße, der in persönlichen Kontakt mit einem Dalai Lama trat.

Mein junger Schüler, der noch keine Reisen unternehmen konnte, interessierte sich nicht weniger für die weite Welt. Geographie, ein Fach meiner Lehramtsprüfung, wurde auch der Lieblingsgegenstand des Gottkönigs. Ich zeichnete ihm riesige Wandkarten von der ganzen Welt und besondere Karten von Asien und Tibet. Mit Hilfe des Globus konnte ich ihm beispielsweise erklären, warum Radio New York um elf Stunden in der Zeit hinter uns nachhinkte. Bald war er überall zu Hause, der Kaukasus war ihm ein ebenso vertrauter Begriff wie der Himalaja. Besonders stolz war er darauf, daß der höchste Berg der Welt in seinem Lande lag, und gleich vielen Tibetern staunte er sehr, als er hörte, daß es nur wenige Länder auf der Welt gebe, die in ihren Ausmaßen sein Reich überträfen.

Erdbeben und andere böse Omina

Unsere friedlichen Lehrstunden wurden in diesem Sommer durch verschiedene beängstigende Ereignisse unterbrochen.

Es häuften sich die bösen Omina: mißgestaltete Tiere wurden geboren, das Kapitell der Steinsäule am Fuß des Potala lag eines Morgens zerbrochen auf dem Boden. Umsonst sandte die Regierung an die Stätten des Unheils Mönche, die mit ihren Gebeten die bösen Geister bannen sollten. Und als eines Tages bei strahlendem Wetter aus einem der drachenköpfigen Wasserspeier der Kathedrale Wasser zu tropfen begann, geriet ganz Lhasa außer sich.

Am 15. August versetzte ein heftiges Erdbeben die Heilige Stadt in Schrecken. Wieder ein böses Omen! Noch steckte das Entsetzen über den Kometen allen in den Gliedern. Im vergangenen Jahr hatte tage- und nächtelang ein leuchtender Schweif am Himmel gestanden. Ganz alte Leute erinnerten sich, daß nach dem Auftauchen des letzten Kometen ein Krieg mit China ausgebrochen war. Ich hatte durch das Radio schon vorher von seinem Erscheinen gewußt, denn Flieger hatten ihn bereits über Australien gesehen. Als er über Lhasa stand, machte ich bei seinem Schein mit meinem Freund Wangdüla eine Nachtwanderung, um den phantastischen Anblick zu genießen.

Das Erdbeben kam völlig überraschend. Die Häuser von Lhasa erzitterten plötzlich, und man hörte etwa vierzigmal ferne, dumpfe Detonationen. Sie mußten vom Bersten der Erdschichten herrühren. Bei wolkenlosem Himmel erschien im Osten ein riesiger Feuerschein, und die Nachbeben hielten tagelang an. Die Sender Indiens berichteten von großen Erdveränderungen in der Provinz Assam, die an Tibet angrenzt. Ganze Täler und Berge waren versetzt worden, und der durch Bergstürze aufgestaute Brahmaputra hatte ungeheure Verheerungen angerichtet. Doch erst einige Wochen später erfuhr man in Lhasa, wieviel größer die Katastrophe im eigenen Lande war. Das Zentrum des Erdbebens mußte in Südtibet gelegen haben. Durch die katastrophalen Erdbewegungen waren Hunderte von Mönchen und Nonnen in ihren Felsenklöstern begraben worden, so daß oft kein Überlebender blieb, der die Kunde davon zum nächsten Bönpo gebracht hätte. Burgen waren in der Mitte gespalten und ragten als Ruinen zum Himmel, Menschen waren, wie von Geisterhand erfaßt, in der plötzlich aufklaffenden Erde verschwunden.

Wahrscheinlich hätten sich für alle diese Vorfälle auch natürliche Erklärungen finden lassen. Doch den Aberglauben der Tibeter zerstören, hieße, ihnen etwas vom Leben nehmen. So groß der Schreck ist, den ein böses Omen verbreiten kann, so viel Kraft und Zuversicht wird auch wiederum aus guten Vorzeichen geschöpft.

Der Dalai Lama wurde über all das ominöse Geschehen genau informiert. Obwohl natürlich genauso abergläubisch wie sein Volk, war er doch immer sehr begierig, meine Meinung von den Dingen zu hören. So ging uns der Gesprächsstoff nie aus, und die Zeit war uns immer viel zu kurz. Es waren seine freien Stunden, die er mit mir verbrachte, und nur wenige wußten, daß er seine Erholungszeit auch noch zum Studium ausnutzte. Er hielt sich immer sehr genau an seine Zeiteinteilung. So freudig er mich erwartete, so ängstlich sah er auf die Uhr, wenn seine Freizeit um war. Denn pünktlich wartete schon sein Religionslehrer in einem Pavillon auf ihn.

Wie genau er es auch mit meiner Zeit nahm, erfuhr ich einmal durch einen Zufall. An einem Tag, an dem viele Zeremonien stattfanden, hatte ich nicht mehr mit dem Ruf in den Norbulingka gerechnet. Deshalb machte ich mit Freunden einen Spaziergang auf einen nahen Berg, hatte aber vorher meinen Diener instruiert, mir mit einem Spiegel Blinkzeichen zu geben, falls mich der Dalai Lama doch noch holen ließe. Tatsächlich kam zur üblichen Stunde das Signal, und ich rannte so schnell ich konnte in die Stadt zurück. An der Fähre wartete schon mein Diener mit dem Pferd, aber trotz aller Eile kam ich zehn Minuten zu spät. Von weitem schon lief der Dalai Lama auf mich zu, ergriff aufgeregt meine beiden Hände und rief: »Wo bist du so lange gewesen? Ich habe schon so gewartet, Henrig!« Ich bat um Verzeihung, daß ich ihn beunruhigt hatte, und damals ging mir erst ein Licht auf, was diese Stunden ihm bedeuteten.

An diesem Tage waren seine Mutter und sein jüngster Bruder auch gerade anwesend, und ich führte ihnen einen der achtzig Filme vor, die der Dalai Lama besaß. Nach der Vorstellung brachte Sopön Khenpo, der Mundschenk, ein besonders großes Bündel mit Bäckereien für die Mutter Seiner Heiligkeit. Für mich war es sehr interessant, bei dieser Gelegenheit Mutter und Sohn einmal beisammen zu sehen. Ich wußte, daß die Familie vom Augenblick der Erkennung des Knaben als Inkarnation keinen Anspruch mehr auf ihn hatte und in ihm wie alle anderen nur den Lebenden Buddha sehen durfte. Deshalb war der Besuch der Mutter eine fast offizielle Angelegenheit, und sie trug ihr Festkleid mit allem Schmuck. Beim Abschied verbeugte sie sich, und der Dalai Lama legte segnend die Hand auf ihr Haupt. In dieser Geste war das Verhältnis der beiden wohl am besten ausgedrückt. Nicht einmal die Mutter bekam den Segen mit beiden Händen, der nur den Mönchen und hohen Beamten vorbehalten ist.

Als wir allein waren, zeigte mir der Dalai Lama voll Stolz seine Rechenaufgabe. Dieses Fach wurde von uns beiden etwas vernachlässigt, denn er verstand es sehr gut, mit der in ganz Tibet gebräuchlichen Abakus-Rechenmaschine umzugehen, und das genügte für seine Bedürfnisse. Die Tibeter erreichen eine erstaunliche Fertigkeit mit diesem Instrument, das früher einmal auch bei uns gebräuchlich war. Ich verlor manchen Wettkampf, den ich mit Bleistift und Papier gegen die Rechenmaschine führte. Das Volk, dem der Abakus nicht zur Verfügung steht, rechnet mit Tonscherben, Pfirsichkernen und Erbsen, wie es in den Schulen gelehrt wird. Ganz einfache Rechnungen werden mit dem Rosenkranz erledigt, den jeder stets zur Hand hat.

Manchmal, ganz selten, kam es auch vor, daß wir bei unserem Beisammensein gestört wurden. Einmal überbrachte ein Leibgardist einen wichtigen Brief. Der riesenhafte Kerl warf sich in seiner ganzen Länge dreimal zu Boden, zog der Etikette gemäß laut seinen Atem ein und überreichte den Brief. Dann verließ er, sich nach rückwärts tastend, den Raum und schloß lautlos die Tür. – In solchen Momenten kam mir erst recht zu Bewußtsein, wie sehr ich das Zeremoniell durchbrach.

Der Brief kam vom ältesten Bruder des Dalai Lama, dem Abt des Klosters Kumbum in der chinesischen Provinz Tschinghai. Dort waren die Rotchinesen bereits an der Macht und unternahmen nun den Versuch, durch Tagtshel Rimpotsche den Dalai Lama zu ihren Gunsten zu beeinflussen. Sein Brief kündete sein Kommen an. Da er schon lange unterwegs war, mußte er wohl bald eintreffen.

Am selben Tag noch machte ich bei der Familie des Dalai Lama einen Besuch. Die Mutter empfing mich mit Schelten. Ihrer Mutterliebe war es nicht entgangen, wie sehr ihr Sohn an mir hing und wie oft er auf die Uhr gesehen hatte, als ich nicht kam. Ich erklärte ihr meine Verspätung und konnte sie überzeugen, daß ich nicht leichtfertig die Stunde versäumt hatte. Beim Abschied bat sie mich, nie zu vergessen, wie wenig an selbstgewählter Freude das Leben ihrem Sohn bot.

Es war vielleicht gut, daß sie selbst einmal gesehen hatte, wieviel dem Dalai Lama unsere gemeinsamen Stunden bedeuteten. Denn nach einigen Monaten wußte bereits ganz Lhasa, wohin ich gegen Mittag immer ritt, und wie zu erwarten war, hatten die Mönche ihre Bedenken gegen die ständigen Besuche geäußert. Da war sie es, die sehr energisch für den Wunsch ihres Sohnes eintrat.

Als ich wieder einmal durch das Tor des Gelben Gartens trat, kam es mir vor, als hätte ich den Dalai Lama durch sein kleines Fenster nach mir spähen gesehen. Dabei schien er mir Brillen zu tragen, und das wunderte mich, denn ich hatte noch nie Brillen bei ihm gesehen. Auf meine Frage gestand er, daß er schon seit einiger Zeit Schwierigkeiten mit seinen Augen hatte. Deshalb trug er zum Studium Augengläser, die sein Bruder ihm durch die indische Vertretung beschafft hatte. Wahrscheinlich hatte er sich als Kind die Augen verdorben, als es sein einziges Vergnügen war, stundenlang durch sein Fernglas auf Lhasa zu schauen. Das viele Lesen und Studieren im dunklen Potala mit seiner schlechten Beleuchtung war auch nicht gerade dazu angetan, sein Augenleiden zu bessern.

An diesem Tag hatte er ein kurzes rotes Jäckchen über seiner Mönchskutte an. Er hatte es selbst entworfen und war sehr stolz darauf. Aber er durfte es nur in seiner Freizeit tragen. Die größte Errungenschaft daran waren die Taschen. Denn die tibetische Kleidung kennt keine Taschen, und er hatte wohl in Zeitschriften gesehen oder an meinen Sakkos bemerkt, wie nützlich sie waren. Wie jeder Knabe seines Alters trug er darin ständig Messer, Schraubenzieher, Süßigkeiten und ähnliche Dinge mit sich herum. Auch seine Buntstifte und Füllfedern brachte er noch darin unter und war wahrscheinlich der erste Dalai Lama, der an solchen Sachen Vergnügen fand. Viel Freude bereitete ihm auch seine Uhrensammlung, die zum Teil noch aus dem Besitz des 13. Dalai Lama stammte. Aber sein liebstes Stück, eine Omega-Kalenderuhr, hatte er von seinem eigenen Geld erworben. Solange er nicht mündig war, stand ihm nämlich nur das Geld zur Verfügung, das an den Stufen seines Thrones geopfert wurde. Später einmal würden ihm die Schatzkammern des Potala und des Edelsteingartens offenstehen, und er würde als Herrscher Tibets einer der reichsten Männer der Welt sein.

»Gebt dem Dalai Lama die Macht!«

Damals wurden zum erstenmal in der Öffentlichkeit Stimmen laut, die eine vorzeitige Mündigkeitserklärung des Dalai Lama verlangten. Man wollte in dieser schweren Zeit lieber einen jungen, in seiner Souveränität unantastbaren Herrscher auf dem Thron haben, als der Cliquenwirtschaft des Regenten ausgeliefert sein, die sich durch ihre Bestechlichkeit schon sehr unbeliebt gemacht hatte. Sie war kaum dazu angetan, einem Volk, dem der Krieg aufgezwungen wurde, Halt und Vorbild zu sein.

In diesen Tagen ereignete sich etwas, was es in Lhasa noch nie gegeben hatte: Eines Morgens klebten Plakate an den Mauern der Hauptstraße zum Norbulingka mit der Aufschrift: »Gebt dem Dalai Lama die Macht!« Als Begründung folgte eine Reihe von Anschuldigungen gegen die Günstlinge des Regenten, denen man schwere Verfehlungen vorwarf.

Diese Plakate kamen natürlich bei meinem nächsten Beisammensein mit dem Dalai Lama zur Sprache. Er hatte bereits durch seinen Bruder davon gehört. Man vermutete, daß die Mönche des Klosters Sera die Urheber waren. Der Dalai Lama war über diese Wendung der Dinge gar nicht erfreut, denn er fühlte sich noch nicht reif genug, um einer so großen Aufgabe gewachsen zu sein. Er wußte, daß er noch viel lernen mußte. Er maß den Maueranschlägen indes nicht viel Bedeutung bei, wichtiger war ihm die Einhaltung unseres Stundenplanes. Die größte Sorge bereitete ihm die Frage, ob er wohl in den westlichen Ländern einen Vergleich mit gleichaltrigen Schülern bestehen oder ob man ihn für einen rückständigen Tibeter halten würde. Ohne zu lügen, konnte ich ihm versichern, daß er überdurchschnittlich intelligent sei und es ihm leichtfallen würde, das größere Wissen der anderen einzuholen. Nicht nur der Dalai Lama hatte solche Minderwertigkeitsgefühle. Oft sagten die Tibeter im Gespräch: »Wir wissen nichts, wir sind so dumm!« Jedoch schon, daß sie dies sagten, bewies das Gegenteil: Sie waren alles eher als beschränkt, sie verwechselten nur Bildung mit Intelligenz.

Mit Hilfe der indischen Vertretung gelang es mir hin und wieder, richtige Spielfilme für unser Kino zu bekommen. Ich wollte damit unser Programm etwas reichhaltiger gestalten und dem Dalai Lama eine Freude bereiten. Als ersten brachte ich den Spielfilm »Heinrich V.« und war schon neugierig auf die Reaktion des jungen Gottkönigs. Zu dieser Vorführung gestattete er auch seinen Äbten den Zutritt, und als es finster geworden war, schlichen sogar die Gärtner und Köche herein, die innerhalb der gelben Mauer beschäftigt waren. Das Publikum kauerte auf den Teppichen auf

Oben: Seine Heiligkeit der Dalai Lama beim Erteilen des Segens
Unten: Der Dalai Lama im indischen Exil in Dharamsala, 1965
Neben ihm seine Schwester Dschetsün Pema und Heinrich Harrer

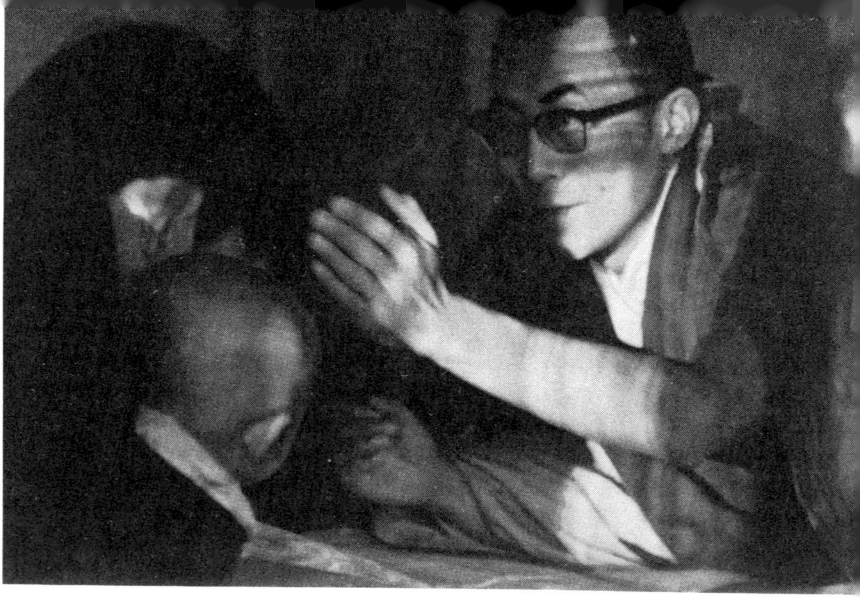

dem Boden des Zuschauerraumes, der Dalai Lama und ich saßen, wie immer, wenn der Film lief, auf der Treppe, die zu den Apparaten führte. Ununterbrochen übersetzte ich ihm flüsternd den Text und bemühte mich, seine Fragen zu beantworten. Es war gut, daß ich mich darauf vorbereitet hatte, denn es ist gar nicht so einfach, als Deutscher Shakespeares Englisch ins Tibetische zu übersetzen. Ziemlich verlegen wurde das ganze Auditorium bei den Liebesszenen, und als wir uns den Film noch einmal zu zweit ansahen, ließ ich diesen Teil weg. Kundün war hell begeistert von dem Film. Das Leben großer Männer interessierte ihn sehr. Nicht nur Herrscher, auch berühmte Feldherren und Techniker riefen seine Wißbegier wach, und er wollte immer wieder von ihren Taten hören. Einen Dokumentarfilm über Mahatma Gandhi, dem man hier große Verehrung entgegenbrachte, sah er sich einige Male an.

Schon vorher war mir seine Geschmacksrichtung angenehm aufgefallen. Als wir einmal unsere Vorräte aussortierten, schied er alle komischen und rein unterhaltenden Filme aus und bat mich, sie umzutauschen. Am meisten sprachen ihn Lehr-, Kriegs- und Kulturfilme an. Einmal dachte ich, ihm mit einem besonders schönen Pferdefilm eine Freude zu machen, mußte aber feststellen, daß er kein besonderes Interesse an Pferden hatte. »Komisch«, sagte er, »daß der vorige Körper« – gemeint war der 13. Dalai Lama – »die Pferde so liebte und daß sie mir nicht viel bedeuten!« Er zog es vor, den Motor des Jeeps zu studieren und seine neuerworbene Leica zu zerlegen. Aber er war doch noch nicht Techniker genug für solche komplizierten Spielereien, und der Erfolg war, daß ich ihm meine Leica leihen mußte.

In dieser Zeit schoß er merklich in die Höhe und wurde, wie es in dem Alter nun einmal zu sein pflegt, ein wenig linkisch und un-

Oben: Seine Heiligkeit der Dalai Lama im Gespräch mit Heinrich Harrer, 1965 in Dharamsala
Unten: Die Familie des Dalai Lama in Neu-Delhi, Dezember 1965. Von links nach rechts: H. Harrer, die Mutter des Dalai Lama, Lobsang Samten und Ngari Rimpotsche, Brüder des Dalai Lama

geschickt mit seinen Gliedern. Dadurch passierte es ihm einmal, daß er seinen Belichtungsmesser fallen ließ. Er war so unglücklich darüber wie ein armer Junge, der sein einziges Spielzeug zerbrochen hat. Ich mußte ihn erst daran erinnern, daß er ja der Herrscher eines großen Reiches sei und sich Belichtungsmesser kaufen könne, soviel er wolle. Immer wieder wunderte ich mich über seine Bescheidenheit. Das Kind irgendeines reichen Kaufmannes war sicher verwöhnter als er, und er hatte weniger persönliche Diener als mancher kleine Adelige. Seine Lebensweise war asketisch und einsam, und es gab viele Tage, an denen er weder essen noch sprechen durfte.

Sein Bruder Lobsang Samten, der einzige, der ihm hätte Gesellschaft leisten können, war ihm geistig bei weitem nicht gewachsen, obwohl er älter war. Anfangs hatte der Dalai Lama darauf bestanden, daß sein Bruder an unseren Unterrichtsstunden teilnehme. Aber für Lobsang Samten war diese Verpflichtung eine Qual, und er bat mich immer wieder, ihn bei Kundün zu entschuldigen. Er gestand mir, daß er von unserer Unterhaltung kaum etwas verstehe und immer entsetzlich mit dem Schlaf kämpfen müsse. Dafür war er weit praktischer in vielen Regierungsangelegenheiten und unterstützte seinen Bruder schon jetzt bei der Ausübung seiner öffentlichen Pflichten.

Kundün nahm die häufigen Entschuldigungen seines Bruders gelassen hin. Ich wunderte mich oft darüber, denn Lobsang Samten selbst hatte mir erzählt, wie aufbrausend er als Kind gewesen war. Jetzt bemerkte ich an ihm nie mehr etwas von dieser Eigenschaft; viel eher war er zu gesammelt und zu ernst für sein Alter. Wenn er aber lachte, dann tat er es mit einer kindlichen Herzlichkeit, und für harmlose Späße war er gerne zu haben. Manchmal boxte er mich im Scherz, und ab und zu neckte er mich auch kräftig. Dabei bewies er seine scharfe Beobachtungsgabe. Ich hatte zum Beispiel die Gewohnheit, bei Fragen, die ich nicht gleich beantworten konnte, das Kinn in die Hand zu stützen, um mich so zu konzentrieren. Als er mich wieder einmal mit einer unbeantworteten Frage nach Hause gehen lassen mußte, sagte er, mir scherzhaft drohend: »Aber stütz morgen nicht erst wieder deinen Kopf, Henrig, sondern erzähl mir gleich alles ganz genau!«

So aufgeschlossen Kundün für alle westlichen Gedanken war,

blieb ihm doch nichts anderes übrig, als sich andererseits den jahrhundertealten Sitten seines Amtes zu fügen. Alle Dinge, die aus dem persönlichen Haushalt des Dalai Lama stammten, galten als unübertreffliche Heil- und Schutzmittel gegen Krankheiten und böse Geister. Alle bestürmten mich immer um die Bäckereien und Früchte, die ich aus der Küche Seiner Heiligkeit mit heimbrachte. Ich konnte meinen Freunden keine größere Freude machen, als ihnen einen Teil davon zu schenken. Die Dinge wurden sofort gegessen, denn es gab ihrer Meinung nach kein besseres Vorbeugungsmittel gegen alles Übel. Das war ja noch harmlos. Weniger Verständnis brachte ich dafür auf, daß man den Urin des Lebenden Buddha trank – ein Mittel, das von allen am meisten begehrt, aber nur in besonderen Fällen gegeben wurde. Der Dalai Lama selbst schüttelte den Kopf darüber und sah es nicht gerne, wenn man ihn darum bat. Aber er allein kam gegen diese Bräuche nicht auf und dachte sich wohl auch nicht allzuviel dabei. In Indien war es ja ein alltägliches Bild, daß die Leute auf den Straßen den Urin der heiligen Kühe tranken.

Ich wußte, wie sehr der junge König hoffte, sein Volk einst aus dem finsteren Aberglauben herauszuführen. Wir konnten kein Ende finden, wenn wir von Aufklärung und künftigen Reformen träumten. Wir hatten schon unseren Plan fertig: Aus kleinen, neutralen Ländern, die keine Machtinteressen in Asien hatten, wollten wir Fachkräfte nach Tibet holen. Mit ihrer Hilfe sollen zuerst das Schul- und Gesundheitswesen aufgebaut und einheimische Kräfte dafür ausgebildet werden. Meinem Freund Aufschnaiter war wohl die größte Aufgabe zugedacht: Als Landwirtschaftsingenieur gab es in Tibet so viel Arbeit für ihn, daß er damit ein ganzes Leben lang nicht fertig werden könnte. Er selbst war Feuer und Flamme für diese Ideen und wünschte sich nichts Besseres, als immer hier wirken zu können. Ich wieder wollte mich dem Schulwesen widmen und hatte damit eine größere Aufgabe gefunden, als ich es mir bei der Wahl des Lehrfaches an der Universität je hätte träumen lassen. Aber das alles lag in einer noch so ungewissen Zukunft. Aufschnaiter und ich hatten genug Voraussicht, uns keinen falschen Hoffnungen hinzugeben. Daß Rotchina Tibet überfallen würde, war unabwendbar. Dann war für uns kein Platz mehr im Land, denn wir standen eindeutig zur Unabhängigkeit dieses kleinen, friedliebenden Volkes.

Die 14. Inkarnation Tschenresis

Als der Ton zwischen Kundün und mir schon sehr vertraut geworden war, fragte ich ihn einmal, ob er mir nicht von seiner Auffindung als Inkarnation erzählen könnte. Ich wußte bereits, daß er am 6. Juni 1935 in der Nähe des großes Sees Kuku-Nor geboren war. Als ich ihm aber zu seinem Geburtstag gratulierte, war ich der einzige, der das tat. Persönliche Geburtsdaten sind in Tibet belanglos, man weiß sie kaum und feiert sie nie. Für das Volk ist es gänzlich unwichtig, wann sein König geboren ist, denn er stellt ja nur eine Wiederkehr Tschenresis dar, des Gottes der Gnade, eines der mehr als tausend Lebenden Buddhas, die auf das Nirwana verzichtet haben, um den Menschen zu helfen. Tschenresi wurde der Landespatron Tibets, und seine Wiedergeburten wurden die Könige von Bö – wie das Land von den Einheimischen genannt wird. Der Mongolenherrscher Altan Khan, der sich zum Buddhismus bekehrt hatte, verlieh den Inkarnationen Tschenresis den Titel Dalai Lama, der bis heute in der ganzen westlichen Welt gebräuchlich ist. Der jetzige Dalai Lama war die 14. Inkarnation. Das Volk sah in ihm weniger seinen König als den Lebenden Buddha, und seine Gebete galten nicht dem Herrscher, sondern dem Landespatron. Für den jungen König war es nicht leicht, die Anforderungen zu erfüllen, die man an ihn stellte. Er wußte, daß man Gottesurteile von ihm verlangen würde, daß alles, was er anordnete und tat, als unfehlbar galt und in die Geschichte des Landes eingehen würde. Schon jetzt bemühte er sich, sich durch wochenlange Meditationen und vertiefte Religionsstudien auf sein schweres Amt vorzubereiten. Er war noch lange nicht so selbstsicher wie die 13. Inkarnation. Tsarong hatte mir ein typisches Beispiel von der Überlegenheit des verstorbenen Herrschers erzählt. Er wollte neue Gesetze herausbringen und stieß dabei auf den erbitterten Widerstand seiner konservativen Umgebung. Man berief sich auf Äußerungen des 5. Dalai Lama über dieselben Fragen. Darauf antwortete der 13. Dalai Lama: »Und wer war der fünfte vorige Körper?« Da warfen sich die Mönche vor ihm nieder. Diese Antwort ließ sie verstummen, denn als Inkarnation war er nicht nur der 13., sondern auch der 5. und alle übrigen Dalai Lamas. Mir kam bei dieser Geschichte unwillkürlich in den Sinn, wie glücklich Tibet war, daß keiner seiner Herrscher den Charakter eines Nero oder Iwans des Schrecklichen besessen hatte. Ein Tibeter freilich stand solchen Überlegungen ohne Verständnis gegenüber – eine Inkarnation des Gottes der Gnade konnte nicht anders als gut sein.

Der Dalai Lama konnte auf meine Frage nach der Geschichte seiner Entdeckung keine befriedigende Antwort geben. Er selbst war damals noch ein kleines Kind gewesen und erinnerte sich nur dunkel an die näheren Umstände. Als er sah, wie sehr ich mich dafür interessierte, gab er mir den Rat, mich an einen der Adeligen zu wenden, die bei seiner Auffindung dabeigewesen waren.

Einer von den wenigen Augenzeugen, die noch lebten, war der jetzige Befehlshaber der Armee, Dzasa Künsangtse. Bereitwillig erzählte er mir an einem Abend den Hergang dieser so überaus geheimnisvollen Geschehnisse.

Schon einige Zeit vor seinem Tod im Jahre 1933 hatte der 13. Dalai Lama Andeutungen über die Art seiner Wiedergeburt gemacht. Nach seinem Tode wurde er, in der traditionellen Buddhastellung nach Süden blickend, im Potala aufgebahrt. Dann aber fand man eines Morgens seinen Kopf nach Osten gewendet. Man befragte gleich das Staatsorakel, und auch der Mönch in seinem Trancezustand warf eine weiße Schleife in die Richtung der aufgehenden Sonne. Aber zwei Jahre lang fand man keine näheren Anhaltspunkte. Da pilgerte der Regent zu einem berühmten See, dem Tschö Khor Gye, um sich Rat zu holen. Von diesem Wasser geht die Kunde, daß jeder Mensch, der hineinblickt, ein Stück Zukunft sehen kann. Leider liegt er acht Tagereisen von Lhasa entfernt, so daß ich nie die nötige Zeit aufbringen konnte, um hinzupilgern und ein paar Aufnahmen von diesem Wundersee zu machen, ja – und auch selbst hineinzusehen.

Als der Regent nach vielen Gebetsübungen vor den Wasserspiegel trat und hineinblickte, hatte er die Vision eines dreistöckigen Klosters mit goldenen Dächern, neben dem ein kleines chinesisches Bauernhaus mit schön geschnitzten Giebeln stand. Voll Dank für den göttlichen Fingerzeig wanderte der Regent wieder nach Lhasa zurück, und nun begannen die Vorbereitungen zur Suche. Das ganze Volk nahm regen Anteil daran, denn es fühlte sich ohne seinen lebenden Schutzpatron schon sehr verwaist. Bei uns ist häufig der Irrtum verbreitet, daß jede Wiedergeburt sich im Augenblick des Ablebens vollziehen müsse. Das ist aber nach der buddhistischen Lehre nicht der Fall, es kann Jahre dauern, bis der Gott wieder aus seinen himmlischen Gefilden zurückkehrt und Menschengestalt annimmt. So machten sich erst im Jahre 1937 verschiedene Suchgruppen auf den Weg, um entsprechend den himmlischen Vorzeichen in der angegebenen Richtung nach dem heiligen Kind zu forschen. Die Ausgesandten waren Mönche, doch zu jeder Gruppe gehörte auch ein weltlicher Beamter. Sie alle führten Gegenstände mit, die aus dem persönlichen Gebrauch des 13. Dalai Lama stammten, und neben diesen oft abgenutzten und schlichten Dingen noch andere, die demselben Zweck dienten, aber prunkvoll und glitzernd neu waren.

Die eine Gruppe, zu der auch mein Gewährsmann gehörte, war unter der Führung des Kyetsang Rimpotsche bis in den Distrikt Amdo in der chinesischen Provinz Tschinghai gekommen. In dieser Gegend gibt es viele Klöster, denn der Reformator des Lamaismus Tsong Kapa ist hier geboren. Die Bevölkerung ist zum Teil tibetisch und lebt friedlich mit den Mohammedanern zusammen. Die Suchgruppe fand eine Reihe von Knaben, aber keiner entsprach den Anforderungen. Sie zweifelten schon an dem Erfolg ihrer Sendung. Endlich stießen sie nach langer Wanderung auf ein dreistöckiges Kloster mit goldenen Dächern. Wie eine Erleuchtung stand die Vision des Regenten vor ihren Augen – und da fiel auch schon ihr Blick auf ein Bauernhaus mit wunderbar geschnitzten Giebeln. Voll Erregung legten sie rasch – wie es bei dieser Suche üblich ist – die Gewänder ihrer Diener an. Hinter dieser Maskerade verbirgt sich ein kluger Sinn. Man vermeidet unnötiges Aufsehen und findet eher Kontakt mit den Leuten, als wenn man als Bönpo auftritt. Die Diener in der Kleidung ihrer Herren werden in die gute Stube geführt, und die als Diener maskierten Adeligen finden ihren Platz in der Küche, wo auch die Kinder des Hauses spielen.

Schon als die Gruppe das Haus betrat, waren sie überzeugt, daß sie hier das richtige Kind finden würden, und warteten gespannt auf das, was nun kommen mußte. Tatsächlich stürzte ihnen ein kaum zweijähriger Knabe stürmisch entgegen und packte den Lama am Gewand, der um den Hals den Rosenkranz des 13. Dalai Lama trug. Ohne alle Scheu rief das Kind: »Sera Lama, Sera Lama!« Es war schon erstaunlich, daß der Knabe in dem Diener einen Lama erkannte, daß er aber gleich sagte, er käme aus dem Kloster Sera, das war selbst für Mönche, die mystische Ereignisse gewohnt sind, verblüffend. Dann griff der Kleine nach dem Rosenkranz und zerrte so lange daran, bis er ihn dem Lama weggenommen und sich selbst um den Hals gehängt hatte.

Den Adeligen fiel es schwer, sich nicht gleich vor dem Kind zu Boden zu werfen, denn für sie gab es keinen Zweifel mehr: Sie hatten die Inkarnation gefunden. Sie verabschiedeten sich indes und kamen erst nach einigen Tagen wieder, diesmal ungetarnt. Sie verhandelten mit den Eltern, die schon einen Sohn als Inkarnation der Kirche gegeben hatten, dann zogen sich die vier Bönpos mit dem aufgeweckten Knaben in das Altarzimmer zurück. Sie verschlossen die Tür und unterzogen das Kind der vorgeschriebenen Prüfung. Zuerst zeigten sie ihm vier verschiedene Rosenkränze, unter denen der des verstorbenen Dalai Lama der schlichteste war. Der Knabe, der ganz natürlich und gar nicht schüchtern war, wählte ohne Zögern den richtigen und sprang damit vor Freude im Zimmer herum. Auch eine Trommel des Verstorbenen, mit der er immer seine Diener gerufen hatte, griff er aus mehreren gleichen heraus und nahm den abgenutzten Spazierstock des Königs, ohne einen neuen mit einem Griff aus Elfenbein und Silber nur eines Blickes zu würdigen. Als man den Körper des Knaben untersuchte, fand man alle Zeichen, die eine Inkarnation Tschenresis aufweisen mußte: die großen, etwas abstehenden Ohren, die Male am Oberkörper, die den Ansatz des zweiten Armpaares des vierarmigen Gottes darstellen sollten.

Jetzt waren die Abgesandten ihrer Sache sicher. Sie telegraphierten in Geheimsprache über China und Indien den Bericht von ihrer Entdeckung nach Lhasa und erhielten auch sofort die Anweisung, gegen jedermann strengstes Stillschweigen zu bewahren, damit keine Intrige den großen Plan gefährden könne. Die vier Abgesandten leisteten vor einer Thanka mit dem Bild Tschenresis, die sie mitgenommen hatten, einen Eid und zogen dann weiter, um zur Tarnung noch einige Knaben zu examinieren. Denn da die ganze Suchaktion sich auf chinesischem Hoheitsgebiet abspielte, mußte man sehr vorsichtig zu Werke gehen. Man durfte um keinen Preis verraten, daß man den richtigen Dalai Lama gefunden hatte, sonst konnte China darauf bestehen, zu seiner Begleitung Truppen mit nach Lhasa zu schicken. Deshalb richtete man an den Gouverneur der Provinz, Ma Pufang, die Anfrage, ob man den Knaben nach Lhasa bringen dürfe, wo aus mehreren Anwärtern der Dalai Lama bestimmt werden sollte. Ma Pufang verlangte 100 000 chinesische Dollar für die Herausgabe des Knaben. Man überreichte ihm sofort den Betrag. Das war jedoch falsch gewesen, denn nun merkten die Chinesen, wieviel den Tibetern an dem Knaben lag. Sie verlangten jetzt noch einmal 300 000 Dollar. Die Delegation, die ihren Fehler eingesehen hatte, gab diesmal nur einen Teil des Betrages, den sie sich von mohammedanischen Händlern auslieh. Der Rest sollte bei der Ankunft in Lhasa den Händlern ausbezahlt werden, die mit der Karawane mitzogen. Der Gouverneur war damit zufrieden.

Im Spätsommer des Jahres 1939 machte sich die Delegation der vier Adeligen mit ihren Dienern, mit den Händlern, dem Kind und seiner Familie endlich auf den Weg nach Lhasa. Monatelang waren sie unterwegs, bis sie die Grenze Tibets erreichten. Dort erwartete sie schon ein Kabinettsminister mit seinem Gefolge und überreichte dem Kind einen Brief des Regenten, der offiziell seine Wahl bestätigte. Zum erstenmal wurde ihm als dem Dalai Lama gehuldigt. Auch die Eltern, die wohl geahnt hatten, daß ihr Sohn eine hohe Inkarnation sein mußte, da man so viel für ihn tat, erfuhren erst jetzt, daß er kein Geringerer als der zukünftige Herrscher Tibets war. Damit war auch ihr Leben an einem Wendepunkt angelangt.

Von diesem Tage an erteilte der kleine Dalai Lama mit einer Selbstverständlichkeit den Segen, als ob er nie etwas anderes getan hätte. Er selbst erinnerte sich heute noch gut daran, wie er in seiner goldenen Sänfte seinen Einzug in Lhasa hielt. Noch nie hatte er so viele Menschen gesehen, denn die ganze Stadt war auf den Beinen, um die neue Verkörperung des Tschenresis zu grüßen, die nach so vielen Jahren der Verwaisung endlich im Potala einzog. Seit dem Tod des »vorigen Körpers« waren schon sechs Jahre vergangen, und von diesen waren fast zwei Jahre verflossen, ehe der Gott Gestalt angenommen hatte. Im Februar 1940 wurde während des Großen Neujahrsfestes feierlich die Thronbesteigung des neuen Dalai Lama begangen. Gleichzeitig bekam er neue Namen wie: der Heilige, der zarte Gloriose, der Sprachgewaltige, der ausgezeichnete Verstand, die absolute Weisheit, der Bewahrer der Doktrin, der Ozean.

Alle waren über die für sein Alter ungewöhnliche Würde erstaunt, die der Knabe besaß, und über den Ernst, mit dem er den stundenlangen Zeremonien folgte. Auch zu den Dienern seines Vorgängers, in deren Obhut er kam, war er so lieb und zutraulich, als ob er sie schon immer gekannt hätte.

Ich war sehr froh darüber, daß ich diese Geschichte gewissermaßen aus erster Hand bekam, denn im Laufe der Zeit hatten sich so viele Legenden um das wunderbare Geschehen gebildet, und ich hatte schon verschiedene Versionen davon gehört.

Vorbereitungen zur Flucht des Dalai Lama

Je näher der Herbst kam, desto öfter wurden die Stunden unseres Beisammenseins unterbrochen. Die Unruhe der Zeit reichte schon bis in die stillen Winkel des Edelsteingartens. Unter dem Druck der Ereignisse begann man den jungen König immer mehr in die Regierungsgeschäfte einzuweihen. Die Nationalversammlung übersiedelte in den Norbulingka, um wichtige Geschehnisse gleich Seiner Heiligkeit mitteilen zu können. Und schon damals verblüffte der junge Dalai Lama die ganze Beamtenschaft durch seinen Weitblick und seine klugen Einwände. Kein Zweifel, das Schicksal des Staates würde nun bald in seine Hände gelegt werden!

Die Lage wurde immer ernster. Aus Osttibet kamen Nachrichten, wonach chinesische Reiterregimenter und Infanterie sich an den Grenzen des Landes konzentrierten. Man schickte Truppen nach dem Osten, obwohl man wußte, daß sie allein zu schwach waren, den Feind aufzuhalten. Tibets Versuche, auf diplomatischem Wege etwas zu erreichen, verliefen erfolglos; die Delegationen waren in Indien steckengeblieben. Auch von außen her war keine Hilfe zu erwarten – das Beispiel Koreas bewies zur Genüge, daß selbst die Hilfe der Vereinten Nationen gegen die Rote Armee wenig ausrichten konnte. Man begann zu resignieren.

Am 7. Oktober 1950 griff der Feind an sechs Stellen zugleich die Grenzen Tibets an. Die ersten Kämpfe fanden statt. In Lhasa erfuhr man erst zehn Tage später davon. Während die ersten Tibeter für die Unabhängigkeit ihres Landes starben, feierte man in Lhasa immer noch Feste und wartete auf ein Wunder. Die Regierung rief nach dem Eintreffen der Unglücksbotschaft die berühmtesten Orakel des Landes zusammen. Im Norbulingka kam es zu dramatischen Szenen. Die greisen Äbte und langjährigen Minister baten die Orakel flehentlich um ihren Beistand in dieser schwersten Stunde. In Gegenwart Kundüns warfen sich die alten Männer mit

Tränen in den Augen den weissagenden Mönchen zu Füßen und flehten sie an, nur dieses eine Mal den richtigen Weg zu weisen. Auf dem Höhepunkt der Trance bäumte sich das Staatsorakel plötzlich auf, fiel dem Dalai Lama zu Füßen und rief: »Macht ihn zum König!« Auch die Weissagungen der anderen Orakel gingen in dieselbe Richtung. Die Stimme der Götter durfte nicht überhört werden, und man begann mit den Vorbereitungen zur Thronbesteigung des jungen Dalai Lama.

Inzwischen waren die chinesischen Truppen schon Hunderte von Kilometern ins Land eingedrungen. Einige adelige Heerführer mit ihren Truppen hatten sich bereits ergeben, andere gaben den Widerstand auf, da sie den Kampf gegen die Übermacht für aussichtslos hielten. Der Gouverneur der Hauptstadt Osttibets sandte eine Radiobotschaft nach Lhasa mit der Bitte, sich ergeben zu dürfen, da jeder Widerstand unnütz sei. Die Nationalversammlung war damit nicht einverstanden, und so floh er nach Sprengung der Munitionslager mit dem englischen Radiooperateur Ford in Richtung Lhasa. Doch schon zwei Tage später schnitt ihnen eine chinesische Armee den Weg ab, und beide wurden gefangengenommen. Das Schicksal des jungen Robert Ford habe ich bereits geschildert.

In höchster Not richtete nun die Nationalversammlung ein Gesuch an die Vereinten Nationen mit der Bitte um Hilfe gegen die Aggressoren. Ein kleines Land war mitten im Frieden überfallen worden unter dem Vorwand, die roten Volksarmeen könnten den imperialistischen Einfluß in Tibet nicht dulden. Die ganze Welt indes wußte, daß es keine fremden Einflüsse in diesem Land gab! Kein anderes verschloß sich so streng gegen alles, was von außen kam. Jeder Ausländer, dem es vergönnt war, einmal tibetischen Boden zu betreten, konnte ein Lied davon singen. Hier gab es keine imperialistischen Einflüsse und nichts zu »befreien«! Wenn jemand die Hilfe der Vereinten Nationen verdiente, dann war es dieses überfallene Land. Aber die Bitte wurde abgewiesen. Die UNO sprach die Hoffnung aus, daß China und Tibet sich friedlich einigen mögen.

Jetzt wurde es auch dem letzten klar, daß das Land, ohne Unterstützung von außen, sich dem übermächtigen Feind ergeben mußte. Alle, die nicht unter fremder Herrschaft leben wollten, begannen ihre Sachen zu packen. Auch Aufschnaiter und ich wußten, daß die Stunde gekommen war, in der wir unsere zweite Heimat verlieren sollten. Der Gedanke an den Abschied bedrückte uns schwer. Aber wir mußten das Land verlassen, wenn wir nicht in seine Politik hineingezogen werden wollten. Es hatte uns seine Gastfreundschaft geschenkt und uns viele Aufgaben gestellt, um deren Lösung wir uns mit ganzem Herzen bemüht hatten. Die Zeit, in der ich dem Dalai Lama Unterricht erteilen durfte, war wohl die schönste meines Lebens. Aber niemals hatten wir mit der Aufrüstung oder Heerführung Tibets etwas zu tun gehabt, wie viele Zeitungen Europas behaupteten.

Die Unglücksbotschaften überstürzten sich. Auch der Dalai Lama begann sich nun um unser persönliches Schicksal Sorgen zu machen. Nach einer langen Unterredung mit ihm kamen wir überein, daß ich jetzt meinen seit langem geplanten Urlaub nehmen sollte, um mehr Bewegungsfreiheit zu gewinnen, ohne zu Gerüchten Anlaß zu geben.

In wenigen Tagen sollte die Übersiedlung in den Winterpalast stattfinden, dort würde vorläufig doch keine Zeit zum Unterricht sein. Ich wollte erst nach Südtibet reisen und die Stadt Schigatse besuchen, dann sollte es weitergehen nach Indien.

Die Mündigkeitserklärung des Dalai Lama stand bevor. Am liebsten hätte man sie gleich durchgeführt, aber die Omina sollten erst die günstigsten Tage dazu bestimmen. Gleichzeitig tauchte die Frage nach dem weiteren Schicksal des jungen Herrschers auf. Sollte der Lebende Buddha in Lhasa bleiben oder sollte er flüchten? Es war üblich, sich bei schwerwiegenden Entscheidungen auch nach den Handlungen der vorherigen Inkarnation zu richten. Deshalb fiel jetzt sehr ins Gewicht, daß der 13. Dalai Lama vor vierzig Jahren vor den Chinesen geflohen war und damit sein Geschick zum Guten gewendet hatte. Eine so ernste Entscheidung konnte indes die Regierung allein nicht verantworten, die Götter mußten das letzte Wort sprechen. In Gegenwart des Dalai Lama und des Regenten wurden zwei Tsampakugeln gedreht und auf einer goldenen Waage geprüft, bis sie gleich schwer waren. Zwei kleine Zettelchen, auf deren einem mit der Hand ein »Ja«, auf dem anderen ein »Nein« geschrieben worden war, wurden in die Kugeln eingerollt und dann in einen goldenen Becher geworfen. Den Kelch drückte man dem Staatsorakel in die Hand, das bereits in Trance seinen Tanz vollführte. Es ließ das Gefäß schneller und schneller rotieren, bis eine der Kugeln heraussprang und zu Boden fiel. Sie enthielt das »Ja«, und damit war entschieden, daß der Dalai Lama Lhasa verlassen sollte.

Ich hatte meine Abreise immer noch hinausgeschoben, denn ich wollte erst die Pläne des Dalai Lama kennenlernen. Es fiel mir sehr schwer, ihn in dieser unheilvollen Zeit zu verlassen. Doch er bestand auf meiner Abreise, und ich tröstete mich damit, daß ich ihn im Süden des Landes noch einmal treffen würde. Denn auch die Vorbereitungen zu seiner Flucht wurden mit allem Eifer betrieben, wenn sie auch streng geheimgehalten wurden, um das Volk nicht zu beunruhigen. Obwohl die Chinesen noch immer einige hundert Kilometer östlich von Lhasa standen und dort vorderhand stehenblieben, fürchtete man, daß ein unerwarteter Vorstoß die Flucht des Königs nach Süden abschneiden könnte.

Trotz aller Geheimhaltung kamen bald Gerüchte in Umlauf; es konnte ja nicht verborgen bleiben, daß der Privatschatz Seiner Heiligkeit weggeschafft wurde. Täglich sah man Karawanen schwerbeladener Maultiere, von den Leibgardisten bewacht, die Stadt verlassen. Da zögerten auch die Adeligen nicht länger und brachten ihre Familien und ihre Wertsachen in Sicherheit.

Nach außen hin ging das Leben in Lhasa seinen täglichen Gang weiter, nur an der Knappheit der Transportmittel konnte man merken, daß viele Leute ihre Tragtiere für eigene Zwecke zurückhielten. Im Basar stiegen ein wenig die Preise, und der Altwarenmarkt war überladener denn je. Nachrichten über die Heldentaten einzelner tibetischer Soldaten verbreiteten sich, aber in ihrer Gesamtheit war die Armee zerschlagen. Die paar Einheiten, die sich noch hielten, würden bald der Strategie des Feindes weichen müssen.

Im Jahre 1910 waren die Chinesen plündernd und brennend in Lhasa eingefallen. Die Furcht vor einer Wiederholung dieser Ereignisse lag jetzt lähmend über der Heiligen Stadt. Allerdings hörte man diesmal immer wieder von der Disziplin und Toleranz der chinesischen Truppen; schon kehrten Soldaten aus ihrer Gefangenschaft zurück, die überall erzählten, wie gut man sie behandelt hatte.

Ich nehme Abschied von Lhasa

Mitte November 1950 verließ ich Lhasa. Ich hätte mich noch immer nicht entscheiden können, wenn nicht eine Transportgelegenheit den Tag bestimmt hätte. Aufschnaiter, der ursprünglich mit mir kommen wollte, überlegte es sich im letzten Moment noch einmal, und so nahm ich auch sein Gepäck mit. Er wollte ein paar Tage später nachkommen.

Schwer war der Abschied von dem Haus, das so lange mein Heim gewesen war, von meinem geliebten Garten und den Dienern, die weinend um mich herumstanden. Mein kleiner Hund drückte sich traurig in meiner Nähe herum, als wüßte er, daß ich auch ihn nicht mitnehmen konnte. Er hätte die Hitze Indiens nicht vertragen, und hier wußte ich ihn wenigstens in guter Hut. Ich nahm nur meine Bücher und Sammlungen mit, alles andere schenkte ich meinen Dienern. Und immer wieder kamen Freunde mit Geschenken und machten mir den Abschied noch schwerer. Mein einziger Trost war, daß ich die meisten von ihnen bald wiedersehen würde, wenn sie im Gefolge des Gottkönigs Lhasa verließen. Viele hielten indes immer noch an dem Glauben fest, daß die Chinesen nie nach Lhasa kommen würden und daß ich nach meinem Urlaub ruhig wieder hierher zurückkehren könnte. Leider teilte ich diese tröstliche Hoffnung nicht. Ich wußte, daß ich Lhasa lange nicht wiedersehen würde, und nahm im stillen Abschied von allen mir liebgewordenen Plätzen. Ich bestieg noch einmal mein

Pferd und nahm meine Kamera, um für mich selbst noch so viele Aufnahmen wie nur möglich zu machen. Sie sollten mir eine ständige Erinnerung sein, und vielleicht konnte ich mit ihrer Hilfe auch die Herzen anderer Menschen für dieses schöne und seltsame Land gewinnen.

Es war ein trüber Morgen, als ich in mein kleines Jakhautboot stieg. Ich wollte den Kyitschu bis zu seinem Zusammenfluß mit dem großen Tsangpo hinunterfahren. Diese sechsstündige Bootsfahrt ersparte mir einen Ritt von zwei Tagen. Mein Gepäck war schon auf dem Landweg vorausgegangen.

Am Ufer standen meine Freunde und Diener und winkten mir traurig nach. Während ich noch schnell ein paar Aufnahmen von ihnen knipste, erfaßte die Strömung das Boot, und bald war das Ufer mit den winkenden Gestalten verschwunden. Um meinen Hals hingen viele weißen Schleifen – Abschiedsgaben, die zugleich Glück für die Zukunft bringen sollten. Ich saß im Boot und konnte meinen Blick nicht vom Potala abwenden, der noch lange das Bild beherrschte, denn ich wußte, daß dort jetzt der junge Dalai Lama stand und mir mit seinem Fernrohr nachsah.

Noch am selben Tag stieß ich zu meiner Karawane, die aus vierzehn Tragtieren, beladen mit meinem Gepäck, und aus zwei Pferden für mich und meinen Diener bestand. Der treue Nyima hatte es sich nicht nehmen lassen, mich zu begleiten. Wieder ging es bergauf und bergab, über Gebirge und Pässe, und nach einer Woche erreichten wir auf der großen Karawanenstraße nach Indien die Stadt Gyantse.

Vor kurzer Zeit war einer meiner besten Freunde hier Gouverneur geworden, und er erwartete mich voller Freude. Ich mußte bei ihm zu Gast bleiben und erlebte hier das Fest, mit dem ganz Tibet den Tag der Regierungsübernahme des jungen Dalai Lama feierte. Die Zeremonien begannen in Lhasa am 17. November, sollten jedoch, dem Ernst der Zeit angemessen, nur drei Tage dauern. Eilboten hatten die Kunde davon in alle Städte und Dörfer des Landes getragen. Von allen Dächern wehten neue Gebetsfahnen, das Volk vergaß für kurze Zeit die sorgenvolle Zukunft und genoß in alter Fröhlichkeit das Fest mit Singen, Tanzen und Trinken. Es war für alle ein Anlaß zur Freude. Noch nie hatte man so viele Hoffnungen an den Regierungsantritt eines Dalai Lamas geknüpft wie diesmal. Der junge Herrscher war über jede Cliquenwirtschaft und Intrige erhaben und hatte schon viele Beweise seines klaren Blickes und seiner Entschlußkraft gegeben. Mit seinem natürlichen Instinkt würde er sich die richtigen Berater wählen und sich gegenüber jeder Beeinflussung durch eigennützige Menschen als unzugänglich erweisen.

Ich wußte aber, daß es zu spät war. Er trat sein Amt zu einem Zeitpunkt an, in dem das Schicksal bereits gegen ihn entschieden hatte. Wäre er ein paar Jahre älter gewesen, hätte der Lauf der Dinge unter seiner Führung eine ganz andere Entwicklung nehmen können.

Im selben Monat noch machte ich von Gyantse aus einen Abstecher in die zweitgrößte Stadt Tibets, Schigatse, die weithin berühmt ist durch das große Kloster Traschilhünpo. Dort erwarteten mich schon sehnsüchtig Freunde, die von mir die neuesten Nachrichten aus der Hauptstadt hören wollten. Hier war man weniger auf eine Flucht eingestellt, denn das Kloster war der Sitz des Pantschen Lama.

Pantschen Lama und Dalai Lama

Diese hohe Inkarnation wurde von den Chinesen seit Generationen als Gegenspieler des Dalai Lama ausgespielt. Ihr jetziger Vertreter war noch zwei Jahre jünger als der junge Gottkönig. Er war in China erzogen worden und wurde von Peking aus als der rechtmäßige Herrscher Tibets proklamiert. In Wirklichkeit hatte er nicht den geringsten Anspruch auf diese Stellung, denn von Rechts wegen stand ihm nur das Kloster Traschilhünpo mit dessen Besitzungen zu. Als Inkarnation Ö-pa-mes stand er in der Wertung der Lebenden Buddhas zwar höher als Tschenresi, doch war er ursprünglich nur der Lehrer des Gottkönigs gewesen. Aus Dankbarkeit hatte ihn der 5. Dalai Lama zu dieser hohen Inkarnation erklärt und mit großartigen Pfründen belehnt.

Auch bei der Auffindung der letzten Inkarnation des Pantschen Lama waren mehrere Knaben in die engere Wahl gekommen. Eines der Kinder war auf chinesischem Hoheitsgebiet gefunden worden, und auch damals weigerten sich die Behörden, den Knaben ohne militärisches Geleit nach Lhasa ziehen zu lassen. Alle Interventionen der tibetischen Regierung blieben erfolglos, und eines Tages erklärten die Chinesen einfach den Knaben als die wahre Inkarnation Ö-pa-mes und den einzig richtigen Pantschen Lama.

Damit hatten sie sich eine wichtige Karte im Spiel gegen Tibet gesichert und waren bereit, ihren Trumpf bis zur letzten Konsequenz auszunutzen. Daß sie Anhänger des Kommunismus waren, hinderte sie nicht, im Radio für seine religiösen und weltlichen Machtansprüche Propaganda zu machen, doch er fand in Tibet nur wenige Anhänger. Diese gehörten natürlich hauptsächlich der Gegend von Schigatse und von seinem Kloster an, denn hier sah man in ihm den Herrn und war nicht gern von Lhasa abhängig. Auch die »Befreiungsarmee« erwartete man hier furchtlos, denn Gerüchte wollten wissen, daß der junge Pantschen Lama mit ihr gemeinsame Sache mache. Ohne Zweifel würde sich ja auch das Volk Tibets gerne seinen Segen holen, denn als Inkarnation eines Buddhas genoß er hohe Verehrung. Aber selbst unter dem Druck der Chinesen würde man ihn nie als Herrscher anerkennen. Diese Stellung war allein dem Dalai Lama als dem Landespatron vorbehalten. So kam es, daß die Chinesen später nicht den gewünschten Erfolg erzielten, sondern darauf verzichten mußten, seine Person bei den Verhandlungen in Lhasa als Trumpf auszuspielen. Sein Machtgebiet blieb wie früher auf das Kloster Traschilhünpo beschränkt.

Bei meinem Besuch nahm ich mir Zeit, auch dieses Kloster genauer anzusehen. Wieder war es eine ganze Stadt, in der Tausende von Mönchen lebten! Heimlich versuchte ich, ein paar Aufnahmen zu machen. Besonders beeindruckt war ich von einer neun Stockwerke hohen goldenen Götterstatue in einem Tempel. Ihr Kopf allein war so riesig, daß man über viele Leitern an ihm hochklettern konnte.

Die Stadt Schigatse selbst liegt nicht weit von dem Kloster entfernt am großen Tsangpo und erinnerte ein wenig an Lhasa, denn sie ist auch von einer Festung überragt. Die Stadt hat zehntausend Einwohner und ist bekannt dafür, daß dort die besten Handwerker Tibets zu finden sind. Hauptsächlich wird hier die Wolle verarbeitet, die mit den riesigen Karawanen aus dem nahen Tschangthang kommt. Auch für seine Teppichweberei ist Schigatse bekannt, obwohl die Teppiche von Gyantse berühmter sind.

Schigatse liegt höher als Lhasa, und sein Klima ist bedeutend kälter. Trotzdem gedeiht hier der beste Weizen des Landes, und der Dalai Lama und viele Adelige beziehen ihr Mehl aus Schigatse.

Der Fluchtweg des Gottkönigs

Nach ein paar Tagen ritt ich wieder zurück nach Gyantse. Dort erwartete mich mein Freund voll Aufregung mit der Nachricht, daß der Dalai Lama wahrscheinlich bald hier durchreisen werde. Denn es war der Befehl gekommen, alle Karawanenstationen empfangsbereit zu machen und die Straßen instand zu setzen – das ließ in Kriegszeiten nur diese eine Deutung zu. Für mich gab es keinen Zweifel mehr, und ich bot dem Gouverneur sofort meine Hilfe für die Vorbereitungen an.

Große Vorräte an Erbsen und Gerste wurden nun in den Karawansereien als Futter für die Tiere angehäuft, und ein Heer von emsigen Händen war beschäftigt, die Straßen zu säubern und auszubessern. Ich begleitete den Gouverneur auf seiner weiten Inspektionsreise. Als wir nach Gyantse zurückkamen, erfuhren wir, daß der Dalai Lama am 19. Dezember Lhasa verlassen hatte und bereits auf dem Weg hierher war. Seine Mutter und seine Geschwister trafen wir gerade bei der Durchreise, nur Lobsang Samten reiste in der Karawane seines hohen Bruders. Auch Tagtshel Rimpotsche sah ich hier nach drei Jahren wieder. Er war gezwungen worden, mit einer chinesischen Eskorte zu seinem Bruder zu reisen und ihm die Botschaft der Chinesen zu überbringen. Natürlich hatten die Chinesen damit nichts erreicht, denn Tagtshel Rimpotsche hatte gar nicht versucht, seinen Bruder zu beeinflussen. Er war froh, den Chinesen entkommen zu sein. Die chinesische Eskorte wurde in Haft genommen, und ein Sendeapparat, den man bei ihr gefunden hatte, von der Regierung beschlagnahmt.

Die Karawane der »heiligen Familie« war übrigens recht bescheiden. Obwohl die Mutter nicht mehr die jüngste war und das Recht auf eine Sänfte gehabt hätte, ritt sie wie die anderen die langen Tagesstrecken. Noch bevor der Gouverneur und ich aufbrachen, um dem Dalai Lama entgegenzureiten, setzte die »heilige Mutter« mit ihren Kindern und Dienern die Flucht nach dem Süden fort.

Ungefähr drei Tagesreisen ritt ich mit meinem Freund die Straße in Richtung Lhasa zurück. Am Karo-Paß stießen wir auf die Vorhut der Karawane Seiner Heiligkeit und sahen nun zu, wie die lange Kolonne, in eine dichte Staubwolke gehüllt, langsam die Paßstraße heraufgekrochen kam. Ungefähr vierzig Adelige bildeten das Geleit des jungen Herrschers, und zweihundert ausgesucht gute Soldaten mit modernen Maschinengewehren und einigen Haubitzen waren die militärische Schutztruppe. Ein Heer von Dienern und Köchen trottete nach, alle um das Wohl Seiner Heiligkeit bemüht, und daran schloß sich der schier endlose Zug der 1500 Tragtiere, die einzeln hintereinander den Berg herauftrabten.

Mitten in der Kolonne wehten zwei Flaggen: die Nationalfahne Tibets und das persönliche Banner des 14. Dalai Lama. Sie zeigten die Gegenwart des Herrschers an. Als ich den jungen Gottkönig auf seinem Schimmel langsam die Paßhöhe heraufreiten sah, fiel mir unwillkürlich eine uralte Prophezeiung ein, die man manchmal in Lhasa flüstern hörte: Der 13. Dalai Lama, soll ein Orakel verkündet haben, würde der letzte in der langen Reihe seiner Vorgänger sein.

Die Weissagung schien sich zu erfüllen. Seit der Krönung waren vier Wochen vergangen, aber der junge Dalai Lama hatte die Herrschaft gar nicht antreten können. Der Feind stand im Land, und die Flucht aus der Hauptstadt war ein weiterer Schritt dem Unglück entgegen.

Als er jetzt an mir vorbeiritt, zog ich meinen Hut, und er winkte mir freundlich zu. Auf der Paßhöhe brannten die Weihrauchfeuer, um den jungen Gott zu begrüßen, aber ein rauher Sturm knatterte unfreundlich in den Gebetsfahnen – schnell zog man weiter zur nächsten Raststation. Dort war alles wohl vorbereitet, ein warmes Mahl wartete schon. Der Dalai Lama sollte im nahen Kloster übernachten. Meine Gedanken weilten in dieser Nacht lange bei ihm. Einsam wie im Potala würde der Knabe in dem ungastlichen Raum sitzen, verstaubte Götterfiguren als einzige Gesellschaft. Kein Ofen spendete Wärme, die papierverklebten Fenster konnten Sturm und Kälte nur notdürftig abhalten, und ein paar Butterlämpchen gaben spärliches Licht.

Der junge Herrscher, der bisher nichts anderes als den Potala und den Edelsteingarten gesehen hatte, mußte nun aus einem so traurigen Anlaß sein Land kennenlernen. Wie sehr mochte er selbst sich nach Trost und Stärkung sehnen! Aber er mußte immer erhaben über allem stehen und ununterbrochen den zahllosen Menschen seinen Segen spenden, die aus allen Himmelsrichtungen gekommen waren, um sich bei ihm Zuversicht zu holen.

Sein Bruder Lobsang Samten machte schwerkrank in einer Sänfte die Reise mit. Er hatte einen Herzanfall erlitten, und ich erschrak, als ich von der Roßkur hörte, die er über sich ergehen lassen mußte. Am Tage der Abreise hatte er mehrere Stunden in tiefer Ohnmacht gelegen, und der Leibarzt des Dalai Lama hatte ihn dadurch wieder ins Leben gerufen, daß er ihm Löcher ins Fleisch brannte. Von ihm erfuhr ich später alle Einzelheiten dieser denkwürdigen Abreise aus Lhasa.

Auf der Flucht: Die blinde Großmutter wird von dem Enkelkind geführt. Im Hintergrund die Berge von Nepal

Die Flucht des Dalai Lama war streng geheimgehalten worden. Man wollte die Bevölkerung nicht beunruhigen und fürchtete, daß die Mönche der großen Klöster alles tun würden, um ihn von seinem Entschluß abzubringen. Deshalb verständigte man erst spät am Abend die zur Begleitung ausgewählten Beamten, daß die Abreise für zwei Uhr nachts angesetzt war. Zum letztenmal wurde im Potala der Buttertee getrunken, dann wurden die Schalen frisch gefüllt stehengelassen – ein abergläubischer Brauch, der baldige Rückkehr erhoffen läßt. Auch darf einen Tag lang kein Zimmer gekehrt werden, das der Verreisende bewohnt hat, denn das wäre ein sehr böses Omen.

Schweigend zog die Kolonne der Flüchtenden durch die Nacht, aus der Stadt hinaus auf der Straße nach dem Norbulingka. Dort sammelte sich der junge Gottkönig noch in einem kurzen Gebet, zum letztenmal in seiner vertrauten Umgebung.

Aber kaum war die Karawane einen Tag lang unterwegs, da hatte sich die Nachricht von seiner Flucht schon überallhin verbreitet. Tausende Mönche aus dem Kloster Dschang schwärmten dem Dalai Lama entgegen. Sie warfen sich vor die Hufe seines Pferdes und flehten ihn an, sie doch nicht zu verlassen. Wenn er wegginge, wären sie ohne Führung und hilflos den Chinesen ausgeliefert. Die Begleiter des jungen Herrschers fürchteten bereits, daß die Mönche versuchen würden, die Weiterreise des Dalai Lama zu verhindern. Aber in diesem kritischen Augenblick erwies sich wieder einmal die starke Persönlichkeit des jungen Herrschers. Mit wenigen Worten erklärte er den Mönchen, daß er mehr für sein Land tun könne, wenn er nicht in die Hände der Feinde falle, daß er Verhandlungen führen und bei günstigem Abschluß sofort zurückkehren würde. Alle atmeten erleichtert auf, als die Mönche unter tausend guten Wünschen weiße Schleifen und Münzen auf die Straßen streuten, zwar immer wieder um baldige Rückkehr bettelten, aber widerspruchslos den Weg freigaben.

Seine Heiligkeit der Dalai Lama 1965 in seinem Exilheim Swargaschram in Dharamsala (Ost-Pandschab, Indien)

Zum erstenmal erblickt der junge Herrscher sein Land

Auch in Gyantse war es inzwischen bekanntgeworden, daß der Dalai Lama durchkommen würde. Wie auf der ganzen, fast fünfhundert Kilometer langen Fluchtstrecke säumte man auch hier die Straßenränder mit weißen Steinchen, damit die bösen Geister ferngehalten würden. Aus den nahen Klöstern eilten Mönche und Nonnen herbei, die ihren Gottkönig sehen und anbeten wollten, die ganze Bevölkerung war auf den Beinen und wartete stundenlang auf sein Kommen. Die indischen Soldaten, die in der Nähe stationiert waren, ritten der Karawane entgegen, um dem Dalai Lama ihre Verehrung zu erweisen.

In allen größeren Orten ging der Einzug in Form einer Prozession vor sich, der Dalai Lama stieg vom Pferd und wurde feierlich in einer Sänfte getragen.

Wir hatten es uns zur Gewohnheit gemacht, immer schon kurz nach Mitternacht aufzubrechen, um den Sandstürmen zu entgehen, die bei Tag ungehindert über das Plateau fegten. Die Nächte waren eiskalt, und der Dalai Lama hüllte sich fester in seinen pelzgefütterten Seidenmantel und zog eine riesige Fellmütze über die Ohren. Besonders bei Morgengrauen sank die Temperatur oft bis auf minus dreißig Grad, und das Reiten war trotz der Windstille eine Qual. Unkenntlich vermummt kam die Karawane meist beim ersten Sonnenstrahl zur nächsten Station, und ich konnte erst dann ein paar Aufnahmen machen, um diese denkwürdige Flucht für den jungen Herrscher und für die Nachwelt festzuhalten.

Oft sprang der Dalai Lama auch unterwegs vom Pferd, bevor ihm seine Äbte noch helfen konnten, und eilte mit seinen jungenhaft langen Schritten den anderen weit voran. Selbstverständlich mußten dann alle Reiter vom Pferd steigen, und die wohlbeleibten Adeligen, die ihr Leben lang nie marschiert waren, blieben kilometerweit zurück. Zwei Tage ritten wir im ärgsten Schneetreiben und froren bitterlich. Alle atmeten befreit auf, als wir die Pässe des Himalaja hinter uns hatten und in wärmere, bewaldete Gegenden hinabstiegen.

Der Dalai Lama war tief beeindruckt von den Eisriesen dieses mächtigsten Gebirges. In den Stunden unseres Beisammenseins im Norbulingka hatte ich ihm oft von den vielen Expeditionen erzählt, die jedes Jahr aus aller Welt in den Himalaja aufbrachen. Er wußte, wieviel den weißen Männern an der Besteigung der hohen Gipfel gelegen war, wenn er es auch nicht verstehen konnte. Niemals wäre es mir gelungen, bei ihm Begeisterung für eine tibetische Expedition zu wecken, zu tief verwurzelt ist in jeden Buddhisten der Glaube, daß der Himalaja der Sitz der Götter ist. Jedes Unglück, das in den Bergen geschieht, gilt als Strafe der Schutzgeister für das Eindringen des Menschen in die Götterwelt.

Wie oft bedauerten Peter Aufschnaiter und ich diese Einstellung! Tibet wäre das ideale Ausgangsland für die Besteigung einer ganzen Reihe von höchsten Berggipfeln der Welt. Wir verbrachten viele Stunden damit, uns die Möglichkeiten auszumalen, Touren zu planen und Routen festzulegen. Mit einer Handvoll guter Bergsteiger hätte uns nichts zurückhalten können, die Besteigung eines der vielen Siebentausender zu wagen, die in erreichbarer Nähe von Lhasa lagen.

Auch zu zweit hätten wir kleinere Touren unternehmen können, aber alles scheiterte daran, daß uns Mittel und Ausrüstung fehlten. An eine Hilfe von außen war nicht zu denken. Wir hatten es am eigenen Leibe erfahren, wie ungern man Ausländer im Lande sah. Es erschien uns immer noch als ein Wunder, daß die Tibeter uns beiden die Erlaubnis gegeben hatten, in ihrer Mitte zu leben, ja daß sie uns sogar in ihre Reihen aufgenommen hatten. Wir waren die ersten Europäer, die von der tibetischen Regierung einen Kontrakt mit Gehaltsbrief bekommen hatten. Die Engländer, die sich oft viele Jahre in Tibet aufhielten, standen immer im Dienst ihrer eigenen Regierung und lebten, wie auf einer Insel, im eigenen Milieu, wenn sie auch höchstes Ansehen in der Bevölkerung genossen und gastliche Aufnahme in die Kreise der Adeligen fanden. Nach meinen Besuchen in der British Mission beneidete ich sie oft sehr um ihren gepflegten Haushalt mit den vertrauten heimatlichen Sitten. Mir fehlten alle Dinge, die notwendig gewesen wären, um meinem Heim eine europäische Atmosphäre zu geben. Hier lernte ich einsehen, daß das Festhalten am eigenen Lebensstil, worin die Engländer es zur Meisterschaft gebracht haben, der beste Schutz ist, um sich nicht an die primitiveren Gewohnheiten anderer Völker zu verlieren.

Aufschnaiter und ich hatten uns immer bemüht, den goldenen Mittelweg zu finden. Wir wollten die Sitten, in denen wir aufgewachsen waren, nicht ganz aufgeben und uns doch den Gewohnheiten des Volkes anpassen, dessen Gäste wir waren. So war eine Verständigung am ehesten möglich, und nur durch diese Einstellung gelang es uns, so viel Einblick in die Mentalität dieses eigenartigen Volkes zu gewinnen. Unsere Anpassungsfähigkeit ging so weit, daß manche Tibeter fest davon überzeugt waren, wir hätten in einem früheren Dasein schon in ihrem Lande gelebt. Unsere Sprachkenntnisse und unser Eingehen auf ihre Sitten führten sie als Beweis für unsere Wiedergeburt an. Ich konnte ihre Meinung zwar nicht teilen, lächelte aber stets freundlich zu solchen Äußerungen, denn ich wußte, daß sie als höchstes Kompliment gedacht waren.

Die Riesenkarawane des Dalai Lama stieg jetzt von den Höhen des Himalaja hinab in die Tannenwälder des Tschumbitales. Immer wieder blickte ich abschiednehmend nach der Eispyramide des Tschomolhari zurück, der noch tagelang in der Ferne zu sehen war. Langsam erwärmten sich unsere steifgewordenen Glieder in der laueren Luft der Niederungen. Der Dalai Lama sah hier zum erstenmal einen richtigen Wald mit munter springenden Bächen und hatte große Freude daran. Auch hier wieder stieg er häufig ab und ging zu Fuß, zum Leidwesen seiner behäbigen Adeligen. An vereinzelten Bauernhäusern ging es vorbei, die mich in ihrem Stil sehr an meine österreichische Heimat erinnerten. Beim Anblick des Dalai Lama warfen sich die Bewohner demütig zu Boden oder verharrten zusammengekauert im Gebet; ununterbrochen begleiteten die Weihrauchfeuer unseren Weg, daß uns der Rauch schon wie eine Nebelwolke umgab. Bei einer kleinen Siedlung mußten wir haltmachen, so viele Menschen waren gekommen, um den Segen ihres Lebenden Gottes zu erbitten. Von einer kleinen Veranda aus segnete der Dalai Lama jeden einzelnen, und viele seiner Untertanen hatten Tränen in den Augen, als sie an ihm vorbeizogen.

Sechzehn Tage nach dem Verlassen der Hauptstadt erreichten wir das vorläufige Ziel der Flucht, das Haus des Distriktsgouverneurs in Tschumbi. Feierlich und mit allen Zeremonien wurde der Dalai Lama in seiner gelben Sänfte durch das Spalier der tausendköpfigen Menge getragen und bezog seinen neuen Wohnsitz, den »himmlischen Palast, Licht und Frieden des Universums«. Das war der neue Name für das bescheidene Haus des Gouverneurs, das hiermit zum Palast erhoben wurde. Nie wieder würde ein Sterblicher in einem seiner Zimmer wohnen, denn jeder Raum, in dem der Dalai Lama eine Nacht verbrachte, bekam die Weihe einer Kapelle. Hinfort und für alle Zeiten würden die Gläubigen dort ihre Opfer darbringen und seinen Segen erflehen.

Die Beamten wurden in den Bauernhäusern der umliegenden Dörfer untergebracht und versuchten, sich dort ohne ihren gewohnten Komfort zurechtzufinden. Die meisten Soldaten mußten ins Landesinnere zurückgeschickt werden, denn es war zu schwierig, ihnen Quartier zu verschaffen und sie zu versorgen. Auch die Tragtiere mußten wieder fort, da schon nach ein paar Tagen das Futter knapp wurde. Alle Zugänge des Tales waren von Posten besetzt, und nur mit einem Sonderpaß konnte man es betreten oder verlassen. Aus jedem Amt war mindestens ein Vertreter mitgekommen, und so wurden bald, wie in Lhasa, regelmäßige Amtsstunden und Sitzungen der Regierung festgelegt. Kuriere eilten zwischen der Hauptstadt und dem Sitz der geflüchteten Regierung hin und her; der Dalai Lama hatte sein großes Siegel mitgeführt, das den Entscheidungen der Torsoregierung in Lhasa erste Gültigkeit gab. Die Kurierreiter stellten unglaubliche Geschwindigkeitsrekorde auf, ein Mann ritt sogar in nur neun Tagen hin und zurück. Die Boten brachten immer die letzten Nachrichten vom Vormarsch der

Chinesen mit; vorläufig stellten sie ja die einzige Verbindung mit Lhasa und der Welt dar. Später erst kam der Engländer Fox mit seinen Geräten nach und richtete unter den primitivsten Verhältnissen eine Sendestation ein.

Die Frauen und Kinder der Adeligen, die die Reise mitgemacht hatten, zogen gleich nach Indien weiter, denn die Unterkunftsmöglichkeiten waren hier sehr beschränkt. Viele benutzten die Gelegenheit zu einer Pilgerfahrt an die heiligen Stätten des Buddhismus in Indien und Nepal. Auch die Familie des Dalai Lama, bis auf seinen Bruder Lobsang Samten, war nach dem Süden weitergezogen und lebte jetzt in einem der Bungalows der Hillstation Kalimpong. Viele sahen hier in Indien zum erstenmal Eisenbahnen, Flugzeuge und Autos; aber nach der ersten Begeisterung sehnten sie sich sehr bald nach ihrer Heimat zurück, die zwar in der Zivilisation nachhinkte, aber für sie der feste Boden ihres Daseins war.

Meine letzten Tage in Tibet

Ich wohnte in Tschumbi selbst, zusammen mit einem Freund, einem Regierungsbeamten, dessen Gast ich war. Meine Aufgabe in diesem Land war zu Ende, und ich langweilte mich jetzt häufig. Doch ich brachte es nicht fertig, von den mir so liebgewordenen Menschen Abschied zu nehmen. Ich kam mir vor wie ein Zuschauer bei einem Drama, dessen schreckliches Ende er ahnt und gerne aufhalten möchte, der aber wie gelähmt den letzten Akt erwartet. Um meine Unruhe zu betäuben, ging ich täglich in die Berge und machte viele Kartenskizzen.

Nur die eine Aufgabe hatte ich noch beibehalten: mit meinem kleinen Kofferapparat die Nachrichtensendungen der ganzen Welt abzuhören und sie laufend dem Außenminister zu übermitteln. Die Chinesen waren im Lande nicht weiter vorgerückt und forderten die tibetische Regierung immer wieder auf, zu Verhandlungen nach Peking zu kommen. Der Dalai Lama und die Regierung hielten es schließlich für das beste, dieser Aufforderung zu folgen, und sandten eine bevollmächtigte Delegation ab. Da jeder Widerstand sinnlos geworden war, spielte die Regierung als Trumpf die Person des Dalai Lama aus, denn sie wußte, daß den Rotchinesen viel daran gelegen war, ihn wieder im Lande zu haben. Ununterbrochen kamen Bittdelegationen aus allen Schichten der Bevölkerung, die ihren Herrscher wiederhaben wollten. Tiefe Niedergeschlagenheit lag über ganz Tibet. Jetzt erst begriff ich wirklich, wie sehr dieses Volk mit seinem König verbunden war. Mit ihm war Segen und Gedeihen vom Land gewichen.

Dem Schutzpatron des Landes, Tschenresi, den der Dalai Lama verkörperte, blieb schließlich nichts anderes übrig, als die Bedingungen der Chinesen anzunehmen und nach Lhasa zurückzukehren.

Nach langem Hin und Her war in Peking ein Vertrag zustande gekommen. Er überließ dem Dalai Lama die innere Verwaltung seines Landes und versprach die vollkommene Achtung der Religion und die Freiheit ihrer Ausübung. Dafür verlangte Rotchina die Vertretung Tibets im Ausland und übernahm die Verteidigung des Landes. Das war der springende Punkt. Er gab Rotchina das Recht, Soldaten ins Land zu schicken, soviel es ihm beliebte, und damit hatte es die Möglichkeit in der Hand, alle weiteren Forderungen durchzusetzen.

Da das Haus des Gouverneurs in einem besonders engen und kalten Teil des Tales lag, den nie ein Sonnenstrahl erreichte, war der Dalai Lama inzwischen in das romantische Dungkhar-Kloster übersiedelt. Dort lebte er zurückgezogen, umgeben von Mönchen und seinen persönlichen Dienern, und fast nie mehr fand sich für uns die Gelegenheit zu einem Beisammensein wie früher in Lhasa. Auch mein Freund Lobsang Samten bewohnte ein Zimmer im Kloster, und ich war manchmal sein Gast. Dann nahmen wir an den langen Spaziergängen des Dalai Lama teil, der oft mit seinen Begleitern die umliegenden Klöster besuchte. Er war schon bekannt wegen seines raschen Gehens – niemand konnte mit ihm Schritt halten. Zum erstenmal hatte er hier die Möglichkeit zu körperlicher Betätigung. Damit ging ihm ein langgehegter Wunsch in Erfüllung, den wir schon in Lhasa oft besprochen hatten. Auch seinem Gefolge tat das Leben hier gut. Um mit ihm mitzuhalten, mußten sie mäßiger sein, und die Mönche gaben das Schnupfen, die Soldaten das Rauchen und Trinken auf. Obwohl die Stimmung oft sehr gedrückt war, vergaß man keines der religiösen Feste, ja man bemühte sich, sie so schön wie möglich zu gestalten. Aber jedes Fest war nur eine schwache Wiedergabe des von Lhasa gewohnten Schauspieles, denn hier fehlten alle Mittel zu Pomp und Aufwand. Eine angenehme Unterbrechung bot die Ankunft einiger indischer Gelehrter, die dem jungen König eine echte Buddhareliquie in goldener Urne überbrachten. Bei dieser Gelegenheit machte ich die letzten und auch besten Aufnahmen vom Dalai Lama.

Glanz und Pomp der Adeligen verblichen immer mehr, je länger wir im Tschumbital weilten. Man ging nur noch zu Fuß, die Pferde hatte man mit wenigen Ausnahmen längst aufgeben müssen. Noch immer hatten sie Diener und brauchten keinen Handgriff selbst zu machen, aber die Bequemlichkeit fehlte, die palastartigen Häuser, die Unterhaltungen und Parties. Dauernd wurden kleine Intrigen gesponnen. Gerüchte kamen und gingen. Im Grunde war es mit ihrer Herrschaft vorbei. Sie konnten keine selbständigen Entscheidungen treffen, sondern mußten sich der Meinung des Dalai Lama anschließen, und wer konnte wissen, ob die Chinesen ihnen nach ihrer Rückkehr ihr Eigentum zurückgeben würden, wenn sie es auch versprochen hatten! Das Ende des Feudalismus war gekommen, das fühlten auch sie.

Ich blieb noch bis zum März 1951 im Tschumbital, dann entschloß ich mich zur Weiterreise nach Indien. Seit Wochen war ich schon voll Unruhe, denn ich wußte, daß ich selbst nicht mehr nach Lhasa zurückkehren konnte. Aber noch war ich Angestellter der tibetischen Regierung und mußte um Urlaub ansuchen, bevor ich abreiste. Er wurde mir sofort gewährt. Der Paß, den mir das Kabinett ausstellte, war sechs Monate gültig und enthielt eine Klausel, die die indische Regierung bat, mir bei der Rückkehr behilflich zu sein. Ich lächelte bitter: Ich wußte, daß ich davon nie würde Gebrauch machen können. In sechs Monaten war der Dalai Lama wahrscheinlich längst nach Lhasa zurückgekehrt und würde als Inkarnation des Gottes Tschenresi geduldet sein, aber nicht mehr als König eines freien Volkes herrschen.

Ich hatte mir lange genug den Kopf zermartert, um eine Lösung für mich zu finden. Bei nüchterner Überlegung blieb Indien der einzige Ausweg. Mit Aufschnaiter stand ich in Briefwechsel. Er konnte sich von Tibet nicht trennen. Einmal hatten wir uns kurz in Gyantse getroffen, und da hatte er mir mitgeteilt, daß er solange wie möglich im Lande bleiben und erst später nach Indien nachkommen wollte. Als wir uns verabschiedeten, wußten wir beide nicht, daß wir uns auf Jahre nicht wiedersehen sollten. Ich nahm sein Gepäck bis Kalimpong mit und deponierte es dort. Dann hörte ich ein Jahr lang nichs von ihm, er war verschollen. Die wildesten Gerüchte tauchten auf, und von vielen wurde er schon totgesagt. Erst als ich selbst schon wieder in Europa war, hörte ich, daß er in unser Märchendorf Kyirong gezogen war und gewartet hatte, bis die Chinesen auch dorthin kamen. Er war buchstäblich bis zur letzten Minute geblieben – ihm war der Abschied noch schwerer gefallen als mir. Ich war glücklich, als sein Verschwinden diese Erklärung fand und aus der Hauptstadt von Nepal sein erstes Lebenszeichen kam.

Noch immer hält ihn der Ferne Osten gefangen, jener Teil der Welt, dem sein unersättlicher Forscherdrang gilt. Es gibt wenige Männer, die den Himalaja und das »Verbotene Land« so gründlich kennen wie er. Was wird er erst zu erzählen haben, wenn er nach all den Jahren heimkehrt! Wenn wir auch gemeinsam dreizehn Jahre in Asien gelebt haben, sieht doch jeder Mensch das Leben durch eine andere Brille.

Dunkle Wolken über dem Potala

Schwer war mein Abschied, den ich nicht länger hinauszögern konnte, und sorgenvoll waren meine Gedanken über das Schicksal des jungen Königs. Der Schatten Mao Tse-tungs würde drohend über dem Potala stehen. Statt der friedlichen Gebetswimpel würden die roten Fahnen mit Hammer und Sichel im Winde wehen – Anspruch auf die Weltherrschaft und Symbol einer neuen Ära in Asien. Vielleicht würde Tschenresi, der ewige Gott der Gnade, auch dieses Regime überdauern, wie schon so manche Einfälle der Chinesen. Ich konnte nur hoffen, daß das friedlichste Volk der Erde nicht durch allzu viele Verfolgungen würde gehen müssen und durch all die Neuerungen nicht zu sehr aus der Bahn geworfen werde! Mochte seine Klugheit ihm helfen, sich zu behaupten! Fast auf den Tag genau sieben Jahre nach meinem ersten Betreten tibetischen Bodens stand ich wieder vor den Steinhaufen und Gebetswimpeln eines Grenzpasses, der nach Indien führte. Damals war ich hungrig und müde gewesen, aber voll Freude, endlich das ersehnte Land erreicht zu haben. Heute begleiteten mich Diener und Pferde, und meine Ersparnisse enthoben mich der Sorge für die nächste Zukunft. Aber eine tiefe Niedergeschlagenheit wollte nicht von mir weichen. Nichts fühlte ich von der Neugierde und der prikkelnden Erwartung, die mich sonst an der Grenze eines neuen Landes ergreifen. Voll Trauer blickte ich nach Tibet zurück. Dort ragte in der Ferne wie ein riesiger Tschörten die Pyramide des Tschomolhari als letzter Gruß.

Vor mir lag Sikkim, hoch überragt vom Kangtschendzonga, dem letzten Achttausender der Erde, den ich noch nicht gesehen hatte.

Ich nahm die Zügel meines Pferdes in die Hand und stieg langsam in die indische Ebene hinab.

Wenige Tage später war ich in Kalimpong, nach vielen Jahren zum erstenmal wieder unter Europäern. Ich war ihren Anblick und ihre

Gesellschaft gar nicht mehr gewohnt. Die Reporter vieler Zeitungen stürzten sich sofort auf mich, sie wollten die neuesten Nachrichten vom Dach der Welt bekommen. Ich konnte mich lange nicht in das laute Treiben hineinfinden, und es fiel mir schwer, mit den Einrichtungen der Zivilisation wieder vertraut zu werden. Indes auch hier fanden sich Freunde, die mir halfen, mich einzuleben. Noch aber konnte ich mich von Indien nicht trennen, denn ich fühlte mich hier dem Schicksal Tibets näher, und immer wieder verschob ich meine Rückkehr nach Europa.

Im Sommer desselben Jahres noch kehrte der Dalai Lama mit seinem Gefolge nach Lhasa zurück. Die tibetischen Familien, die nach Indien geflohen waren, machten sich auf den Heimweg. Dann erlebte ich noch, wie der chinesische Generalgouverneur für Tibet durch Kalimpong zog, um seine Herrschaft in Lhasa anzutreten. Bis zum Herbst 1951 war ganz Tibet von chinesischen Truppen besetzt, und die Nachrichten aus dem Lamaland wurden immer verworrener und seltener. Während ich die letzten Zeilen dieses Buches schreibe, sind viele meiner traurigen Gedanken Wirklichkeit geworden.

Hungersnot herrscht im Lande, denn die zwanzigtausend fremden Soldaten sind eine zu große Belastung. Ich fand in europäischen Zeitungen Aufnahmen, die riesige Plakate am Fuß des Potala mit dem Bild von Mao Tse-tung zeigen. Durch die Heilige Stadt rollen die Panzerwagen. Treue Minister des Dalai Lama sind bereits entlassen, und der Pantschen Lama hat unter dem Waffenklirren der Chinesen seinen Einzug gehalten. Die Chinesen sind klug genug, den Dalai Lama offiziell als Oberhaupt der Regierung anzuerkennen, in Wirklichkeit aber gilt kein anderer Wille als der der Besatzungsmacht. Die hat es sich in Tibet bereits bequem gemacht. Ihrer mächtigen Organisation war es eine Kleinigkeit, schon viele Kilometer Straßen fertigzustellen, die das unwegsame Land fest an das ihre knüpfen.

Ich verfolge alle Geschehnisse mit dem größten Interesse, denn ein Teil meines Ichs ist unlösbar mit Tibet verbunden geblieben. Wo immer ich auch leben werde, die Sehnsucht nach diesem Land wird mich begleiten ... Manchmal glaube ich den Flügelschlag und den Schrei der Wildgänse und Kraniche zu hören, die in den klaren, kalten Mondnächten über Lhasa zogen . . .

Es ist mein großer Wunsch, mit diesem Buch ein wenig Sympathie und Verständnis zu wecken für ein Volk, dessen Wille, in Freiheit und Frieden leben zu dürfen, in der Welt bisher so wenig Beachtung gefunden hat.

Vierzehn Jahre danach

Fast anderthalb Jahrzehnte sind vergangen, seit ich nach dem Einmarsch der Chinesen Tibet hatte verlassen müssen. Leider haben sich meine Wünsche beim Abschied, daß dem Lande das Schlimmste erspart bleiben möge, nicht erfüllt. Trügerisch war auch meine Hoffnung, daß zwischen den so ungleichen Vertragspartnern eine loyale Zusammenarbeit möglich sei. Weder die Bereitwilligkeit des Dalai Lama, die Bedingungen des Vertrages zu erfüllen, noch die Klugheit der Tibeter konnte erreichen, daß den Tibetern die ihnen im Siebzehn-Punkte-Abkommen zugesicherte Selbständigkeit wenigstens in der inneren Politik oder auch die Freiheit der Religionsausübung erhalten blieb. Offenbar hatten die Chinesen von vornherein gar nicht die Absicht gehabt, sich an das Abkommen zu halten.

Welches Ausmaß an Unterdrückung und Grausamkeit aber die gnadenlosen und systematischen Maßnahmen der neuen Machthaber erreicht hatten, erfuhr die Weltöffentlichkeit erst durch den Bericht der Internationalen Juristenkommission im Juli 1960. Diese unabhängige Vereinigung von etwa 40 000 Juristen aus aller Welt hatte einen Rechtsausschuß zur Untersuchung der von den Invasoren in Tibet begangenen Verletzungen des Völkerrechts und der Menschenwürde eingesetzt. Das Ergebnis dieser Untersuchung war ebenso erschütternd wie eindeutig: Die theokratische Gesellschaftsstruktur und die uralte Kultur Tibets sind zum Tode verurteilt, Tibet als selbständige Nation droht unterzugehen.

Der von den Chinesen vorgezeichnete »Weg zum Sozialismus« setzt eine vollständige Änderung der Lebensgewohnheiten der Tibeter voraus. Die Zerstörung des religiösen Glaubens und aller kirchlichen Institutionen ist bei dieser Zielsetzung geradezu eine zwangsläufige Notwendigkeit. So wurden alte, berühmte Klöster mit ihrem gesamten kulturellen Besitz geplündert, ihrer wirtschaftlichen Existenzgrundlage beraubt oder gänzlich zerstört, die Mönche aber zur Zwangsarbeit, Deportation nach China und zur Aufgabe des Zölibats gezwungen. Viele geistliche Führer und Lehrer wurden hingerichtet, und während Tausende von Tibetern zwangsweise nach China umgesiedelt wurden, trafen Millionen chinesischer Aussiedler im Lande ein. Diese von den Chinesen so forcierte Masseneinwanderung hatte zum Ziel, die Tibeter zu einer hoffnungslosen Minderheit im eigenen Lande zu machen. »Umerziehung« der tibetischen Jugend und andere »sozialistische« Maßnahmen sollten den Umformungsprozeß vollenden. Natürlich rief diese Schreckensherrschaft im Volke Unruhe und Unzufriedenheit hervor; Gegenmaßnahmen waren die unausbleibliche Folge. Schließlich führte die gnadenlose Verfolgung der unmenschlichen Ziele der Eroberer zum offenen Widerstand der gequälten Bevölkerung.

Der Freiheitskampf der Tibeter

Die Geschichte des tibetischen Freiheitskampfes begann im Herbst 1954. Damals fingen die Rotchinesen an, ihre Gewaltherrschaft über Tibet in den Gebieten von Litang, Tschating, Batang und Tranko und in anderen osttibetischen, schon außerhalb der Staatsgrenzen liegenden Gebiete systematisch auszubauen. Dort in der osttibetischen Provinz Kham leben die berühmten Khampas. Es ist der »Wilde Westen« Tibets. Die Gegend ist voll von Räubern, und die Bevölkerung ist seit urdenklichen Zeiten daran gewöhnt, Gewehre und Pistolen zu ihrem Schutz zu tragen. Die Chinesen befürchteten nun, daß sich diese Waffen gegen chinesische Soldaten richten könnten, und befahlen darum im Oktober 1954, daß alle Waffen samt Munition der Polizei abzuliefern seien. Die Khampas weigerten sich jedoch.

Dieser Kampf um die Kontrolle der Khampa-Waffen ging durch das ganze Jahr 1955, wobei die Chinesen fast immer den kürzeren zogen. In Lhasa und im übrigen Tibet hatten die Führer des Volkes durchaus den guten Willen, mit den Chinesen auszukommen. Niemand kann leugnen, daß Lhasa, voran der Dalai Lama, die ehrlichsten Anstrengungen machte, um friedlich unter der aufgezwungenen chinesischen Herrschaft weiterleben zu können. Es waren die Chinesen selbst, die durch ihre harten Maßnahmen den Aufstand auslösten. Und gerade der Khampa-Konflikt von 1955 bildete den Ausgangspunkt für die Zwistigkeiten zwischen den Tibetern und ihren Unterdrückern.

Im Herbst verlangten die Chinesen, daß alle Pferde, Maulesel, Schafe, Ziegen und jedes Stück Weide- oder Ackerland zur Versteuerung einzutragen seien; der Steuerertrag sollte ohne Verzug nach Peking weitergeleitet werden. Außerdem gingen die chinesischen Steuerbeamten in alle Klöster, um den Wert der Idole und heiligen Bücher zu schätzen, damit Peking sie mit Steuern belasten konnte.

Die nächsten Maßnahmen waren Landreformen. Die Chinesen

versuchten die Leibeigenen gegen ihre Herren aufzuhetzen. Sie fanden auch einige Unzufriedene, wie es sie in jedem Lande gibt, und bezahlten dafür, daß sie Unruhe stifteten. Im Herbst 1955 glaubten die Chinesen, daß alles genügend vorbereitet sei, um öffentliche Gerichtsverfahren gegen die tibetischen Landbesitzer inszenieren zu können. Aber gerade dies war reiner Hohn für ein Land, in dem der Feudalismus seit Jahrhunderten herrschte. Die Landbesitzer wurden vor Gericht geschleppt, wie Verbrecher behandelt und vom Pöbel beleidigt. Den bezahlten Hetzern hatte man versprochen, daß sie das ganze Land bekämen, nachdem man es ihren »Ausplünderern« weggenommen habe. Es gab ein schlimmes Erwachen für die Leute, als sie gewahr wurden, daß die besten Stücke des enteigneten Landes den chinesischen Ansiedlern und Soldatenfamilien vorbehalten blieben.

Viele Grundherren waren Khampas. Das ist ein außergewöhnlich harter, aufrechter Menschenschlag, der solch eine Behandlung keineswegs ruhig hinnimmt. Es ist deshalb nicht verwunderlich, daß um diese Zeit dem Volk ein Held und Befreier in der Provinz Kham erstand. Es war der 44jährige Andrutshang, das Haupt einer der ältesten, reichsten und geachtetsten Familien der Khampas. Er war in ganz Tibet als gütiger, hilfsbereiter Mensch bekannt, der immer als einer der ersten tief in die eigenen Taschen griff, wenn andere sich in Not befanden. Diese Mann war es, der jetzt in die Wälder ging und sich an die Spitze einer Handvoll Freunde stellte, um die chinesische Fremdherrschaft zu bekämpfen. Zuerst begnügten sie sich damit, mit Steinlawinen die von den Chinesen als Verbindungswege benutzten Gebirgsstraßen unbrauchbar zu machen. Bald aber begannen sie, chinesische Außenposten zu überfallen und Waffen, Munition und die so bitter nötigen Nahrungsmittel zu requirieren. In drei Monaten war ihre Gefolgschaft zu mehreren Hundert angewachsen, welche die Chinesen in der ganzen Provinz bekämpften. Die Chinesen antworteten mit der Bombardierung von Tschating, Batang und Tranko und der Zerstörung von Klöstern.

Danach bombardierten sie Tschekundo und Litang, zwei

Städte, die im Verdacht standen, die Khampas zu unterstützen. Inzwischen führte Andrutshang seine Männer gegen Lhasa, weil er hoffte, dort einen nachhaltigen Einfluß auf die lokale Regierung und verstärkten Druck auf die Chinesen ausüben zu können. Im Frühjahr 1958 waren große Gruppen kämpfender Khampas um Lhasa versteckt. Viele Händler und Grundbesitzer aus Kham und anderen Landesteilen waren in die Hauptstadt gezogen, weil sie sich dort vor der chinesischen Rache sicherer fühlten. Bald war die Hauptstadt übervölkert, von Tag zu Tag wurde der Mangel an Nahrungsmitteln spürbarer.

Zu diesem Zeitpunkt herrschte in ganz Tibet Unruhe. Die Khampa-Kämpfer übten die Kontrolle über große Gebiete aus. Die chinesischen Soldaten wagten es nicht mehr, sich weit von ihren Baracken zu entfernen, und der chinesische Gouverneur in Lhasa befürchtete ernsthafte Schwierigkeiten. Da er wußte, daß sich Hunderte von Khampa-Widerstandskämpfern in der Heiligen Stadt versteckt hielten, erließ er den Befehl, daß alle nicht in der Stadt Ansässigen sofort in ihre Heimstätten zurückzukehren hätten. Die Atmosphäre war aufs höchste gespannt, als an einem Aprilmorgen der chinesische Gouverneur seinen Truppen befahl, die auswärtigen kleinen Händler und Besucher der Hauptstadt zu verhaften. Sie faßten rund achthundert Tibeter an einem Tag und befahlen ihnen, Lhasa zu verlassen. Auch nur einen einzigen Khampa zu verhaften, wagten sie aber nicht, weil sie die Vergeltung des Andrutshang fürchteten.

Dieser hatte die Ereignisse von seinem Versteck aus beobachtet. Er spürte, daß die Zeit für größere Operationen gekommen sei. Seine Anhänger mußten alle zugänglichen Waffen mit Munition aufkaufen. Unter seiner Gefolgschaft von etwa dreitausend mutigen, jungen Khampas bestanden viele darauf, in die »Khelenpa«, eine Art Himmelfahrtskommando, aufgenommen zu werden. Das waren ausgesuchte Gruppen junger Kämpfer, die eine Spezialausbildung erhielten und entschlossen waren, lieber für ein freies Tibet zu sterben als unter der chinesischen Fremdherrschaft zu leben.

Im Mai 1958 befahl nun Andrutshang seiner kleinen Armee, sich in Gruppen von drei oder vier Mann nach Nyemo, achtzig

Kilometer südlich von Lhasa, zu begeben und sich außerhalb dieses Dorfes zu sammeln. Er wußte, daß sich in dem vor Nyemo gelegenen Kloster ein geheimes Arsenal der Regierung von Lhasa befand. Er wußte aber auch, daß er nur die chinesische Garnison von Nyemo zu vernichten brauchte, um die Mönche zur Öffnung des Arsenals zu veranlassen.

Nyemo lag in ruhigem Schlaf, als Andrutshangs Truppen in einer klaren Mondnacht losschlugen. Die chinesische Besatzung, rund zwölfhundert Mann, schlief ebenfalls, mit Ausnahme der meist aus jungen Zwangsrekrutierten bestehenden Schildwachen, die bereits genug davon hatten, in der »chinesischen Volksbefreiungsarmee« zu dienen. Kurz nach Mitternacht griffen Andrutshangs Männer an. Mit Gewehren, Pistolen und Schwertern bewaffnet, überwältigten sie im Überraschungsangriff zuerst die Wachen und dann die ganze Garnison. Im Morgengrauen lagen tausend Chinesen erschlagen auf dem Kampfplatz, der Rest war geflüchtet. Bis Tagesanbruch aber waren die Khampas wieder verschwunden. Fünfhundert neue Gewehre aus dem Klosterarsenal und eine große Menge Munition waren ihre Beute. Mit neuen Waffen konnten die Khampas auch neue Rekruten ausrüsten, die sich nun immer zahlreicher in die Reihen Andrutshangs drängten, der zu einem richtigen Nationalhelden geworden war. Sie fuhren fort, die chinesischen Verbindungswege zu zerstören und kleine Überfälle auszuführen. Sie schnitten auch die Straße zwischen Lhasa und Schigatse ab, wo der Pantschen Lama im Kloster Traschilhünpo residierte. Endlich zerstörten sie die wichtigste Fähre über den Brahmaputra und zogen dann nach Konka Dzong. Hier überraschten sie chinesische Verstärkungstruppen. Sie töteten zweihundert Chinesen in einer regelrechten Schlacht und zerstörten neununddreißig Lastwagen. Wieder erbeuteten sie große Mengen an Waffen und Munition.

Im Herbst 1958 fühlten sich die Khampa-Kämpfer stark genug, um eine offene Feldschlacht zu wagen. Andrutshang wählte Tsetang als Operationsfeld, eine größere Handelsstadt südlich des Brahmaputra. Die Chinesen hatten sie als Garnisonstadt befestigt. Sie hatten jahrelang Zeit gehabt, sich dort einzugraben. Ihre

Hauptverteidigung bestand aus einem anderthalb Meter tiefen und drei Meter breiten Wassergraben. Niemand konnte hoffen, diesen Graben zu überqueren, ohne von den Soldaten entdeckt zu werden, die Tag und Nacht dort Wache standen. Dieser chinesische Stützpunkt galt deshalb als unangreifbar.

Die Bewohner von Tsetang aber waren der chinesischen Besatzung reichlich überdrüssig. Diejenigen, welche die Geheimnisse der chinesischen Verteidigung kannten, verrieten sie gern Andrutshang. So geschah es, daß in einer finsteren Nacht einige mutige Tsetanger ihr Leben riskierten, zu den Hauptkontrollpunkten schlichen, die Wachen töteten und die Räder in Bewegung setzten, die den Wassergraben leerten. Unter dem Schutz der Dunkelheit stürmten nun Andrutshangs Männer die Garnison. Die Schlacht dauerte mehrere Stunden, bis schließlich dreitausend Chinesen tot auf dem Schlachtfeld lagen.

Das war der größte Sieg der Khampas. Aber sie ruhten nicht. Im November 1958 kämpften bereits zwölftausend Khampas unter der Führung Andrutshangs und kontrollierten das ganze Gebiet südlich des Brahmaputra und östlich von Gyantse. Überall wurden sie von den Einwohnern unterstützt. Denn jetzt handelte es sich nicht mehr um eine Revolte von Grundbesitzern und Kaufleuten, sondern um einen allgemeinen, nationalen Aufstand, an dem alle Schichten der Bevölkerung teilnahmen, um ihr Land von den verhaßten Unterdrückern zu befreien.

In der Zwischenzeit hatte sich die Lage in Lhasa zugespitzt. Im Frühjahr 1958 waren die Chinesen bereits überzeugt, daß viele hohe Beamte der Regierung, die nach außen mit den Chinesen zusammenarbeiteten, heimlich den Khampas halfen. Aber sie konnten keine Beweise dafür finden. Im Sommer 1958 waren die Chinesen so beunruhigt, daß sie als »Beweis des guten Willens« verlangten, der Dalai Lama solle seine eigenen Soldaten und seine persönliche Leibgarde zur Bekämpfung der Khampas einsetzen.

Zu dieser Zeit begann des Dalai Lama wohlabgewogenes diplomatisches Spiel um Zeitgewinn. Die Tibeter sind von Natur aus ein friedliches Volk. Sie erheben niemals ihre Stimme, wenn sanfte Antwort Streit auszuschließen verspricht. Als die Chinesen nun den Dalai Lama baten, seine eigenen Soldaten gegen die Khampas auszusenden, antwortete er ihnen höflich, daß er dies gern tun würde, aber bedauere, daß seine Soldaten dafür zu schlecht ausgerüstet und keine ebenbürtigen Gegner der Khampas wären. Als die Chinesen daraufhin anboten, sie entsprechend zu bewaffnen, drückte der Dalai Lama wieder sein Bedauern aus: Es sei eine traurige Angelegenheit, aber er könne seinen eigenen Soldaten nicht so weit trauen, daß sie nicht zu den Khampas überlaufen würden.

Während dieser diplomatische Briefwechsel hin und her ging, nahte der Zeitpunkt, an dem der Dalai Lama seinen – alle paar Jahre fälligen – offiziellen Besuch bei den »Drei Säulen des Staates«, das heißt den drei Hauptklöstern Tibets, in Drebung, Sera und Ganden, zu machen hatte. Die Äbte dieser drei Klöster gehörten zu den einflußreichsten Männern Tibets. Sie benutzten den Besuch des Dalai Lama, um lange Ratssitzungen mit ihm und seinen Ministern abzuhalten. Es war Juli 1958, und die Führer des Volkes mußten damals schon um das Leben des jungen Königs bangen. So beschlossen sie, ein Edikt herauszugeben, nach dem niemand mehr zum Dalai Lama vorgelassen werden dürfe, der nicht vorher eine schriftliche Bewilligung der Kaschag, also des Ministerrats, erhalten hätte. Mit dieser Maßnahme hoffte man, die Chinesen dem Palaste des Dalai Lama fernzuhalten und seine befürchtete Ermordung oder Verschleppung zu verhindern.

Die Chinesen verstanden und waren über dieses Edikt wütend. Der Militärgouverneur antwortete, da die Kaschag nicht das Volk repräsentiere, sei dieser Erlaß ungültig. Der Ministerrat reagierte darauf sehr klug. Man bildete eine neue Tsongdü, eine neue Volksvertretung, um die beim Einmarsch der »Volksbefreiungsarmee« von den Chinesen aufgelöste zu ersetzen. Die alte Tsongdü war eine etwas schwerfällig funktionierende Versammlung von sechshundert Vertretern aus allen Schichten des Volkes gewesen: Adlige, Mönche, Kaufleute, Kleinhändler und Handwerker. Sie repräsentierten die Stimme des Volkes, und wenn sie auch keine ausführende Gewalt besaß, so hörte die Kaschag doch auf ihre Beschlüsse. Die neugebildete Tsongdü, deren Vertreter aus denselben

Volksgruppen gewählt wurden, bestand nur aus sechzig Mann. Die Kaschag unterrichtete die Chinesen, daß sie fortan den Dalai Lama durch diese tibetische Volksvertretung erreichen könnten. Das war im Oktober 1958.

Ein schützender Wall umgab den jungen König. Der chinesische Gouverneur unternahm auf Befehl Pekings die größten Anstrengungen, ihn zu durchbrechen. Des Dalai Lama Berater dagegen machten gleiche Anstrengungen, ihn zu befestigen. Im November 1958 sandten die Chinesen dem Dalai Lama eine Einladung zur Teilnahme an der im Januar in Peking stattfindenden Nationalversammlung der chinesischen Volksrepublik. Nun begann das diplomatische Spiel um Zeitgewinn von neuem. Der Dalai Lama sandte Tschou En-lai eine Botschaft des Inhalts, daß er gerne bereit sei, teilzunehmen, aber bedauerlicherweise stünden ausgerechnet in diesem Monat seine Doktorexamen bevor und der chinesische Premierminister würde doch sicher Verständnis für deren Wichtigkeit haben. Die Chinesen – im Bestreben, den Dalai Lama unter ihren Einfluß zu bekommen – antworteten, daß sie die Nationalversammlung zu einem späteren Zeitpunkt abhalten könnten. Doch das ganze tibetische Volk verlangte nun, daß ihr Dalai Lama unter keinen Umständen nach Peking reisen dürfe.

Auch eine geheime Untergrundbewegung von Jugendlichen, die Tsogpa, arbeitete bereits in der Hauptstadt. Diese Jungen prägten schon die Schlagworte, die bald vom ganzen Volk verbreitet wurden: »Geht heim, Chinesen – wir wollen die Unabhängigkeit!«

In dieser äußerst kritischen Zeit – es war am 9. März 1959 um zehn Uhr vormittags – fuhr ein Verräter auf seinem Fahrrad zum Norbulingka-Palast, um den Dalai Lama in eine chinesische Falle zu locken. Als Judas hatten die Chinesen den Mönch Phagpala erwählt. Es war üblich, daß alle Mönchsbeamten zum Zehn-Uhr-Morgen-Empfang des Dalai Lama erschienen. Zu dieser täglichen Versammlung der hundertfünfundsiebzig höchsten Beamten erschien also am 9. März auch Phagpala. Er trug die übliche lose braune Mönchskutte und eine gelbe Jacke. Er benutzte die Gelegenheit, abseits im Flüsterton mit dem Dalai Lama zu sprechen. Im Namen des chinesischen Generalgouverneurs von Tibet, des Generals Tan Kuan-san, lud er ihn unter dem Siegel tiefster Verschwiegenheit ein, am nächsten Tag an einer chinesischen »Theatervorstellung« in der Garnison des chinesischen Militärkommandos teilzunehmen. Der verräterische Mönch betonte ausdrücklich, daß es sich um eine inoffizielle Einladung handle und der Dalai Lama daher – im Interesse der chinesisch-tibetischen Beziehungen – ohne seine Kaschagminister und nur mit drei bis vier unbewaffneten Begleitern erscheinen solle.

Der Dalai Lama nahm diese »Einladung« mit gespielter Begeisterung an. Jedoch schon die Art und Weise der Aufforderung verstieß strikt gegen das Protokoll des Palastes. Der Dalai Lama verständigte deshalb sofort seinen ältesten Lehrer Jongdzin Rimpotsche. Der erkannte die große Gefahr und zog jene drei Mitglieder der Kaschag ins Vertrauen, deren Loyalität außer Frage stand: Surkhang, Schasur und Liuschar. Diese Getreuesten der Getreuen hatten eine lange Besprechung, die sich bis tief in die Nacht vom 9. zum 10. März ausdehnte. Sie waren überzeugt, daß die Chinesen den Dalai Lama aus Lhasa entfernen wollten, um ihn zu vernichten, wenn er sich nicht als gefügige Marionette von ihnen gebrauchen lassen würde. In dieser Nacht wurde zum erstenmal eine Flucht nach Indien in Erwägung gezogen. Da die Vertrauten aber zögerten, eine so schwerwiegende Entscheidung allein zu treffen, riefen sie die neugebildete Tsongdü der sechzig Volksvertreter zusammen. Diese wiederum beschloß, eine wesentlich größere Anzahl von Volksvertretern zur Beratung heranzuziehen. So trafen an diesem geschichtlichen Morgen des 11. März 1959 nahezu tausend Tibeter – Adlige, Kaufleute, Mönche, Kleinhändler und Handwerker – zusammen und berieten ganze sieben Tage hindurch, wie sie das Leben ihres geliebten religiösen und staatlichen Oberhauptes retten könnten. Allgemein war man sich darüber einig, daß der Dalai Lama in höchster Gefahr schwebte. Es war die größte Versammlung von Vertretern des Volkes, die jemals in Tibet zusammengetreten war, und ihre erste Entscheidung bestand darin, den völkerrechtswidrig zustande gekommenen Siebzehn-Punkte-Vertrag mit den Chinesen für null und nichtig zu erklären.

Während in aller Eile die Volksversammlung einberufen worden war, liefen in den Straßen von Lhasa die wildesten Gerüchte um. Leben und Sicherheit des geliebten Dalai Lama seien in Gefahr! Schon im Morgengrauen des 10. März stellten sich die Frauen von Lhasa vor den Toren des Juwelengartens des Norbulingka-Palastes auf. Um acht Uhr hatten sich dort bereits tausend Frauen versammelt. Sie waren entschlossen, keinen einzigen Chinesen durchzulassen. Um zehn Uhr erschienen die hohen Lamas zu ihrer täglichen Versammlung beim König. Bis zum Mittag wuchs die schützende Menschenmauer um den Palast zu einer dichten Menge von mehr als zehntausend Frauen, Männern und Kindern an, die alle Eingänge des Norbulingka undurchdringlich umgaben. Die Stimmung war explosionsgeladen. Die Menge wußte, daß der Dalai Lama zu einer »Theatervorstellung« in der chinesischen Garnison erwartet wurde – sie alle aber waren entschlossen, dies um jeden Preis zu verhindern.

Der Verräter Phagpala verließ an diesem Tag den Norbulingka-Palast am Ende des Morgenrates zusammen mit den anderen Mönchen. Kurz darauf jedoch kehrte er zurück – offensichtlich, um den Dalai Lama in die chinesische Garnison zu begleiten. Dieses Mal war er aber nicht mehr als Mönch gekleidet: Er trug eine chinesische Jacke und einen weißen Schal, der die untere Hälfte seines Gesichts verdeckte. Auf die Art hoffte er, unerkannt durchzukommen. Als ihn die Posten des Haupteingangs anhielten, zog er eine Pistole aus seiner Jacke. Bevor er sie aber abfeuern konnte, überwältigten ihn die Wachen und rissen den Schal von seinem Gesicht: Die Menge erkannte ihn sofort! Wilde Empörung flammte auf. Ein Mann spaltete den Kopf des Verräters mit seinem tibetischen Schwert.

Während der sieben Tage, als die Tsongdü zu Rate saß, blieb die Volksmenge Tag und Nacht um den Norbulingka-Palast versammelt. Es bildete sich spontan eine Volkswehr von fünfzehntausend Menschen, von denen jeder einzelne bereit war, sich für den Dalai Lama töten zu lassen.

Derweil blieben die chinesischen Soldaten in ihren Baracken. Kein chinesischer Offizier wagte es, sein Quartier zu verlassen.

Eine große Zahl Tibeter staute sich vor dem indischen Konsulat und bat um indische Unterstützung. Da gab der chinesiche Gouverneur den Befehl, zwei Granaten auf den Norbulingka-Palast abzuschießen. Doch gerade diese Schüsse entschieden die Situation: Wenige Stunden danach war die »Beute«, um die der Gouverneur kämpfte – der Dalai Lama, dessen Hilfe er brauchte, um die Tibeter zu unterdrücken –, bereits seinen Bewachern entkommen.

Schließlich war es einer jener bekannten fürchterlichen Sandstürme, der es dem Dalai Lama, seiner Familie, seinen Lehrern, Ministern und einem Gefolge von achtzig Begleitern, Wachen und Dienern ermöglichte, unentdeckt aus dem Palast zu fliehen. Der Sandsturm, der sich am Spätnachmittag erhob und bis in die Abendstunden tobte, verdunkelte auch die Strahlen der Scheinwerfer, welche die Chinesen auf den Juwelengarten gerichtet hatten. Jeder einzelne der fünfzehntausend wachestehenden Tibeter mußte sich den Mantel über den Kopf ziehen und so eingemummt sich stundenlang mit dem Rücken gegen den wütenden Sturm anstemmen, bis alles vorüber war. Trotzdem ging keiner nach Hause ... Während die Naturgewalten tobten, war der geliebte Dalai Lama, als ein gewöhnlicher Leibeigener verkleidet, bereits mitten durch ihre Reihen hindurchgeschlüpft. Auf der bereitstehenden Ramagang-Fähre überquerte er den Fluß und ritt dann gegen den Brahmaputra in das von Khampas kontrollierte Gebiet.

Das geschah am Abend des 17. März 1959. Am 18. März um zwei Uhr morgens bildeten die letzten fünfhundert Mann des tibetischen Regiments eine Nachhut für den Dalai Lama. Von diesen Männern waren vierhundert ausgesuchte Mitglieder der Khelenpa, eben jener Selbstmordtrupps. Sie alle hatten geschworen, lieber zu sterben, bevor sich ein einziger Chinese auf Schußweite dem Dalai Lama nähern könne. Während der meisten Zeit dieser denkwürdigen Flucht blieben sie im Abstand eines Viertagemarsches hinter dem Dalai Lama zurück.

Noch weitere vierzig Stunden blieb die Volksmenge als freiwillige Leibgarde des Königs um den Norbulingka-Palast versammelt. Weitere Zwischenfälle ereigneten sich nicht; alle nahmen an, daß der Dalai Lama noch in seinem Palast weile, und dies allein gab ihm den erforderlichen Vorsprung.

Am Morgen des 19. März beriefen die Chinesen eine Versammlung ihrer Führer und einiger weniger tibetischer Kollaborateure ein. Dann forderten sie den Dalai Lama auf, den Norbulingka-Palast zu verlassen und »garantierten« ihm, seine Person zu respektieren und dafür zu sorgen, daß ihm nichts geschähe. Sie versprachen auch dem Volk von Lhasa, keine Repressalien zu ergreifen, erklärten aber, daß die im Sommergarten versammelten »obersten Reaktionäre« vernichtet werden müßten.

Als die Chinesen auf diese »Versprechungen« keine Antwort erhielten, begannen sie ein planmäßiges Bombardement des Sommerpalastes, um den Dalai Lama herauszulocken. Von drei Seiten waren die Kanonen gegen den Palast gerichtet. Die erste Granate zerstörte das westliche Tor. Das war jedoch nur der Beginn eines systematischen Beschusses des eine Quadratmeile umfassenden Palastgebietes. Darauf befanden sich nicht nur die Sommerresidenz des Dalai Lama, sondern alle Sommerheime der Äbte, Lehrer, des Kanzlers, der Minister und der Leibwachen. Auch die riesigen Stallungen standen dort, in denen außer den wunderschönen Reitpferden des Hofes auch viele ausgediente alte Gäule, Schafe, Ziegen und andere Tiere untergebracht waren, die nach buddhistischem Brauch gepflegt wurden und dort ihr Gnadenbrot erhielten.

Das jetzt einsetzende chinesische Bombardement war erstaunlich zielsicher. Die Chinesen begannen damit, die Grenzen des ganzen Gebiets mit einer Serie von Schüssen abzustecken. Dann schalteten sie eine Pause ein. Der nächste Granatenring lag dem Zentrum schon etwas näher. So fuhren sie fort, den Ring immer enger werden lassend, bis sie schließlich das ganze Gebiet dem Erdboden gleichgemacht hatten. Sie zerstörten es systematisch von außen nach innen, mit verschiedenen Pausen, um dem Dalai Lama Gelegenheit zu geben, herauszukommen. Sie wollten ihn zwingen, sich den Chinesen auszuliefern.

Während dieses stundenlangen Artilleriebeschusses verließ nicht ein einziger der fünfzehntausend Tibeter seinen freiwilligen

Wachtposten vor dem Palast. Viele von ihnen wurden an diesem Tag getötet. Andere wiederum rannten in die zerstörten Gebäude, um noch etwas von den heiligen Gegenständen dort zu retten. Noch während der Nacht vom 19. zum 20. März umgab die lebende Menschenmauer den Palast. Erst um die Mittagsstunde des 20. März wurde die Flucht bekannt.

Bewaffnete, mit Lautsprechern ausgerüstete chinesische Wagen fuhren durch die Straßen und verkündeten, daß »Räuber den Dalai Lama entführt hätten«. Die Wirkung auf die riesige Menschenmenge war dramatisch: Einerseits fühlte sie große Erleichterung, daß ihr König nun in Sicherheit war, andererseits war sie darüber aufgebracht, daß die Chinesen ihn aus ihrer Mitte vertrieben hatten.

Jetzt begann der grauenhafte Zwei-Tage-Krieg um Lhasa, in dem mehr als achthundert Tibeter ihr Leben verloren. Es war ein Morden von Wehrlosen. Die Chinesen schossen auf die unbewaffnete Menge und bombardierten Wohnstätten und Tempel genauso wie die vielen Klöster in und um Lhasa.

Unter den Gefallenen befanden sich viele Jugendliche. Die jungen Männer der »Tsogpa«, der tibetischen Untergrundbewegung, entpuppten sich als disziplinierte Geheimgesellschaft. Sie bestand hauptsächlich aus jungen Tibetern, die von den Chinesen zur Schulung nach Peking geschickt worden waren. Man hatte alles getan, sie zu bekehren. Die meisten von ihnen hatten drei Jahre unter kommunistischer Schulung in Peking zugebracht. Einer von ihnen, Ngawang Sengi, ein talentierter Sohn eines Kaufmanns, wurde von den Chinesen als vielversprechender Nachwuchs behandelt. Er wurde Vorzugsschüler in Peking und stellvertretender Oberlehrer an seiner Schule. Aber angewidert von allem, was er an kommunistischer Wirklichkeit in China und in Tibet sah, bildete er nach seiner Heimkehr mit Freunden und früheren Klassenkameraden die »Tsogpa«. Genau wie in Ungarn und Polen war es auch hier die Jugend – also jene Leute, welche die Kommunisten mit großer Mühe »umschulen« wollten –, die den Kern der Widerstandsbewegung bildete.

Sengi, ein prachtvoller, athletischer Jüngling, war bei allen

Schichten der Bevölkerung von Lhasa beliebt. Im ersten Stadium der Revolte spielte die »Tsogpa« unter seiner Führung noch keine aktive Rolle. Aber er sammelte Waffen, Munition und Rekruten für die kämpfenden Khampas. Erst beim Ausgang der Schlacht von Lhasa stand Sengi bei der Ramagang-Fähre, um seinen Leuten zu helfen, noch in letzter Minute aus der Stadt zu entkommen. Bei anbrechendem Tageslicht sprang er als letzter auf die Fähre und hob dabei beide Arme hoch, um den Männern zuzuwinken, die sich wie Silhouetten am jenseitigen Hügelufer abzeichneten. Er glaubte, daß es Männer des tibetischen Regimentes seien, welche die Flucht der »Tsogpas« deckten. Aber es waren Chinesen. Als er winkte, schossen sie ihn nieder.

Noch ein junger Tibeter starb als Held an diesem Tag an der Fähre von Ramagang. Es war Lobsang Gendon Sadutshang, der schon 1950 ausersehen war, die damalige Flucht des Dalai Lama zu decken. Das sind nur zwei von vielen tausend Tibetern, die in dem Gemetzel dieser Tage umkamen. Doch vielleicht sind sie vor einem schlimmeren Schicksal bewahrt worden. Denn jetzt hatten die Chinesen den Mut, in das mit Toten übersäte Lhasa einzudringen. Sie verhafteten sofort alle noch lebenden Männer zwischen sechzehn und sechzig Jahren und verschleppten sie zu Zwangsarbeiten nach China.

Mit der Unterstützung des ganzen Volkes, besonders der kämpfenden Khampas, erreichte der Dalai Lama unter dramatischen Umständen am 31. März 1959 mit seinem gesamten Gefolge die indische Grenze Assams und befand sich damit unter dem Schutz der indischen Armee.

Die Behauptung der Chinesen, der Aufstand sei von der »reaktionären Klasse« organisiert worden, ist längst widerlegt. Die Masse der Flüchtlinge, in der Mehrzahl dem armen Volk entstammend, spricht eine deutliche Sprache. Außerdem haben die Führer des Aufstandes, inzwischen in der »Nationalen Freiwilligenarmee zur Verteidigung von Tibet« organisiert, unter Zustimmung des Dalai Lama wesentliche Änderungen in der politischen und sozialen Organisation Tibets in Aussicht gestellt. In einer Erklärung vom 1. Januar 1959 heißt es: »Wir verpflichten uns, die Lebensbedingungen unseres Volkes und dessen Lebensstandard zu verbessern. Wir verpflichten uns, alle notwendigen Reformen im Lande in Übereinstimmung mit den natürlichen Bedingungen, Sitten und dem Geist unseres Volkes durchzuführen. Auf dem Gebiet der wirtschaftlichen Entwicklung geloben wir, das Leben unseres nomadischen Volkes, der Ackerbauern, der Handwerker und Arbeiter nach besten Kräften zu fördern und Änderungen auf allen Gebieten unseres nationalen Lebens durchzuführen. Wir bekennen uns zu einer Politik, welche diese Änderungen durch friedliche Mittel erreichen soll.«

Ausklang

Als ich vor vierzehn Jahren dieses Buch abschloß, konnte ich nicht ahnen, daß man in Europa und Amerika jemals die Möglichkeit hätte, meine Schilderungen des tibetischen Volkes gewissermaßen am Objekt zu prüfen. Man konnte es mir lediglich glauben, daß die Tibeter liebenswerte, intelligente und anpassungsfähige Menschen sind. Heute aber, wo Zehntausende von ihnen in Indien leben, Hunderte in Europa Asyl gefunden haben und viele in Amerika an den Universitäten lehren und arbeiten, kann ich überall, wo Tibeter leben, mit Stolz auf meine Schilderung verweisen, denn sie haben sich überall gut angepaßt, in kürzester Zeit die Landessprache gelernt und sich als zuverlässige Menschen erwiesen.

Den schönsten Lohn bekam ich in einem kleinen Schweizer Städtchen, wo mir der Bürgermeister erklärte: »Könnte ich doch alle Gastarbeiter gegen Tibeter eintauschen!« Für mich war das Bestätigung und Lob. War doch erwiesen, daß der Tibeter auch im fremden Land sich diszipliniert verhielt und dankbar gegenüber

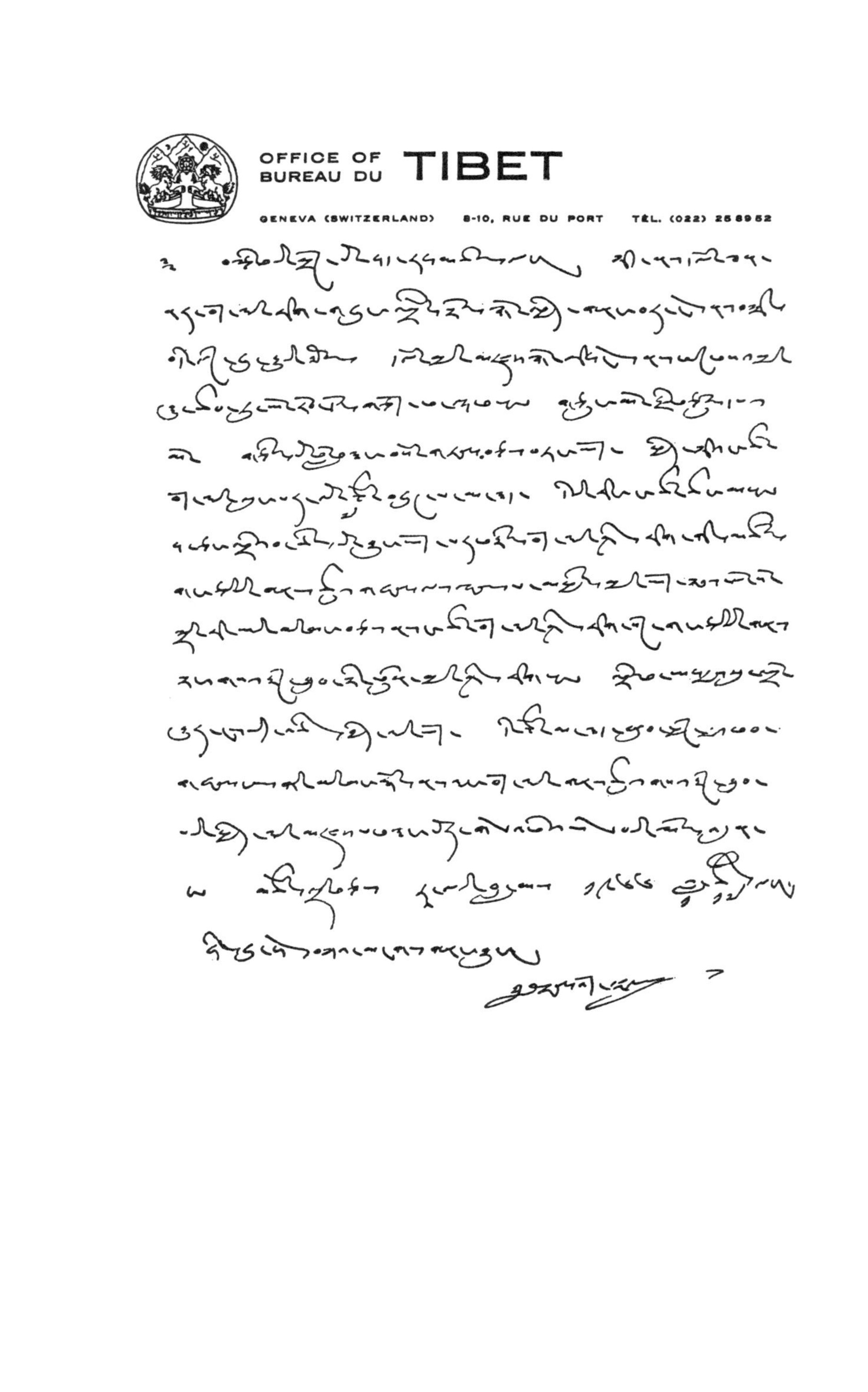

OFFICE OF
BUREAU DU **TIBET**

GENEVA (SWITZERLAND) 8-10, RUE DU PORT TÉL. (022) 25 89 52

[illegible]

seinem verehrten Dalai Lama, der ihn auserwählt hatte, fern der Heimat zu arbeiten und zu lernen und später sein Können dem eigenen Volke nutzbar zu machen. Vielleicht sogar wieder im eigenen Land, denn die Hoffnung, doch eines Tages wieder in Tibet zu leben und zu arbeiten, kann ihm niemand verwehren.

Manches hat sich auch seit der Ankunft des Dalai Lama in Indien geändert. War er in den ersten Jahren nur ein von Premierminister Nehru und den Indern geduldeter exilierter König, so hat sich seine Stellung seit dem Angriff der Chinesen in Assam sehr zu seinen Gunsten geändert. Die Inder unterstützen die Erziehung der Jugend – sicherlich auch in der Erkenntnis, ein dankbares Bildungsobjekt in dem jungen Tibeter zu finden. Der Dalai Lama durfte inzwischen eigene Organisationen aufbauen, um den Flüchtlingen seines Volkes in Nepal, Bhutan und Sikkim zu helfen. Auch bei seinen öffentlichen Auftritten erfährt er nunmehr die ihm gebührende Ehrung. So konnte ich ihn beim Weltbuddhistenkongreß 1964 in Benares Hand in Hand mit dem Präsidenten der Indischen Union filmen. Er selber lebt zurückgezogen und bescheiden, nur von dem einen Gedanken beseelt, seinem ihm anvertrauten Volk zu helfen. Bei unserer letzten Begegnung im Sommer 1965 verwies er auf einen Berg von Manuskripten, Auszügen aus der tibetischen Philosophie, deren Ideen er den Doktrinen des Kommunismus als geistiges Bollwerk erfolgreich entgegensetzen zu können glaubt.

Auch der Pantschen Lama, so viele Jahre nur eine Marionette der Chinesen, mußte inzwischen die Unerbittlichkeit der kommunistischen Weltanschauung erkennen. Im Herzen war er immer ein Tibeter und konnte die Liebe zu seinem Volk nicht ganz verbergen. Im Sommer 1965 verschwand er ganz plötzlich aus dem öffentlichen Gesichtskreis. Berichten aus Kalkutta zufolge soll er hingerichtet worden sein.

Ein ähnliches Schicksal war auch Tsarong beschieden, in dessen Haus und Familie ich einst großzügige Gastfreundschaft genossen hatte. Weil ihm das Heimweh den Aufenthalt im Exil unerträglich machte, war er 1964 nach Lhasa zurückgekehrt, wo ihn die Chinesen sofort verhafteten und unter grausamen Foltern verhörten.

Schließlich übergab man den Angehörigen von Tsarong seine Leiche – ob er getötet worden ist oder seinem Leben selbst ein Ende gesetzt hat, ist ungeklärt. Wahrscheinlich hat er in höchster Verzweiflung nach altem tibetischem Brauch Diamantsplitter verschluckt, um weiteren Quälereien zu entgehen. Seine Angehörigen stellten jedenfalls fest, daß man ihm vor dem Tode die Zunge abgeschnitten hatte.

So traurig all diese Nachrichten sind, die vom »Dach der Welt« über den Himalaja zu uns dringen, mir geben sie zugleich die beglükkende Gewißheit, daß meine Freundschaft zum Dalai Lama und seiner Familie stärker denn je ist. Endlich bietet sich mir auch eine Gelegenheit, mich für die während meiner sieben Jahre in Tibet in wahrhaft königlicher Weise gewährte Gastfreundschaft ein wenig dankbar zu erweisen. Als meine umfassende Tibet-Ausstellung im Wiener Völkerkunde-Museum – zugunsten der tibetischen Flüchtlinge – eröffnet wurde, sandte mir der Dalai Lama durch seinen Bruder Lobsang Samten und seinen Minister Thubten W. Phala – er war in Lhasa beim Dammbau mein Vorgesetzter und einer der vier, die im Schutz der Dunkelheit mit dem Dalai Lama im Jahre 1959 flohen – folgende Botschaft (siehe Faksimile auf Seite 434):

An meinen Freund Heinrich Harrer,
ich wünche Dir von ganzem Herzen allen Erfolg zur Eröffnung der Tibet-Ausstellung. Zu diesem Anlaß entsende ich Dir meinen persönlichen Vertreter in Europa, Thubten Phala, meine Schwester Dschetsün Pema und meinen Bruder Lobsang Samten. Du hast sieben Jahre in Tibet gelebt und bist in dieser Zeit einer von uns geworden. Daher hast Du die besten Kenntnisse über unser Land und bist deshalb in der Lage, dem österreichischen Volk die tibetische Kunst und Kultur am lebendigsten nahezubringen.

Ich schließe in mein Gebet den Wunsch ein, daß der Ausstellung ein voller Erfolg beschieden sein möge.

Dalai Lama
Holz-Schlangen-Jahr der tibetischen Zeitrechnung
11. Monat 20. Tag (17. 1. 1966)

Namen- und Sachregister
(Personennamen in *kursiver* Schrift)

Bitte beachten Sie auch die folgenden Seiten

Bongrü-Pass
Büdbüd-Paß
Traschigang
Schipki
Gartok
Kasapuling
Kailas
Thuling (Kloster)
Tsangtschok-Paß
Nelang
Manasarowar
See
DEHRA-DUN
Tsangpo
Trad
Karnal
Ganges
Moradabad
Rampur
Tagye-Paß
Ky
Bareilly
Shahjahanpur
Aligarh
Firozabad
Lucknow
Faizabad
Gorakhp
Gwalior
Kānpur
Ghaghra
Jaunpur
80